Power Java

Compact

Power Java

Compact

천인국 지음

INFINITY BOOKS

국립중앙도서관 출판시도서목록(CIP)

Power JAVA Compact / 저자: 천인국. -- 고양 : INFINITYBOOKS, 2018
p. ; cm
ISBN 979-11-85578-35-4 93000 : ₩27000

자바[Java]
자바 프로그래밍[Java programming]

005.138-KDC6
005.133-DDC23 CIP2018003980

머리말

자바는 현재 전 세계 개발자들이 가장 많이 사용하는 언어이기 때문에 컴퓨터 공학도라면 반드시 알고 지나가야 하는 중요한 주제이다. 이 책의 가장 큰 목표는 입문자들이 쉽게 이해할 수 있는 자바 책을 만들어 보자는 것이었다. 자바에서는 "클래스", "객체", "상속"과 같은 기본적인 개념의 이해가 무척 중요하다. 이 책의 목표는 입문자들에게 자바 프로그래밍 언어의 핵심적인 내용을 빠르고 재미있게 제공하는 것이다. 이 책을 저술하면서 역점을 두었던 몇 가지는 다음과 같다.

- 최신 버전인 JDK8을 반영하였다.
- 독자들이 흥미를 가질만한 예제를 간추려서 MINI PROJECT로 제공하였다. MINI PROJECT는 과제로 내주거나 실습 시간에 다루면 좋을 것이다.
- 적절한 그림을 가능한 많이 사용하여 보다 친숙하고, 지루하지 않으며 독자들이 이해하기 쉬운 교재를 만들려고 노력하였다.
- 각각의 주제에 대하여 개념과 원리를 자세하게 설명하였으며 설명은 문답식으로 친숙하게 만들려고 노력하였다.
- 입문자들이 이론에 지쳐서 자바를 포기하는 일이 없도록 목차를 신중하게 구성하였다. 객체 지향 이론들을 그래픽 사용자 인터페이스를 작성하면서 실습할 수 있도록 하였다.

이 책이 만들어지기까지 많은 도움이 있었다. 특히 적극적으로 지원해주신 인피니티북스 여러분께 깊은 감사를 표한다. 또 책이 발간될 때마다 오류를 지적해주시고 격려해주시는 많은 분들께 감사드린다. 아무쪼록 이 책이 자바를 시작하는 많은 이들에게 조금이라도 도움이 될 수 있다면 필자에게는 큰 보람이 될 것이다.

2018년 1월

저자 천인국

강의계획

자바는 그 방대한 내용으로 말미암아 강의 계획을 세우기가 상당히 까다롭다. 본서는 한 학기 분량의 강의인 경우, 한 학기를 16주로 가정하여 다음과 같은 진행을 생각할 수 있다. 상황에 따라 일부 내용은 제외해도 좋을 것이다. 또 "컬렉션과 제네릭"은 7주 정도에 미리 강의할 수도 있다.

주	해당 chapter	주제
1	1장	자바 기초 및 자바 개발 도구 설치
2	2장	변수와 자료형
3	3장	선택, 반복, 배열
4	4장	클래스와 객체 기초 내용
5	5장	클래스와 객체 심화 내용
6	6장	상속
7	7장	패키지와 예외처리
8	중간 고사	중간 평가 및 프로젝트 제안서 발표
9	8장	자바 GUI 기초
10	9장	자바 GUI에서의 이벤트 처리
11	10장	스윙 컴포넌트
12	11장	그래픽
13	12장	컬렉션과 제네릭
14	13장	파일 입출력
15	14장	자바 스레드
16	기말 고사	기말 평가 및 프로젝트 결과 발표

책의 구성

이 책은 자바 입문자들을 위하여 기술되었다. 입문자들이 쉽게 개념을 이해하고 실력을 기를 수 있도록 다양한 학습 장치들을 배치하였다.

이번 장에서 무엇을 배워야 하는 지를 제시하였다.

다양한 그림을 사용하여 지루하지 않도록 하였다.

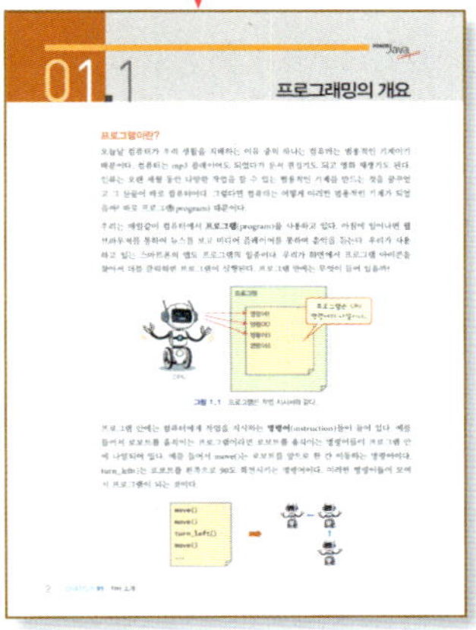

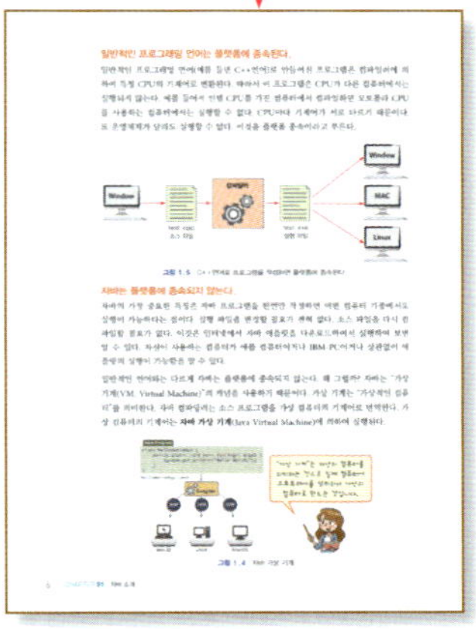

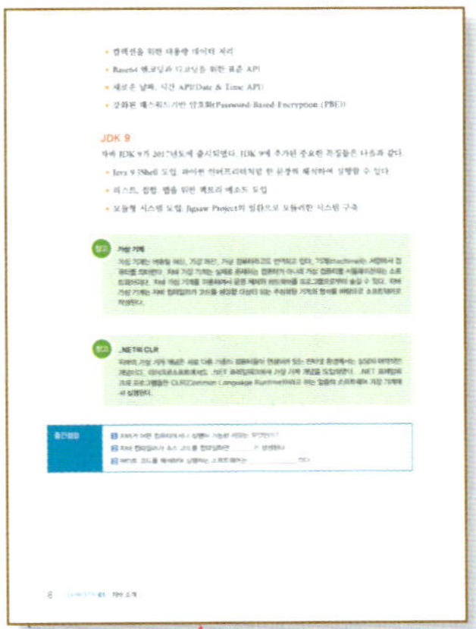

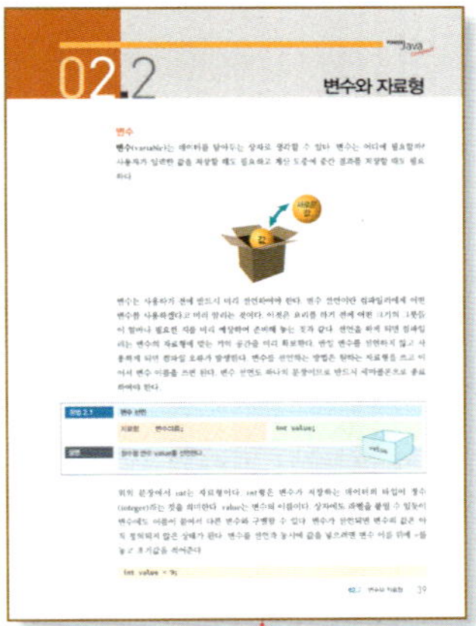

본문에 대한 보충 설명이나 참고 사항, 경고 사항을 박스로 정리하였다.

자바 언어의 핵심적인 문법이나 사용형식을 박스로 정리하였다.

차례

Power Java Compact

POWER Java compact

CHAPTER 01

자바 소개

학습목표

- 1장에서는 프로그래밍의 기본적인 개념들, 자바의 역사와 특징, 자바 프로그램이 실행되는 과정, 자바 가상 기계에 대하여 학습한다. 자바 개발 도구 설치, 자바의 명령어행 도구 사용 방법, 이클립스에 대해서도 살펴보자.

학습목차

01.1 프로그래밍의 개요

프로그램이란?

오늘날 컴퓨터가 우리 생활을 지배하는 이유 중의 하나는 컴퓨터는 범용적인 기계이기 때문이다. 컴퓨터는 mp3 플레이어도 되었다가 문서 편집기도 되고 영화 재생기도 된다. 인류는 오랜 세월 동안 다양한 작업을 할 수 있는 범용적인 기계를 만드는 것을 꿈꾸었고 그 산물이 바로 컴퓨터이다. 그렇다면 컴퓨터는 어떻게 이러한 범용적인 기계가 되었을까? 바로 프로그램(program) 때문이다.

우리는 매일같이 컴퓨터에서 **프로그램**(program)을 사용하고 있다. 아침에 일어나면 웹 브라우저를 통하여 뉴스를 보고 미디어 플레이어를 통하여 음악을 듣는다. 우리가 사용하고 있는 스마트폰의 앱도 프로그램의 일종이다. 우리가 화면에서 프로그램 아이콘을 찾아서 더블 클릭하면 프로그램이 실행된다. 프로그램 안에는 무엇이 들어 있을까?

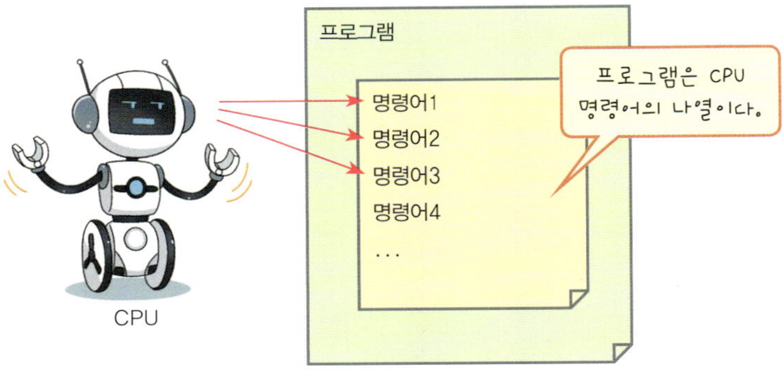

그림 1.1 프로그램은 작업 지시서와 같다.

프로그램 안에는 컴퓨터에게 작업을 지시하는 **명령어**(instruction)들이 들어 있다. 예를 들어서 로보트를 움직이는 프로그램이라면 로보트를 움직이는 명령어들이 프로그램 안에 나열되어 있다. 예를 들어서 move()는 로보트를 앞으로 한 칸 이동하는 명령어이다. turn_left()는 로보트를 왼쪽으로 90도 회전시키는 명령어이다. 이러한 명령어들이 모여서 프로그램이 되는 것이다.

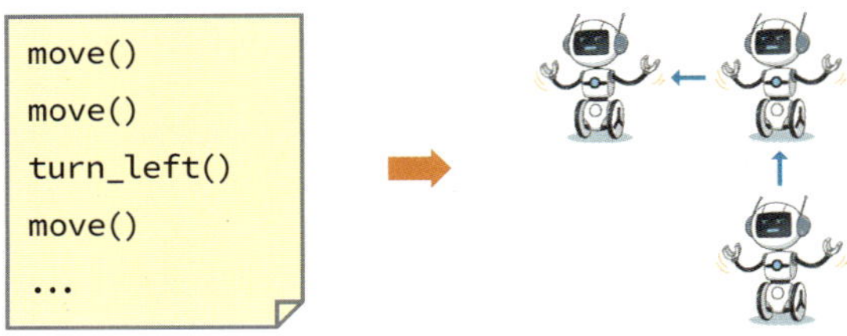

프로그램을 작성하는 사람을 **프로그래머**(programmer)라고 한다. 컴퓨터는 절대적으로 프로그래머가 지시한 대로만 행동한다. 영화 터미네이터에서는 스카이넷과 같은 강인공지능을 가진 컴퓨터가 등장해서 인간을 괴롭히지만 인간에게 도움이 되는 컴퓨터는 인간의 지시에 절대적으로 복종하며 인간의 친구가 되는 컴퓨터이다. 알파고와 같은 인공지능도 결국은 프로그래머가 작성한 프로그램이다.

프로그래밍 언어

컴퓨터에게 작업을 지시하려면 어떤 언어를 사용해할까? 어떤 언어를 사용해야 컴퓨터가 작업 지시를 이해할 수 있을까? 최근 음성인식이 일부 사용되고 있지만 아직도 컴퓨터가 사람의 언어를 바로 이해할 것 같지는 않다. 즉 한국어나 영어 등으로 작업을 지시한다면 컴퓨터는 전혀 이해할 수 없을 것이다.

그림 1.2 컴퓨터는 한글로 된 작업 지시서는 이해하지 못하는 반면 기계어로 된 작업 지시서는 이해할 수 있다.

컴퓨터가 알아듣는 언어는 한가지이다. 즉 0과 1로 구성되어 있는 "001101110001010..."과 같은 이진수로 된 **기계어**(machine language)이다. 컴퓨터는 0과 1의 개념 위에 만들어진 기계이다. 컴퓨터는 모든 것을 0과 1로 표현하고 0과 1에 의하여 내부 스위치 회로들이 ON/OFF(커짐/꺼짐) 상태로 변경되면서 작업을 한다. 초기의 컴퓨터에서는 이러한 기계어를 사용하여 프로그램을 했었다.

그러나 인간이 기계어를 사용하는 것은 상당히 불편했기 때문에 사람들은 자바와 같은 프로그래밍 언어들을 만들었다. 이들 프로그래밍 언어들은 기계어와 인간이 사용하는 자연어 사이의 중간쯤에 위치한다. 인간이 프로그래밍 언어로 프로그램을 작성하면 **컴파일러**(compiler)라고 하는 소프트웨어가 프로그램을 기계어로 바꾸어준다. 이것은 영어를 말하는 사람과 한국어를 말하는 사람이 중간에 통역을 두고 이야기하는 것과 비슷하다. 인간이 기계어를 학습하기에는 너무 힘들고 컴퓨터가 인간의 언어를 이해한다는 것은 아주 먼 미래의 이야기이다. 따라서 중간에 통역의 역할을 하는 프로그래밍 언어를 두고 작업을 지시하는 것이다. 자바도 이러한 프로그래밍 언어의 일종이다.

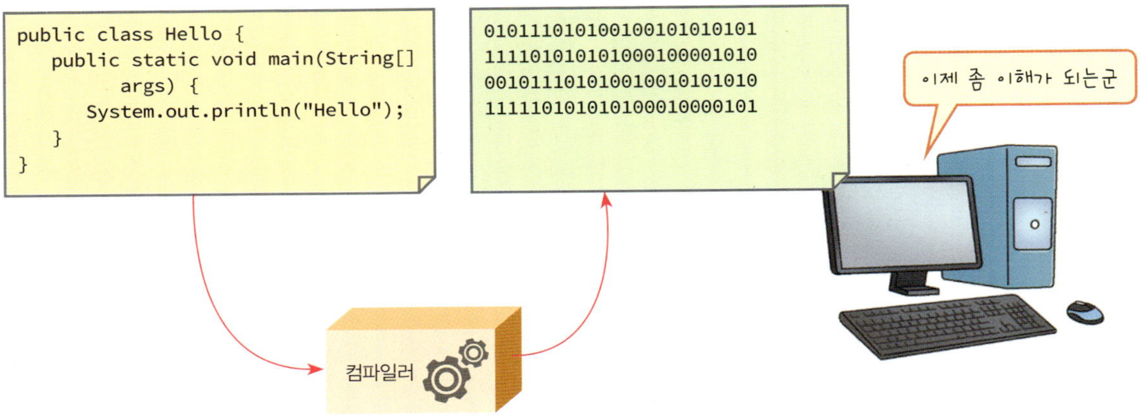

그림 1.3 컴파일러는 프로그램을 기계어로 변환한다.

중간점검	
	1 컴퓨터가 직접 이해할 수 있는 단 하나의 언어는 __________이다. **2** 프로그래밍 언어를 기계어로 변환시켜주는 프로그램을 __________한다. **3** 프로그램 안에는 무엇이 들어 있는가?

01.2 자바(Java) 언어

자바는 1991년에 썬마이크로시스템즈의 제임스 고슬링(James Gosling)에 의하여 개발되었다. 처음에는 가정용 전자 제품에 사용할 수 있는 작은 컴퓨터 언어를 설계하기를 원했다. 가정용 전자 제품은 일반 컴퓨터에 비하여 파워와 메모리가 부족하였기 때문에 언어는 간결하여야 했다. 또한 전자 제품은 많은 종류의 CPU로 만들어지기 때문에 특정한 CPU에 의존하면 안 되었다. 따라서 연구팀에서는 플랫폼 독립적인 기술인 가상 기계(virtual machine) 개념을 채택하였다. 처음부터 고슬링은 간단하고 버그가 없으며 네트워크 기능을 내장한 프로그램을 작성하는 언어를 목표로 하였다.

썬마이크로시스템즈 프로젝트는 자바를 이용하여 Time Warner의 주문형 비디오 시스템을 개발하다가 Time Warner가 경쟁사인 실리콘 그래픽스 사를 선택하는 바람에 결국 실패하게 된다. 그러던 1993년, 그래픽 기반의 월드와이드웹이 발표되고 자바의 개발자들은 곧 이러한 웹 기반의 응용 프로그램에는 자바와 같은 플랫폼 중립적인 언어가 이상적이라는 것을 발견하였다. 이후 자바 팀은 자바와 월드 와이드 웹과의 연동을 고려하게 된다. 이후 여러분이 알다시피 자바는 폭발적인 인기를 끌게 되었다. 2009년에 오라클이 썬마이크로시스템즈을 인수하였다. 현재는 오라클에서 자바의 최신 버전을 제공하고 있다.

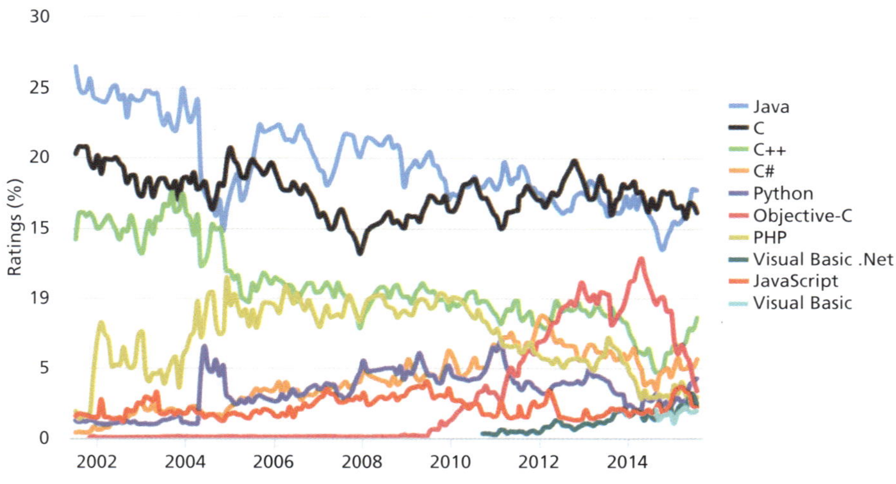

그림 1.4 프로그래밍 언어 순위(자료출처: www.tiobe.com)

> **참고** **자바와 자바스크립트**
>
> 자바(Java)와 자바스크립트(Javascript)는 이름은 유사하지만 완전히 다른 언어이다. 자바는 범용 언어이지만 자바스크립트는 웹페이지 안에서 동적인 기능을 담당하는 스크립트 언어이다. 자바스크립트는 자바와 유사한 문법을 사용하지만 완전히 동일하지는 않다.

일반적인 프로그래밍 언어는 플랫폼에 종속된다.

일반적인 프로그래밍 언어(예를 들면 C++언어)로 만들어진 프로그램은 컴파일러에 의하여 특정 CPU의 기계어로 변환된다. 따라서 이 프로그램은 CPU가 다른 컴퓨터에서는 실행되지 않는다. 예를 들어서 인텔 CPU를 가진 컴퓨터에서 컴파일하면 모토롤라 CPU를 사용하는 컴퓨터에서는 실행할 수 없다. CPU마다 기계어가 서로 다르기 때문이다. 또 운영체제가 달라도 실행할 수 없다. 이것을 플랫폼 종속이라고 부른다.

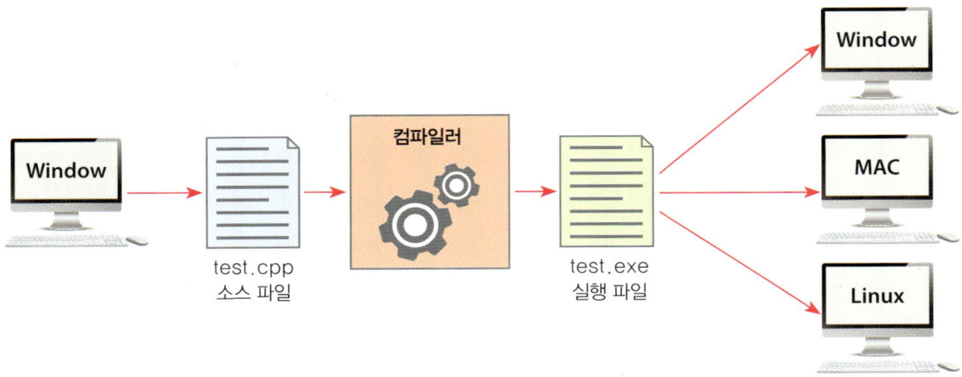

그림 1.5 C++언어로 프로그램을 작성하면 플랫폼에 종속된다.

자바는 플랫폼에 종속되지 않는다.

자바의 가장 중요한 특징은 자바 프로그램을 한번만 작성하면 어떤 컴퓨터 기종에서도 실행이 가능하다는 점이다. 실행 파일을 변경할 필요가 전혀 없다. 소스 파일을 다시 컴파일할 필요도 없다. 이것은 인터넷에서 자바 애플릿을 다운로드하여서 실행하여 보면 알 수 있다. 자신이 사용하는 컴퓨터가 애플 컴퓨터이거나 IBM-PC이거나 상관없이 애플릿의 실행이 가능함을 알 수 있다.

일반적인 언어와는 다르게 자바는 플랫폼에 종속되지 않는다. 왜 그럴까? 자바는 "가상 기계(VM: Virtual Machine)"의 개념을 사용하기 때문이다. 가상 기계는 "가상적인 컴퓨터"를 의미한다. 자바 컴파일러는 소스 프로그램을 가상 컴퓨터의 기계어로 번역한다. 가상 컴퓨터의 기계어는 **자바 가상 기계**(Java Virtual Machine)에 의하여 실행된다.

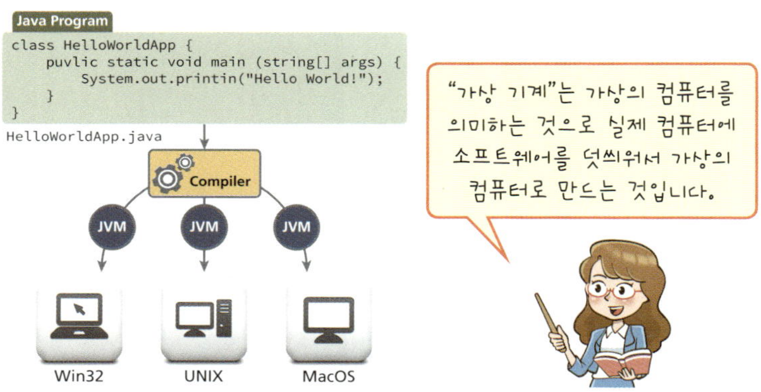

그림 1.6 자바 가상 기계

"가상 기계" 아이디어는 자바가 처음이 아니다. 하지만 실제로 이 아이디어를 상업적으로 성공시킨 언어가 바로 자바이다. 자바에서는 컴파일된 실행 코드가 플랫폼 독립적이다. 자바로 개발된 프로그램은 CPU나 운영 체제의 종류에 관계없이 어디서나 실행할 수 있다. 이러한 특징 때문에 자바는 인터넷 시대에 가장 잘 맞는 언어라고 할 수 있는데 인터넷은 다양한 종류의 컴퓨터가 연결된 네트워크이기 때문이다.

자바 프로그램 실행 환경

자바 프로그램을 실행시키는 과정을 좀 더 자세히 살펴보자. 자바 컴파일러는 자바 언어로 작성된 프로그램을 가상 컴퓨터의 기계어가 들어 있는 파일(이것을 바이트 코드라고 한다)로 변환한다. 이 파일을 실행하기 위해서는 자바 가상 기계(JVM: Java Virtual Machine)라는 특수한 가상 컴퓨터 S/W가 필요한데, 가상 기계가 바이트 코드를 한 줄씩 읽어서 해석한 후에 실행한다.

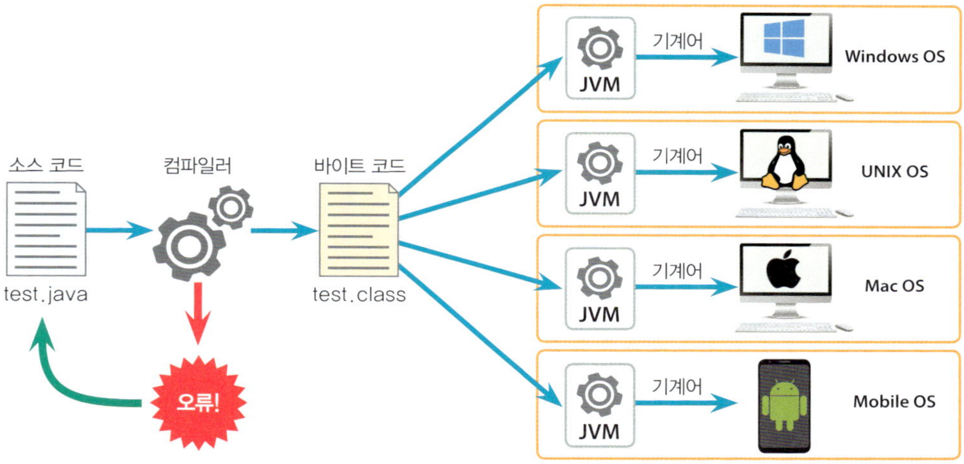

그림 1.7 자바 프로그램의 실행 과정

이렇게 두 단계로 나누어서 컴파일하고 실행하는 이유는 응용 프로그램들을 다시 컴파일하지 않아도 모든 컴퓨터에서 실행되도록 하기 위해서이다. 우리가 자바 가상 기계만 가지고 있다면 어떤 바이트 코드도 다시 컴파일할 필요없이 자바 가상 기계 위에서 실행할 수 있다. 자바 가상 기계는 많은 운영 체제에서 지원되기 때문에 동일한 바이트 코드 파일이 윈도우, 리눅스, Mac OS에서 변경없이 실행될 수 있는 것이다.

JDK 8

자바 JDK 8이 2014년도에 출시되었다. JDK 8에 추가된 중요한 특징들은 다음과 같다.

- 람다식(Lambda expressions)
- 작은 가상기계(VM)
- 병렬 배열 정렬(Parallel Array Sorting)

- 컬렉션을 위한 대용량 데이터 처리
- Base64 엔코딩과 디코딩을 위한 표준 API
- 새로운 날짜, 시간 API(Date & Time API)
- 강화된 패스워드기반 암호화(Password-Based-Encryption (PBE))

JDK 9

자바 JDK 9가 2017년도에 출시되었다. JDK 9에 추가된 중요한 특징들은 다음과 같다.

- Java 9 JShell 도입: 파이썬 인터프리터처럼 한 문장씩 해석하여 실행할 수 있다.
- 리스트, 집합, 맵을 위한 팩토리 메소드 도입
- 모듈형 시스템 도입: Jigsaw Project의 일환으로 모듈러한 시스템 구축

> 참고 **가상 기계**
>
> 가상 기계는 버추얼 머신, 가상 머신, 가상 컴퓨터라고도 번역되고 있다. 기계(machine)는 서양에서 컴퓨터를 의미한다. 자바 가상 기계는 실제로 존재하는 컴퓨터가 아니라 가상 컴퓨터를 시뮬레이션하는 소프트웨어이다. 자바 가상 기계를 이용하여서 운영 체제와 하드웨어를 프로그램으로부터 숨길 수 있다. 자바 가상 기계는 자바 컴파일러가 코드를 생성할 대상이 되는 추상화된 기계의 명세를 바탕으로 소프트웨어로 작성된다.

> 참고 **.NET의 CLR**
>
> 자바의 가상 기계 개념은 서로 다른 기종의 컴퓨터들이 연결되어 있는 인터넷 환경에서는 상당히 매력적인 개념이다. 마이크로소프트에서도 .NET 프레임워크에서 가상 기계 개념을 도입하였다. .NET 프레임워크의 프로그램들은 CLR(Common Language Runtime)이라고 하는 일종의 소프트웨어 가상 기계에서 실행된다.

중간점검

1. 자바가 어떤 컴퓨터에서나 실행이 가능한 이유는 무엇인가?
2. 자바 컴파일러가 소스 코드를 컴파일하면 ______가 생성된다.
3. 바이트 코드를 해석하여 실행하는 소프트웨어는 ______________이다.

01.3 자바의 종류

자바는 개발 분야에 따라 Java SE, Java ME, Java EE, Java FX 등으로 나누어서 제공된다.

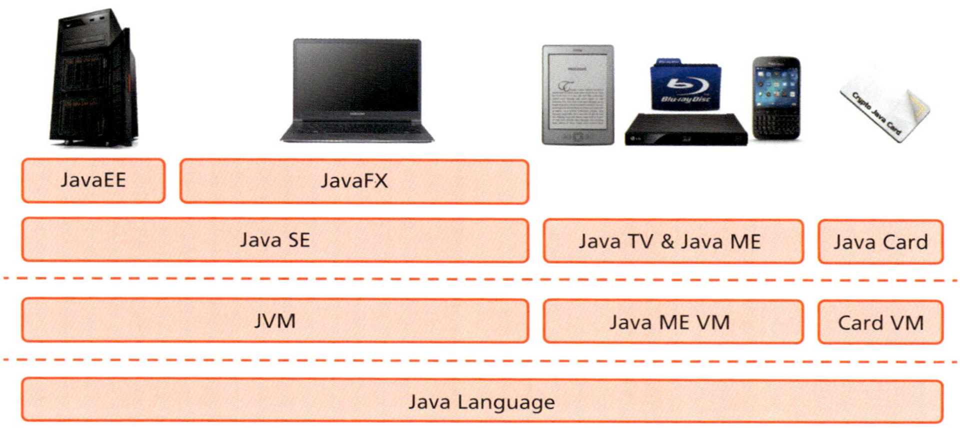

Java SE

Java SE(Standard Edition)는 자바 언어의 핵심 기능을 제공한다. Java SE API는 자바 언어의 기본적인 타입과 객체에서부터 네트워킹, 보안, 데이터베이스 접근, 그래픽 사용자 인터페이스, XML 파싱에 사용되는 고수준의 클래스까지를 모두 정의한다. Java SE API에 추가하여서 Java SE 플랫폼은 자바 가상 기계, 컴파일러와 같은 개발 도구, 자바 웹 스타트와 같은 배포 기술 등을 포함하고 있다. 그림 1.8은 Java SE 1.8에서 제공하는 기술들을 요약한 그림이다.

Java EE

Java EE(Enterprise Edition)는 Java SE 플랫폼 상에 구축된다. Java EE는 기업용 애플리케이션을 개발하는 데 필요한 여러가지 도구 및 라이브러리들을 모아 놓은 것이다. 이 패키지는 응용 서버, 웹서버, J2EE API, 엔터프라이즈 자바 빈즈(JavaBeans) 지원, 자바 서블릿 API 와 JSP 등을 포함한다. 또한 Sun GlassFish 엔터프라이즈 서버도 포함하고 있으며 이것은 이전에 Sun Java System Application Server라고 불리던 것이다. Java EE는 엔터프라이즈급의 서버 지향 구조(SOA)나 차세대 웹 애플리케이션을 구현하는 업계 표준이 되어가고 있다.

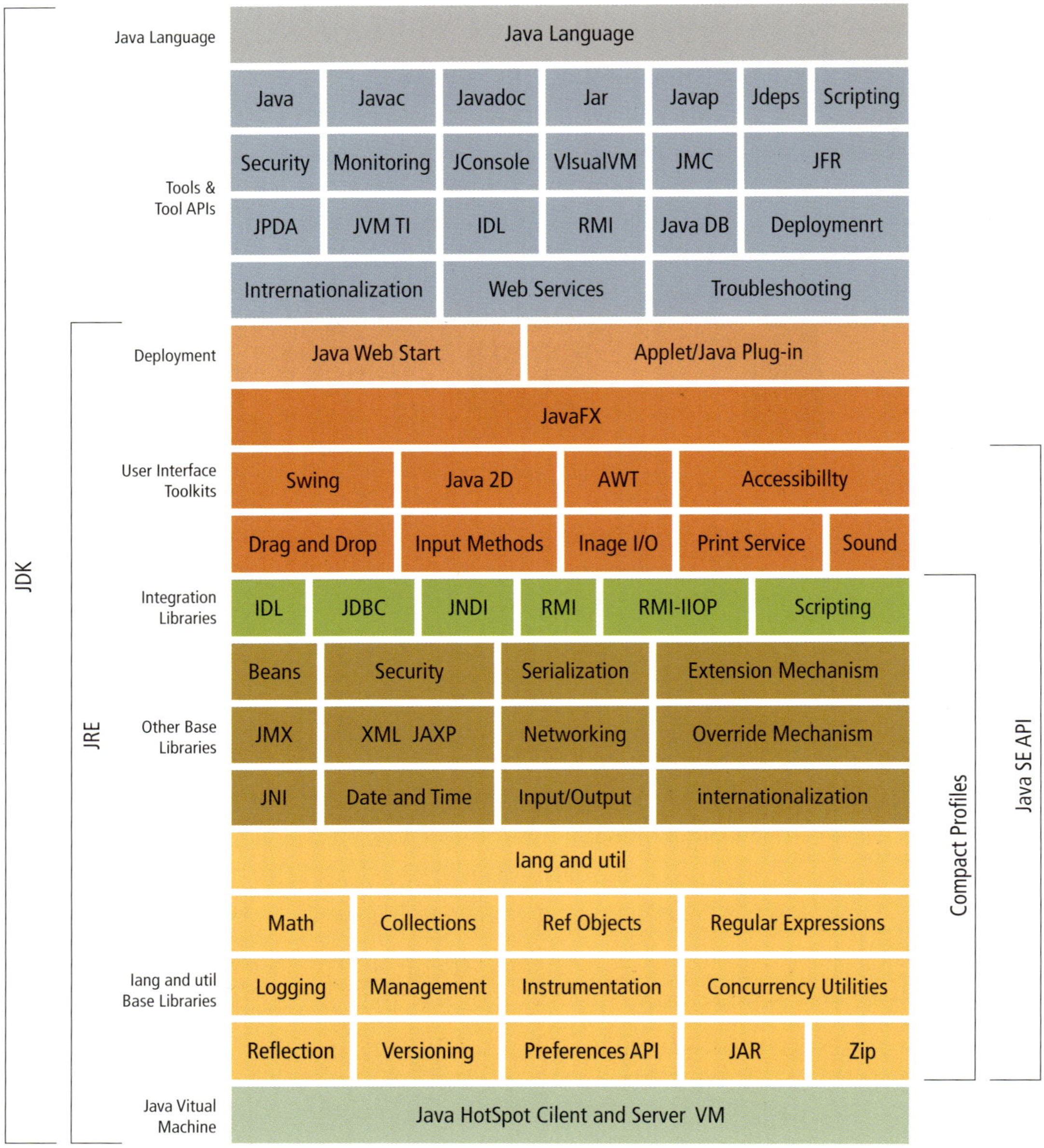

그림 1.8 자바 SE의 구성(출처: 자바 웹사이트)

Java ME

Java ME(Micro Edition) 플랫폼은 핸드폰, PDA, TV 셉톱박스, 프린터와 같은 모바일 기기나 다른 엠베디드 장치들에서 실행되는 애플리케이션을 위한 강인하고 유연한 환경을 제공한다. Java ME는 Java SE의 부분 집합에, 모바일 장치를 위한 특수한 클래스 라이브러리가 추가된 것으로 볼 수 있다. Java ME에 기반을 둔 애플리케이션은 많은 장치간에 이식이 가능하며 성능이 저하되지 않는다.

01.4 자바 개발 도구

우리가 자바 프로그램을 개발하기 위해서는 자바 컴파일러가 있어야 한다. 일반적으로 자바 컴파일러와 자바 가상 기계, 디버깅 도구, 각종 유틸리티 등의 도구들을 JDK(Java Development Kit)라 부른다. 자바 개발 도구라는 의미이다. JDK는 java.sun.com에서 무료로 다운로드받을 수 있다.

JDK와 JRE

자바를 다운로드받는 홈페이지를 가보면 JDK와 JRE이라는 용어가 자주 등장한다. JDK와 JRE의 차이점을 살펴보자.

JRE(Java Runtime Environment)

JRE는 자바 프로그램을 실행하기 위한 라이브러리, 자바 가상 기계, 기타 컴포넌트들을 제공한다. 자바 프로그램을 실행만 할 뿐 개발은 하지 않는 일반인들을 위한 환경이다.

JDK(Java Development Kit)

JDK는 JRE에 자바 프로그램을 개발하는데 필요한 컴파일러, 디버거와 같은 도구들을 추가한 것이다. JDK 안에 JRE가 포함되어 있다는 점을 유의하자. 우리는 개발자이므로 JDK를 다운로드받아야 한다.

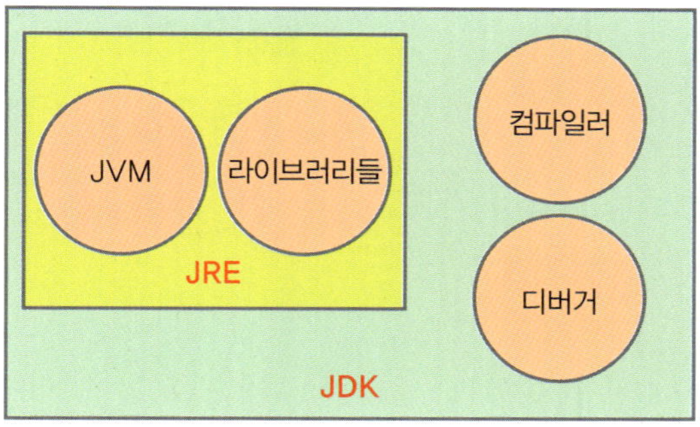

JDK 설치

1. 웹사이트 java.sun.com에 가서 [Java SE] 버튼을 클릭한다.

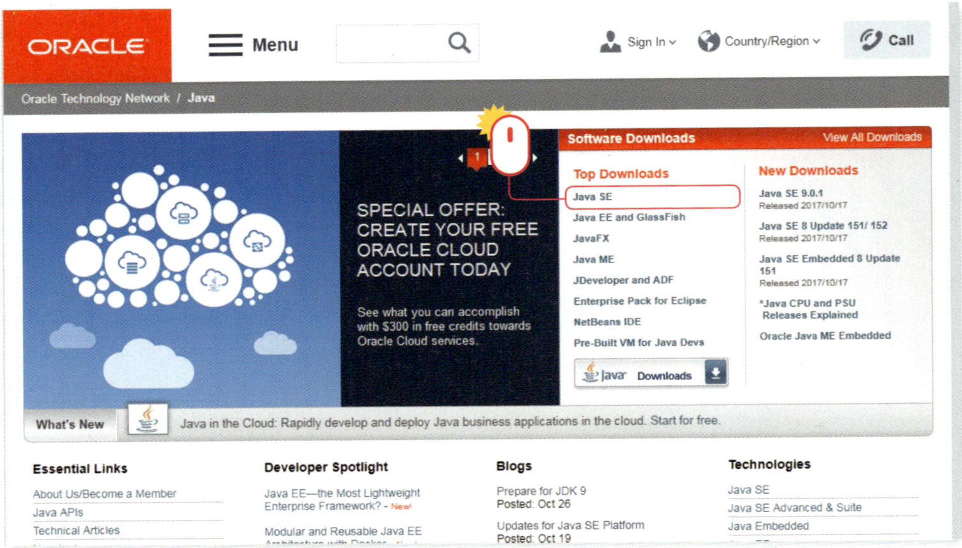

2. [Java SE Downloads] 화면에서 [JDK download] 버튼을 클릭한다.

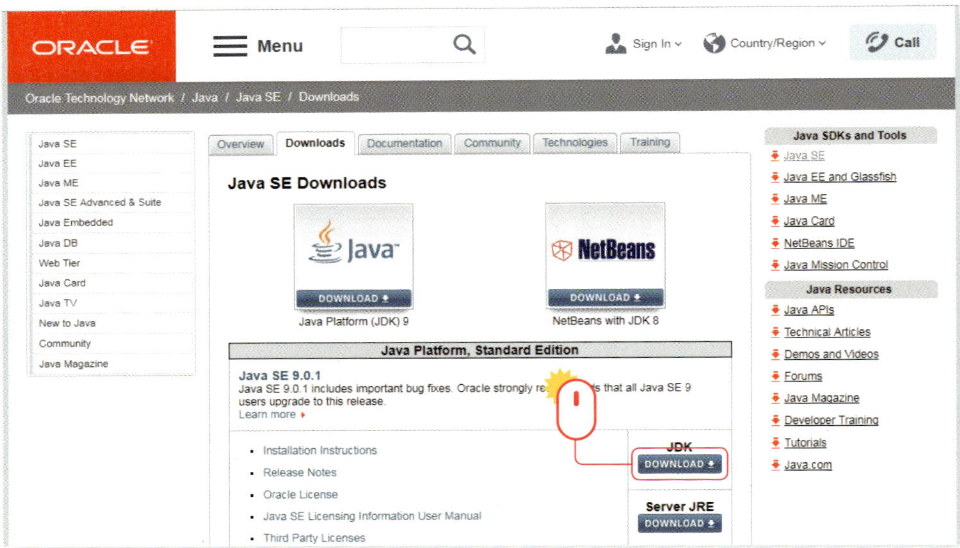

3. 아래 화면에서 라이선스에 동의한 후에, 자신이 사용하는 컴퓨터의 플랫폼에 맞추어 다운로드 받을 실행 파일을 선택한다.

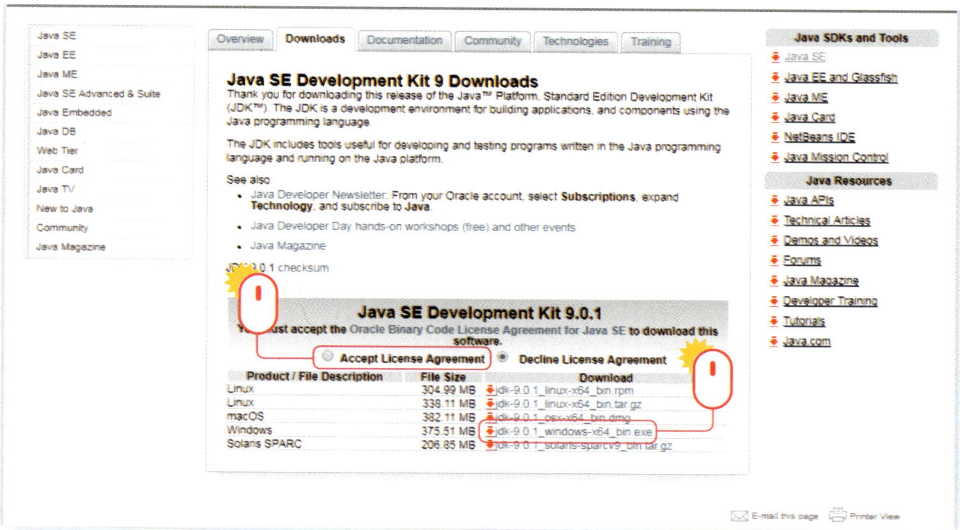

4. 실행 파일을 다운로드 받아서 실행한다.

5. 아래 화면에서 [Next]를 클릭하여 실행을 시작한다. 다음 화면에서도 기본 설정을 변경할 필요가 없으면 [Next]를 클릭한다.

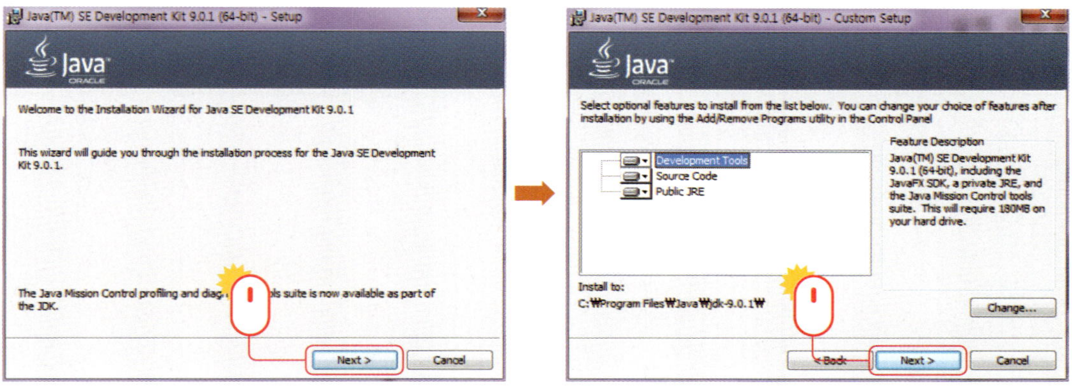

6. 혹시 설치 과정에서 선택해야 할 사항이 나오면 주어진 값으로 선택하고 설치를 진행하면 된다. 설치가 완료되었다는 대화 상자가 나오면 [Close] 버튼을 누르도록 하자.

JDK의 폴더

JDK는 컴퓨터 안에 몇 개의 폴더를 생성한다. JDK의 기본 설치 폴더는 c:\Program Files\Java가 된다. 이 안에 JDK와 JRE 폴더가 있다. 자세한 이름은 버전과 업데이트 번호에 따라 달라진다. 현재 1.9버전의 경우 JDK-9.0.1, JRE-9.0.1로 되어 있다(자바 버전은 계속하여 바뀌고 있으니 숫자에 대하여 너무 신경 쓰지 않아도 된다). 그 아래에 다음과 같은 폴더들이 존재한다.

표 1.1 JDK의 디렉토리

폴더	설명
bin	컴파일러, 디버거 등의 도구가 들어 있다.
include	네이티브 코드 프로그래밍을 지원하는 헤더 파일들이다. 이들 파일들은 자바와 C를 동시에 사용하는 프로그램 개발시에 쓰인다.
lib	개발 도구들이 필요로 하는 추가적인 클래스 라이브러리와 지원 파일들이다.

팁 JDK가 설치된 폴더를 외부 프로그램에 알려줄 때는 JAVA_HOME이라는 환경 변수를 사용한다. 따라서 어떤 프로그램이 자바를 찾을 수 없다고 하면 JAVA_HOME 환경 변수를 적절하게 설정하도록 하자.

중간점검

1. 자바 프로그램을 개발하는 데 사용되는 개발 도구를 ____________라고 한다.
2. JDK와 JRE의 차이점은 무엇인가?

01.5 자바 프로그램 개발 단계 (JDK이용)

자바 프로그램은 그림 1.8와 같은 단계를 거쳐서 개발된다.

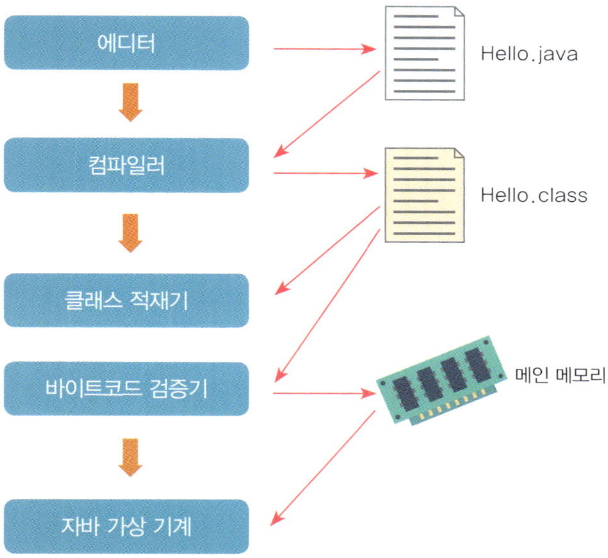

그림 1.9 자바 프로그램 개발 단계

JDK는 명령어 프롬프트에서 직접 사용이 가능한 몇 가지의 명령어 도구들을 가지고 있다. 자바 컴파일러인 javac, 자바 프로그램을 실행시키는데 사용되는 자바 가상 기계를 구현한 java 등이 포함되어 있다. 우리는 주로 이클립스를 사용하여 개발을 진행하기 때문에 직접 명령어 도구를 사용하지 않는다. 하지만 자바 프로그램이 실행되는 원리를 알기 위해 반드시 한번은 해보아야 한다.

(1) 경로 설정하기

JDK에 포함된 명령어 도구를 사용하기 위해서는 먼저 어떤 디렉토리에서도 JDK 명령어들을 찾을 수 있도록 운영 체제에게 JDK가 설치된 위치를 알려주는 것이 필요하다. 제어판에서 [고급] → [환경변수] → [시스템변수]를 클릭하여 환경 변수 [Path]의 값을 "C:\Program Files\Java\jdk9.0.1\bin;..."과 같이 변경한다(잘 이해되지 않으면 인터넷을 참고한다).

(2) 소스 파일의 생성

에디터를 사용하여 소스 코드를 편집하여 소스 파일로 저장한다. 소스 파일은 .java 확장자를 가져야 한다. 메모장과 같은 간단한 에디터를 사용할 수도 있고 이클립스와 같은 통합 개발 환경을 사용할 수도 있다. 윈도우의 메모장을 이용하여 소스 프로그램을 작성한다. 소스 프로그램을 Hello.java 파일로 저장한다. 확장자가 .java이어야 자바 소스 파일이 된다.

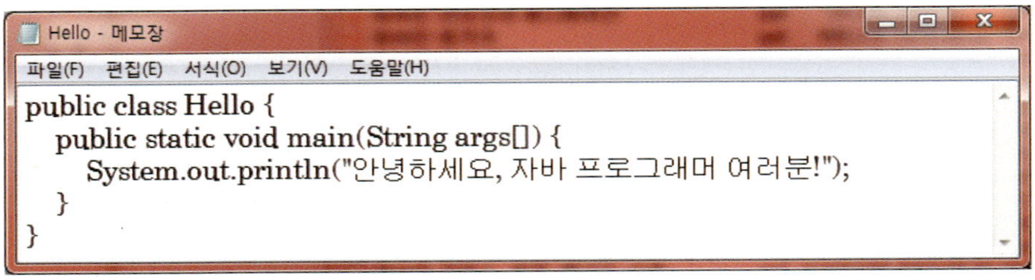

(3) 컴파일

소스 파일이 작성되면 자바 컴파일러로 컴파일한다. 자바 컴파일러의 이름은 javac이다. 앞의 소스 코드를 c:\java\src 폴더에 저장하였다고 가정하면 "명령 프롬프트"를 실행하여 다음과 같이 컴파일한다.

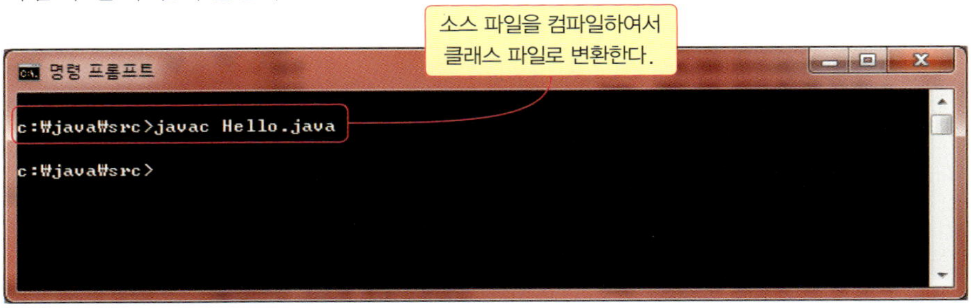

컴파일러가 생성하는 파일을 클래스 파일이라고 한다. 보통 클래스 파일은 소스 파일과 동일한 디렉토리에 만들어 진다.

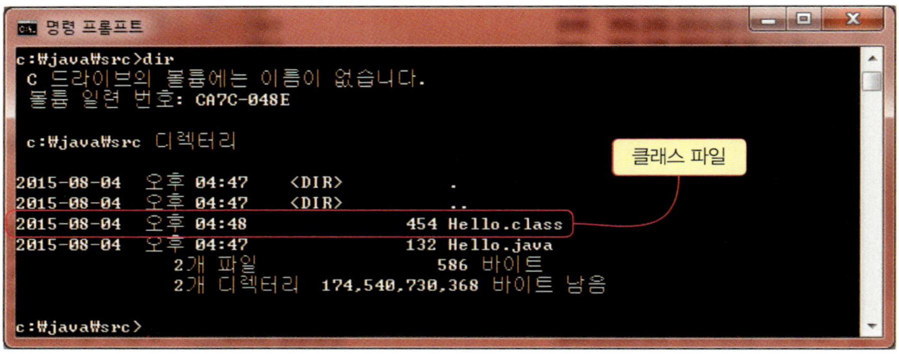

(4) 실행

자바 프로그램을 성공적으로 컴파일하였다면, 다음 단계는 가상 기계인 java를 이용하여 클래스 파일을 실행하는 것이다. 자바 프로그램을 실행시키려면 다음과 같이 하면 된다. 이때 확장자 .class는 빼고 클래스 이름만 입력하여야 한다.

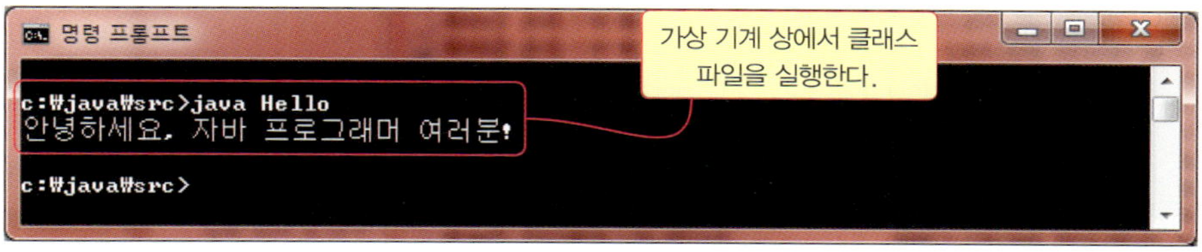

중간점검

1. 자바 컴파일러의 이름은 ________이다.
2. Hello.java를 컴파일하면 _______파일이 생성된다.
3. java 명령어 도구는 무엇인가?

01.6 이클립스 사용하기

이클립스란?

이클립스(eclipse)는 자바 프로그램을 쉽게 개발하기 위한 **통합 개발 환경**(IDE)의 하나이다. 명령어 기반의 JDK만을 가지고도 프로그램을 개발할 수 있지만 생산성이 매우 떨어진다. 이것은 앞 절의 내용을 직접 실습해본 학생이라면 누구라도 동의할 것이다. 이클립스는 무료로 제공되고 빠르면서 강력한 기능을 가지고 있기 때문에 자바 개발자 사이에서는 많은 인기가 있다. 이클립스는 오픈 소스 프로젝트로 개발되었으며 비영리단체인 이클립스 재단(www.eclipse.org)에서 배포한다. 또한 거의 모든 운영체제 버전이 제공된다.

이클립스의 설치

이클립스는 **www.eclipse.org**에서 다운로드받을 수 있다. 2017년 현재 최신 버전은 "Oxygen"이라고 되어 있다. 설치 방법이 많이 변경되었다. "eclipse-inst_win64.exe"를 다운로드 받아서 이것을 실행한다.

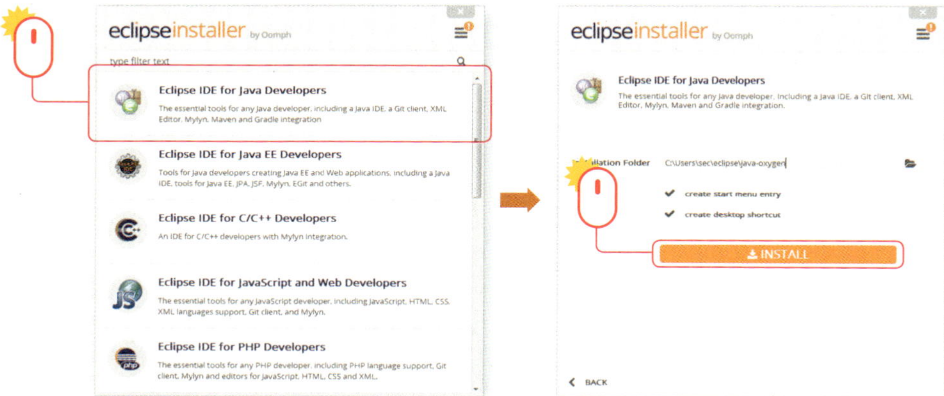

위의 화면에서 "Eclipse IDE for Java Developers" 버전을 다운로드 받으면 된다.

이클립스 실행

이클립스를 처음으로 실행하면 다음과 같은 대화 상자가 등장한다. 사용자에게 작업 공간을 어떤 폴더로 할 것인지를 물어보는 대화 상자이다. 자신이 작업하고자 하는 폴더로 지정하면 된다.

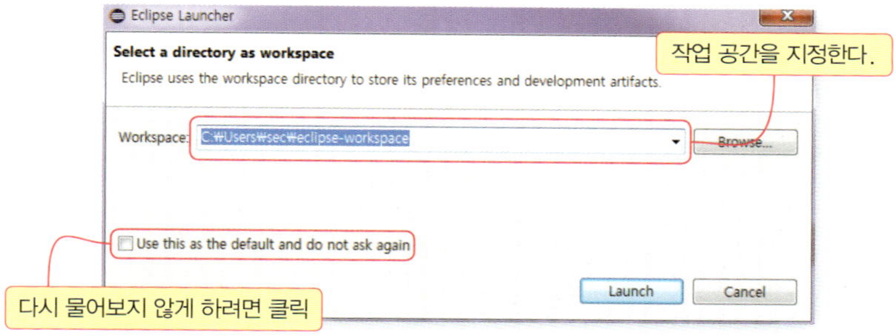

처음으로 이클립스를 실행하는 경우에는 환영하는 화면이 등장한다. X 표시를 눌러서 이 화면을 제거한다.

프로젝트 생성

이클립스를 이용하여 "Hello World!"을 출력하는 프로그램을 편집하고 컴파일한 후에 실행시켜 보자. 가장 먼저 해야 할 작업은 새로운 프로젝트를 생성하는 것이다. **프로젝트**(project)는 하나의 응용 프로그램을 개발하기 위하여 필요한 자바 소스 파일들과 이미지나 사운드 리소스 파일들을 모은 것이다. 메뉴에서 [File] → [New] → [Java Project]를 선택한다. 프로젝트 이름으로 "hello"를 입력하고 [Finish] 버튼을 누르면 새로운 프로젝트가 생성된다.

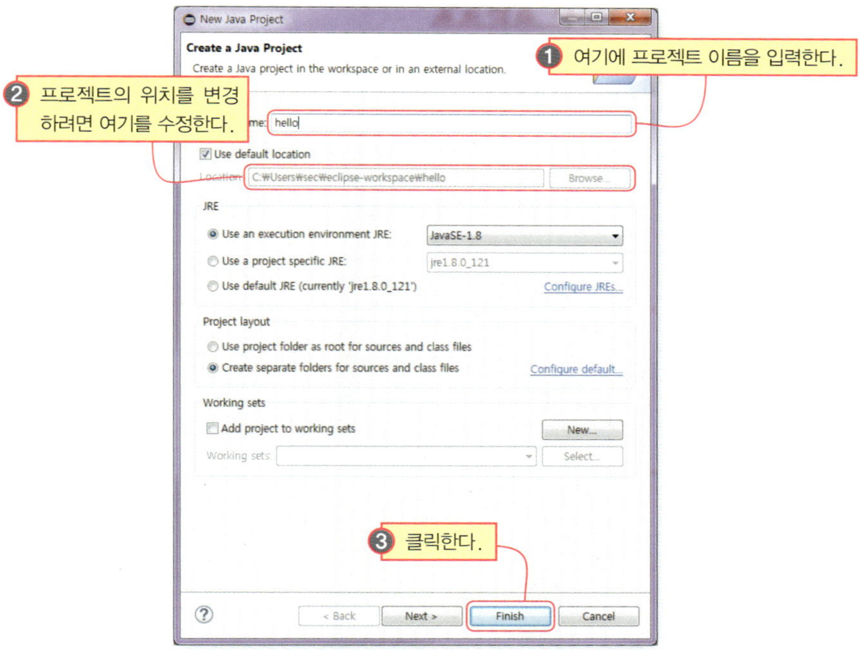

화면 왼쪽의 패키지 탐색기(Package Explorer)를 보면 새로 생성된 프로젝트 hello를 볼 수 있다.

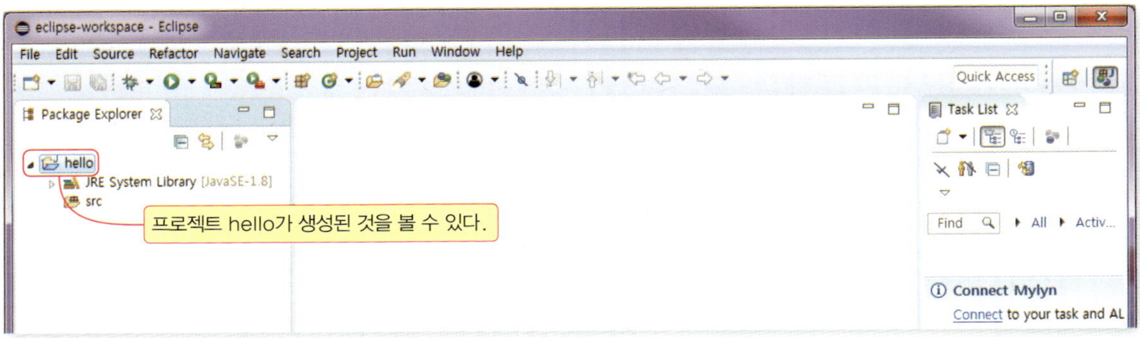

클래스 생성

프로젝트가 생성되면, 다음 절차는 프로젝트 안에 클래스를 작성하는 것이다. 클래스들이 모여서 자바 프로그램이 된다. 화면 왼쪽의 패키지 탐색기에서 프로젝트 hello의 [src] 폴더 위에서 마우스 오른쪽 버튼을 누르고 [New] → [Class]를 선택하면 다음과 같은 클래스 마법사가 화면에 등장한다.

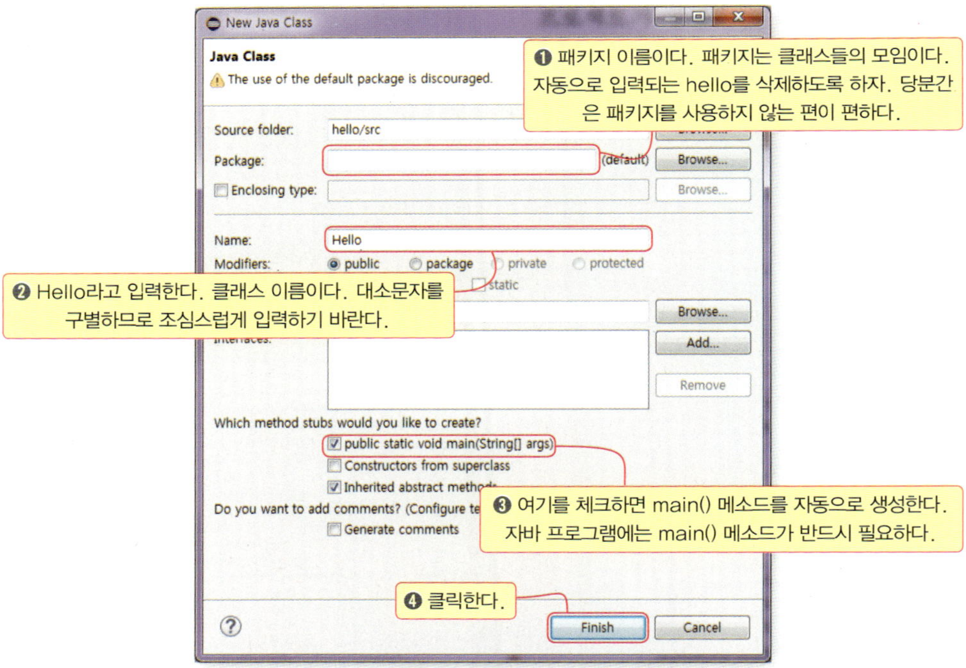

소스 코드 입력

앞에서 생성된 소스 파일에는 이미 어느 정도의 코드가 들어가 있다. 우리는 다음 그림과 같이 한 줄만 추가하여 보자.

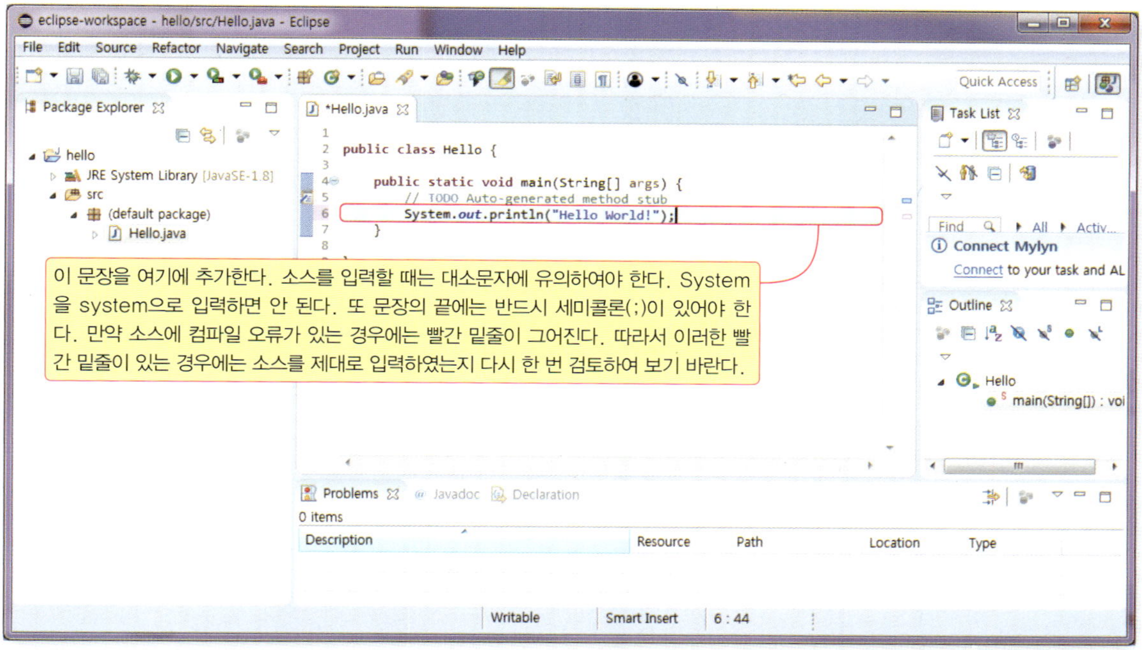

소스를 입력하면 자동적으로 컴파일이 수행된다. 이것은 초보자에게 무척 편리한 기능으로 다른 통합 개발 환경처럼 따로 컴파일 버튼을 누르지 않아도 된다.

프로그램 실행

[Run] → [Run] 메뉴를 선택하거나 툴바에서 ▶ 아이콘을 선택하면 프로그램이 실행된다. 만약 실행하기 전에 파일을 저장하겠느냐고 물어보는 화면이 나오면 [OK] 버튼을 클릭한다. 이어서 화면의 아래쪽에 있는 콘솔에 "Hello World!"가 출력되면 올바르게 실행된 것이다.

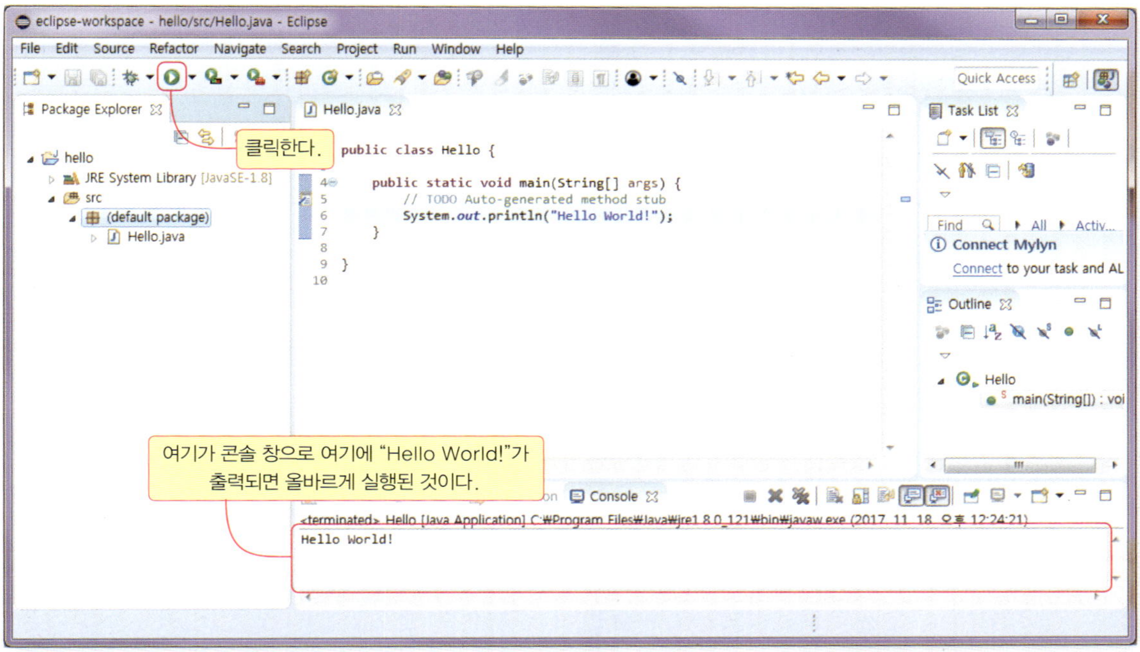

팁

자바 프로그램을 실행할 때, 메뉴바에서 [Run] → [Run As] → [Java Application]을 선택하여도 된다. 그리고 아이콘 을 눌러도 된다. 또는 단축키 Ctrl + F11을 눌러도 된다.

01.7 자바 문서 참조하기

자바는 상당한 분량의 기술 문서를 제공한다. http://docs.oracle.com/javase/9에 가보면 다음과 같은 화면을 볼 수 있다.

Java API 문서

자바는 방대한 라이브러리를 자랑한다. 이들 라이브러리 덕분에 강력하고 복잡한 기능의 프로그램을 손쉽게 작성할 수 있다. 하지만 교과서에 나와 있지 않은 라이브러리는 어떻게 사용할 것인가? 이때는 자바가 제공하는 도움말 페이지를 참조하여야 한다. 자바 API에 대한 문서는 http://docs.oracle.com/javase/9/docs/api에서 찾을 수 있다. 여기에는 자바에서 지원되는 모든 자바 API에 대한 문서 및 정보가 실려 있다. 이 페이지를 이용하면 API에 포함된 어떤 클래스에 대한 정보도 완벽하게 찾을 수 있다.

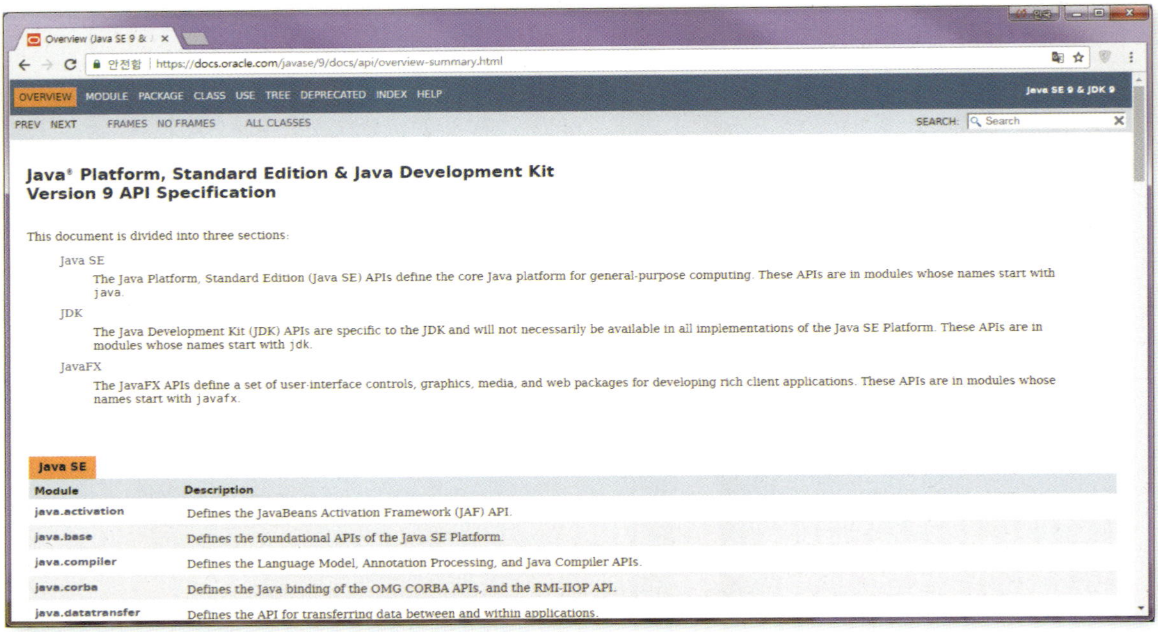

자바 튜토리얼

자바 초보자를 위한 튜토리얼은 https://docs.oracle.com/javase/tutorial/tutorialLearningPaths.htmll에 있다. 자바 튜토리얼은 초보자를 위하여 각 주제를 상세하고 친절하게 설명하는 문서이다. 자바 기초, 컬렉션, 스윙, JDBC, 네트워크 프로그래밍, Java 2D 등의 많은 주제에 대하여 자세한 설명과 소스가 포함되어 있다.

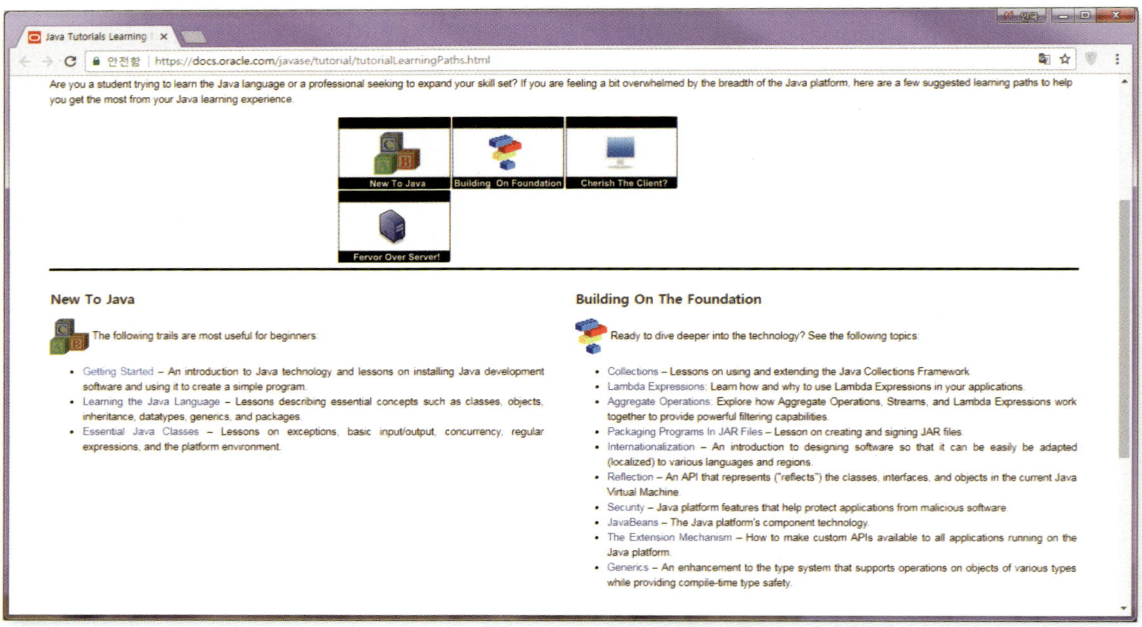

01.8 자바로 만들 수 있는 것

자바 애플리케이션(Java application)

자바 애플리케이션은 독립적으로 실행될 수 있는 일반 응용 프로그램이다. 일반 응용 프로그램도 자바를 사용하여 얼마든지 작성할 수 있다. 자바에는 다른 언어보다 상대적으로 풍부한 클래스 라이브러리가 존재한다. 따라서 일반 응용 프로그램을 작성하는 데도 장점이 될 수 있다. 문자 기반이나 그래픽 사용자 인터페이스 형태로 작성할 수 있다. 가장 대표적인 예는 바로 우리가 사용하려고 하는 개발 도구인 이클립스(eclipse)이다. 이클립스는 자바로 작성되었다.

자바 애플릿(Java applet)

애플릿(applet)은 application과 let("작다"라는 의미이다.)을 조합한 합성어라고 할 수 있다. 자바 애플릿은 단독으로 실행되지 않고 웹 브라우저 안에서 실행되는 작은 자바 프로그램이다. 일반적으로 애플릿은 크기가 작아서 월드와이드웹을 통하여 쉽게 배포할 수 있다.

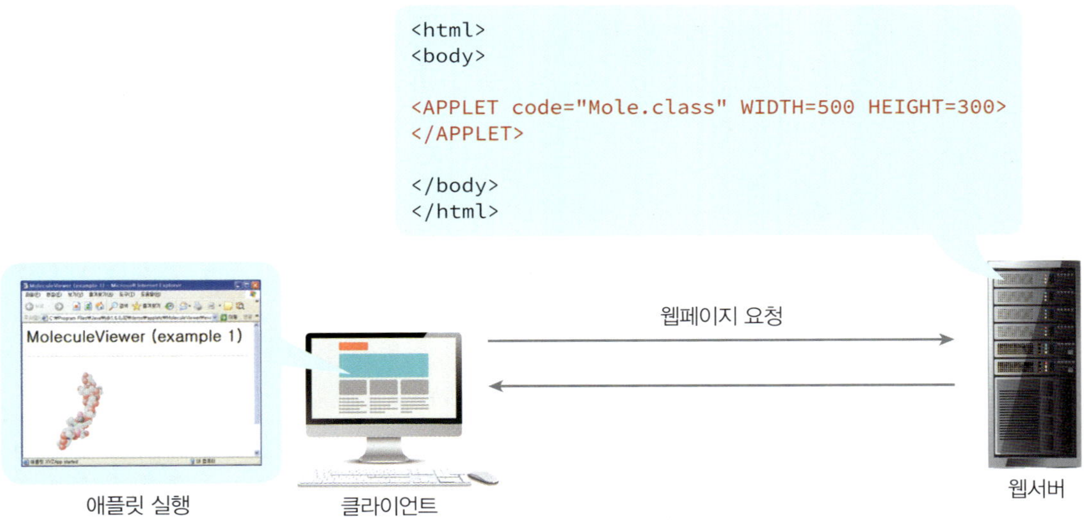

그림 1.10 자바 애플릿의 실행 과정

애플릿은 웹 브라우저 상에서 손쉽게 애니메이션이나 비디오를 재생할 수 있었기 때문에 초기에 많은 인기를 끌었다. 하지만 애플릿의 보안 단점을 이용한 악성 코드의 증가 때문에 최근에는 웹 브라우저에서 애플릿의 실행을 차단하는 실정이다.

자바 서블릿(Java servlet)

서블릿은 웹서버에서 동작하는 서버 모듈로서 클라이언트의 요구를 받아 그에 대한 처리를 한 후에, 실행 결과를 HTML 문서 형태로 클라이언트 컴퓨터로 전송한다. CGI와 유사한 역할을 하지만 CGI보다 효율적이다. 서블릿은 자바로 작성되기 때문에 자바가 제공하는 수많은 장점 및 기능을 제한없이 사용할 수 있다.

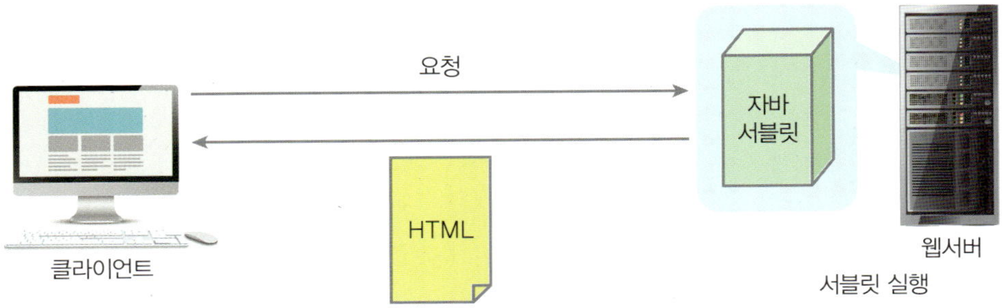

그림 1.11 자바 서블릿의 실행 과정

JSP(Java Server Page)

HTML안에 자바 코드를 넣으면 웹페이지를 사용자와 상호작용하도록 만들 수 있다. JSP는 서버에서 실행되고 결과는 HTML로 사용자에게 보내진다. JSP는 서블릿으로 변환되어서 실행된다.

안드로이드 애플리케이션

스마트폰의 운영체제 중의 하나인 안드로이드는 운영 체제로는 리눅스(linux)를 사용하지만, 운영 체제를 제외한 안드로이드 SDK의 나머지 부분은 모두 자바로 작성되어 있다. 안드로이드 애플리케이션도 물론 **자바**로 작성된다. 안드로이드 개발자들은 자바의 SE 버전 중에서 AWT와 스윙(swing)을 제외한 거의 모든 패키지를 사용할 수 있다. 안드로이드에서는 자바를 지원하기 위하여 자체적인 가상 기계를 별도로 구현하였다. 자바의 표준 가상 기계를 사용하지 않는 이유는 스마트폰이 데스크탑에 비하여 처리 속도와 메모리 측면에서 한참 뒤쳐지기 때문이다. 모바일 장치에서는 모든 것을 최적화시키는 것이 중요하다. 안드로이드에서는 가상 머신에서 JIT 컴파일러를 없애버리고 가비지 콜렉터를 다시 작성했으며 클래스 파일에서 중복된 정보를 제거한 새로운 실행 파일 형식인 달빅 실행 파일(.dex)를 사용한다. 이러한 자

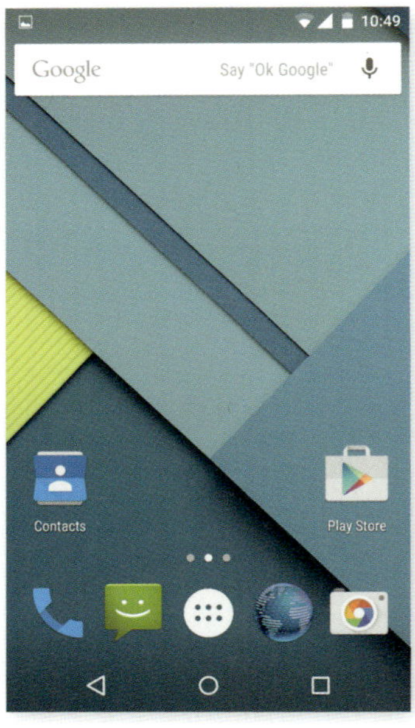

체적인 자바 가상 머신을 **달빅**(Dalvik) **가상 머신**이라고 부른다. 여기서 한 가지 주의할 점은 안드로이드에서는 달빅 가상 머신을 사용하므로 일반적인 자바의 클래스 파일에 들어 있는 바이트 코드는 직접 실행이 불가능하다. 반드시 바이트 코드를 달빅 실행 파일(.dex) 형식으로 변환하여야 실행이 가능하다.

01.9 컴파일 오류는 어떻게 처리하나?

자바 소스를 컴파일하다 보면 많은 오류들이 발생한다. 어떻게 대처할 것인가? 이클립스는 매우 훌륭한 오류 수정 방법들을 자동으로 제시한다. 만약 앞의 소스를 입력하는 과정에서 다음과 같이 System으로 하여야 할 것을 system으로 잘못 입력하였다고 가정해 보자.

```
System.out.println("Hello World!");
```

```
system.out.println("Hello World!");
```

프로그램을 실행하려고 시도해 보자. 컴파일 오류가 발생하게 되고 커서는 소스 편집 창에서 오류가 발생한 위치로 자동으로 이동한다. 컴파일러는 system이 알려지지 않은 클래스라고 불평할 것이다. "system cannot be resolved"라는 메시지는 system이라는 토큰을 처리할 수 없다는 의미이다.

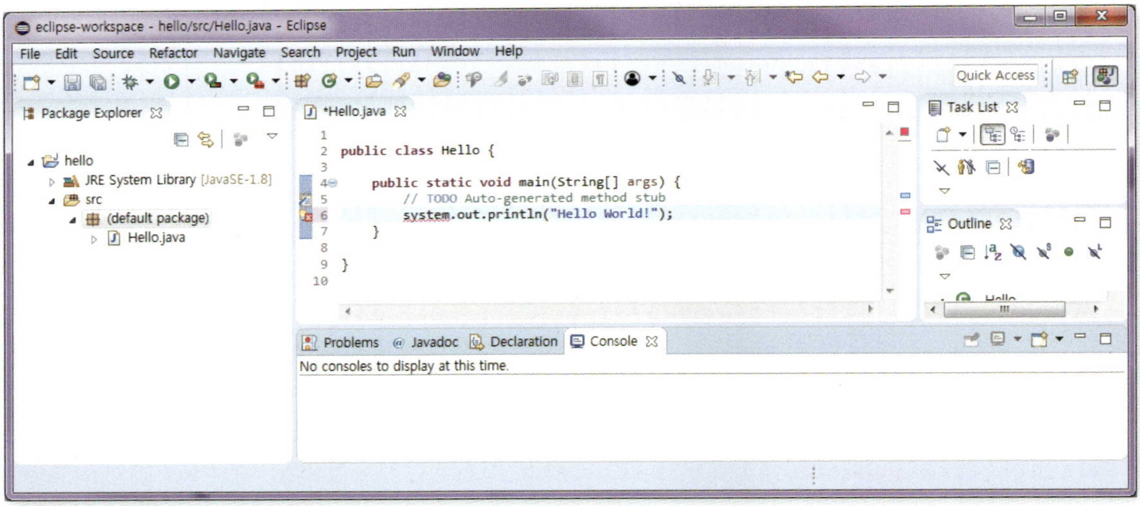

이클립스의 뛰어난 기능 중의 하나는 오류가 발생했을 경우에 처리 방법을 제시하고 개발자가 처리 방법 중에서 하나를 선택할 수 있도록 한다는 점이다. 빨간색 밑줄이 그러진 단어 위로 커서를 올리면 "quick fix" 창이 등장하고 프로그래머는 여러 가지 처리 방법 중에서 하나를 선택할 수 있다.

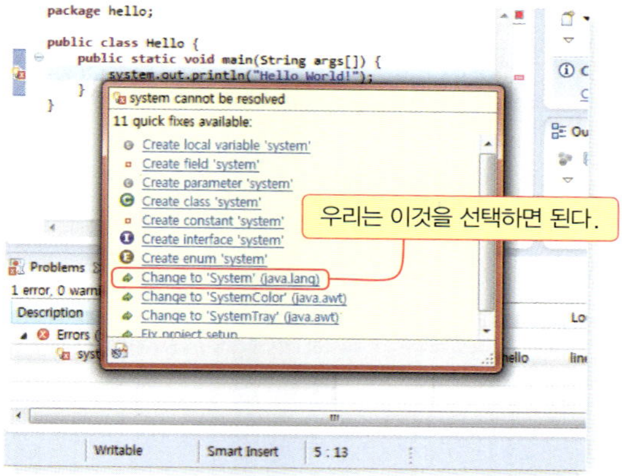

향후에 프로그램에서 어떤 오류가 발생하면 무조건 오류 위치로 마우스 커서를 올려보자. 이클립스는 오류 처리 방법을 우리에게 알려줄 것이다.

01.10 이클립스로 프로젝트 내보내기 & 읽기

작성한 이클립스 프로젝트를 다른 컴퓨터로 이동한다고 가정하자. 가장 일반적인 방법은 이클립스에서 [File] → [Export] 메뉴를 사용하여 프로젝트 전체를 외부로 내보내고 이것을 외부 컴퓨터에서 [File] → [Import] 메뉴를 사용하여 읽으면 된다. 이 책의 소스도 출판사 홈페이지에서 다운로드 받아서 이런 방법으로 불러들일 수 있다. 예를 들어서 작성된 프로젝트를 USB로 내보내는 방법을 살펴보자.

프로젝트를 외부로 내보낼 때

1. 앞에서 작성한 hello 프로젝트를 USB에 저장하려면 hello 프로젝트를 선택한 상태에서 [File] → [Export] 메뉴를 선택한다.
2. 대화 상자에서 [General] → [File System]을 선택한다.
3. 대화 상자에서 USB의 디렉토리를 선택하고 [Finish]를 누른다.

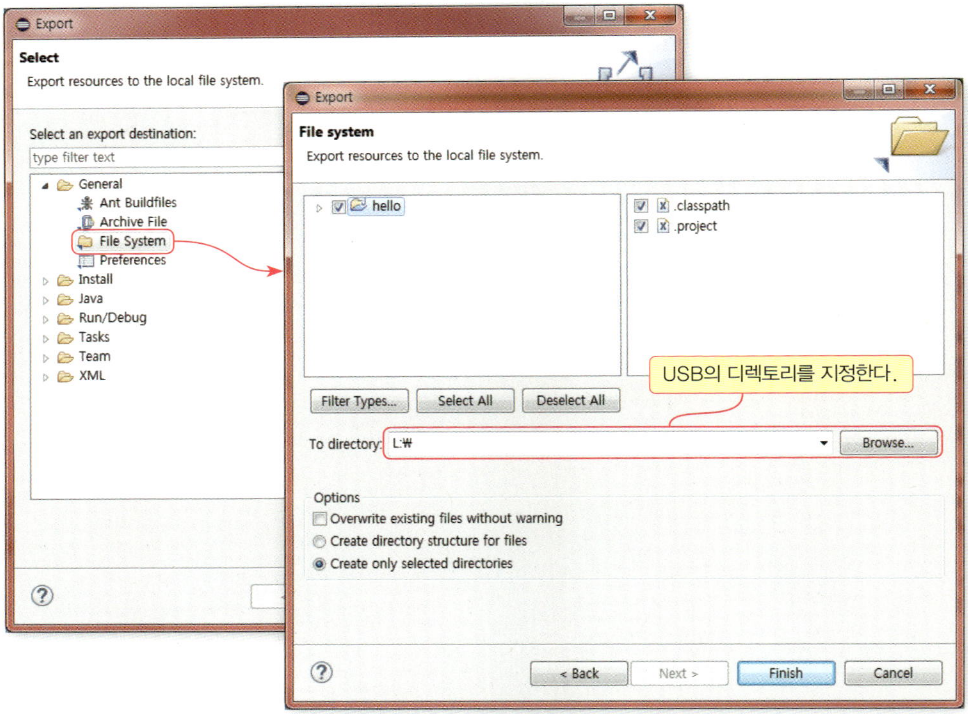

외부 프로젝트를 읽을 때

외부에서 가져온 프로젝트를 읽을 때는 반대 순서로 하면 된다.

1. USB에 저장한 hello 프로젝트를 읽으려면 [File] → [Import] 메뉴를 선택한다.
2. 대화 상자에서 [General] → [Existing Projects into Workspace]를 선택한다.
3. 대화 상자에서 USB의 디렉토리를 선택하고 [Finish]를 누른다.

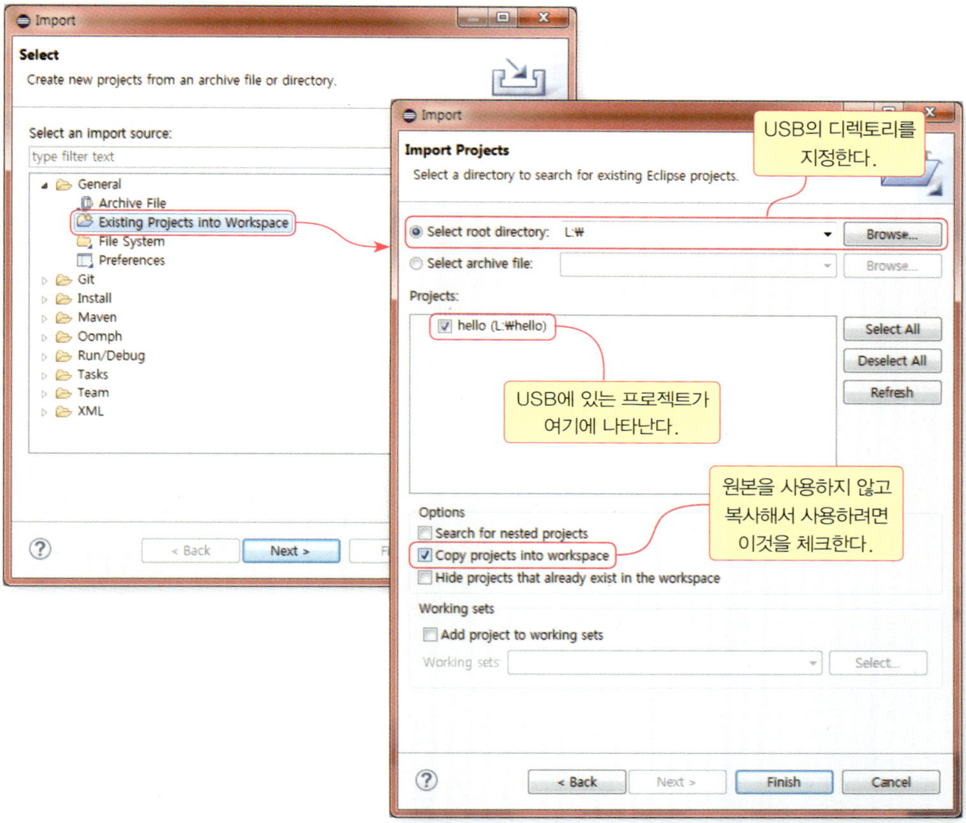

Mini Project

1. 다음과 같이 자신을 소개하는 문장을 출력하는 자바 프로그램을 작성해보자. 자바 소스 파일은 Intro.java로 저장한다.

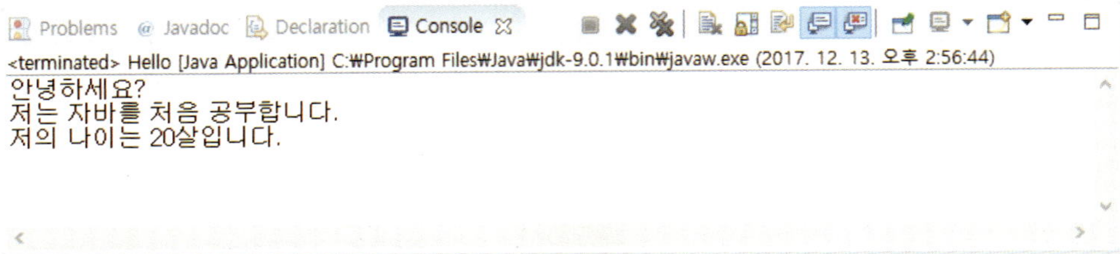

자바 소스 파일 이름은 소스 안에 정의된 클래스 이름과 동일하여야 한다.

```
public class Intro {
    public static void main(String args[]) {
        ... // 여기에 문장을 추가한다.
    }
}
```

(1) JDK의 명령어 도구를 사용해본다.

(2) 이클립스를 사용해본다.

Exercise

1. 자바 언어의 특징을 정리해보자.

2. 자바의 가상 기계(virtual machine)와 바이트 코드(byte code)에 대하여 설명하라.

3. 자바가 한번 작성하면 CPU나 운영체제에 상관없이 어디에서나 실행 가능한 이유는 무엇인가?

4. 자바 애플리케이션과 자바 애플릿은 어떻게 다른가?

5. 웹서버에서 동작하는 서버 모듈로서 자바로 작성된 것을 무엇이라고 하는가?

6. 자바에는 여러 가지 버전이 있다. ME, SE, EE 버전은 어디에 사용되는가?

7. 자바로 작성할 수 있는 애플리케이션에는 어떤 것들이 있는가?

8. JDK와 JRE는 어떻게 다른가? 개발자라면 어떤 것을 설치해야 하는가?

9. 자바 프로그램을 컴파일하고 실행시키는 과정을 개념적으로 설명하라.

10. 다음 프로그램은 어떤 이름으로 저장될까? 컴파일된 파일이름은 무엇일까? 실행 결과는 어떻게 되는가?

```java
public class Test {
   public static void main(String args[]) {
      System.out.println("This is a Test");
   }
}
```

11. 소스 파일의 이름이 MyProgram.java라고 하자. 컴파일하고 실행하는 명령어들을 차례대로 적어 보라.

실행결과

```
c:\>javac  __________________ [Enter]
c:\>java   __________________ [Enter]
```

Programming Exercise

1. 자신의 학번, 이름, 날짜를 출력하는 프로그램을 작성하라.

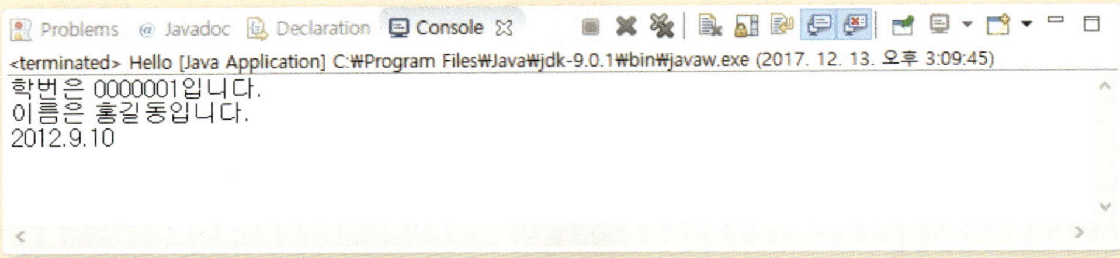

2. 자신의 이름, 주소, 전화 번호, 학과 등의 정보를 화면에 별도의 줄에 출력하는 프로그램을 작성하시오.

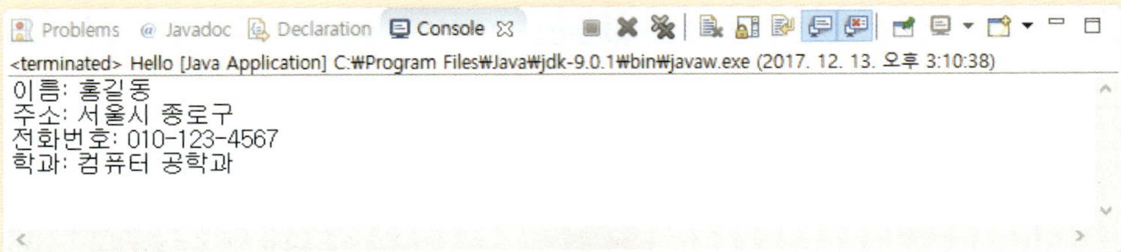

3. 다음과 같은 패턴을 출력하는 프로그램을 작성하시오.

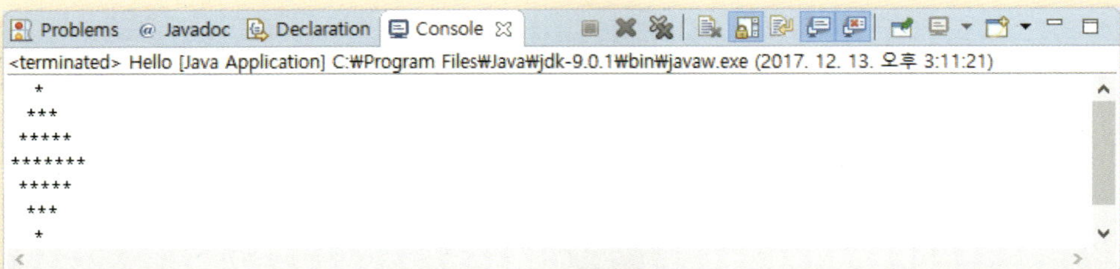

POWER Java compact

CHAPTER 02

자바 프로그래밍 기초

학습목표

- 이 장에서는 자료형이나 변수, 연산과 같은 기본적인 프로그래밍 개념에 대하여 학습한다. 여러분들은 아마도 그래픽을 사용하는 화려한 외관의 프로그램을 작성하고 싶을 것이다. 하지만 그러기 위해서는 객체 지향을 비롯한 상당한 양의 기초 지식이 필요하다. 따라서 이번 장의 예제들은 모두 입출력 장치로 콘솔창을 사용한다. 콘솔창에서는 텍스트 입력과 텍스트 출력만이 허용된다.

학습목차

02.1 자바 프로그램의 일반적인 구조

간단한 덧셈 프로그램을 이용하여 자바 프로그램에서 사용되는 요소들을 설명하고자 한다. 프로젝트를 생성하고 Add 클래스를 추가한 후에 다음의 소스를 입력하여 실행하여 본다.

Add.java

```
public class Add {

    public static void main(String[] args) {
        // 100과 200을 더하는 프로그램
        int x;
        int y;
        int sum;     // 합을 저장하는 변수
        x = 100;
        y = 200;
        sum = x + y;
        System.out.println("100과 200의 합="+sum);
    }
}
```

클래스를 정의하는 문장이다.

메소드를 정의하는 문장이다.

실행결과

```
100과 200의 합=300
```

위 소스의 각 문장들을 간단하게 살펴보고 지나가자.

public class Add {

이 문장은 클래스 Add를 정의하는 문장이다. **클래스**(class)는 자바 프로그램의 빌딩블록이다. 클래스들이 모여서 자바 프로그램이 된다. 클래스는 {에서 시작하여 }에서 종료된다.

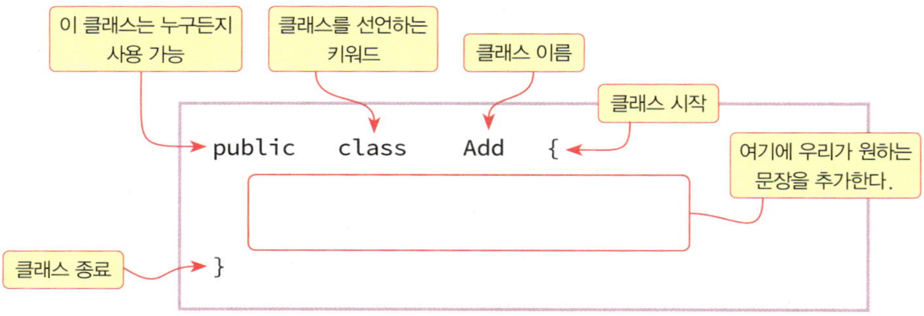

자바에서 소스 파일 이름은 항상 public이 붙은 클래스의 이름과 동일하여야 한다. 위의 소스 파일 이름은 반드시 Add.java이어야 한다. 다른 파일 이름은 사용할 수 없다.

public static void main(String[] args) {

이 문장은 메소드 main()이 시작되는 문장이다. **메소드**(method)는 어떤 특정한 기능을 수행하는 코드들의 집합이다. 클래스 안에 선언된 함수(function)가 메소드이다. 메소드는 {에서 시작하여 }에서 종료된다.

모든 클래스가 main() 메소드를 가지고 있는 것은 아니다. 하지만 하나의 자바 프로그램에는 main() 메소드를 가지고 있는 클래스가 반드시 하나는 있어야 한다. 여러 메소드 중에서도 main()은 특별한데 그 이유는 바로 main() 메소드에서 자바 프로그램의 실행이 시작되기 때문이다. 자바 프로그램은 main()의 첫 번째 문장부터 시작하여서 순차적으로 실행되다가 main()의 마지막 문장을 실행한 후에는 종료된다.

// 100과 200을 더하는 프로그램

주석(comment)은 소스 코드가 하는 일을 설명하는 설명글로서 프로그램의 실행 결과에 영향을 끼치지 않는다. 자바에는 두 가지의 주석 형태를 사용할 수 있다.

```
/* 이것이 주석이다. */
// 줄의 끝까지 주석으로 취급된다.
```

int x; int y; int sum;

이 3개의 문장은 변수를 선언하는 문장이다. **변수**(variable)는 데이터를 저장하는 공간이다. 우리는 변수에 값을 저장했다가 꺼내 쓸 수 있다. **문장**(statement)은 사용자가 컴퓨터에게 작업을 지시하는 단위이다. 문장은 프로그램을 이루는 가장 기초적인 단위가 된다. 문장들은 메소드 안에 들어 있다. 문장의 끝은 항상 세미콜론(;)으로 끝나야 한다.

x = 100; y = 200;

위의 문장은 변수에 값을 저장하는 문장이다. = 기호는 왼쪽의 변수에 오른쪽의 값을 저장한다.

sum = x + y;

위의 문장은 변수 x와 변수 y의 값을 꺼내서 합한 후에 변수 sum에 저장하는 문장이다. + 기호는 덧셈을 나타낸다.

System.out.println("100과 200의 합="+sum);

이 문장은 "100과 200의 합"이라는 텍스트와 변수 sum의 값을 합하여 콘솔 창에 출력하는 문장이다. 우리는 System.out.println()을 이용하여 변수의 값이나 문자열을 화면에 출력할 수 있다.

참고 혹시 여러분들이 이클립스에서 클래스를 생성할 때 대화 상자에서 패키지를 정의하는 필드를 지우지 않았다면 다음과 같은 문장이 소스에 있을 수 있다.

```
package add;
```

이 문장은 add라는 패키지를 정의하는 문장이다. 패키지(package)는 클래스들을 모아 놓은 곳으로 현재의 클래스가 add라는 패키지에 속한다는 것을 알려준다. 위의 문장이 소스에 있더라도 실행 결과는 같다. 패키지는 7장에서 살펴본다.

참고 자바에서는 소스 파일 이름과 클래스 이름이 상당한 관련이 있다. 일단 하나의 소스 파일 안에는 하나의 클래스만 있는 것이 바람직하지만 하나의 소스 파일 안에 둘 이상의 클래스를 정의하여도 컴파일 오류는 발생하지 않는다.

- 소스 안에 public 클래스가 있다면 반드시 소스 파일의 이름은 public 클래스의 이름과 일치하여야 한다.
- 하나의 소스 파일 안에 public 클래스가 2개 이상 있으면 컴파일 오류가 발생한다.

02.2 변수와 자료형

변수

변수(variable)는 데이터를 담아두는 상자로 생각할 수 있다. 변수는 어디에 필요할까? 사용자가 입력한 값을 저장할 때도 필요하고 계산 도중에 중간 결과를 저장할 때도 필요하다.

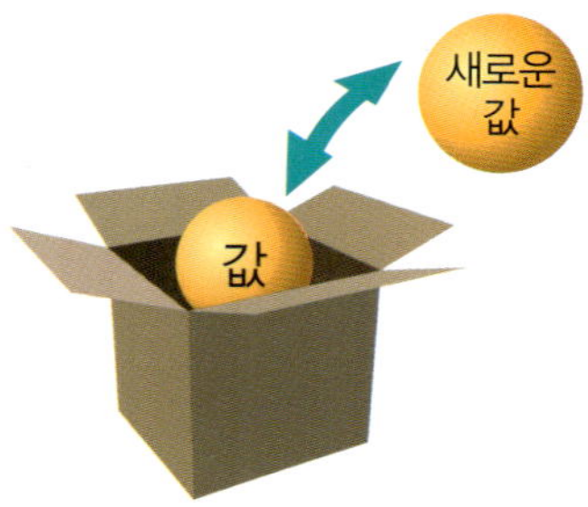

변수는 사용하기 전에 반드시 미리 선언하여야 한다. 변수 선언이란 컴파일러에게 어떤 변수를 사용하겠다고 미리 알리는 것이다. 이것은 요리를 하기 전에 어떤 크기의 그릇들이 얼마나 필요한 지를 미리 예상하여 준비해 놓는 것과 같다. 선언을 하게 되면 컴파일러는 변수의 자료형에 맞는 기억 공간을 미리 확보한다. 만일 변수를 선언하지 않고 사용하게 되면 컴파일 오류가 발생한다. 변수를 선언하는 방법은 원하는 자료형을 쓰고 이어서 변수 이름을 쓰면 된다. 변수 선언도 하나의 문장이므로 반드시 세미콜론으로 종료하여야 한다.

문법 2.1	변수 선언	
	자료형 변수이름;	`int value;`
설명	정수형 변수 value를 선언한다.	

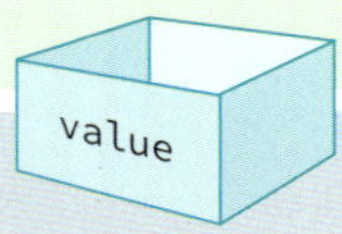

위의 문장에서 int는 자료형이다. int형은 변수가 저장하는 데이터의 타입이 정수(integer)라는 것을 의미한다. value는 변수의 이름이다. 상자에도 라벨을 붙일 수 있듯이 변수에도 이름이 붙여서 다른 변수와 구별할 수 있다. 변수가 선언되면 변수의 값은 아직 정의되지 않은 상태가 된다. 변수를 선언과 동시에 값을 넣으려면 변수 이름 뒤에 =를 놓고 초기값을 적어준다.

```
int value = 9;
```

변수의 이름 짓기

변수의 이름은 프로그래머가 마음대로 지을 수 있지만 몇 가지의 규칙을 지켜야 한다. "홍길동", "김영희"등의 이름이 사람을 식별하듯이 변수의 이름은 변수와 변수들을 식별하는 역할을 한다.

그림 2.1 식별자

변수의 이름은 다음과 같은 규칙에 따라 만들어야 한다.

- 알파벳 문자와 숫자, 밑줄 문자 _로 이루어진다. 한글이름도 가능하다.
- 이름의 중간에 공백이 들어가면 안 된다.
- 첫 번째 문자는 반드시 알파벳 또는 밑줄 문자 _이여야 한다. 이름은 숫자로 시작할 수 없다.
- 대문자와 소문자를 구별하여 서로 다른 것으로 취급한다. 따라서 변수 index와 Index, INDEX는 모두 서로 다른 변수이다.
- 자바 언어 키워드(if, while, true, false, null,...)와 똑같은 이름은 허용되지 않는다.

잘못된 변수 선언의 예는 다음과 같다.

```
int    1stPrizeMoney;  (×)       // 첫 글자가 숫자
double super;          (×)       // 키워드
int    #ofComputer;    (×)       // 허용되지 않는 기호
```

자료형

자료형(data type)은 변수에 저장되는 데이터의 타입을 의미한다. 변수를 상자라고 가정했을 경우, 자료형은 상자의 종류와 크기를 나타낸다고 할 수 있다. 물건을 정리하는 상자도 여러 가지 종류와 크기가 있고 커피 전문점에서도 여러 가지 크기의 커피(small, medium, large)를 파는 것과 마찬가지이다.

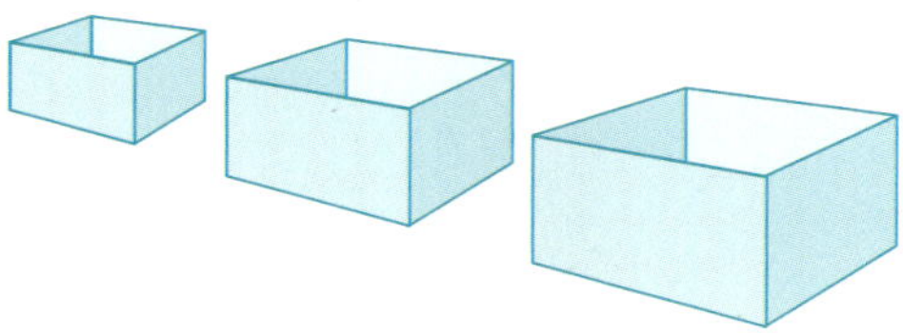

그림 2.2 자료형에는 여러 가지 종류가 있다.

자료형의 종류

자바에는 크게 나누어서 **기초형**(primitive type)과 **참조형**(reference type)의 자료형이 있다. 기초형은 다시 정수형, 실수형, 문자형, 논리형으로 분류할 수 있고 참조형에는 클래스, 배열 , 인터페이스가 있다. 기초형의 변수에는 변수의 값이 저장되어 있으나 참조형의 변수에서는 객체의 위치(참조 또는 주소)가 들어가 있다. 참조형에는 값이 아니라 객체의 참조값(주소)이 저장되어 있다고 생각하자. 참조형은 클래스와 객체를 학습할 때 자세히 살펴보자.

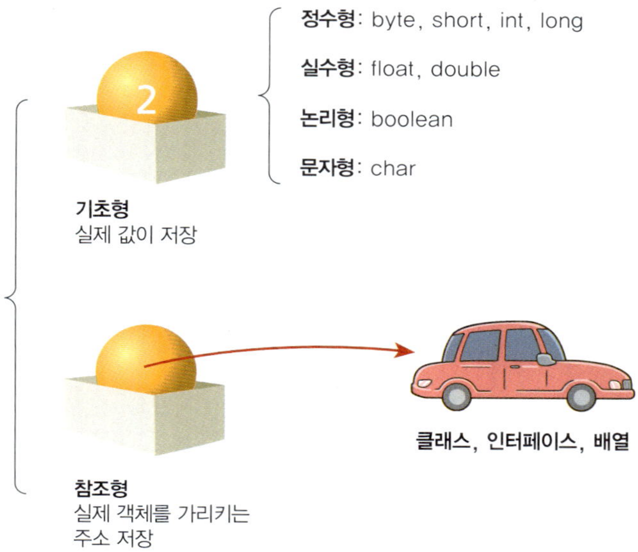

기초형

다음 표는 자바의 기초형의 크기와 범위를 보여준다. 정수형은 byte, short, int, long이고 실수형은 float와 double이다. 문자형은 char이며 논리형은 boolean이다.

자료형	설명	크기(바이트)	범위
byte	부호있는 정수	1바이트	−128에서 127
short	부호있는 정수	2바이트	−32768에서 32767
int	부호있는 정수	4바이트	−2147483648에서 2147483647(20억 정도)
long	부호있는 정수	8바이트	−9223372036854775808에서 9223372036854775807
float	실수형	4바이트	약 $\pm 3.40282347 \times 10^{+38}$(유효숫자 6−7개 정도)
double	실수형	8바이트	약 $\pm 1.7976931 \times 10^{+308}$(유효숫자 15개 정도)
char	문자형	2바이트	\u0000에서 \uFFFF
boolean	논리형	1바이트	NA

자료형마다 처리할 수 있는 범위가 다르기 때문에 메모리 공간을 효과적으로 사용하려면 처리하는 값의 범위에 따라 적절한 자료형을 선택하면 된다.

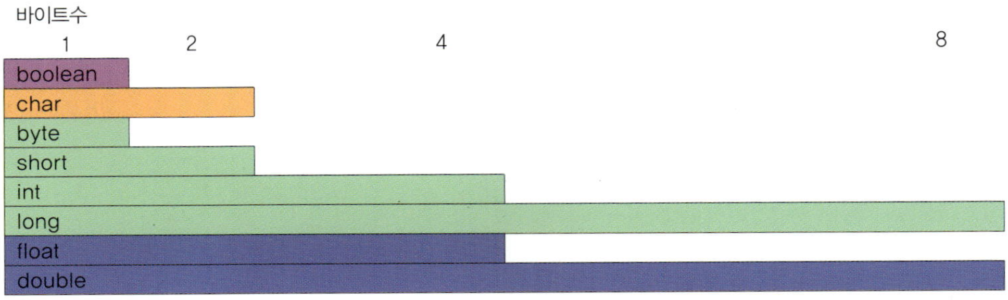

> **참고** long으로도 안되는 큰 정수는 어떻게 처리해야 할까? 암호화 애플리케이션에서는 아주 큰 정수가 필요하다. 이때는 BigInteger 클래스를 사용해야 한다.

> **참고** 변수를 정의한 후에 초기화하지 않고 사용하면 오류가 발생한다. 따라서 모든 변수를 사용하기 전에 반드시 초기화하여야 한다.

정수형 리터럴

리터럴(literal)이란, x = 100;에서 100과 같이 소스 코드에 쓰여 있는 값을 의미한다. 정수형 리터럴은 다음과 같이 여러 진법으로 표시가 가능하다. 16진수는 0-9와 A-E사이의 알파벳을 사용한다. 16진수는 앞에 0x를 붙인다. 8진수의 경우에는 앞에 0을 붙인다. 특히 JDK 7부터는 이진수도 표현이 가능하다. 이진수의 경우에는 앞에 0b를 붙인다.

- 10진수(decimal): 14, 16, 17
- 8진수(octal): 016, 018, 019
- 16진수(hexadecimal): 0xe, 0x10, 0x11
- 2진수(binary): 0b1100 (JDK 7부터 가능)

또한 JDK 7부터는 정수형 리터럴 안에 밑줄 기호가 포함될 수 있다. 아래 문장을 실행하면 변수 x에는 123456이 대입된다. 즉 컴파일러는 밑줄 기호를 무시한다.

```
int x = 123_456;
```

예제 2-1

하나의 예로 빛이 1년 동안 진행하는 거리를 계산하여 보자. long형의 정수 변수를 사용하여야 한다.

실행결과

```
빛이 1년 동안 가는 거리 : 9460800000000 km.
```

Light.java

```java
class Light {
    public static void main(String args[]) {
        long lightspeed;
        long distance;

        lightspeed = 300000;
        distance = lightspeed * 365L * 24 * 60 * 60;

        System.out.println("빛이 1년 동안 가는 거리 : " + distance + " km.");
    }
}
```

실수형 리터럴

실수형 리터럴은 일반 표기법이나 지수 표기법으로 표현될 수 있다. 예를 들어서 123.45은 1.2345E+2와 같이 지수를 사용하여서 표기해도 된다. 1.2345E+2는 1.2345×10^2을 나타낸다. 부동소수점형 리터럴은 double형이 기본이다. 따라서 다음과 같이 부동소수점형 리터럴을 float형 변수에 저장하면 오류가 된다.

```java
float temperature = 12.3;       // 12.3은 double형이므로 오류!
```

12.3F와 같이 숫자의 끝에 f나 F를 붙이면 float형 리터럴이 된다.

```java
float temperature = 12.3F;      // OK!
```

참고 부동소수점형은 정확성이 필수인 금융 계산에는 적합하지 않다. 왜냐하면 필연적으로 오차가 발생하기 때문이다. 예를 들어서 0.1은 이진법에서는 정확하게 표현할 수가 없다. 0.100000001490116119384765625과 같이 표현된다. 이것은 부동소수점형이 기본적으로 2진법에 기초를 두고 있어서 그렇다. 따라서 큰 금액을 정확하게 계산하려면 java.math.BigDecimal 클래스를 사용하여야 한다.

문자형 리터럴

문자형인 char는 하나의 문자를 저장할 수 있다. 자바에서는 유니코드(unicode)를 지원하기 위해 문자 하나가 16비트로 표현된다. 유니코드 규격 중에서 UTF-16 코딩 규격을 사용한다. 유니코드를 사용하기 위해서는 한글의 경우, 그대로 입력하여도 되고, 16진수를 이용하여서 '\u0000'(0)에서 '\uffff'(65536)와 같이 표현하여도 된다.

```java
char ch1 = '가';
char ch2 = '\uac00';      // '가'를 나타낸다.
```

C/C++와 비슷하게 특수 문자들(제어 문자들과 출력되지 않는 문자들)은 문자 앞에 역슬래쉬(\)를 사용하여 나타낸다. 특수문자의 흔한 예는 화면에 출력할 때 새로운 줄을 삽입하는 \n이다.

> **참고**
>
> 유니코드는 전통적인 문자 엔코딩 방법의 문제점을 해결하기 위하여 개발되었다. 유니코드가 사용되기 전에는 국가마다 서로 다른 표준을 사용하였다. 예를 들어 미국에서는 ASCII, 유럽에서는 ISO 8859-1, 중국에서는 GB18030을 사용하였다. 이것은 많은 문제점을 일으켰는데, 글자 당 한 바이트면 충분한 국가도 있었고 글자 수가 많아서 글자 당 2 바이트를 사용하여야 하는 국가도 있었다. 유니코드는 이러한 문제점을 해결하기 위하여 개발되었다. 1991년에 고정된 2바이트 방식의 유니코드 1.0 규격이 발표되었다. 현재의 유니코드 버전은 6.0이다.
>
> 유니코드 안에는 UCS-2와 UCS-4, UTF-7, UTF-8, UTF-16, UTF-32 인코딩 등의 많은 인코딩 방식이 사용되고 있다. 이 중 ASCII와 호환이 가능하면서 유니코드를 표현할 수 있는 UTF-8 인코딩이 가장 많이 사용된다. 하지만 현재 자바의 String(문자열을 나타내는 클래스) 객체 내부에서는 UTF-16 인코딩으로 문자열을 저장하고, 문자열을 입/출력할 때에는 사용자가 인코딩을 지정할 수 있다. 자세한 내용은 www.unicode.org를 참조하여야 한다.

논리형 리터럴

논리형(boolean type)은 참과 거짓을 나타내는 데 사용된다. 논리형은 true 또는 false만을 가질 수 있다. 논리형은 논리 연산을 수행하는데 사용된다.

```
boolean flag = true;
boolean x = 1 < 2;        // false가 저장된다.
```

기호 상수

상수(constant)란 프로그램이 실행하는 동안, 값이 변하지 않는 수 또는 변경 불가능한 수를 의미한다. 앞에서 설명한 리터럴도 상수의 일종이다. 자바에서는 final 키워드를 이용하여서 리터럴을 **기호상수**로 나타낼 수 있다. 변수를 선언할 때 앞에 final을 붙이면, 기호상수가 된다. final 키워드는 변수에 값이 대입되고 나면 변수의 값이 더 이상 변경되지 않는다는 것을 의미한다.

```
final double PI = 3.141592;
```

예제 2-2

반지름이 5.0인 원의 면적을 계산하는 프로그램을 작성해 보자. 모든 변수를 실수형으로 정의하라.

실행결과

```
반지름이 5인 원의 면적은 78.5398
```

AreaTest.java

```java
public class AreaTest {
    public static void main(String args[]) {
        final double PI = 3.141592;
        double radius, area;

        radius = 5.0;
        area = PI * radius * radius;
        System.out.println("반지름이 5인 원의 면적은 " + area);
    }
}
```

예제 2-3

지구에서 태양 다음으로 가장 가까운 별은 어디일까? 정답은 프록시마 센타우리(Proxima Centauri) 별이라고 한다. 프록시마 센타우리는 지구로부터 40×10[12] km 떨어져 있다고 한다. 빛의 속도로 프록시마 센타우리까지 간다면 시간이 얼마나 걸리는지 직접 계산해 보기로 하자. 빛의 속도는 300000 km/sec이다.

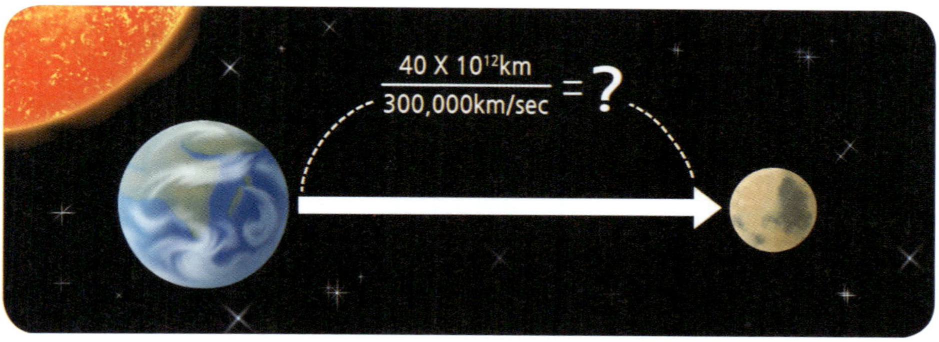

실행결과

```
걸리는 시간은 4.227972264501945광년입니다.
```

천문학에서 사용하는 숫자들은 아주 크다. 따라서 double형을 사용하여야 한다. 또 단위를 빛이 1년에 진행하는 거리인 광년을 사용하여 나타내보자. 그리고 40× 10[12] km는 다음과 같이 표기하는 편이 편리하다.

```java
double distance=40e12;
```

CalTime.java

```java
public class CalTime {

    public static void main(String[] args) {
        final double light_speed = 30e4;
```

final을 붙여서 빛의 속도를 부동소수점형 기호상수로 정의하고 있다.

```java
        double distance = 40e12;

        double secs;

        secs = distance/light_speed;

        double light_year = secs/(60.0*60.0*24.0*365.0);
        System.out.println("걸리는 시간은 " + light_year + "광년입니다. ");
    }
}
```

도전문제

인간이 만든 우주선인 보이저 1호의 속도는 약 시속 6만km라고 한다. 보이저로 가면 얼마나 시간이 걸리는 계산해 보자.

02.3 문자열

자바에서 **문자열**(string)은 문자들의 모임이다. 예를 들어서 문자열 "Hello"는 H, e, l, l, o 등의 5개의 유니코드 문자로 구성되어 있다. 하지만 자바 언어에는 내장된 문자열 자료형이 없다. 대신에 String 클래스가 제공된다. 아직 클래스에 대해서는 학습하지 않았지만 일단 다음과 같이 알아두자. String 클래스는 문자열을 나타내는 자료형이라고 생각해도 좋다. 우리가 int를 사용해서 정수형 변수를 생성하는 것처럼 String을 사용하여서 문자열 변수를 생성하고 여기에 문자열을 저장할 수 있다.

```
String s1 = "";         // 공백 문자열이다.
String s2 = "Hello World!";
```

위의 코드에서 s1과 s2가 바로 String 타입의 객체이다. String 객체들을 + 연산자를 이용하여 서로 더하면 문자열이 합쳐진다.

+를 이용하여 변수의 값과 문자열을 합칠 수도 있다.

```
System.out.println("내년이면 " + age + "살이 됩니다. ");
```

예제 2-4

두개의 문자열을 +연산자로 합쳐보자.

StringTest.java

```
public class StringTest {
    public static void main(String args[]) {
        String s1 = "Hello World!";
        String s2 = "I'm a new Java programmer!";

        System.out.println(s1 + "\n" + s2);
    }
}
```

실행결과

```
Hello World!
I'm a new Java programmer!
```

02.4 형변환

때로는 하나의 자료형을 다른 자료형으로 변환하는 것이 필요하다. 이것을 **형변환**(type conversion)이라고 한다. 형변환은 자동적으로 발생하기도 하고 개발자가 강제적으로 형변환할 수도 있다.

자동적인 형변환

컴퓨터에서는 산술적인 연산을 하기 전에 피연산자의 타입을 통일하여야 한다. 컴퓨터에서 정수 계산하드웨어와 실수 계산 하드웨어는 완전히 다르다. 수식을 계산할 때는 가장 범위가 넓은 피연산자의 타입으로 변환된다. 예를 들어서 1.3 + 12와 같은 수식에서는 12가 12.0으로 변환되어 1.3에 합쳐진다. 따라서 1.3 + 12.0이 되고 수식의 결과는 13.3이 된다.

```
double sum = 1.3 + 12;   // 1.3 + 12.0으로 변환된다.
```

강제적인 형변환

강제적인 형변환을 하려면 형변환 연산자를 사용한다. 변환하려는 값의 앞에 원하는 자료형을 적어주면 된다. 예를 들어서 int형 변수 x가 가지고 있는 값을 double로 형변환하여 y에 대입하려면 다음과 같이 한다.

```
int x = 3;
double y = (double) x;
```

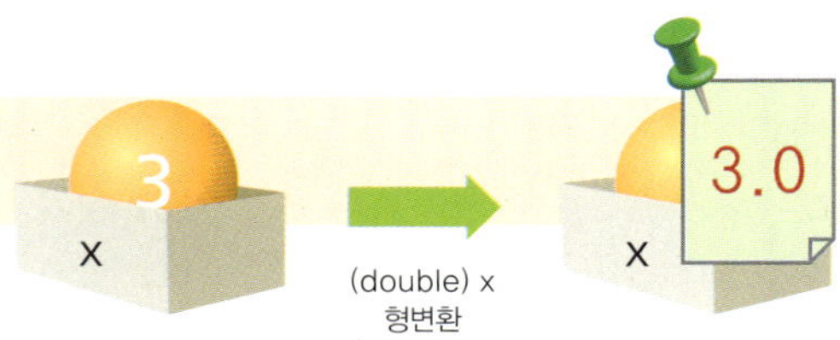

더 작은 크기의 자료형에 값을 저장하는 형변환은 정보를 잃을 수 있다. 이러한 변환을 축소 변환이라고 한다. 예를 들어서 실수형 변수를 정수형 변수에 저장하면 소수점 이하가 없어진다.

```
i = (int) 12.5; // i에는 12만 저장
```

위의 문장이 실행되면 소수점 이하는 사라진다. 따라서 축소변환을 할 때는 자료를 잃을 가능성 때문에 항상 주의해야 할 것이다.

예제 2-5

간단한 예제를 작성하여 확인해 보자.

TypeConversion.java

```java
public class TypeConversion {
    public static void main(String args[]) {
        int i;
        double f;

        f = 5 / 4;
        System.out.println(f);

        f = (double) 5 / 4;
        System.out.println(f);

        i = (int) 1.3 + (int) 1.8;
        System.out.println(i);
    }
}
```

5 / 4는 피연산자가 정수이므로 정수 연산으로 계산되어서 1이 된다. 이것이 double형 변수로 대입되므로 올림 변환이 발생하여 1.0이 f에 저장된다.

(double)5 / 4에서는 먼저 형변환 연산자가 우선순위가 높기 때문에 먼저 실행되어서 정수 5가 부동소수점수 5.0으로 변환된다. 5.0 / 4는 피연산자중 하나가 double형이므로 4도 double형으로 자동 형변환되고 5.0 / 4.0 으로 계산되어서 1.25가 수식의 결과값이 된다.

수식 (int)1.3 + (int)1.8에서는 1.3과 1.8이 모두 1로 변환되므로 변수 i에는 1 + 1하여 2가 저장된다.

실행결과

```
1.0
1.25
2
```

02.5 콘솔에서 입력받기

입력하기

콘솔에서 읽는 것은 System.in을 사용한다. System.in은 키보드에서 바이트를 읽어서 우리에게 전달한다. 이 바이트를 우리가 해석하여 정수나 실수로 변환할 수도 있지만 너무 번거롭다. 따라서 우리는 Scanner 객체를 이용하여 바이트들을 정수나 실수, 문자열로 변환한다.

```
Scanner sc = new Scanner(System.in); // 당분간 이해하려 애쓰지 말고 그냥 사용하자.
```

Scanner 타입의 변수 선언

Scanner 객체를 생성하고 System.in에 연결한다.

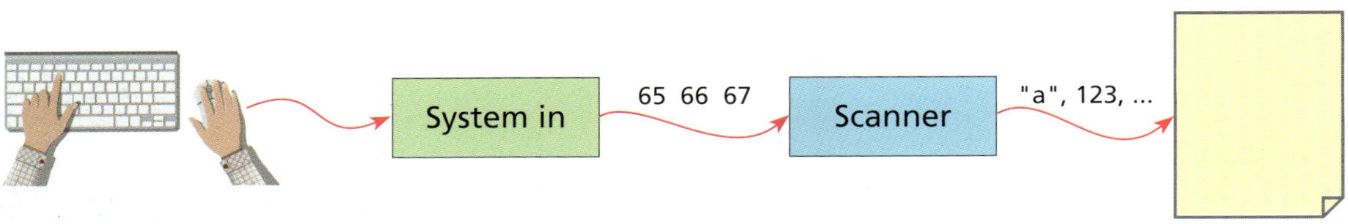

키보드에서 받은 바이트들을 정수로 변환하려면 nextInt()를 호출한다.

```
int x = sc.nextInt();
```

예제 2-6

사용자로부터 정수 2개를 받아서 합을 계산하는 코드를 작성해보자.

실행결과

```
첫 번째 숫자를 입력하시오: 10
두 번째 숫자를 입력하시오: 20
30
```

Add2.java

```
import java.util.Scanner;

public class Add2 {
```

Scanner 클래스를 포함시키는 문장이다.

```java
    public static void main(String args[]) {
        Scanner sc = new Scanner(System.in);
        int x, y, sum;

        System.out.print("첫 번째 숫자를 입력하시오: "); // 줄을 바꾸지 않는다.
        x = sc.nextInt();

        System.out.print("두 번째 숫자를 입력하시오: ");
        y = sc.nextInt();

        sum = x + y;
        System.out.println(sum); // 합을 출력한다.
    }
}
```

new 연산자는 객체를 생성하는 연산자로서 4장에서 설명된다. System.in은 키보드로부터 받은 바이트들을 전달한다. Scanner는 이것들을 분리하여서 정수, 실수, 문자열 형태로 만든다.

예를 들어서 정수를 읽으려면 nextInt()를 사용한다.

우리는 Scanner가 가지고 있는 메소드 중에서 하나만 사용하였지만 Scanner는 다양한 입력 메소드를 제공한다. 예를 들어서 실수를 읽고 싶으면 nextDouble()을 사용하면 된다. 한 줄의 문자열을 읽고 싶으면 nextLine() 메소드를 호출한다. 만약 한 단어만 읽고 싶으면 next()를 사용한다.

예제 2-7

사용자로부터 이름과 나이를 입력받아 화면에 출력하는 프로그램을 작성하여 보자.

실행결과

```
이름을 입력하시오: 홍길동
나이를 입력하시오: 24
홍길동님 안녕하세요! 24살이시네요.
```

InputString.java

```java
import java.util.*;

public class InputString
{
    public static void main(String[] args)
    {
        String name;
        int age;

        Scanner sc = new Scanner(System.in);
```

```java

        System.out.print("이름을 입력하시오: ");
        name = sc.nextLine();

        System.out.print("나이를 입력하시오: ");
        age = sc.nextInt();

        System.out.println(name + "님 안녕하세요! "
              + (age) + "살이시네요.");
    }
}
```

한줄 전체를 얻기 위하여 nextLine()을 사용한다.

02.6 수식과 연산자

수식

프로그램에서 계산을 하기 위해서는 수학에서 사용하는 것과 거의 같은 형태의 수식을 사용한다. 3.14*radius와 같이 변수, 상수, 연산자 등으로 구성된 식을 **수식**(expression)이라고 한다. 수식은 일반적으로 상수나 변수와 연산자의 조합으로 이루어진다.

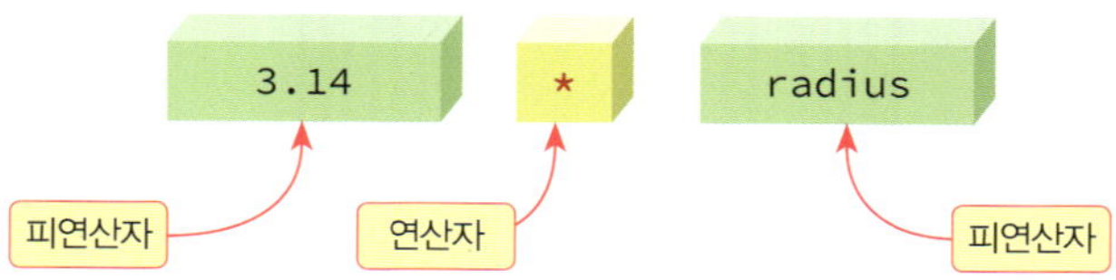

연산자(operator)는 특정한 연산을 나타내는 기호를 의미한다. 피연산자(operand)는 연산의 대상이다. 수식 3.14*radius에서 3.14와 radius는 피연산자이고 *는 연산자이다.

연산자

연산자(operator)는 피연산자들에 대하여 지정된 연산을 수행하고 결과를 반환한다. +, -, *, /와 같은 사칙 연산자가 대표적인 예이다. 자바에는 사칙 연산자이외에도 여러 가지 연산자가 존재한다. 연산자들 사이에는 우선순위(precedence)가 존재한다.

표 2.1 연산자와 피연산자

연산자	우선 순위	결합 규칙
배열, 멤버, 메소드 호출	[] . ()(메소드 호출)	왼쪽에서 오른쪽
단항	! ~ ++ -- + - ()(형변환) new	오른쪽에서 왼쪽
곱셈	* / %	왼쪽에서 오른쪽
덧셈	+ -	왼쪽에서 오른쪽
이동	<< >>> >>	왼쪽에서 오른쪽
관계	< > <= >= instanceof	왼쪽에서 오른쪽
동등	== !=	왼쪽에서 오른쪽
비트별 AND	&	왼쪽에서 오른쪽
비트별 XOR	^	왼쪽에서 오른쪽
비트별 OR	|	왼쪽에서 오른쪽
논리적 AND	&&	왼쪽에서 오른쪽
논리적 OR	||	왼쪽에서 오른쪽
조건	? :	오른쪽에서 왼쪽
대입	= += -= *= /= %= &= ^= |= <<= >>= >>>=	오른쪽에서 왼쪽

표 2.1에서 위에 있는 연산자가 우선순위가 더 높다. 수식을 계산할 때에는 우선순위가 높은 연산자가 먼저 실행된다. 표 2.1에서 같은 줄에 있는 연산자들은 우선순위가 같다. 하나의 수식 안에 우선순위가 같은 연산자가 여러 개 있다면 대부분 왼쪽에서 오른쪽으로 계산된다. 대입 연산자와 단항 연산자는 오른쪽에서 왼쪽으로 계산된다.

산술 연산

컴퓨터는 기본적으로 계산을 하는 기계이다. 따라서 프로그램 안에서 산술 연산을 할 수 있다는 것은 아주 당연한 일이다. 산술 연산을 하려면 산술 연산을 수행하는 연산자들을 사용하여야 한다. 다음 표에서 산술 연산자들을 요약하였다.

표 2.2 산술 연산자

연산자	기호	의미	예
덧셈	+	x와 y를 더한다	x+y
뺄셈	-	x에서 y를 뺀다.	x-y
곱셈	*	x와 y를 곱한다.	x*y
나눗셈	/	x를 y로 나눈다.	x/y
나머지	%	x를 y로 나눌 때의 나머지값	x%y

```
sum = x + y;
```

위의 문장에서는 변수 x에 들어있는 정수와 변수 y에 들어있는 정수를 더해서 변수 sum에 대입하였다. 여기서 +가 연산자이고 피연산자는 x와 y이다. 덧셈의 결과는 대입 연산자인 =을 통하여 변수 sum에 저장된다. = 기호는 좌변과 우변이 같다는 의미가 아니라 우변을 좌변에 대입하는 대입 연산자이다.

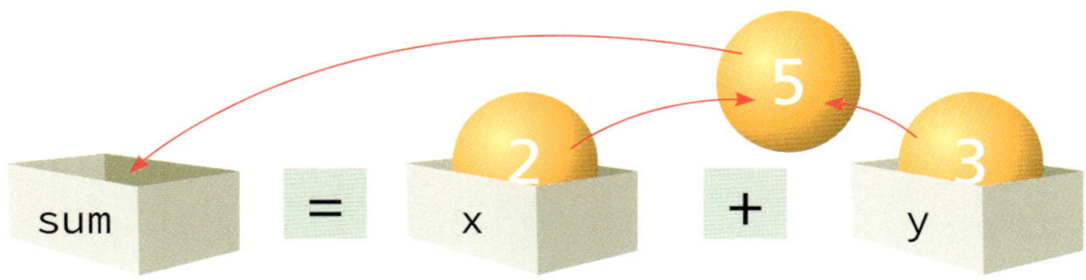

그림 2.3 산술 연산의 과정: 먼저 x와 y에서 값을 가져와서 덧셈연산이 수행되고 그 결과값이 sum에 저장된다.

나눗셈 연산자 /을 사용할 때는 주의하여야 한다. 피연산자가 모두 정수형이면 정수 나눗셈 연산을 한다. 예를 들어서 12/5는 2이다. 하지만 피연산자 중에 하나라도 부동소수점형이면 전체의 계산이 부동소수점형 나눗셈이 된다. 예를 들어서 12.0/5는 2.4가 된다.

% 연산자는 나머지 연산을 한다. 예를 들어서 12%5는 2가 된다. 12를 5로 나누면 나머지가 2가 되기 때문이다. 수식 x%y의 값이 0이면 y는 x의 약수가 된다. 예를 들어서

x%2가 0이면 x는 2의 배수가 된다. 즉 짝수가 된다. 홀수는 어떻게 검사하면 좋을까? x%2가 1이면 x는 홀수가 된다.

예제 2-8

아주 간단하게 윤년을 검사하는 프로그램을 작성하여 보면 다음과 같다. 윤년은 연도를 4로 나누어서 나머지가 0이면 일단 윤년의 후보가 된다. 정확한 윤년을 계산하려면 2가지의 추가 조건을 더 고려하여야 하지만 일단 이것을 무시하고 프로그램을 작성하면 다음과 같다.

LeapYear.java

```
public class LeapYear {
    public static void main(String[] args) {

        int year = 2012;
        boolean isLeapYear;

        isLeapYear = (year % 4 == 0);
        System.out.println(isLeapYear);
    }
}
```

==연산자는 왼편과 오른편이 같으면 true를 반환한다.

실행결과

```
true
```

증감 연산자

증감 연산자는 ++기호나 --기호를 사용하여 변수의 값을 증가시키거나 감소시키는 연산자이다. 증감 연산자는 피연산자의 앞이나 뒤에 올 수 있다. ++x와 같이 적으면 x를 증가하고 증가된 값을 수식에 사용한다. x++와 같이 적으면 현재의 x의 값을 먼저 사용하고 나중에 증가하게 된다.

```
++x;        // 변수 x의 값을 1만큼 증가한다.
```

예제 2-9

UnaryOperator.java

```
public class UnaryOperator {
    public static void main(String[] args) {
        int x = 1;
```

```
        int y = 1;

        int nextx = ++x; // x의 값이 사용되기 전에 증가된다. nextx는 2가 된다.
        int nexty = y++; // y의 값이 사용된 후에 증가된다. nexty는 1이 된다.
        System.out.println(nextx);
        System.out.println(nexty);
    }
}
```

실행결과

```
2
1
```

관계 연산자

관계 연산자(relational operator)는 두 개의 피연산자를 비교하는데 사용된다. 예를 들면 "변수 x가 0과 같은가", "변수 y가 10보다 더 작은가" 등을 따지는데 사용된다. 관계 연산자의 결과는 true(참) 아니면 false(거짓)으로 계산된다.

표 2.3 관계 연산자

연산자 기호	의미	사용예
==	x와 y가 같은가?	x == y
!=	x와 y가 다른가?	x != y
>	x가 y보다 큰가?	x > y
<	x가 y보다 작은가?	x < y
>=	x가 y보다 크거나 같은가?	x >= y
<=	x가 y보다 작거나 같은가?	x <= y

예를 들어 3 == 6은 false이고 3 != 6은 true이다.

예제 2-10

3과 4에 대하여 여러 가지 관계 연산자를 적용시켜 보자.

ComparisonOperator.java

```
public class ComparisonOperator {

    public static void main(String[] args){
        int x = 3;
        int y = 4;
```

```java
        System.out.print((x == y) +" ");
        System.out.print((x != y) +" ");
        System.out.print((x > y) +" ");
        System.out.print((x < y) +" ");
        System.out.print((x <= y) +" ");
    }
}
```

실행결과

```
false true false true true
```

논리 연산자

논리 연산자는 여러 개의 조건을 조합하여 참인지 거짓인지를 따질 때 사용한다. 예를 들어 "비가 오지 않고 휴일이면 테니스를 친다"라는 문장에는 "비가 오지 않는다"라는 조건과 "휴일이다"라는 조건이 동시에 만족이 되면 테니스를 친다는 의미가 포함되어 있다.

연산자 기호	사용예	의미
&&	x && y	AND 연산, x와 y가 모두 참이면 참, 그렇지 않으면 거짓
||	x || y	OR 연산, x나 y중에서 하나만 참이면 참, 모두 거짓이면 거짓
!	!x	NOT 연산, x가 참이면 거짓, x가 거짓이면 참

예제 2-11

다양한 논리 연산자를 실습해보자.

LogicalOperator.java

```java
public class LogicalOperator {

    public static void main(String[] args){
        System.out.println((3 == 3) && (4 == 7)) ;
        System.out.println((3 == 3 || 4 == 7)) ;
    }
}
```

실행결과

```
false
true
```

비트 연산자

자바에서는 정수를 이루고 있는 각각의 비트를 가지고 작업할 수 있는 연산자가 제공된다. 예를 들어서 정수값에서 특정한 위치에 있는 비트를 마스크하여 추출할 수 있다. 비트 연산자에는 다음과 같은 것들이 있다.

연산자	의미	예
~	비트 NOT	~(0x00000FFF)는 0xFFFFF000이 된다.
&	비트 AND	(0x0FFF & 0xFFF0)는 0x0FF0이 된다.
^	비트 XOR	(0x0FFF ^ 0xFFF0)는 0xF00F이 된다.
|	비트 OR	(0x0FFF | 0xFFF0)는 0xFFFF이 된다.
<<	비트 왼쪽 이동	0xFFF << 4는 0xFFF0이 된다.
>>	비트 오른쪽 이동	0xFFFFFFF0 >> 4는 0xFFFFFFFF이 된다. 왼쪽비트가 부호비트로 채워진다.
>>>	비트 오른쪽 이동 (unsigned)	왼쪽비트가 부호비트로 채워지지 않고 0으로 채워진다. 0xFFFFFFF0 >>> 4는 0x0FFFFFFF이 된다.

~ 연산자는 비트 패턴을 반전한다. 즉 ~ 연산자는 0을 1로 만들고 1은 0으로 만든다. 예를 들어서 byte 타입의 변수 x가 이진수로 00001111의 값을 가지고 있었다면 ~x는 11110000이 된다. 또한 비트 OR, AND, XOR 연산을 제공한다. 위의 표를 참조하라.

부호 이동 연산자인 << 연산자는 비트를 왼쪽으로 이동한다. >> 연산자는 반대로 비트를 오른쪽으로 이동한다. 부호가 없는 이동 연산자인 >>>은 왼쪽 자리에 0을 채워 넣는다. 반면에 >> 연산자는 부호 비트가 왼쪽에 채워진다.

예제 2-12

BitOperator.java

```
public class BitOperator {
    public static void main(String[] args) {
        int x = 0x0fff;
        int y = 0xfff0;
        System.out.printf("%x ", (x & y));
        System.out.printf("%x ", (x | y));
        System.out.printf("%x ", (x ^ y));
        System.out.printf("%x ", ~x);
    }
}
```

printf()는 형식을 지정하여 출력한다. %x는16진수로 출력하라는 의미이다.

실행결과

```
ff0 ffff f00f fffff000
```

예제 2-13

사용자로부터 직사각형의 가로와 세로를 받아서 둘레와 면적을 구하는 프로그램을 작성하여 보자. 직사각형의 가로와 세로를 각각 w와 h라고 하면 직사각형의 면적은 w*h가 되고 둘레는 2*(h+w)가 된다.

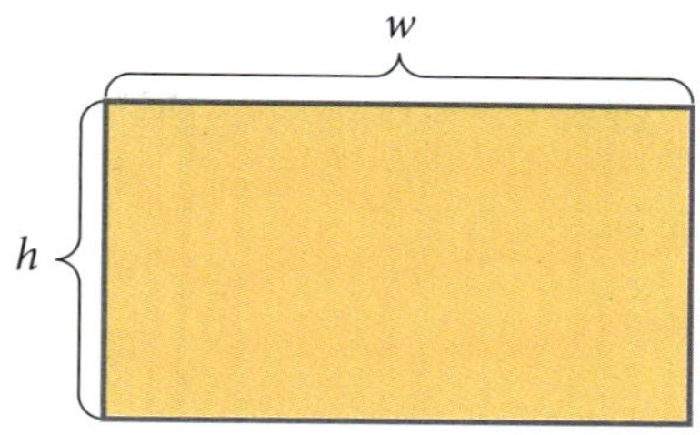

- 필요한 변수는 w, h, area, perimeter라고 하자.
- 변수의 자료형은 실수를 저장할 수 있는 double형으로 하자.
- area = w*h;
- perimeter = 2*(w+h);

실행결과

```
사각형의 가로를 입력하시오: 10
사각형의 세로를 입력하시오: 5
사각형의 넓이는 50.0
사각형의 둘레는 30.0
```

Box.java

```java
import java.util.*;

public class Box {
    public static void main(String[] args) {
        double w;
        double h;
        double area;
        double perimeter;

        Scanner input = new Scanner(System.in);

        System.out.print("사각형의 가로를 입력하시오: ");
        w = input.nextInt();
        System.out.print("사각형의 세로를 입력하시오: ");
        h = input.nextInt();
        area = w * h;
        perimeter = 2.0 * (w + h);

        System.out.println("사각형의 넓이는 " + area);
        System.out.println("사각형의 둘레는 " + perimeter);
    }
}
```

도전문제

1. 클래스의 이름을 Box에서 Rectangle로 변경하면 어떤 일이 발생하는가?
2. 한번의 println() 호출로 변수 perimeter와 area의 값이 동시에 출력되도록 변경하라.
3. println()과 print()의 차이점은 무엇인지 실험하여 보라.

섭씨 온도와 화씨 온도는 다음과 같은 수식을 만족한다.

$$C = \frac{5}{9}(F - 32)$$

사용자로부터 화씨 온도를 받아서 섭씨온도로 환산하여 출력하는 프로그램을 작성하시오.

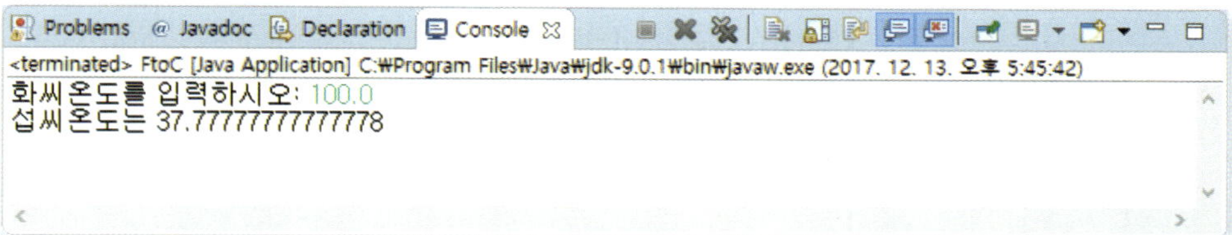

다음 코드를 참조한다.

```
import java.util.Scanner;

public class FtoC {
    public static void main(String args[]) {
        Scanner sc = new Scanner(System.in);
        System.out.print("화씨온도를 입력하시오: ");

        // ...
        System.out.println("섭씨온도는 "+c_temp);
    }
}
```

Exercise

1. 자바 언어에서 지원되는 8가지의 기초 자료형은 무엇인가?

2. 문자열은 어떤 클래스를 이용하여 처리할 수 있는가?

3. 주민등록번호를 프로그램에서 저장하려면 자바의 어떤 자료형을 선택하는 것이 좋을까?

4. 다음 중에서 올바른 주석이 아닌 것은?

   (a) /** 주석 */ (b) /* 주석 */ (c) /* 주석 (d) // 주석

5. 다음 코드에서 변수와 상수를 구별하시오.

```
int k=10;
long m=200L;
double f=1.2345D;
final int SIZE=100;
```

6. 다음과 같은 코드에서 질문에 답하라.

```
int v = 10;
int k = v++%5;
```

   (1) 코드가 실행된 후에 v와 k의 값은 무엇인가?

   (2) 만약 두 번째 문장이 int k = ++v%5;이었다면 v와 k의 값은 어떻게 되는가?

7. 다음 문장들을 실행했을 경우의 출력결과를 적으시오.

```
System.out.println("100"+"200");
System.out.println(100+200);
System.out.println("100"+200);
```

팁 문자열에 대하여 +를 적용하면 2개의 문자열이 합쳐진다. 하나의 피연산자라도 문자열이면 문자열로 변환된 후에 합쳐진다. 하지만 2개의 피연산자가 모두 숫자이면 덧셈이 실행된다.

8. 다음 프로그램의 출력은?

```
public class Test
{
```

```
    public static void main(String[] args)
    {
        int i1 = 10;
        int i2 = 20;
        String s1 = "9";
        System.out.println(i1 + i2 + s1);
    }
}
```

9. 다음 문장이 실행될때 변수 i의 값은? 참고로 Math.random()은 0보다 크고 1보다 작은 실수를 반환한다.

```
int i = (int) Math.random();
```

10. boolean 변수의 값을 true에서 false로 반전시키려면 어떤 연산자를 사용하여야 하는가?

11. 2개의 값을 비교하려고 한다. = 연산자를 사용하여야 하는가? 아니면 == 연산자를 사용하여야 하는가?

12. 다음 프로그램의 출력은?

```
public class Test
{
    public static void main(String [] args)
    {
        String s1 = "abc";
        String s2 = "def";
        String s3 = s2;
        s2 = "ghi";
        System.out.println(s1 + s2 + s3);
    }
}
```

13. 다음 프로그램의 출력은?

```
public class Test
{
    public static void main(String [] args)
    {
        int x = 100;
        double y = 123.4;
        boolean b = (x = y);
```

```
        System.out.println(b);
    }
}
```

14. 다음의 프로그램에서 6의 값이 두 번 출력되는 이유를 설명하라.

```
class Demo {
    public static void main(String[] args){
        int i = 3;
        i++;
        System.out.println(i);     // "4"
        ++i;
        System.out.println(i);     // "5"
        System.out.println(++i);   // "6"
        System.out.println(i++);   // "6"
        System.out.println(i);     // "7"
    }
}
```

15. 각 문장을 실행한 후, 변수의 값을 표에 기록하시오. 사용자는 2 3과 같이 입력한다고 가정한다.

```
❶ import java.util.Scanner;
❷
❸ public class Test {
❹     public static void main(String args[]) {
❺         int x = 0;
❻         System.out.println(x);
❼         Scanner s = new Scanner(System.in);
❽         x = s.nextInt();
❾         x = s.nextInt();
❿         boolean a = true, b = false, c = true;
⓫         a = (b || c) && (a || false);
⓬
⓭     }
⓮ }
```

줄번호	x	a	b	c
5		정의되지 않음	정의되지 않음	정의되지 않음
8		정의되지 않음	정의되지 않음	정의되지 않음
9		정의되지 않음	정의되지 않음	정의되지 않음
10				
11				

Programming Exercise

1. 하나의 상자에 오렌지를 10개씩 담을 수 있다고 하자. 오렌지가 127개가 있다면 상자 몇 개가 필요한가? 또 몇 개의 오렌지가 남을까?

```
Console ⊠
<terminated> Box [Java Application] C:₩Program Files₩Java₩jdk-9.0.1₩bin₩javaw.exe (2017. 12. 13. 오후 6:30:25)
오렌지의 개수를 입력하시오: 127
12박스가 필요하고 7개가 남습니다.
```

> **팁** / 연산자와 % 연산자를 사용한다.

2. 마일을 킬로미터로 변환하는 프로그램을 작성하라. 1마일은 1.609킬로미터와 같다. 사용자로부터 마일의 값을 읽어들인다.

```
Console ⊠
<terminated> Mile2Km [Java Application] C:₩Program Files₩Java₩jdk-9.0.1₩bin₩javaw.exe (2017. 12. 13. 오후 6:29:56)
마일을 입력하시오: 10
10.0마일은 16.09킬로미터입니다.
```

> **팁** Scanner의 nextDouble()을 이용하여 마일값을 읽는다. System.out.print()을 사용하면 출력한 후에 줄을 바꾸지 않는다.

3. 상점에 가면 우리는 상품에 대한 돈을 내고 영수증을 받는다. 영수증에서는 10% 부가세와 잔돈 등이 인쇄되어 있다. 구입한 상품의 가격과 손님한테 받은 금액을 입력하면 부가세와 잔돈을 출력하는 프로그램을 작성하여 보자.

```
Console ⊠
<terminated> Calculator [Java Application] C:₩Program Files₩Java₩jdk-9.0.1₩bin₩javaw.exe (2017. 12. 13. 오후 6:29:16)
받은 돈: 10000
상품 가격: 7500
부가세: 750
잔돈: 2500
```

4. 사용자로부터 구의 반지름을 입력받아 부피를 계산하여 출력하는 프로그램을 작성하라. 단 구의 반지름은 실수로 입력되며 출력도 모두 실수형으로 하여야 한다. 부피를 계산하는 수식은 다음과 같다.

$$C = \frac{4}{3}r^3$$

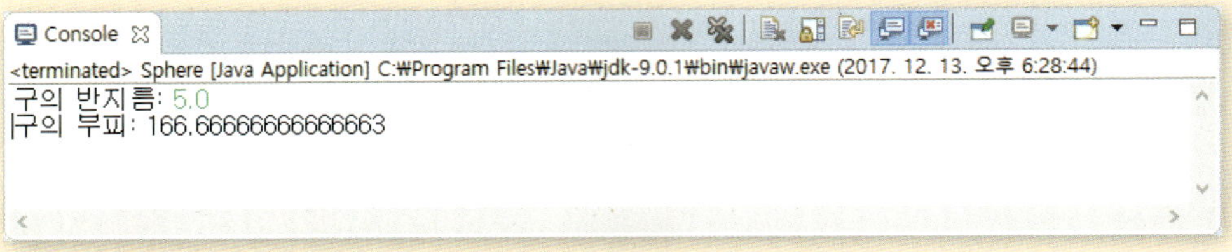

5. 정수(최대 3자리)를 2진수로 변환하여 출력하는 프로그램을 작성해보자.

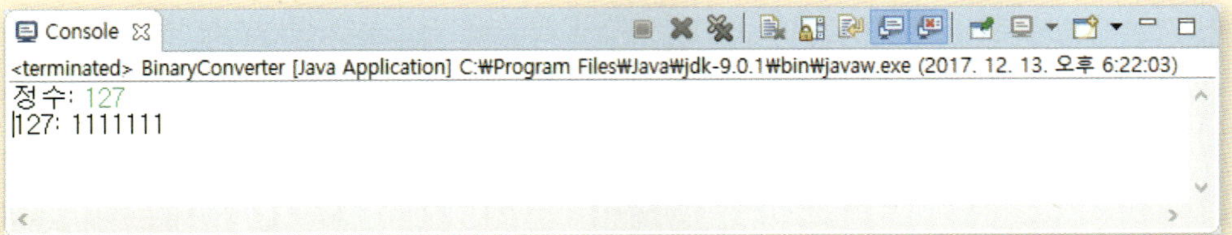

팁 / 연산자와 % 연산자를 사용한다. Integer.toBinaryString(value)를 사용하지 않고 직접 변환하여 보자. 음수는 제외한다. 반복 루프를 사용하지 않고 해보자.

POWER Java *compact*

CHAPTER 03

선택과 반복

학습목표

- 선택과 반복은 프로그래밍에서 가장 기초적인 부분이다. 선택은 조건에 따라서 서로 다른 문장을 실행하게 하는 구조이다. 반복은 조건에 따라서 동일한 문장을 여러 번 반복시키는 구조이다. 순차 구조, 선택 구조, 반복 구조들이 프로그램의 기본구조라고 할 수 있다.

학습목차

03.1 if-else 문

조건문을 사용하면 조건에 따라서 문장을 선택적으로 실행할 수 있다. 예를 들어서 눈이 오면 지하철로 출근하고 그렇지 않으면 승용차로 출근하는 사람이 있다고 하자. 이 사람은 눈이 왔는지를 검사한 후에 눈이 왔으면 지하철로 출근한다. 눈이 오지 않으면 승용차로 출근한다. 이것을 순서도로 그리면 그림 3.1과 같다.

그림 3.1 조건문

이런 경우에 사용할 수 있는 문장이 if-else 문이다. if-else 문은 다음과 같은 형식을 가지고 있다.

문법 3.1 if-else 문

```
if( 조건식 )  {
   문장1;
}
else {
   문장2;
}
```

```
if( number > 0 ) {
   printf("양수입니다.\n");
}
else {
   printf("음수이거나 0입니다.\n");
}
```

설명 만약 조건식이 참이면 문장1이 실행된다. 그렇지 않으면 문장2가 실행된다. 조건에 따라 실행되는 문장이 하나이면 중괄호는 생략이 가능하다. else 이하는 생략될 수 있다.

if 문에서는 조건을 수식으로 표현하고, 그 수식을 바로 '조건식'이라고 한다. if 문은 주어진 조건식을 계산하여 그 결과값이 참이면 문장을 실행한다. 조건식이 거짓으로 계산되면 else 이하의 문장이 실행된다. 일반적으로 조건식에는 연산의 결과값이 참이나 거짓으로 생성되는 수식이 사용된다. 따라서 조건식은 일반적으로 관계 수식이나 논리 수식이 된다. 실행되는 문장이 하나이면 중괄호는 생략될 수 있다. if-else 문에서 else 이하는 생략될 수도 있다.

예제 3-1

키보드에서 입력받은 정수가 홀수인지 짝수인지를 말해주는 프로그램을 작성하여 보자. 홀수와 짝수는 어떻게 구별할 수 있는가? 홀수는 2로 나누었을 때 나머지가 1이다. 짝수는 2로 나누었을 때 나머지가 0이다. 따라서 나머지 연산자 %를 이용하여 구별할 수 있다.

실행결과

```
정수를 입력하시오: 2
입력된 정수는 짝수입니다.
프로그램이 종료되었습니다.
```

EvenOdd.java

```java
import java.util.Scanner;

public class EvenOdd {
    public static void main(String[] args) {
        int number;

        Scanner sc = new Scanner(System.in);
        System.out.print("정수를 입력하시오: ");
        number = sc.nextInt();

        if (number % 2 == 0) {
            System.out.println("입력된 정수는 짝수입니다.");
        } else {
            System.out.println("입력된 정수는 홀수입니다.");
        }

        System.out.println("프로그램이 종료되었습니다. ");
    }
}
```

number을 2로 나누어서 0이면 짝수이다.

다중 if-else 문

다중 if-else 문은 if-else 문장이 연속되는 형태이다. 예를 들어서 사용자로부터 받은 정수가 양수인지, 0인지, 음수인지를 검사할 때는 다음과 같은 형태를 사용할 수 있다.

Nested.java

```java
import java.util.Scanner;

public class Nested {
```

```
    public static void main(String[] args) {

        Scanner sc = new Scanner(System.in);
        System.out.print("정수를 입력하시오: ");
        int number1 = sc.nextInt();
        if( number1 > 0 )  {
            System.out.println("양수입니다.");
        }
        else if ( number1 == 0 )  {
            System.out.println("0입니다.");
        }
        else   {
            System.out.println("음수입니다.");
        }
    }
}
```

다중 if-else문이라고 한다.

실행결과

```
정수를 입력하시오: 10
양수입니다.
```

예제 3-2

종종 우리는 조건에 따라서 다중으로 분기되는 결정을 내려야 하는 경우가 있다. 학생들의 성적을 받아서 학점을 출력하는 프로그램을 작성하여 실행하여 보자. 성적이 90점 이상이면 A학점, 80점 이상이고 90점 미만이면 B학점, 70점 이상이고 80점 미만이면 C학점과 같이 결정하는 것이다.

실행결과

```
성적을 입력하시오: 92
학점 A
```

이 경우 가장 자연스러운 방법은 if 문 다음에 else if 문을 연속적으로 사용하는 것이다. 만일 이중 하나의 조건식이 참이면 관련된 문장이나 블록이 수행되고 더 이상의 비교는 이루어지지 않는다. 예제에서 시험 성적에 따라서 학점을 부여하는 것은 이러한 구조를 사용하여 코딩하면 된다. 즉 90 이상이면 A학점, 80에서 89은 B학점, 70에서 79까지는 C학점, 60에서 69까지는 D학점, 60점 미만이면 F학점을 부여한다.

Grading.java

```
import java.util.Scanner;

public class Grading {
    public static void main(String[] args) {
```

```java
        int score;

        Scanner sc = new Scanner(System.in);
        System.out.print("성적을 입력하시오: ");
        score = sc.nextInt();
        if (score >= 90)           // ❶
           System.out.println("학점 A");
        else if (score >= 80)      // ❷
           System.out.println("학점 B");
        else if (score >= 70)
           System.out.println("학점 C");
        else if (score >= 60)
           System.out.println("학점 D");
        else
           System.out.println("학점 F");

    }
}
```

문장 ❷에서 if(grade >= 80 && grade < 90)이라고 할 필요가 없음에 유의하라. grade가 90보다 크거나 같은 경우에는 앞의 문장 ❶에서 이미 걸렸기 때문이다.

도전문제

어떤 학교에서는 A학점도 성적에 따라서 A+(95점이상)와 A0로 나누어진다. B, C, D, E 학점도 마찬가지이다. 위의 프로그램에서 A+와 A0 학점을 구분하도록 수정하여 보자.

예제 3-3 가위, 바위, 보 게임

가위, 바위, 보 게임을 작성하여 보자. 텍스트 버전은 여기서 작성하고 그래픽 버전은 8장에서 작성해 보자. 사용자가 가위, 바위, 보 중에서 하나를 선택하면 이것을 컴퓨터가 생성한 난수값과 비교한다. 누가 이겼는지를 화면에 출력한다.

가위 바위 보

실행결과

```
가위(0), 바위(1), 보(2): 1
인간: 1 컴퓨터: 0   인간 승리
```

RockPaperScissor.java

```
import java.util.*;

public class RockPaperScissor {
    final int SCISSOR = 0;
    final int ROCK = 1;
    final int PAPER = 2;

    public static void main(String[] args) {
        Scanner sc = new Scanner(System.in);
        System.out.print("가위(0), 바위(1), 보(2): ");
        int user = sc.nextInt();

        int computer = (int) (Math.random() * 3);
        if( user == computer )
            System.out.println("인간과 컴퓨터가 비겼음");
        else if (user == (computer + 1) % 3) // 0은 1에게 지고 1은 2한테, 2는 0에게 진다.
            System.out.println("인간: " + user + " 컴퓨터: " + computer + " 인간 승리 ");
        else
            System.out.println("인간: " + user + " 컴퓨터: " + computer + "  컴퓨터 승리 ");
    }
}
```

상수선언

03.2 switch 문

if 문에서는 조건식이 참이냐 거짓이냐에 따라서 실행할 문장이 둘 중에서 하나로 결정된다. 따라서 if 문에서 가능한 실행 경로는 두개이다. 만약 가능한 실행 경로가 여러 개인 경우에는 switch 문을 사용하는 것이 좋다.

문법 3.2 switch 문

```
switch(변수)
{
    case c1:
        처리문장1;
        break;
    case c2:
        처리문장2;
        break;
    ...
    default:
        처리문장d;
        break;
}
```

```
int value = 1;
switch(value)
{
    case 1 :
        System.out.println("One");
        break;
    case 2 :
        System.out.println("Two");
        break;
    default :
        System.out.println("Other");
        break;
}
```

설명 예를 들어서 변수의 값이 c1이면 처리문장1을 수행하고 변수의 값이 c2이면 처리문장2를 수행한다고 가정하자. 그리고 일치되는 값이 없으면 처리문장d를 수행한다. 이런 경우에 switch 문을 사용하면 좋다. switch 문에서는 변수의 값을 계산하여 case 뒤의 c1, c2, ... 등과 비교한다. 만약 변수의 값과 일치하는 값이 있으면 관련된 case 아래의 문장들이 차례로 실행된다. break 문에 도달하면 switch 문을 빠져나간다. 만약 어느 것에도 해당되지 않으면 default 아래의 문장들이 실행된다. 여기서 c1, c2, ...은 정수이거나 문자열일 수 있다.

여기서 설명을 간단하게 하기 위하여 변수라고 하였지만 switch 문의 변수 자리에는 어떤 정수 수식도 들어 갈 수 있다. 문자열도 가능하다. 하지만 실수 변수나 수식은 적을 수 없다. 각 case 절에도 정수값이나 문자열을 적을 수 있다.

예제 3-4

사용자가 자신의 성적을 입력하면 성적을 학점으로 변환하여 출력해주는 프로그램을 작성하여 보자. 이것은 앞에서 if-else 문장으로도 작성한 바 있다. if-else 문장을 사용하는 방법과 비교하여 보자.

실행결과

```
성적을 입력하시오: 92
학점: A
```

Score2Grade.java

```java
import java.util.*;

public class Score2Grade {
    public static void main(String[] args) {
        int score, number;
        char grade;

        Scanner sc = new Scanner(System.in);
        System.out.print("성적을 입력하시오: ");
        score = sc.nextInt();
        number = score / 10;
        switch (number) {
        case 10:
        case 9:
            grade = 'A';
            break;
        case 8:
            grade = 'B';
            break;
        case 7:
            grade = 'C';
            break;
        case 6:
            grade = 'D';
            break;
        default:
            grade = 'F';
            break;
        }
        System.out.print("학점: " + grade);
    }
}
```

정수 10으로 나누어서 소수점 이하를 없앤다.

여기서 주의해야 할 점은 break 문이 없으면 선택된 case 절 안의 문장들을 실행한 다음, 계속해서 다음 case절의 문장들을 실행하게 된다.

default 문은 어떤 case 문과도 일치되지 않는 경우에 선택되어 실행된다. default문은 없을 수도 있다. 만약 default 문이 없고 일치하는 case 문도 없다면 아무 것도 실행되지 않고 switch 문 다음 문장으로 이어진다. 미처 예상하지 못한 값을 알아내기 위하여 가급적 default 문을 포함시키는 것이 좋다.

switch 문에 문자열 사용

JDK 1.7부터는 switch 문의 제어식으로 String 객체를 사용할 수 있다. 즉 문자열도 switch 문을 이용하여 분류할 수 있는 것이다. 다음과 같은 문장들이 가능하다.

```
String s = "yes";
switch(s) {
    case "yes": ...
        break;
    case "no": ...
        break;
}
```

예제 3-5

1월부터 3월까지의 이름을 영어로 받아서, 몇 월인지를 반환하는 프로그램을 작성해보자.

실행결과

```
달의 이름을 입력하시오: january
1
```

StringSwitch.java

```
import java.util.Scanner;

public class StringSwitch {
    public static void main(String[] args) {
        String month;

        Scanner sc = new Scanner(System.in);
        System.out.print("달의 이름을 입력하시오: ");
        month = sc.next();

        int monthNumber;
        switch (month) {
        case "january":
            monthNumber = 1;
            break;
        case "february":
            monthNumber = 2;
            break;
        case "march":
            monthNumber = 3;
```

```
            break;
        default:
            monthNumber = 0;
            break;
        }
        System.out.println(monthNumber);
    }
}
```

도전문제

위의 프로그램에서 모든 달 이름을 처리할 수 있도록 코드를 추가하여 보자.

03.3 while 문

while 문은 어떤 조건을 정해놓고 반복을 하는 구조이다. 예를 들어서 자동차 경주에서 경주용 자동차는 반드시 서킷을 10번 돌아야 한다면 반복하는 조건은 "횟수가 10번 미만인가요?"가 될 것이다. 이것을 순차 다이어그램으로 그리면 오른쪽과 같다. 반복을 결정하는 조건이 있고 조건이 참이면 반복을 하고 그렇지 않으면 반복 루프를 빠져나가게 된다.

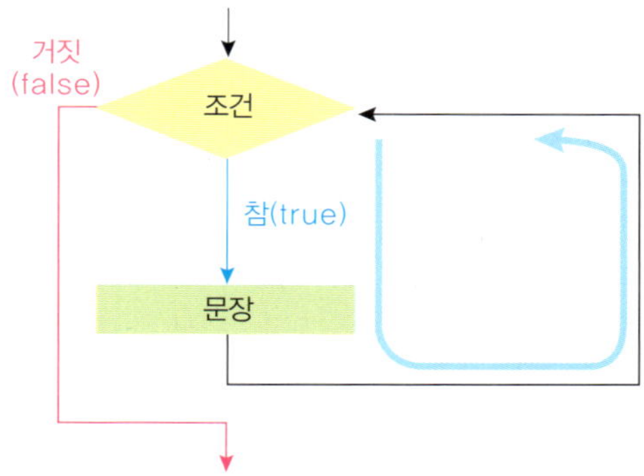

문법 3.3 while 문

```
while( 조건식 ) {
    문장1;
    문장2;
}
```

```
while( i < 5 ) {
    System.out.println("환영합니다!");
    i++;
}
```

설명 조건식이 참이면 문장을 반복 실행한다. 반복되는 문장이 하나이면 중괄호는 생략할 수 있다.

예를 들어서 "환영합니다."를 화면에 5번 출력하는 예제를 while 문을 이용하여 작성하면 다음과 같다.

WelcomeLoop.java

```
public class WelcomeLoop {
   public static void main(String[] args) {
      int i = 0;
      while (i < 5) {
         System.out.println("환영합니다!");
         i++;
```

```
        }
        System.out.println("반복이 종료되었습니다.");
    }
}
```

실행결과

```
환영합니다!
환영합니다!
환영합니다!
환영합니다!
환영합니다!
반복이 종료되었습니다.
```

위의 코드에서 반복 조건에 해당하는 것은 수식 "i < 5"이다. 위의 코드가 의미하는 것은 i가 5보다 작은 동안에는 중괄호 안에 있는 2개의 문장을 실행하라는 것이다. i의 초기값은 0이고 i는 한번 반복될 때마다 1씩 증가된다. 따라서 i는 0 → 1 → 2 → 3 → 4와 같이 증가하게 되고 i가 5가 되면 수식 "i < 5"은 거짓이 되어 반복이 종료된다. 반복 조건은 while 문에 처음으로 진입할 때 검사되고 한 번씩 반복할 때마다 반복을 계속할 것인지를 결정하기 위하여 검사된다.

예제 3-6 구구단 출력

반복문을 사용하여 다음과 같이 구구단을 출력하여 보자.

실행결과

```
구구단 중에서 출력하고 싶은 단을 입력하시오: 9
9*1 = 9
9*2 = 18
9*3 = 27
...
```

LoopExample2.java

```
import java.util.*;

public class LoopExample2 {
    public static void main(String[] args) {
        int n;
        int i = 1;
        System.out.print("구구단 중에서 출력하고 싶은 단을 입력하시오: ");
```

```java
        Scanner scan = new Scanner(System.in);
        n = scan.nextInt();
        while (i <= 9) {
            System.out.println(n + "*"+ i + "=" + n * i);
            i++;
        }
    }
}
```

여기서는 먼저 사용자로부터 출력하고 싶은 구구단의 단수를 받아 변수 n에 저장한다. 여기서의 루프 제어 변수는 i이다. i의 초기값이 0이 아니고 1인 것에 유의하라. 구구단은 1부터 곱해야 하기 때문에 0이 아니고 1로 초기화를 하였다. 그리고 반복 루프도 9보다 작거나 같을 때까지 반복하도록 하였다.

예제 3-7 (1 + 2 + 3 + ... + 9 + 10) 계산하기

(1 + 2 + 3 + ... + 9 + 10)의 값을 계산하는 프로그램을 작성하여 보자. 이것은 공식으로도 계산할 수 있으나 우리는 반복 구조를 사용해보자.

실행결과

```
합계=55
```

CalSum.java

```java
public class CalSum {
    public static void main(String[] args) {

        int i = 1;
        int sum = 0;
        while (i <= 10) {
            sum = sum + i;
            i++;
        }
        System.out.println("합계=" + sum);

    }
}
```

i는 1부터 시작한다.

sum은 0으로 초기화되어야 한다.

i가 10이하이면 i의 값을 sum에 더한다.

도전문제

사용자로부터 정수를 받아 1부터 그 정수까지의 합을 계산하여 보자.

do-while 문

do-while 문은 while 문과 비슷하나 반복 조건을 루프의 처음이 아니라 루프의 끝에서 검사한다는 것이 다르다.

문법 3.4	do-while 반복문

```
do {
    문장1;
    문장2;
} while(조건식);
```

```
do {
    sum = sum + i;
    i++;
} while( i < 3 );
```

설 명	일단 문장을 실행한 후에 조건을 검사하여 반복 여부를 결정한다.

do-while 문이 while 문과 다른 점은 조건을 검사하기 전에 블록 안의 문장을 실행한다는 점이다. while 문에서는 조건이 거짓이면 블록 안의 문장을 한 번도 실행하지 않는다. do-while 문에서는 먼저 블록 안의 문장을 실행하고 나서 조건을 검사하기 때문에 블록 안의 문장이 적어도 한번은 실행된다.

예제 3-8 정확한 입력받기

사용자로부터 월의 번호를 입력받는 프로그램을 작성하여 보자. 사용자가 올바른 월 번호를 입력할 때까지 반복을 계속한다. 사용자가 올바른 월 번호를 입력해야만 다음 문장으로 넘어간다.

실행결과

```
올바른 월을 입력하시오 [1-12]: 13
올바른 월을 입력하시오 [1-12]: 14
올바른 월을 입력하시오 [1-12]: 0
올바른 월을 입력하시오 [1-12]: 1
사용자가 입력한 월은 1
```

CheckInput.java

```
import java.util.Scanner;

public class CheckInput {
    public static void main(String args[]) {
        Scanner sc = new Scanner(System.in);
        int month;
        do {
            System.out.print("올바른 월을 입력하시오 [1-12]: ");
            month = sc.nextInt();
```

```
        } while (month < 1 || month > 12);
        System.out.println("사용자가 입력한 월은 " + month);
    }
}
```

03.4 for 문

for 문은 정해진 횟수만큼 반복할 때 사용하는 반복 구조이다. for 루프(loop)라고도 한다. for 문은 반복 구조 중에서 가장 많이 사용되는데 장점이 많기 때문이다.

문법 3.5 for 반복문

```
for(초기식; 조건식; 증감식 ) {
    문장1;
    문장2;
}
```

```
for(int i=0; i<10; i++ ) {
    System.out.println("Hello World!");
}
```

설 명 초기식을 실행한 후에 조건식의 값이 참인 동안, 문장을 반복한다.
한번 반복이 끝날 때마다 증감식이 실행된다.

- **초기식**

초기식은 반복 루프를 시작하기 전에 한번만 실행된다. 주로 변수값을 초기화하는 용도로 사용된다. 위의 예에서는 변수 i를 선언하고 0로 초기화하였다. 초기식에서 변수를 선언하여 바로 사용할 수 있다. 이 변수는 for 문 안에서만 사용할 수 있다.

- **조건식**

반복의 조건을 검사하는 수식이다. 이 수식의 값이 참이면 반복이 계속되고 거짓이 되면 반복이 중단된다. 위의 예제에서 i<10이 조건식이다.

- **증감식**

한 번의 루프 실행이 끝나면 증감식이 실행된다. 위의 예제에서는 i++;가 여기에 해당하고 변수 i의 값을 1만큼 증가시키는 역할을 한다.

예제 3-9 0부터 4까지 출력하기

다음 프로그램은 for를 사용하여 0부터 4까지의 숫자를 화면에 출력한다.

실행결과

```
i의 값은: 0
i의 값은: 1
i의 값은: 2
i의 값은: 3
i의 값은: 4
```

ForExample1

```java
public class ForExample1 {
    public static void main(String[] args) {
        for (int i = 0; i < 5; i++) {
            System.out.println("i의 값은: " + i);
        }
    }
}
```

for 문 안에서 제어 변수를 선언할 수 있다.

유의할 점은 초기식 안에서 변수를 선언하는 방법이다. 이 변수의 범위는 선언된 위치에서부터 for 블록의 끝까지이다. 따라서 이 변수는 조건식과 증감식에서 사용될 수 있다. 만약 이 변수가 for 블록의 외부에서는 필요하지 않다면 초기식 안에서 변수를 선언하는 것이 좋다.

```java
for (int  i = 1; i <= 10; i++) {
   . . .
}
```

변수 i는 여기서만 사용이 가능하다.

예제 3-10 정수의 합 계산하기

간단한 예로 1부터 10까지의 정수를 더하여 합을 구하는 프로그램을 살펴보자.

실행결과

```
1부터 10까지의 정수의 합 = 55
```

Sum.java

```java
public class Sum {
    public static void main(String[] args) {
        int sum = 0;

        for (int i = 1; i<= 10; i++)
            sum += i;
```

for 문 안의 초기식에서 제어 변수를 선언할 수 있다.

```
        System.out.printf("1부터 10까지의 정수의 합 = %d\n", sum);

    }
}
```

예제 3-11 팩토리얼 계산하기

이번 예제에서는 팩토리얼 값을 계산하여 보자. 팩토리얼이란 다음과 같이 정의된다.

$$n! = 1 \times 2 \times 3 \times ... \times n$$

실행결과

```
정수를 입력하시요:20
20!은 2432902008176640000입니다.
```

Factorial.java

```
import java.util.*;

public class Factorial {
    public static void main(String[] args) {
        long fact = 1;
        int n;

        System.out.printf("정수를 입력하시요:");
        Scanner scan = new Scanner(System.in);
        n = scan.nextInt();

        for (int i = 1; i <= n; i++)
            fact = fact * i;

        System.out.printf("%d!은 %d입니다. \n", n, fact);

    }
}
```

먼저 변수 fact를 long형으로 정의한다. 팩토리얼의 값은 생각보다 아주 커질 수 있다. 여기서 fact의 초기값은 반드시 1이어야 한다. 0이면 안 된다. 왜냐하면 팩토리얼은 정수를 전부 곱해서 계산하는 것이므로 초기값이 0이면 결과는 0이 되어 버린다. 따라서 반드시 1로 초기화를 시켜야 한다.

도전문제

사용자로부터 계산하고자 하는 팩토리얼의 값을 입력받도록 위의 프로그램을 수정하라. 즉 사용자가 10을 입력하면 10!을 계산하여 출력한다. 10!부터 계산을 시작하여서 11!, 12!, 13!, . . .와 같이 계산해보자. 어떤 팩토리얼 값부터 오버플로우가 발생하는가?

예제 3-12 약수 계산하기

사용자로부터 양의 정수를 입력받아서 그 정수의 모든 약수를 출력하는 프로그램을 작성하여 보자.

실행결과

```
양의 정수를 입력하시오: 100
100의 약수는 다음과 같습니다.
1 2 4 5 10 20 25 50 100
```

분석적인 방법으로 약수를 구하려면 아주 어렵다. 하지만 컴퓨터를 사용하면 아주 쉽게 가능하다. 사용자가 입력한 정수가 100이라고 가정하자. 100의 약수는 1부터 100 사이의 값이다. 따라서 반복 구조를 사용하여서 1부터 100까지 증가시키면서 100을 나누어보면 된다. 나누어서 나머지가 0이 나오면 약수라고 판단하면 된다.

개략적인 알고리즘은 다음과 같다.

```
i를 1부터 n까지 1씩 증가시키면서 반복한다.
   만약 n을 i로 나누어서 나머지가 0이면
      i를 약수로 출력한다.
```

Divisor.java

```java
import java.util.Scanner;

public class Divisor {
   public static void main(String[] args) {
      Scanner scan = new Scanner(System.in);
      System.out.print("양의 정수를 입력하시오: ");
      int n = scan.nextInt();

      System.out.println(n + "의 약수는 다음과 같습니다. ");
      for (int i = 1; i <= n; ++i) {
         if (n % i == 0)
            System.out.print(" " + i);
      }
   }
}
```

03.5 중첩 반복문

반복문은 중첩되어 사용될 수 있다. 즉 반복문 안에 다른 반복문이 실행될 수 있다. 이러한 형태를 중첩 반복문(nested loop)이라고 한다. 외부에 위치하는 반복문을 외부 반복문(outer loop)이라고 하고 안쪽의 반복문을 내부 반복문(inner loop)라고 한다. 내부 반복문은 외부 반복문이 한번 반복할 때마다 새로 실행된다.

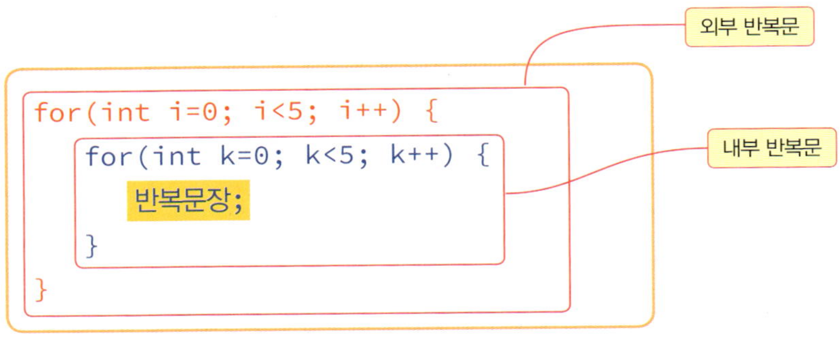

중첩 반복문에서 가장 주의할 점은 각각의 반복문을 제어하는 변수가 달라야 한다는 점이다. 예제에서는 바깥쪽 반복문을 제어하는 변수는 i이고 안쪽 반복문을 제어하는 변수는 k로 서로 다르다. 만약 같은 변수가 사용되면 논리적인 오류가 발생할 가능성이 높다.

예제 3-13 사각형 모양 출력하기

중첩 반복문은 실제 프로그래밍에서 많이 나오는 형태로 특히 사각형과 비슷한 데이터를 처리하는데 유용하다. 다음 예제는 *기호를 사각형 모양으로 출력한다.

실행결과

```
**********
**********
**********
**********
**********
```

여기서는 반복문으로 for 루프를 사용하여 보자. 주의할 점은 외부의 for 루프가 반복시키는 문장이 2개 이상이기 때문이 반드시 이들을 중괄호로 묶어서 블록으로 만들어 주어야 한다. 그렇지 않으면 외부 for 문은 바로 아래에 위치한 문장만 반복할 것이다.

NestedLoop.java

```
import java.util.*;

public class NestedLoop {
   public static void main(String[] args) {

      for (int y = 0; y < 5; y++) {
         for (int x = 0; x < 10; x++)
            System.out.print("*");

         System.out.println("");
      }

   }
}
```

위의 프로그램을 실행하면 50개의 *가 화면에 5×10의 정사각형 모양으로 출력된다. *를 출력하는 문장의 외부에는 두개의 for 루프가 중첩되어 있다. 외부의 for 루프는 변수 y를 0에서 4까지 증가시키면서 내부의 for 루프를 실행시킨다. 내부의 for 루프는 변수 x를 0에서 9까지 증가시키면서 print() 메소드를 호출한다. 내부 for 루프가 한번 실행될 때마다 화면에는 한 줄의 *가 그려진다. 내부 for 루프가 한 번씩 종료될 때마다 줄바꿈 문자가 화면에 출력되어 다음 줄로 넘어가게 된다.

Q&A

Q 3가지의 반복문 for, while, do...while 중에서 어떤 것을 사용해야 하는가?

A 부분적으로는 개인적인 취향의 문제이다. 일반적인 선택 기준은 루프의 반복 횟수를 아는 경우에는 for 루프가 while 루프에 비하여 약간 더 편리하다고 할 수 있다. 즉 루프 제어 변수를 증가하는 것을 잊어버린다거나 하는 일이 while 루프에 비하여 덜 발생한다. 만약 조건만 존재하고 정확한 반복 회수는 모르는 경우에는 while 구조가 좋다. 만약 반드시 한번은 수행되어야 하는 문장들이 있다면 do...while 구조가 제격이다.

또한 while과 for는 반복하기 전에 조건을 검사하는 구조이고 do...while은 먼저 실행한 후에 반복 조건을 검사한다. 특별한 경우가 아닌 일반적인 경우에는 반복을 하기 전에 조건 검사를 하는 것이 좋다. 뭐든지 실행하기 전에 면밀하게 사전 조사를 하는 것이 좋은 것과 마찬가지이다.

도전문제

중첩 반복문을 이용하여 구구단을 2단부터 9단까지 출력하여 보자.

03.6 break와 continue

break 문

break 문은 하나의 반복문을 벗어날 때 사용한다. break 문이 실행되면 현재의 반복문을 벗어나게 된다. break 문에 레이블을 붙이면 중첩 반복문도 벗어날 수 있다.

```
while( isOK ) {
   ...
   if( 조건식 )
      break;
}
문장1;
```

아래의 소스는 사용자가 입력한 점수의 평균을 내는 프로그램이다. 만약 사용자가 음수를 입력하면 break에 의하여 반복 루프를 종료한다.

실행결과

```
점수를 입력하시오: 10
점수를 입력하시오: 20
점수를 입력하시오: -1
평균은 15
```

Averager.java

```java
import java.util.*;

public class Averager {
   public static void main(String[] args) {
      int total = 0;
      int count = 0;
      Scanner scan = new Scanner(System.in);
      while (true) {
         System.out.print("점수를 입력하시오: ");
         int grade =scan.nextInt();
         if (grade < 0)
            break;

         total += grade;
         count++;
      }
      System.out.println("평균은 " + total / count);
```

```
    }
}
```

만약 중첩된 루프 전체를 종료하고자 한다면 다음과 같이 레이블이 있는 break를 사용하여야 한다.

```
outer_loop:  // ❶
while( true )
{
    while( true )
    {
        grade = scan.nextInt();
        if( grade < 0 )
            break outer_loop;
    }
     ...
}
// ❷
```

여기서 주의할 점은 레이블이 붙여진 문장을 종료시키는 것이지, 제어의 흐름이 레이블로 이동하는 것은 아니다. 제어 흐름은 레이블이 붙여진 문장의 다음 문장으로 이동된다. 즉 위의 소스에서 제어의 흐름은 ❶로 이동하는 것이 아니라 ❶번 반복문을 종료시킨 후에 ❷위치로 옮겨진다.

continue 문

continue 문은 반복문에서 현재의 반복을 건너뛰어서 다음 반복으로 넘어가게 한다.

```
while( isOK ) {
    ...
    if( 조건식 )
        continue;
}
```

1부터 10까지의 수를 출력하면서 3의 배수만을 건너뛰고 싶다면 다음과 같이 continue를 이용하여 프로그램을 작성할 수 있다.

ContinueTest.java

```
public class ContinueTest {

    public static void main(String[] args) {
        for (int i = 1; i <= 10; ++i) {
            if (i%3 == 0)
                continue;
```

```
            System.out.print(i+" ");
        }
    }
}
```

실행결과

```
1 2 4 5 7 8 10
```

Mini Project

컴퓨터가 생성한 난수를 맞추는 게임을 작성해보자. 컴퓨터는 0부터 100 사이의 수 중에서 하나를 임의로 선택한다. 사용자는 이 수를 맞추어야 한다. 사용자가 숫자를 입력하면 컴퓨터는 자신의 숫자보다 낮은지 높은지를 알려준다.

```
Console
<terminated> ContinueTest [Java Application] C:₩Program Files₩Java₩jdk-9.0.1₩bin₩javaw.exe (2017. 12. 14. 오후 2:24:49)
정답을 추측하여 보시오: 50
LOW
정답을 추측하여 보시오: 75
HIGH
정답을 추측하여 보시오: 60
HIGH
정답을 추측하여 보시오: 55
LOW
정답을 추측하여 보시오: 57
축하합니다. 시도횟수=5
```

0부터 100 사이의 난수를 생성하려면 Math.random()에 100을 곱하고 정수형으로 형변환한다.

```
int i = (int) (Math.random() * 100);
```

프로그램은 반복 루프를 사용하여 사용자가 정확하게 정수를 알아맞힐 때까지 반복한다. 반복 루프 중에서 do-while 루프가 적당한데 그 이유는 일단 사용자로부터 숫자를 입력받아야 하기 때문이다. 사용자가 정답을 알아맞히면 몇 번 만에 알아맞혔는지를 화면에 출력한다. 사용자가 제시한 정수와 정답을 비교하는데 if 문이 사용된다.

```
do
    사용자로부터 숫자를 guess로 입력받는다.
    시도횟수를 증가한다.
    if( guess < answer )
        숫자가 낮다고 출력한다.
    if( guess > answer )
        숫자가 높다고 출력한다.
while(guess != answer);
"축하합니다"와 시도횟수를 출력한다.
```

03.7 배열

배열(array)은 여러 개의 변수를 하나로 묶어 넣은 것이다. 배열을 사용하면 같은 종류의 대량의 데이터를 한 번에 선언할 수 있다.

```
int[]  s = new int[10];
```

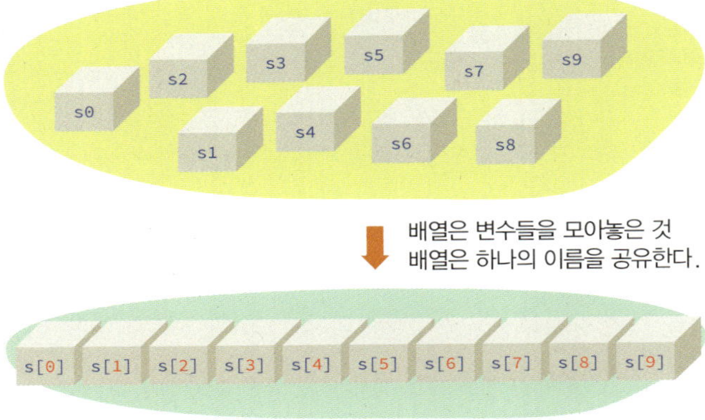

배열의 요소들은 **인덱스**(index)라 불리는 번호가 붙어 있고 이 번호를 통하여 배열 요소에 접근할 수 있다. 예를 들어서 s가 정수 배열이라면 s[i]는 배열 안에 있는 i번째 정수이다.

배열의 선언과 사용

자바에서 배열은 **객체**(object)이다. 우리는 아직 객체를 학습하지 않았다. 따라서 배열의 완전한 학습은 객체에 대하여 학습한 이후에 가능하다.

❶ 먼저 배열 참조 변수부터 다음과 같이 선언한다. 정수형 배열을 만든다면 배열 참조 변수는 int[] 타입으로 선언하면 된다.

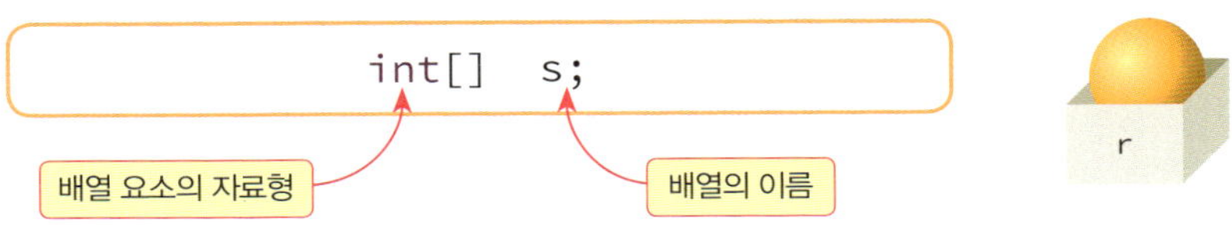

❷ 배열 참조 변수를 선언했다고 해서 배열이 생성된 것은 아니다. 변수만 생성되었다. 실제 배열은 new 연산자를 사용하여 생성하여야 한다. 대괄호 안의 숫자가 배열의 크기이다. 이 문장이 실행되면 10개의 요소를 가지는 배열이 생성되고 이 배열을 s가

가리키게 된다.

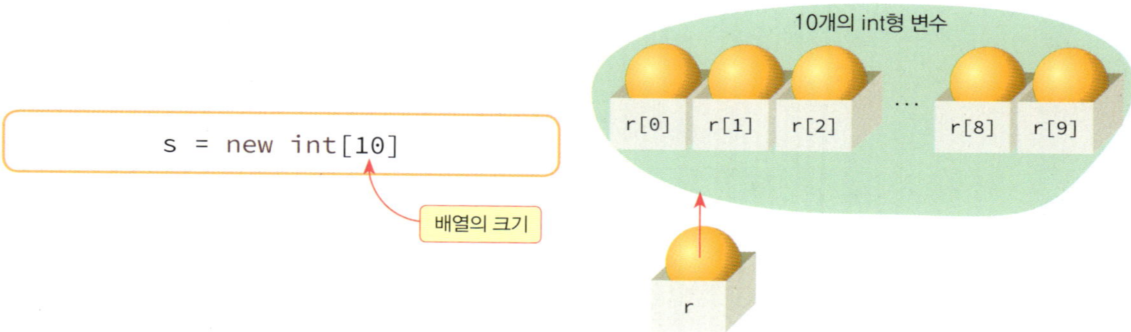

배열의 초기값은 어떻게 될까? 만약 숫자들의 배열을 생성하면 모든 요소들은 0으로 초기화된다. boolean 배열은 false로 초기화된다. 문자열 배열은 null로 초기화된다.

참고 ❶과 ❷ 과정을 하나의 문장에서 하여도 된다. 즉 배열 선언과 동시에 배열을 생성하는 것도 가능하다.

```
int[]   s = new int[10];
```

참고 배열을 생성할 때 배열의 크기를 변수로 하여도 된다. 자바에서 배열의 크기는 반드시 상수일 필요는 없다. 다음과 같이 변수도 가능하다.

```
int   size = 10;
int[]   s = new int[size];
```

참고

참조 변수 선언 방법

자바에서는 C언어와 유사하게 배열 참조 변수를 선언할 수도 있다.

```
int[]  values;           // ❶ 자바 방식
int values[];            // ❷ C언어 유사 방식
```

위의 두 가지는 100% 동일하며 모두 values라고 하는 배열 참조 변수를 선언하는 것이다. 대부분의 자바 프로그래머들은 첫 번째 방법을 선호한다. 왜냐하면 이 방법이 자료형(int[])과 변수(values)를 명확하게 분리하기 때문이다.

반복문과 배열

배열의 각각의 요소는 인덱스(index)라는 번호로 접근할 수 있다. 예를 들어 배열 s의 첫 번째 요소는 s[0]이 된다. 배열이 생성되면 반복 루프를 이용하여 배열 요소에 값들을 채울 수 있다. 크기가 10인 정수형 배열을 생성하고 여기에 0부터 9까지의 값으로 배열을 채우는 프로그램을 완전하게 살펴보자. 배열의 크기는 s.length로 알 수 있다.

ArrayTest1.java

```
public class ArrayTest1 {
    public static void main(String[] args) {

        int[] s = new int[10];

        for (int i = 0; i < s.length; i++) {
            s[i] = i;
        }

        for (int i = 0; i < s.length; i++) {
            System.out.print(s[i] + " ");
        }
    }
}
```

크기가 10인 배열 생성

i번째 요소에 i를 저장

반복문을 이용하여서 배열의 요소를 출력한다. 배열의 크기는 s.length로 알 수 있다.

실행결과

```
0 1 2 3 4 5 6 7 8 9
```

배열이 편리한 이유는 반복 구조를 이용하여 배열 요소에 차례로 접근할 수 있기 때문이다. 배열을 사용하면, 관련된 데이터를 차례로 접근하여 쉽게 처리할 수 있다. 만약 관련된 데이터들이 서로 다른 이름의 변수에 저장되어 있다면 이들 이름을 일일이 기억해야 할 것이다.

배열은 한번 생성되면 크기를 변경할 수 없다. 만약 실행 도중에 배열의 크기를 변경하여야 한다면 ArrayList나 Vector 클래스를 사용하여야 한다. ArrayList는 이번 장 끝에서 간단하게 소개된다.

배열의 초기화

배열을 선언과 동시에 초기화하려면 배열을 선언한 다음에 중괄호를 사용하여 배열 요소의 초기값을 적어 넣는다. 이때에는 연산자 new를 사용하지 않아도 배열이 생성된다. 또 배열의 크기를 지정할 필요도 없다. 이 방법은 배열에 저장되는 수를 미리 알고 있는 경우에 사용된다.

ArrayTest3.java

```java
public class ArrayTest3 {
    public static void main(String[] args) {
        int[] scores = { 10, 20, 30, 40, 50 };
        for (int i = 0; i < scores.length; i++)
            System.out.print(scores[i]+" ");
    }
}
```

각 배열은 length라는 필드를 가지고 있다. length 필드는 배열의 크기를 나타낸다. 따라서 이것을 이용하면 배열의 크기만큼 반복을 시킬 수 있다.

실행결과

```
10 20 30 40 50
```

예제 3-14 문자열 배열

앞에서는 정수 배열만을 살펴보았는데 실수 배열이나 문자열의 배열도 얼마든지 생성하여 사용할 수 있다. 여기서는 5가지의 피자 토핑의 종류를 문자열 배열에 저장하고 배열에 저장된 문자열을 꺼내서 화면에 출력하여 보자.

실행결과

```
Pepperoni Mushrooms Onions Sausage Bacon
```

PizzaTopping.java

```java
public class PizzaTopping {
    public static void main(String[] args) {

        String[] toppings = { "Pepperoni", "Mushrooms", "Onions", "Sausage", "Bacon" };

        for (int i = 0; i < toppings.length; i++) {
            System.out.print(toppings[i] + " ");
        }
    }
}
```

도전문제

1. 10개의 실수를 저장할 수 있는 배열을 생성한다. 여기에 0.0, 0.1 ,... 0.9를 저장하고 저장된 값들을 배열에서 꺼내어서 화면에 출력해 보자.

for-each 루프

JDK 1.5 버전부터는 배열에 대하여 다음과 같은 형식의 for-each 루프라고 불리는 향상된 루프를 사용할 수 있다. for-each 루프에서는 매우 쉽게 배열의 각 요소를 순차적으로 접근할 수 있다.

문법 3.6 for-each 루프

```
for ( 변수 : 배열 ) {
    ...
}
```

```
int[] list = { 1, 2, 3, 4, 5 };
for(int e : list) {
    System.out.println(e);
}
```

설명 배열 list의 각 요소가 변수 e로 차례대로 대입되면서 반복된다.

간단한 예제로 정수형 배열을 작성하고 for-each 루프로 배열에서 정수를 하나씩 꺼내서 화면에 출력하여 보자.

ArrayTest4.java

```
public class ArrayTest4 {
    public static void main(String[] args) {
        int[] numbers = { 10, 20, 30 };
        for (int value : numbers)
            System.out.print(value+" ");
    }
}
```

변수 value에는 첫 번째 요소부터 마지막 배열 요소까지 차례대로 대입된다.

실행결과

```
10 20 30
```

반복이 진행되면서 변수 value에는 numbers 배열의 첫 번째 요소부터 마지막 배열 요소까지 차례대로 대입된다. 이 for-each 루프는 다음과 같은 전통적인 for 루프와 똑같은 효과를 낸다.

```
for (int i = 0; i < numbers.length; i++) {
    System.out.print(numbers[i]+" ");
}
```

for-each 루프는 전통적인 for 루프보다 사용하기가 쉽다. for-each 루프에서는 배열의 크기에 신경 쓰지 않아도 되고 인덱스 값을 저장하는 변수를 생성할 필요도 없다. 또 사용법이 간결하여서 오류가 발생할 가능성이 적다. 따라서 배열에서 요소를 하나씩 꺼내어 처리하는 경우라면 for-each 루프를 사용하는 것이 권장된다.

하지만 경우에 따라서는 for-each 루프를 사용할 수 없는 경우가 있다. 가장 대표적인 경우가 배열 요소의 값을 변경하는 경우이다. 또한 역순으로 배열 요소를 처리하는 경우, 전체가 아니고 일부 요소만을 처리하는 경우, 하나의 반복 루프에서 두 개 이상의 배열을 처리하는 경우에는 for-each 루프가 부적합하다. 이런 경우에는 전통적인 for 루프를 사용하여야 한다.

참고

배열의 모든 요소를 출력하는 방법

배열의 모든 요소의 값을 출력하려면 더 간단한 방법도 있다. Arrays 클래스의 toString() 메소드를 사용하는 것이다.

```
System.out.println(Arrays.toString(numbers));
```

실행결과

```
[10, 20, 30]
```

03.8 2차원 배열

배열은 많은 데이터들을 하나로 묶어서 처리할 때 유용한 자료 구조이다. 데이터는 1차원이 아니라 2차원이 될 수도 있다.

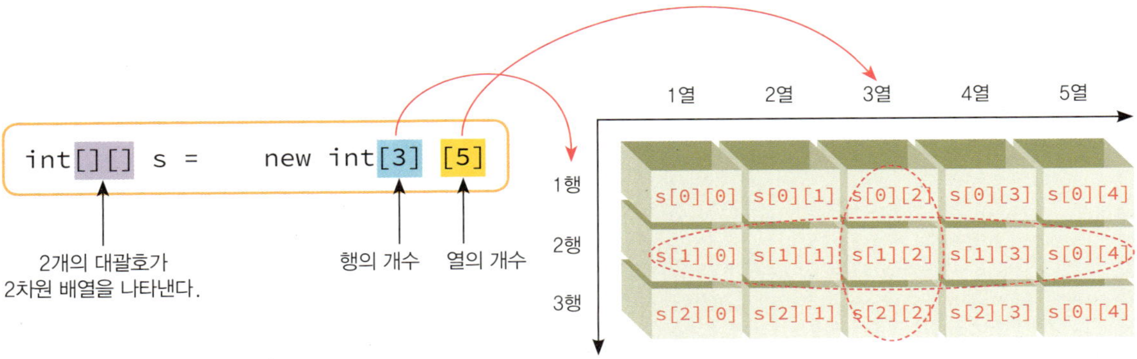

자바에서도 다른 언어들과 마찬가지로 2차원 배열을 만들고 사용할 수 있다. 예를 들어 int 타입의 2차원 배열을 선언, 생성하여 보자.

```
int[][]  s = new int[3][5];
```

위의 문장은 3행 × 5열의 요소를 가지는 2차원 배열을 선언한 것이다. 2차원 배열을 사용할 때도 인덱스를 사용한다. 첫 번째 인덱스는 행의 번호이고 두 번째 인덱스는 열의 번호이다. 예를 들어서 1행 3열의 요소는 s[1][3]이다.

2차원 배열을 처리하는 프로그램은 일반적으로 중첩된 루프를 사용한다. 다음의 코드는 2차원 배열에 저장된 성적을 화면에 출력한다.

```
for(int i=0; i <3; i++)
    for(int j=0; j<5; i++)
        System.out.println(s[i][j]);
```

2차원 배열의 초기화

2차원 배열의 초기화도 중괄호를 이용한다. 2차원 배열에서는 같은 행의 요소를 중괄호로 묶으면 된다.

```
int[][]  testArray =  {
        {10, 20, 30},
```

```
        {40, 50, 60},
        {70, 80, 90}
};
```

1차원 배열의 경우와 마찬가지로 초기화 리스트가 존재하는 경우에는 new 연산자를 사용할 필요가 없다. 위의 예제에서 첫 번째 행의 요소는 {10, 20, 30}이고 두 번째 행은 {40, 50, 60}, 세 번째 행은 {70, 80, 90}이다.

예제 3-15 Tic-Tac-Toe 게임

우리나라의 오목과 유사한 외국의 게임이 Tic-Tac-Toe이다. Tic-Tac-Toe 게임은 유아들을 위한 게임으로 잘 알려져 있다. Tic-Tac-Toe는 3 × 3칸을 가지는 게임판을 만들고, 경기자 2명이 동그라미 심볼(O)와 가위표 심볼(X)을 고른다. 경기자는 번갈아 가며 게임판에 동그라미나 가위표를 놓는다. 가로, 세로, 대각선으로 동일한 심볼을 먼저 만들면 승리하게 된다. 다음과 같이 텍스트 모드에서 컴퓨터와 사람이 Tic-Tac-Toe 게임을 할 수 있는 프로그램을 작성하여 보자.

실행결과

```
   |   |
---|---|---
   |   |
---|---|---
   |   |
다음 수의 좌표를 입력하시오: 1 1
  O|   |
---|---|---
   |  X|
---|---|---
   |   |
다음 수의 좌표를 입력하시오: 0 2
  O|  O|  X
---|---|---
   |  X|
---|---|---
   |   |
다음 수의 좌표를 입력하시오:
```

컴퓨터는 단순히 비어 있는 첫 번째 칸에 놓는다고 가정한다. 좌표는 (0, 0)에서 (2, 2) 사이이다.

Tic_Tac_Toe.java

```java
import java.util.Scanner;

public class Tic_Tac_Toe {
```

```java
    public static void main(String[] args) {
        char[][] board = new char[3][3];
        int x, y;

        Scanner scan = new Scanner(System.in);

        for (int i = 0; i < 3; i++)
            for (int j = 0; j < 3; j++)
                board[i][j] = ' ';

        do {
            for (int i = 0; i < 3; i++) {
                System.out.println("  " + board[i][0] + "|  " + board[i][1] + "|  " + 
                                                                        board[i][2]);

                if (i != 2)
                    System.out.println("---|---|---");

            }

            System.out.print("다음 수의 좌표를 입력하시오: ");
            x = scan.nextInt();
            y = scan.nextInt();

            if (board[x][y] != ' ') {
                System.out.println("잘못된 위치입니다. ");
                continue;
            } else
                board[x][y] = 'X';

            int i = 0, j = 0;
            for (i = 0; i < 3; i++) {
                for (j = 0; j < 3; j++)
                    if (board[i][j] == ' ')
                        break;
                if (board[i][j] == ' ')
                    break;
            }
            if (i < 3 && j < 3)
                board[i][j] = 'O';

        } while (true);

    }
}
```

게임판을 나타내는 2차원 배열을 생성한다.

게임판을 나타내는 2차원 배열을 초기화한다.

게임판을 그린다.

사용자가 놓은 위치를 검사한다.

컴퓨터가 놓을 위치를 결정한다.

도전문제

컴퓨터가 좀 더 지능적으로 다음 수를 생각하도록 코드를 추가하여 보자.

03.9 ArrayList

자바에는 전통적인 배열보다 훨씬 사용이 편리한 배열이 있다. 바로 ArrayList이다. 전통적인 배열의 가장 큰 약점은 바로 배열의 크기이다. 전통적인 배열의 경우, 크기가 한번 결정되면 절대 변경할 수 없다. 이것은 실제 프로그래밍에서 상당히 불편하다. 자바에서는 ArrayList 라는 클래스를 제공하는데 이 클래스를 사용하면 배열의 크기를 자동으로 변경하면서 사용할 수 있다. 즉 우리가 요소를 추가하면 배열은 자동으로 커지게 된다.

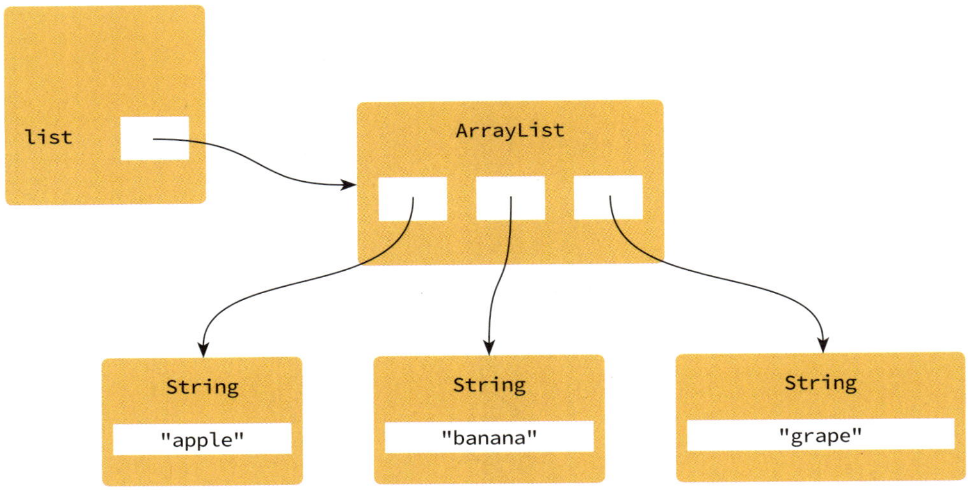

ArrayList에 대한 완전한 설명은 11장에서 해야 하지만 우리는 다음 장부터 가끔씩 ArrayList를 사용하여야 한다. 따라서 ArrayList를 사용하는 간단한 방법만 학습하도록 하자. 다음과 같은 문장으로 ArrayList가 생성된다.

문법 3.7 for-each 루프

```
ArrayList <자료형> list;
list = new ArrayList<>();
```

```
ArrayList<String> list;
list = new ArrayList<>();
```

설명 문자열(String)을 저장할 수 있는 ArrayList를 생성한다.

예를 들어서 친구들의 리스트를 ArrayList로 생성하여 보자. 친구들의 이름을 저장하여야 하므로 String을 자료형으로 주어서 ArrayList를 생성하면 된다.

```
ArrayList<String> list = new ArrayList<>();
```

위의 문장이 실행되면 비어있는 리스트가 생성된다. 여러분들은 add() 메소드를 호출하여서 요소들을 리스트에 추가할 수 있다.

```
list.add("철수");
list.add("영희");
```

리스트에서 요소를 삭제할 때는 다음과 같이 하면 된다.

```
list.remove(1);  // 1번째 요소 삭제
```

ArrayListTest.java

```
import java.util.*;
public class ArrayListTest {
    public static void main(String args[]){
        ArrayList<String> list=new ArrayList<>();
        list.add("철수");
        list.add("영희");
        list.add("순신");
        list.add("자영");
        for(String obj:list)
            System.out.print(obj+" ");
    }
}
```

실행결과

```
철수 영희 순신 자영
```

Mini Project

카드를 랜덤하게 선택하여 화면에 출력하는 코드를 작성해 보자. { "Clubs", "Diamonds", "Hearts", "Spades" }와 { "2", "3", "4", "5", "6", "7", "8", "9", "10", "Jack", "Queen", "King", "Ace" }를 가지고 있는 문자열 배열을 생성하고 이것들로부터 5장의 카드를 랜덤하게 선택하는 코드를 작성하라.

```
Console
<terminated> Test (1) [Java Application] C:₩Program Files₩Java₩jdk-9.0.1₩bin₩javaw.exe (2017. 12. 14. 오후 2:06:03)
Spades의 8
Spades의 7
Hearts의 Queen
Spades의 Queen
Diamonds의 10
```

0.0부터 1.0 사이의 난수를 생성하려면 다음과 같은 문장을 사용한다.

```
double r = Math.random();
```

이것을 0부터 100 사이의 난수로 만들려면 100을 곱하고 정수형으로 형변환한다.

```
int i = (int) (Math.random() * 100);
```

Exercise

1. 다음의 작업을 수행하는 문장을 작성하라.

   ❶ 20 이상이고 60 미만이면 count를 증가한다.

   ❷ x와 y 중에서 큰 값을 max에 저장하고 작은 값을 min에 저장한다.

   ❸ x가 1부터 20 사이에 있으면 x의 값을 y에 대입한다.

2. 다음 프로그램의 출력은 무엇인가?

```
for(int i = 0; i < 3; i++)
{
   switch(i)
   {
      case 0: break;
      case 1: System.out.print("one ");
      case 2: System.out.print("two ");
      case 3: System.out.print("three ");
   }
}
System.out.println("done");
```

3. 다음 코드를 실행하였을 경우, 생성되는 출력을 쓰시오. 들여쓰기를 올바르게 수정하시오.

```
int age = 66;

if( age > 20 )
   if( age < 65 )
      System.out.println("1번 그룹");
else
   System.out.println("2번 그룹");
```

4. 다음 코드를 실행하였을 경우, 어떤 일이 발생하는가?

```
for (int i = 0; i < 10; i++) {
   System.out.print(i + " ");
}
System.out.println(i);
```

5. 다음 문장의 오류를 찾아서 수정하라. 오류가 없을 수도 있고 2개 이상의 오류가 있을 수도 있다. 문법적인 오류뿐만 아니라 논리적인 오류도 지적하라.

❶

```
    if( 0 < age < 18 )
        System.out.println("청소년");
```

❷

```
    if( x = 0 )
        System.out.println("x는 0이다.");
```

6. 다음의 프로그램에서 생성되는 출력결과는 무엇인가?

```
int i = 0;
while(i < 10)
{
    System.out.println("i="+i);
    i += 3;
}
```

7. 다음의 수학식을 계산하는 코드를 작성하라.

$$\sum_{i=1}^{30}(i^2 + 1)$$

8. 다음 중에서 올바른 배열 선언을 모두 선택하시오.

❶ int [] myScores;

❷ char [] myChars;

❸ int [6] myScores;

❹ Dog myDogs [];

❺ Dog myDogs [7];

9. 다음과 같은 배열을 생성하는 문장을 작성하시오.

❶ 30개의 요소를 가지는 int형 배열 studentNumbers

❷ 요소로 1.2, 3.3, 6.7을 가지는 double형 배열 values

10. int[] employees = new int[5];와 같은 배열 선언이 있다고 하자.

❶ 유효한 인덱스의 범위는?

❷ 만약 employees[5]와 같이 요소를 접근하였다면 어떤 일이 발생하는가?

11. double형 배열 values의 각 요소를 0으로 초기화하는 문장을 작성하라.

```
double[] values = new double[100];
```

Programming Exercise

1. 1부터 100사이의 정수 중에서 3 또는 4의 배수의 합을 계산하는 프로그램을 작성하라.

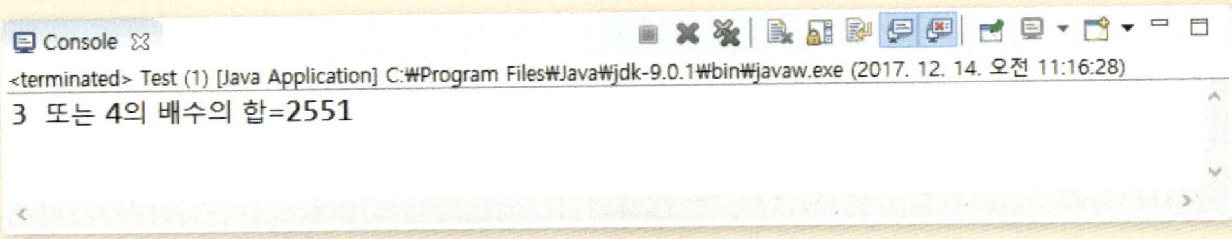

2. 사용자가 입력한 값이 1, 2,... , 9이면 "ONE", "TWO",... , "NINE"과 같이 출력하는 프로그램을 작성하라. 1부터 9사이가 아니면 "OTHER"를 출력한다.

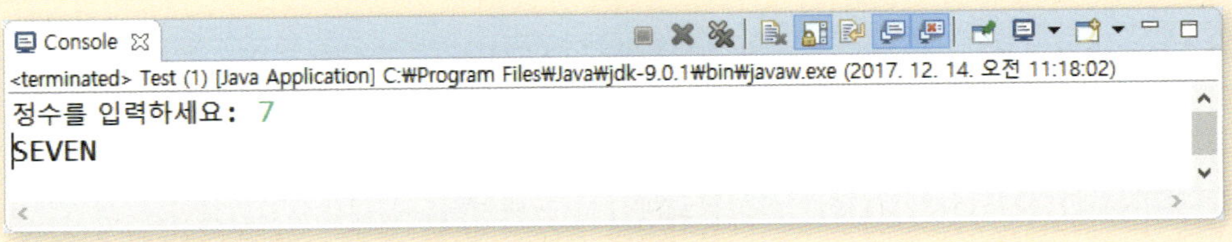

3. 2개의 주사위를 던지는 게임이 있다고 가정하자. 2개 주사위의 합이 6이 되는 경우는 몇 가지나 있을까? 합이 6이 되는 경우의 수를 출력하는 프로그램을 작성해보자.

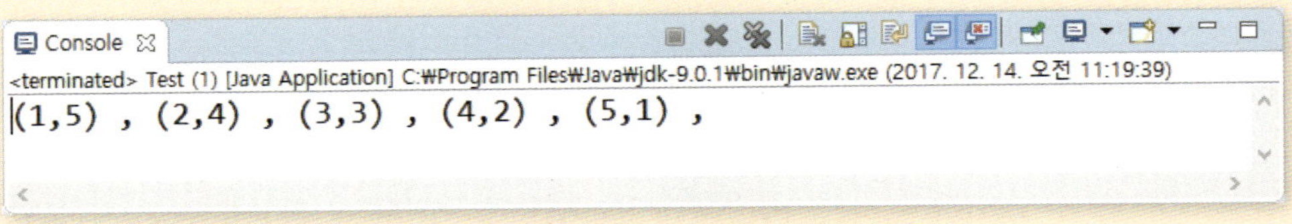

4. 사용자로부터 키를 입력받아 표준 체중을 계산한 후에 사용자의 체중과 비교하여 저체중인지, 표준인지, 과체중인지를 판단하는 프로그램을 작성하라. 표준 체중 계산식은 다음을 사용하라.

$$표준\ 체중 = (키 - 100) \times 0.9$$

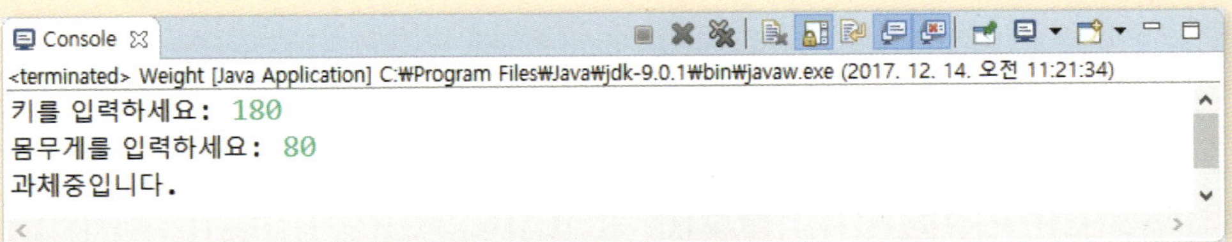

5. 1차 방정식 $3x + 10y = 100$을 만족하는 모든 해를 구하는 프로그램을 작성해 보자. 여기서 x와 y는 정수이고 $0 <= x <= 10$, $0 <= y <= 10$이라고 가정하자.

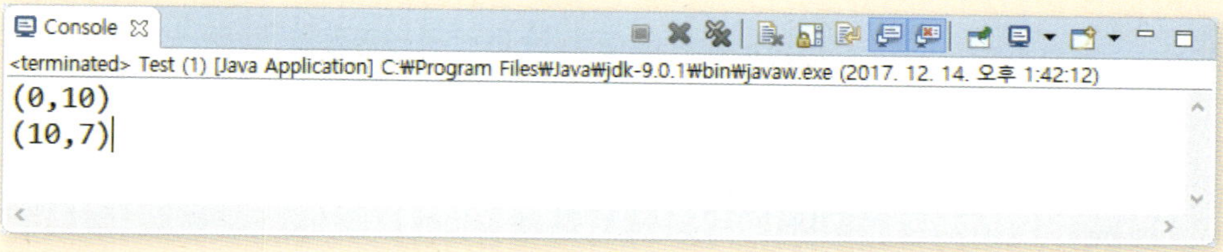

6. 2와 100 사이에 있는 모든 소수(prime number)를 찾는 프로그램을 작성하라. 주어진 정수 k를 2부터 k-1까지의 숫자로 나누어서 나머지가 0인 것이 하나라도 있으면 소수가 아니다.

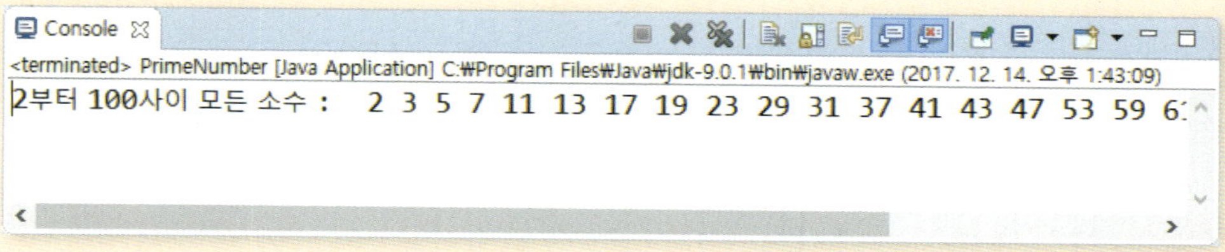

7. 피타고라스의 정리는 직각 삼각형에서 직각을 낀 두 변의 길이를 a, b라고 하고, 빗변의 길이를 c라고 하면 $a^2 + b^2 = c^2$의 수식이 성립한다는 것이다. 각 변의 길이가 100보다 작은 삼각형 중에서 피타고라스의 정리가 성립하는 직각 삼각형은 몇 개나 있을까? 3중 반복문을 이용하여 피타고라스의 정리를 만족하는 3개의 정수를 찾도록 한다.

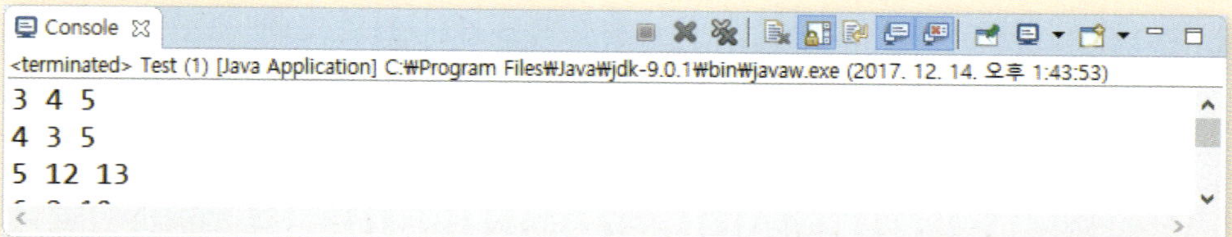

8. 간단한 계산기 프로그램을 작성하여 보자. 먼저 사용자로부터 하나의 문자를 입력받는다. 이어서 사용자로부터 2개의 숫자를 입력받는다. 사용자로부터 받은 문자가 '+'이면 두 수의 덧셈을, 문자가 '−'이면 뺄셈을, 문자가 '*'이면 곱셈을, 문자가 '/'이면 나눗셈을 수행하도록 작성하라. if-else 문을 사용하라. 나눗셈의 경우, 분모가 0이 아닌지를 먼저 검사하여야 한다.

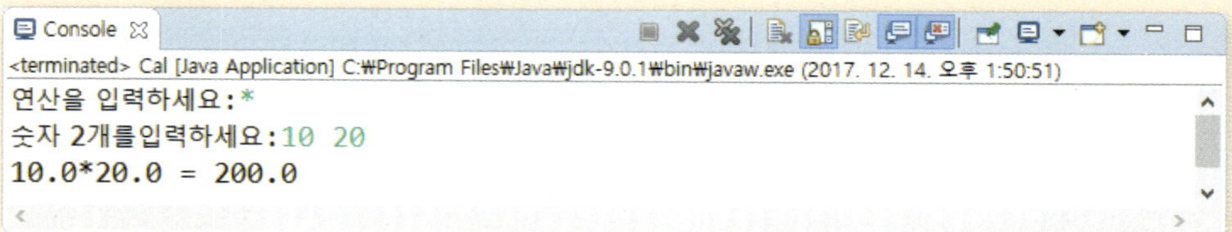

9. 피보나치 수열은 다음과 같이 정의되는 수열이다.

$$f_0 = 0$$
$$f_1 = 1$$
$$f_{i+1} = f_i + f_{i-1} \qquad \text{for} \qquad i = 1, 2, \ldots$$

피보나치 수열에서는 앞의 2개의 원소를 합하여 뒤의 원소를 만든다. 피보나치 수열에서 처음 몇 개의 원소를 나열하면 다음과 같다.

0, 1, 1, 2, 3, 5, 8, 13, 21, 34, 55, . . .

피보나치 수열은 컴퓨터에서도 탐색 문제 등에 사용되기도 한다. 반복문을 이용하여 피보나치 수열을 구하는 프로그램을 작성하여 보자.

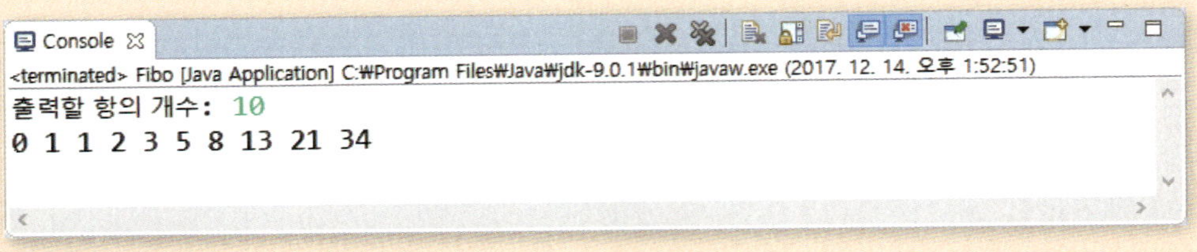

10. {1.0, 2.0, 3.0, 4.0}과 같은 초기값을 가지는 double형의 배열을 생성한다. 모든 배열 요소를 출력한 후에 모든 요소를 더하여 합을 출력하고 요소 중에서 가장 큰 값을 찾아서 출력하는 프로그램을 작성하라.

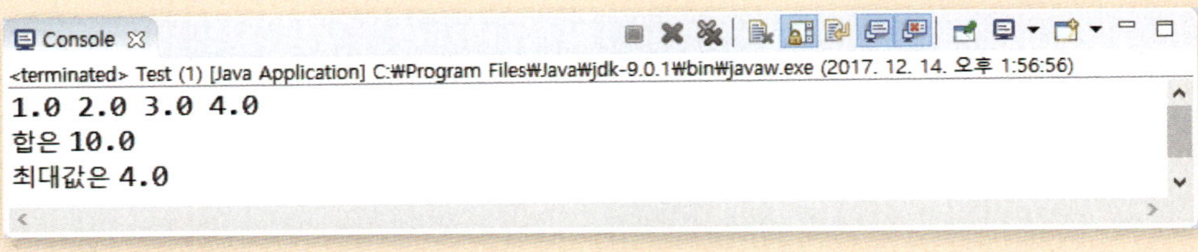

11. “Hello”, “Java”, “World”를 가지고 있는 문자열의 배열을 생성해 보자. 화면에 배열 요소를 출력하는 프로그램을 작성해본다.

12. 다음과 같이 학생들의 성적을 받아서 평균을 구하는 프로그램을 작성하라.

```
Console
<terminated> ScoreTest [Java Application] C:\Program Files\Java\jdk-9.0.1\bin\javaw.exe (2017. 12. 14. 오후 1:59:38)
성적을 입력하세요: 10
성적을 입력하세요: 20
성적을 입력하세요: 30
성적을 입력하세요: 40
성적을 입력하세요: 50
합계 : 150
평균 : 30.0
```

Power Java Compact

POWER Java compact

CHAPTER 04

클래스, 객체, 메소드

학습목표

- 이번 장에서는 객체 지향 프로그램의 기초 개념에 대하여 학습한다. 클래스의 개념, 객체가 생성되는 방법, 참조 변수에 대한 이해, 메소드 작성 방법, 메소드의 반환값, 메소드의 매개 변수, 생성자 등 중요하고 기초적인 개념들이 다루어진다.

학습목차

04.1 객체 지향 프로그래밍이란?

객체 지향 프로그래밍(OOP: object-oriented programming)은 우리가 살고 있는 실제 세계와 비슷하게 소프트웨어도 작성해보자는 방법이다. 실제 세계에는 사람, 텔레비전, 리모콘, 세탁기, 냉장고 등의 많은 객체가 존재한다. 객체들은 객체 나름대로의 고유한 기능을 수행하면서 다른 객체들과 상호 작용한다.

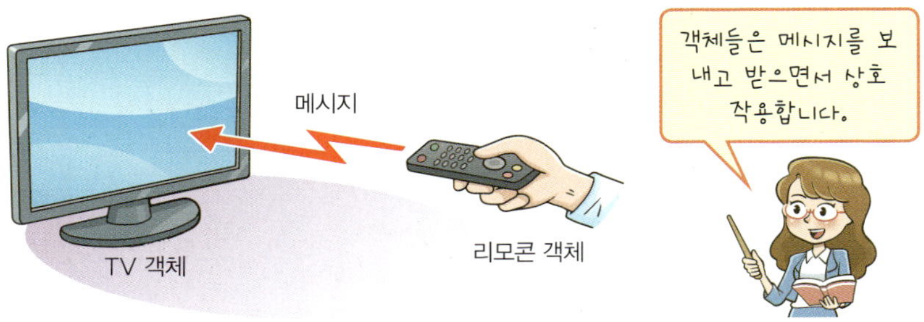

예를 들면, 사람이 리모콘을 이용하여서 텔레비전을 조작하는 상황을 생각해보자. 텔레비전과 리모콘은 모두 특정한 기능을 수행하는 객체(object)라고 생각할 수 있고 텔레비전과 리모콘은 메시지(message)를 통하여 서로 상호 작용하고 있다. 소프트웨어 개발도 이와 같이 하는 방식을 객체 지향이라고 한다. 다양한 기능을 하는 소프트웨어 객체들이 존재하고 이러한 객체들을 조합하여 자기가 원하는 기능을 구현하는 기법이다.

객체

객체(Object)는 그 이름에서 볼 수 있듯이, 객체 지향 기술의 핵심 개념이다. 객체는 상태와 동작을 가지고 있다.

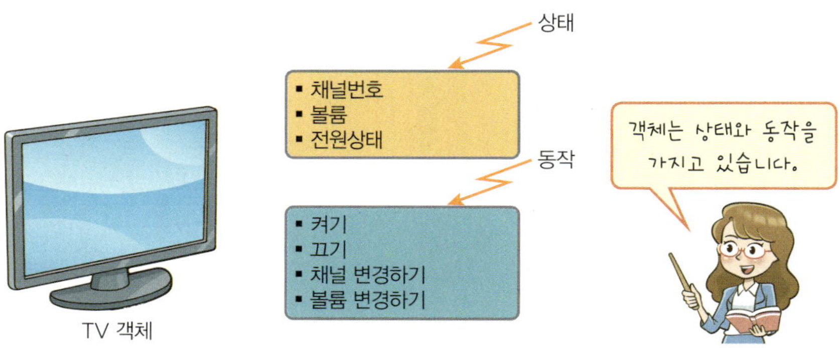

그림 4.1 텔레비전 객체의 예

객체의 상태(state)는 객체의 속성이다. 예를 들어, 텔레비전 객체의 경우, 채널번호, 볼륨, 전원상태 등이 객체의 상태에 해당된다. **객체의 동작**(behavior)은 객체가 취할 수 있는 동작(기능)이다. 텔레비전을 예로 들면, 켜기, 끄기, 채널 변경하기, 볼륨 변경하기 등이 여기에 해당된다.

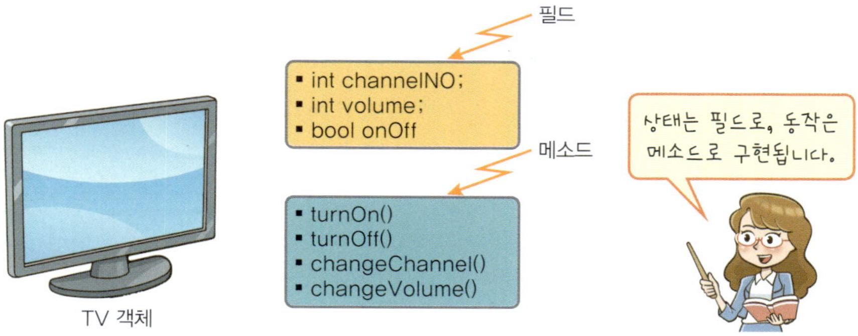

객체의 상태와 동작은 소프트웨어에서는 각각 필드와 메소드로 표현할 수 있다. 객체 안의 변수를 **필드**(field)라고 하고 객체 안의 함수를 **메소드**(method)라고 부른다. 즉 객체는 필드와 메소드로 이루어져 있는 소프트웨어의 묶음이라 할 수 있다. 필드에 객체의 상태를 저장한다. 메소드는 특정한 작업을 수행한다. 텔레비전 객체의 경우에는 위의 그림과 같은 필드와 메소드를 생각할 수 있다.

04.2 프로그래밍 기법의 발전

컴퓨터가 개발된 이후로 프로그래밍 기법은 많이 발전하였다. 가장 중요한 기법으로는 절차 지향 프로그래밍과 객체 지향 프로그래밍을 들 수 있다.

절차 지향 프로그래밍

절차 지향 프로그래밍(procedural programming)은 **프로시저**(procedure)를 기반으로 하는 프로그래밍 방법이다. 프로시져는 일반적으로 함수를 의미한다. 우리는 보통 절차 지향 프로그래밍으로 번역하는 데, "프로시저 지향 프로그래밍"이라는 용어가 더 적합한 것 같다. 절차 지향 프로그래밍에서 전체 프로그램은 함수들의 집합으로 이루어진다. 많은 언어(C언어 등등)에서 지원하는 방법이다. 절차 지향에서 사용되는 설계 방법은 하향식 설계(top down design)라고도 불린다. 하향식 설계 방법에서는 문제를 더 작은 서브 프로시져로 분해하여 원하는 수준에 도달할 때까지 이 과정을 반복함으로써 시스템을 설계하는 방법을 말한다. 아래 그림을 참조하기 바란다.

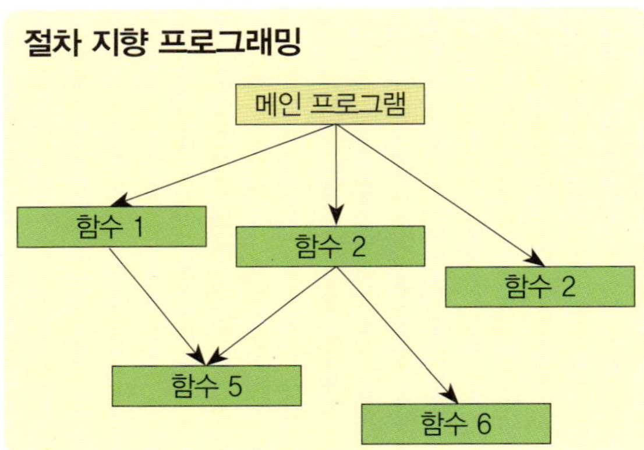

절차 지향 프로그래밍은 오랫동안 좋은 방법으로 여겨졌다. 하지만 문제는 없었을까? 가장 큰 단점은 데이터가 함수와 분리된다는 점을 들 수 있다. 많은 경우에, 절차 지향 방법에서는 데이터가 프로그램의 중요한 부분임에도 불구하고 프로그래머들은 함수 작성에만 신경을 쓰게 된다.

객체 지향 프로그래밍

이후로 연구가 진행될수록 서로 관련된 함수와 데이터를 묶어서 생각해야 한다는 점이 분명해졌다. 객체 지향 프로그래밍(object-oriented programming)은 데이터와 함수를 하나의 덩어리로 묶어서 생각하는 방법이다. 데이터와 함수를 하나의 덩어리(객체)로 묶는 것을 **캡슐화**(encapsulation)라고 부른다. 객체 지향 프로그래밍 방법은 현재 가장 각광받고 있는 프로그래밍 기술이다. 객체 지향은 현실 세계를 시뮬레이션하는 언어였던 1960년대의 시뮬라(SIMULA)라는 언어에 기반을 두고 있다.

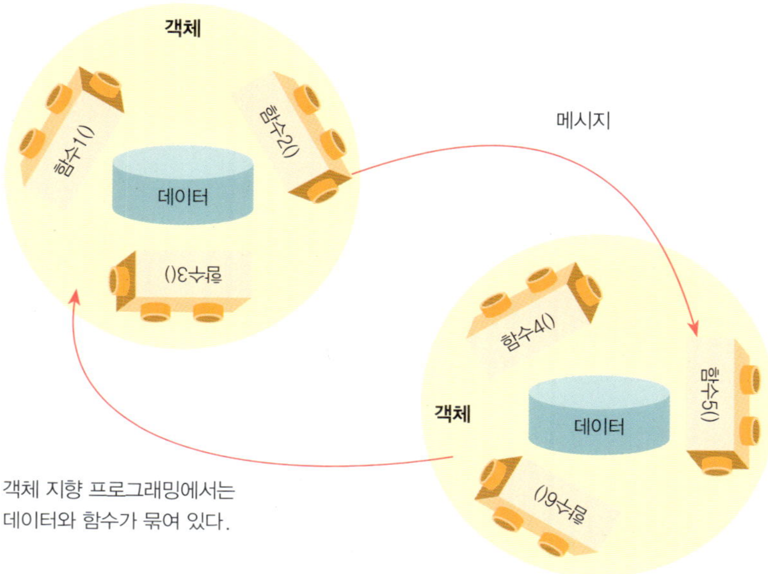

객체 지향 프로그래밍에서는
데이터와 함수가 묶여 있다.

간단한 예

예를 들어서 우리가 현금자동지급기(ATM)에서 현금을 인출하는 작업을 프로그램으로 작성한다고 할 때, 절차 지향 프로그래밍에서는 다음과 같이 withdraw(), deposit(), open_account(), close_account()와 같은 함수를 작성하고 이것을 조립하여 전체 프로그램을 완성한다.

객체 지향 프로그래밍으로 동일한 프로그램을 작성한다면 다음과 같이 여러 가지 타입의 객체들을 만든 후에 객체끼리 메시지를 주고 받으면서 문제를 해결하게 된다.

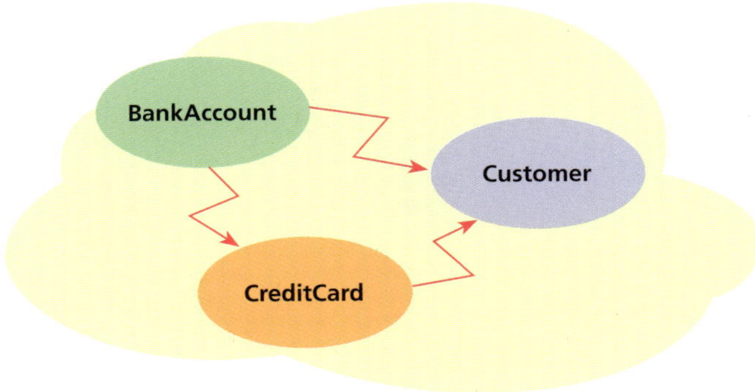
BankAccount
Customer
CreditCard

04.3 객체 지향 프로그래밍의 특징

캡슐화

객체 지향 기술은 소프트웨어 개발자에게 많은 이득을 줄 수 있다. 지금까지 소프트웨어 개발이 힘들었던 이유는 이전의 사람들이 작성하였던 수많은 코드가 있음에도 불구하고 새로운 소프트웨어를 개발하기 위해서는 다시 처음부터 모든 것을 개발하여야 한다는 점이다. 따라서 이전의 코드들을 재사용할 수 있는 체제가 필요하다는 것을 인식하게 되었는데 다른 사람이 작성한 코드를 쓰기 위해서는 코드 자체가 잘 정리되어 있어야만 할 것이다. 즉 관련된 데이터와 알고리즘이 하나의 묶음으로 정리되어 있어야 한다. 객체 지향 프로그래밍에서는 이것을 **캡슐화**(encapsulation)라고 부른다. 캡슐화는 용어 그대로 서로 관련된 데이터와 알고리즘을 캡슐에 넣어서 포장한다는 것을 의미한다.

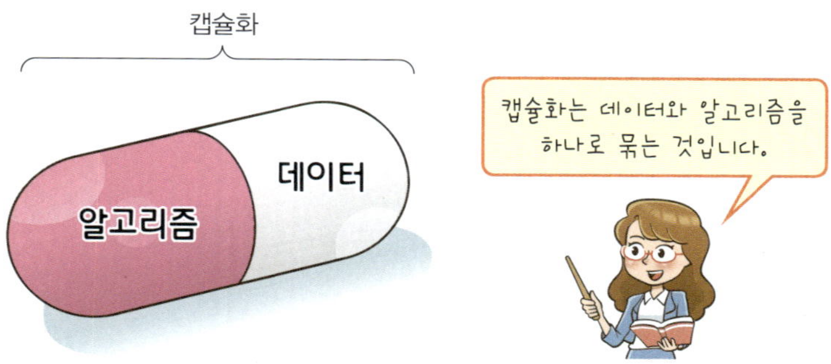

여러분이 앞에서 학습한 내용을 기억한다면 **객체**(object)**가 바로 하나의 캡슐**임을 알 수 있을 것이다. 객체는 필드와 메소드를 가진다고 하였는데 필드는 데이터에 해당되고 메소드는 알고리즘에 해당된다. 캡슐화는 2가지의 목적이 있다.

캡슐화의 첫 번째 목적은 서로 관련되어 있는 데이터와 알고리즘을 묶는 것이다. 관련 있는 데이터와 알고리즘이 묶여 있으면 사용하기가 매우 편리하다. 캡슐로 된 약을 생각해 보자. 캡슐로 싸여 있지 않으면 안의 내용물들이 흩어지게 되고 복용하기 힘들 것이다. 자바는 그래픽, 네트워크, 데이터베이스 등의 많은 기능들을 객체 형태로 제공한다. 따라서 개발자들은 이들 객체를 이용하여 자신이 원하는 애플리케이션을 쉽게 제작할 수 있다.

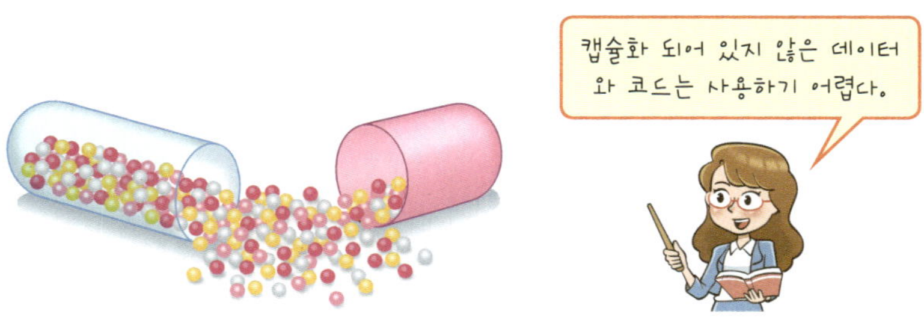

캡슐화의 두 번째 목적은 객체를 캡슐로 싸서 객체의 내부를 보호하는 하는 것이다. 즉 객체의 실제 구현 내용을 외부에 감추는 것이다. 이것을 정보 은닉(information hiding)이라고 한다. 역시 캡슐로 된 약을 생각해보자. 캡슐이 없으면 안의 내용물들이 보호되지 않을 것이다. 객체에서도 내부의 구현 내용을 보호하는 것이 필요하다. 우리가 스마트폰을 뜯어서 내부를 마음대로 건드리면 AS를 받지 못하는 것과 유사하다.

상속

상속은 기존의 코드를 재활용하기 위한 기법으로 이미 작성된 클래스(부모 클래스)를 이어받아서 새로운 클래스(자식 클래스)를 생성하는 기법이다. 자식 클래스는 부모 클래스의 모든 속성과 동작을 물려받는다. 추가로 만약 자식 클래스에만 필요한 기능이 있다면 추가 또는 변경할 수 있다. 다른 사람이 제공한 클래스는 아무래도 자신의 문제에 맞지 않는 경우가 종종 있다. 이런 경우에 상속을 사용하여 다른 사람의 클래스를 상속받고 자신이 필요한 부분을 변경하여 사용할 수 있다. 상속은 기존의 코드를 재사용하는 강력한 기법이다.

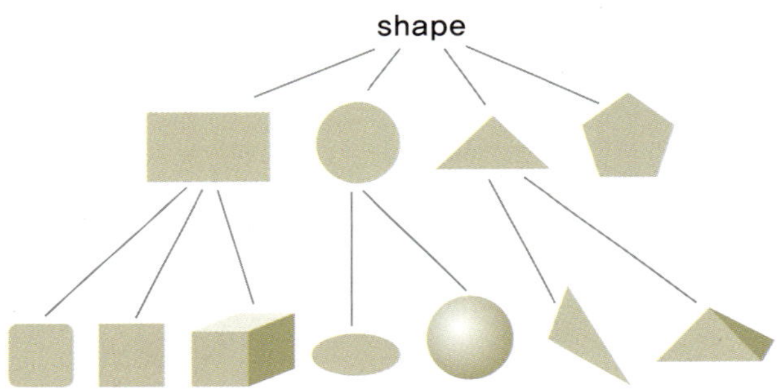

다형성

다형성이란 객체가 취하는 동작이 상황에 따라서 달라지는 것을 의미한다. 자바에서는 서로 다른 타입에 속하는 객체들이 같은 이름의 멤버 함수에 응답하여 서로 다른 동작을 보여주는 것이 가능하다. 프로그래머는 객체의 타입을 미리 알 필요가 없고 객체의 정확한 동작은 실행 시간에야 결정된다. 다형성을 사용하게 되면 실제 동작은 다르더라도 개념적으로 동일한 작업을 하는 멤버 함수들에 똑같은 이름을 부여할 수 있으므로 코드가 더 간단해진다.

예를 들어서 speak()라는 멤버 함수는 모든 객체 타입마다 정의되어 있어서 호출하면 객체가 소리를 발생한다고 가정하자. speak() 메소드 호출을 받은 객체는 자신의 상황에 따라서 서로 다른 소리를 내게 된다. 즉 강아지면 "멍멍", 고양이면 "야옹", 오리면 "꽥꽥"이라고 서로 다른 소리를 내는 것이다.

추상화

추상화(abstraction)은 불필요한 정보는 숨기고 중요한 정보만을 표현함으로써 프로그램을 간단히 만드는 기법이다. 예를 들어서 TV를 객체로 나타내는 작업을 생각해 보자. TV에는 지금까지 우리가 축적한 엄청난 기술이 들어 있다. 따라서 TV를 객체로 나타내려면 객체가 엄청나게 커져야 할 것이다. 이래서는 프로그램하기 힘들어진다. 우리가 필요한 몇 개만을 남기고 불필요한 것들은 삭제해야 할 것이다. 예를 들어서 전원 버튼을 누르면 TV가 켜지고 채널 버튼을 누르면 채널이 변경되는 기능만 있다고 가정할 수 있다. 이것이 바로 추상화이다. 추상화는 복잡성을 관리하는데 사용된다. 추상화를 사용하지 않으면 객체들이 너무 복잡해진다. 추상화는 개발자마다 달라지는데 그것은 객체에 대하여 관심사가 다르기 때문이다.

04.4 클래스 만들기

클래스란?

우리는 앞에서 객체 지향 프로그램은 객체로 구성된다는 사실을 알았다. 그런데 같은 종류의 객체는 하나만 있을까? 자동차를 예를 들어보자. 자동차는 하나만 있는 것이 아니다. 철수네도 같은 브랜드의 자동차를 가질 수 있고, 영희네도 같은 브랜드의 자동차를 가질 수 있다. 자동차는 어떻게 만들어질까? 엔지니어가 설계하여 자동차 설계도를 만들고 이 설계도에 의하여 각각의 자동차가 만들어진다.

객체 지향 소프트웨어에서도 객체들이 동일한 방법으로 생성된다. 즉 설계도에 의하여 객체들이 생성된다. 객체에 대한 설계도를 **클래스**(class)라고 한다. 클래스란 특정한 종류의 객체들을 찍어내는 형틀(template) 또는 청사진(blueprint)이라고도 할 수 있다. 클래스로부터 만들어지는 각각의 객체를 그 클래스의 **인스턴스**(instance)라고 한다.

참고 인스턴스(instance)는 사례라는 의미이다. 객체라는 용어가 있는데 인스턴스라는 새로운 용어를 사용하는 이유는 무엇일까? 이것은 객체가 너무 광범위한 의미를 가지고 있기 때문이다. 특정한 클래스로부터 생성된 객체를 그 클래스의 인스턴스라고 한다.

클래스 작성

클래스는 객체의 형태를 정의하는 **틀**(template)과 같은 것이다. 클래스는 변수와 함수를 동시에 가지고 있다. 클래스는 다음과 같은 구조를 이용하여 정의된다.

문법 4.1 클래스 정의

```
public class 클래스이름 {
    자료형      필드1;
    자료형      필드2;
    ....

    반환형      메소드1() { ... }
    반환형      메소드2() { ... }
    ...
}
```

```
public class Circle {
  double radius;
  string color;

  double calcArea() {
    return 3.14*radius*radius;
  }
}
```

설명 클래스는 class라는 키워드로 시작한다. 이어서 클래스 이름을 적고, 중괄호 안에 필드와 메소드를 나열하면 된다.

클래스 안에는 필드와 메소드들을 정의한다. 이들은 클래스의 멤버(member)라고 불린다. 필드는 객체의 상태를 나타내고 메소드는 객체의 동작을 나타낸다. 필드는 객체 안에 정의된 변수이다. 따라서 변수를 정의하듯이 자료형과 변수 이름을 적어주면 된다. 메소드는 클래스 안에 정의된 함수이다.

우리는 아주 간단한 클래스부터 작성해 보자. 원을 나타내는 클래스 Circle을 정의하여 보자. 클래스는 class 키워드를 이용하여 정의한다.

접근 지정자 / class 키워드로 클래스 선언 / 클래스 이름

```
public class Circle {

    int radius;          // 필드
    string color;

    double calcArea() {  // 메소드
        return 3.14*radius*radius;
    }
}
```

public은 외부에서 클래스를 자유롭게 사용할 수 있다는 접근 지정자이다. Circle은 클래스 이름이다. 중괄호 { ... } 안에 필드와 메소드를 선언한다. 필드로 원의 반지름을 나타내는 radius 변수와 원의 색상을 나타내는 color 변수를 선언한다. 메소드로는 원의 반지름을 계산하여 반환하는 calcArea()를 정의한다. 메소드는 입력을 받아 출력을 생성하는 코드의 묶음이라고 이해하자. 여러분이 함수에 대하여 이미 알고 있다면 메소드는 클래스 안에 선언된 함수라고 이해하면 된다.

객체 생성

우리는 앞에서 클래스를 정의하여 보았다. 앞에서 말했듯이 클래스는 객체가 아니다. 클래스는 객체를 만들기 위한 설계도(틀)에 해당된다. 설계도를 가지고 어떤 작업을 할 수는 없다. 예를 들어서 자동차 설계도를 운전하고 집에 갈 수는 없는 일이다. 실제로 어떤 작업을 하려면 객체를 생성하여야 한다.

객체를 생성하고 사용하는 예제를 제시한 후에 각 문장들을 자세히 설명하도록 하자.

CircleTest.cpp

```
class Circle {
    int radius; // 반지름
    String color; // 색상

    double calcArea() {
        return 3.14 * radius * radius;
    }
}

public class CircleTest {
    public static void main(String[] args) {
        Circle obj;
        obj = new Circle();
        obj.radius = 100;
        obj.color = "blue";
        double area = obj.calcArea();
        System.out.println("원의 면적=" + area);
    }
}
```

❶ 클래스 정의
❷ 참조 변수 선언
❸ 객체 생성
❹ 객체의 필드 접근
❺ 객체 메소드 접근

실행결과

```
원의 면적=31400.0
```

❶ 클래스 Circle을 정의하고 있다.

❷ 객체를 생성하는 첫 번째 단계는 참조 변수를 선언하는 단계이다.

```
Circle obj;
```

위의 문장으로는 객체는 생성되지 않는다. 객체를 가리킬 수 있는 참조 변수만 생성된다.

❸ 두 번째 단계는 new 연산자를 사용하여 객체를 생성하고 객체의 참조값을 참조 변수에 저장하는 단계이다.

```
obj = new Circle();
```

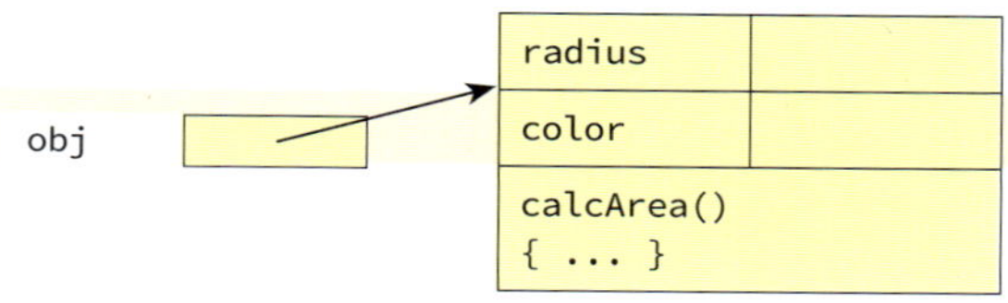

new 연산자는 객체를 **히프 메모리**(사용되지 않은 메모리)에 생성한 후에 객체의 참조값을 반환한다. 코드에서는 이 참조값을 참조 변수 obj에 저장한다. 아직 객체는 초기화 되지 않았다.

❹, ❺ 세 번째 단계는 객체의 필드와 메소드를 사용하는 단계이다.

```
obj.radius = 100;
obj.color = "blue";

double area = obj.calcArea();
```

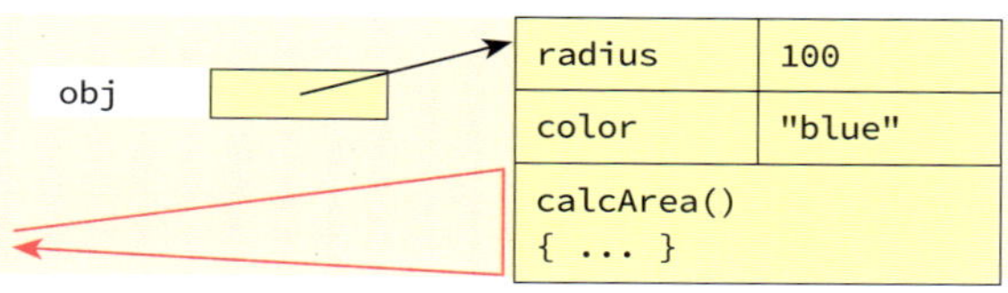

객체의 필드나 메소드에 접근할 때는 점(.) 연산자를 사용한다.

참조 변수

자바에서는 변수를 **기초 변수**(primitive variable)과 **참조 변수**(reference variable)로 나눌 수 있다. 기초 변수는 int, float, char 등의 기초 자료형의 값을 저장하는 변수이다. 이들 기초 변수에는 실제 데이터값이 저장된다. 반면에 참조 변수는 객체를 참조할 때 사용되는 변수로서 여기에는 객체의 참조값이 저장된다. 참조값은 일반적으로 객체의 주소이다. 주의하여야 한다. 참조 변수에 객체가 직접 저장되는 것은 아니다!

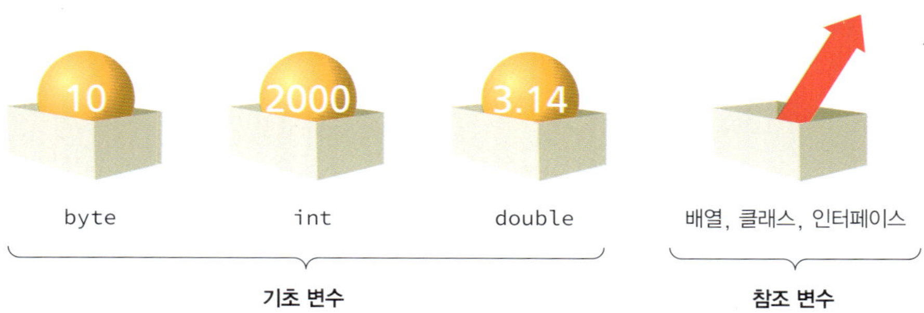

객체를 참조하는 변수가 없다면 우리는 객체를 사용할 수가 없다. 참조 변수에는 화살표만 들어 있다고 생각하면 된다.

참고 자바에서 모든 것이 객체로 되어 있지 않는 이유는 효율성 때문이다. 정수나 실수 같은 데이터도 객체로 처리하는 경우에는 실행 속도가 크게 저하된다. 자바에서는 기초적인 값들은 기초 변수 안에 저장된다.

팁 참조 변수를 객체의 이름으로 생각해도 좋다. 메모리에 생성된 객체는 이름이 없다. 우리는 참조 변수를 객체의 이름이라고 생각할 수 있다.

경고 여기서 혼동을 많이 일으키는 부분은, 다음과 같이 선언하면 객체가 생성된다고 생각하는 것이다.

```
Circle  obj;
```

위의 문장은 단순히 객체를 참조하는 변수 obj를 선언해 놓은 것이다. 객체의 이름만 정해놓은 것이라고 생각해도 좋다. 아직 객체는 생성되지 않았다. 상자만 생성된 것이다. 자바에서 모든 객체는 new 연산자를 이용해야만 비로소 생성된다.

참고 **public 클래스와 소스 파일 이름**

하나의 소스 파일에는 하나의 public 클래스만 있어야 하고 public 클래스의 이름은 소스 파일 이름과 동일하여야 한다. 위의 코드에서는 CircleTest 클래스에 public이 붙어 있어서 Circle 클래스에는 public을 붙이지 않았다. public을 붙이지 않아도 같은 패키지에서는 사용이 가능하다. 클래스 Circle을 별도의 소스 파일 Circle.java로 독립시켜도 된다(사실 이것이 원칙이다).

참고 **main()의 위치**

main() 메소드는 어떤 클래스에도 넣을 수 있다. 앞의 소스에서 Circle 클래스 안에도 main()을 넣을 수 있다. 다만 이렇게 되면 입문자들이 이해하기 어렵기 때문에 CricleTest 클래스를 하나 더 작성한 것이다. main()이 있는 public 클래스는 실행할 수 있다.

도전문제

Circle 객체 2개를 생성해보자. 참조 변수 obj1과 obj2로 가리키게 하라. 첫 번째 객체에는 100, "red"를 저장하고 두 번째 객체에는 200, "blue"를 저장해 본다.

04.5 메소드

앞에서 클래스는 필드와 메소드로 구성된다고 이야기 하였다. 물론 필드만을 가지고 있어도 합법적이고 유효한 클래스이다. 하지만 대부분의 클래스는 메소드도 가지고 있다. 만약 독자가 다른 언어로 프로그램을 작성해본 적이 있다면 **"메소드는 클래스 안에 정의된 함수"**라는 말만 가지고도 메소드를 이해할 수 있을 것이다. 하지만 자바가 첫 번째 언어라면 메소드(멤버함수라고도 한다)에 대한 설명이 필요하다.

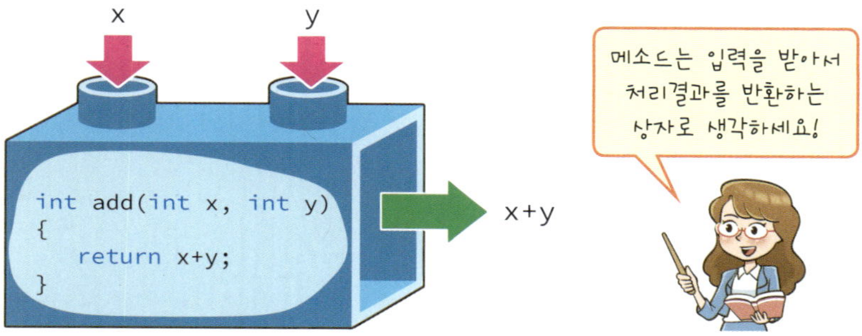

메소드(method)는 클래스 안에 선언된 **"특정한 작업을 수행하는 문장들의 모임"**이다. 메소드는 하나 이상의 문장들을 포함하고 있다. 각 메소드는 이름을 가지고 있으며 메소드를 호출할 때 이름을 사용한다. 메소드의 일반적인 형태는 다음과 같다.

문법 4.2 메소드 정의

```
반환형  메소드이름(매개변수1, 매개변수2, ...)
{
   // 메소드의 몸체
}
```

```
int  add ( int x, int y )
{
   return x+y;
}
```

설명 add()는 외부에서 2개의 정수를 받아서 합을 계산하여 반환한다.

메소드는 입력을 받아서 처리한 후에 결과를 반환하는 상자로 생각할 수 있다. 메소드는 작업에 필요한 데이터를 전달받을 수 있으며, 작업이 완료된 후에는 작업의 결과를 호출자에게 반환할 수 있다. 외부에서 받은 값을 전달하는 변수를 매개변수라고 한다. 위의 add() 함수에서 x와 y가 매개 변수이다. 반환형은 메소드가 반환하는 데이터의 자료형이다. 어떤 자료형도 가능하다. 만약 반환값이 없으면 void라고 지정한다.

인수와 매개변수

예를 들어서 add() 메소드는 2개의 정수를 받아서 합을 계산한 후에 반환한다.

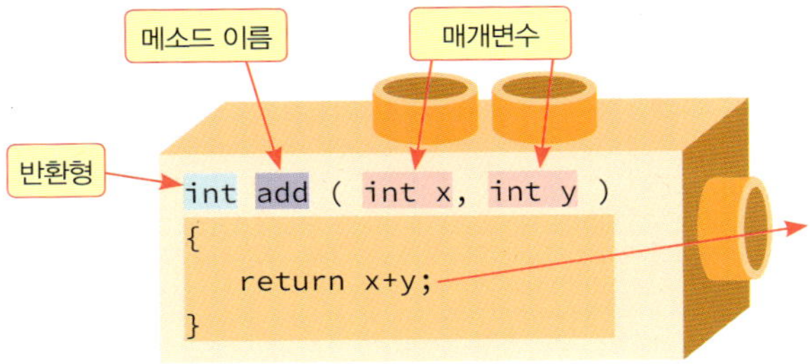

메소드를 호출할 때는 값을 전달할 수 있다. 호출하는 곳에서 메소드 호출시 전달하는 값을 **인수**(argument)라고 하고 메소드에서 값을 받을 때 사용하는 변수를 **매개변수**(parameter)라고 한다. 매개 변수는 콤마로 분리된 변수 선언이다.

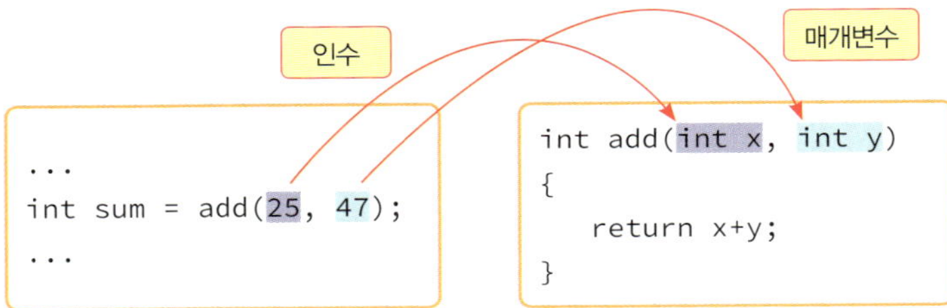

매개변수를 사용하는 간단한 예제를 살펴보자. Math 클래스 안에는 add() 메소드가 정의되어 있다. add()는 전달된 값들의 합을 계산하여 반환한다.

MathTest.java

```java
class Math {
    int add(int x, int y) {
        return x + y;
    }
}

public class MathTest {
    public static void main(String[] args) {
        int sum;
        Math obj = new Math();
        sum = obj.add(2, 3);
        System.out.println("2와 3의 합은 " + sum);
        sum = obj.add(7, 8);
        System.out.println("7와 8의 합은 " + sum);
    }
}
```

x와 y는 add()의 매개변수이다.

2와 3은 인수로서 add()로 전달된다.

실행결과

```
2와 3의 합은 5
7와 8의 합은 15
```

예제 4-1 매개변수로 값 전달해보기

메소드는 외부에서 매개 변수를 통하여 값을 전달할 수 있다. Circle 클래스에 몇 개의 메소드를 추가해보자.

Circle.cpp

```
public class Circle {
    int radius;  // 반지름

    void setRadius(int r) {
        radius = r;
    }

    double calcArea() {
        return 3.14*radius*radius;
    }
    void print() {
        System.out.println("원의 반지름: "+radius);
        System.out.println("원의 면적: "+calcArea());
    }

    public static void main(String[] args) {
        Circle obj;
        obj = new Circle();
        obj.setRadius(100);

        obj.print();
    }
}
```

추가된 메소드들

여기서는 main()을 Circle 클래스 안에 추가하였다. 이렇게 하여도 된다. 이때는 Circle를 public으로 선언하여야 실행할 수 있다.

실행결과

```
원의 반지름: 100
원의 면적: 31400.0
```

메소드 중복정의

자바에서는 같은 이름의 메소드가 여러 개 존재할 수 있다. 이것을 **메소드 중복정의**(method overloading) **또는 메소드 오버로딩**이라고 한다. 오버로딩을 사전에서 찾아보면 과적이라고 나온다. 하지만 프로그래밍에서는 동일한 이름의 메소드를 여러 개 정의하는 것을 의미한다. 메소드 중복정의는 다형성을 구현하는 한 가지 방법이 된다.

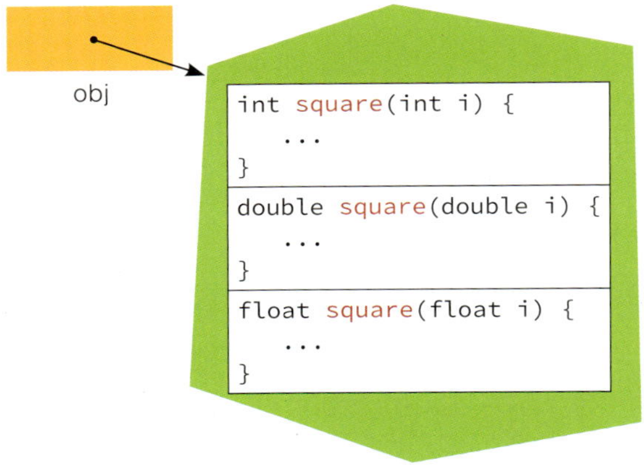

예를 들어서 제곱값을 구하는 메소드 square()를 여러 개 정의하여 보자. 정수값의 제곱을 계산하는 square()도 작성하고 실수값의 제곱을 계산하는 square()도 만들 수 있다면 아주 편리할 것이다.

MyMathTest.java

```
class MyMath {
    // 정수값을 제곱하는 메소드
    int square(int i) {
        return i * i;
    }

    // 실수값을 제곱하는 메소드
    double square(double i) {
        return i * i;
    }
}
public class MyMathTest {
    public static void main(String args[]) {
        MyMath obj = new MyMath();
        System.out.println(obj.square(10));
        System.out.println(obj.square(3.14));
    }
}
```

매개 변수만 다르면 메소드 이름은 같아도 된다.
이것을 메소드 중복정의라고 한다.

실행결과

```
100
9.8596
```

만약 square(10)과 같이 호출되면 컴파일러는 매개 변수의 개수, 타입, 순서 등을 봐서 첫 번째 메소드를 호출한다. 만약 square(3.14)와 같이 호출되면 인수가 double형이므로 두 번째 메소드를 호출할 것이다.

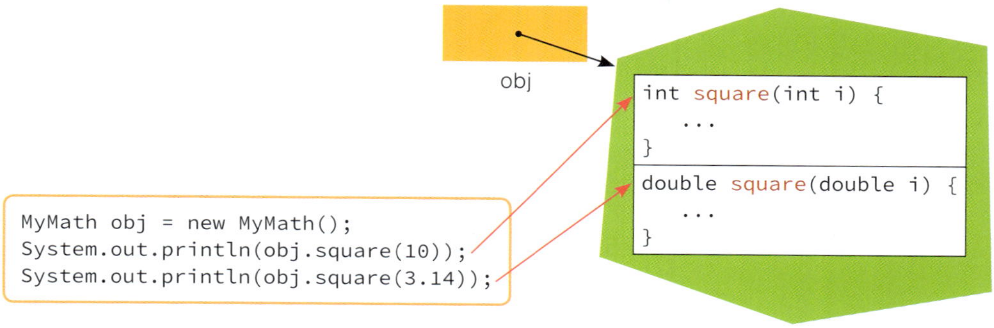

메소드 중복정의는 왜 유용할까? 만약 메소드 중복정의를 사용하지 않는 경우를 생각해 보자. 데이터의 자료형에 따라서 제곱을 계산하는 메소드의 이름을 전부 다르게 지어야 한다. 예를 들어서 정수를 제곱하는 메소드는 square_i(), 실수를 제곱하는 메소드는 square_d()와 같이 서로 다른 이름을 사용하여야 한다. 그런데 이것은 상당히 번거로운 일이다. 메소드 중복정의를 사용한다면 square()라는 이름을 여러 번 중복하여서 사용할 수 있다.

팁 메소드의 반환형만 다르다고 중복정의할 수는 없다. 반드시 메소드 매개변수가 달라야 한다.

```
int square(int i) { ... }
double square(int i)  { ... } // 중복 안됨!
```

04.6 생성자

클래스는 객체를 찍어내는 틀 또는 객체의 설계도라고 할 수 있다. 객체는 어떻게 초기화하면 좋을까? 객체가 생성된 후에 객체 멤버에 값을 대입하여도 된다. 하지만 이러한 방법은 많은 단점을 가지고 있다. 개발자가 깜빡 잊어버릴 수 있다. **생성자**(constructor)는 객체가 생성될 때 객체를 초기화하는 특수한 메소드이다.

생성자의 이름은 클래스 이름과 같다. 일반 메소드와 아주 흡사하지만 반환값을 가지지 않는다. 생성자의 이름 앞에는 아무 것도 붙이지 않는다. 생성자는 주로 필드에 초기값을 부여할 때 많이 사용되지만 특별한 초기화 절차를 수행할 수도 있다. 다음 코드를 사용하여 생성자에 대하여 살펴보자.

Pizza.java

```
public class Pizza
{
    int size;
    String type;

    public Pizza() {
        size = 12;
        type = "슈퍼슈프림";
    }

    public Pizza(int s, String t) {
        size = s;
        type = t;
    }
```

① 매개 변수가 없는 생성자

② 매개 변수가 있는 생성자

```
    public static void main(String[] args) {
        Pizza obj1 = new Pizza();
        System.out.println("("+obj1.type+ " , "+obj1.size+",)");

        Pizza obj2 = new Pizza(24, "포테이토");
        System.out.println("("+obj2.type+ " , "+obj2.size+",)");
    }
}
```

실행결과

```
(슈퍼슈프림 , 12,)
(포테이토 , 24,)
```

❶ 위의 코드에서 생성자는 Pizza()와 Pizza(int s, String t)이다. 생성자는 중복정의될 수 있다. 생성자는 객체가 생성될 때, 자동으로 호출된다.

```
Pizza obj1 = new Pizza();
```

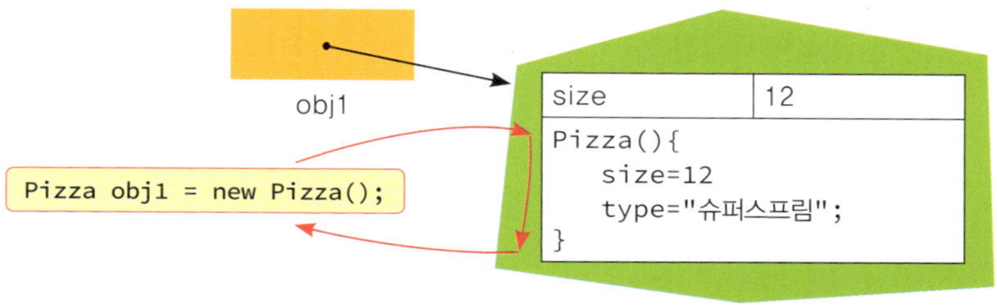

❷ Pizza(int s, String t) 생성자에서는 s와 t라는 매개 변수를 정의하고 이것은 필드인 size와 type을 초기화하는데 사용된다. 객체가 new에 의하여 생성될 때, 24는 s로 전달되고 "포테이토"의 값은 t로 전달된다.

```
Pizza obj2 = new Pizza(24, "포테이토");
```

예제 4-2 생성자 만들어 보기

Television 클래스에 생성자를 추가하여 업그레이드 해보자. 생성자는 객체가 생성될 때, channel, volume, onOff 필드를 초기화한다.

Television.java

```
public class Television {

    private int channel;    // 채널 번호
```

```
    private int volume;   // 볼륨
    private boolean onOff; // 전원 상태





    void print() {
        System.out.println("채널은 " + channel + "이고 볼륨은 " + volume + "입니다. ");
    }
}
```

여기에 생성자를 추가하여 보자.

생성자를 추가하고 객체를 몇 개 생성하는 코드는 다음과 같다.

Television.java

```
public class Television {
    private int channel; // 채널 번호
    private int volume; // 볼륨
    private boolean onOff; // 전원 상태

    Television(int c, int v, boolean o) {
        channel = c;
        volume = v;
        onOff = o;
    }

    void print() {
        System.out.println("채널은 " + channel + "이고 볼륨은 " + volume + "입니다. ");
    }
    public static void main(String[] args) {
        Television myTv = new Television(7, 10, true);
        myTv.print();
        Television yourTv = new Television(11, 20, true);
        yourTv.print();
    }
}
```

생성자가 정의되었다.

실행결과

```
채널은 7이고 볼륨은 10입니다.
채널은 11이고 볼륨은 20입니다.
```

기본 생성자

기본 생성자(default contrcutor)는 매개 변수가 없는 생성자이다. 만약 개발자가 생성자를 정의하지 않으면 자바 컴파일러는 기본 생성자를 자동으로 만든다. 기본 생성자에서는 자동적으로 모든 멤버 변수들을 기본값을 초기화한다. 기본 생성자에서는 필드가 int와 같은 수치형 변수라면 0으로, 참조형 변수라면 null로, 부울형 변수라면 false으로 초기화한다.

예를 들어서 상자를 나타내는 다음과 같은 클래스를 만들었다고 하자. 우리는 생성자를 따로 작성하지 않았다. 하지만 컴파일러가 자동으로 기본 생성자를 추가한다.

Box.java

```java
public class Box {
    int width, height, depth;

    public static void main(String[] args) {
        Box b = new Box();
        System.out.println("상자의 크기: (" + b.width + "," + b.height + ","
                                                   + b.depth + ")");
    }
}
```

실행결과

```
상자의 크기: (0,0,0)
```

위의 코드에서는 기본 생성자가 추가되어서 width, height, depth가 모두 0으로 초기화된 것을 알 수 있다. 여기서 주의할 점은 개발자가 생성자를 하나라도 선언하면 컴파일러는 기본 생성자를 추가하지 않는다는 점이다.

this 참조 변수

this는 현재 객체를 가리키는 참조 변수이다. this는 컴파일러에서 자동으로 생성한다. 흔히 생성자에서 매개 변수 이름과 필드 이름을 구별하기 위하여 사용된다.

```java
public class Circle {
    int radius;

    public Circle(int radius) {
        this.radius = radius;
    }
    double calcArea() {
        return 3.14*radius*radius;
    }
}
```

this.radius는 필드이고 radius는 매개 변수라는 것을 알 수 있다.

this()

this에 ()을 붙이면 전혀 다른 의미가 된다. this()는 다른 생성자를 의미한다. 흔히 가장 복잡한 생성자를 먼저 작성한 후에 다른 생성자는 이 복잡한 생성자를 호출한다.

```
public class Circle {
    int radius;

    public Circle(int radius) {
        this.radius = radius;
    }

    public Circle() {
        this(0);
    }

    double calcArea() {
        return 3.14 * radius * radius;
    }
}
```

Circle(0)을 호출한다.

04.7 접근 제어

우리는 앞장에서 클래스 안에 변수나 메소드들을 정의하였다. 이들 변수나 메소드는 누구나 사용할 수 있는 것처럼 설명하였다. 하지만 이렇게 하는 것이 좋은 것일까? 클래스의 변수나 메소드를 누구나 마음대로 사용한다면 많은 문제가 발생할 것이다. 예를 들어 직원을 모델링하는 Employee 클래스를 살펴보자.

```
class Employee {
    String name;
    int regNumber;      // 주민등록번호
    ...
}
```

Employee 클래스 안에 선언된 변수 중에서 regNumber(주민등록번호)와 같은 민감한 정보는 클래스 내부에서만 사용하도록 할 수 있다면 좋을 것이다.

접근 제어(access control)란 클래스의 멤버에 접근하는 것을 제어하는 것이다. public이나 private의 접근 지정자를 멤버 앞에 붙여서 접근을 제한하게 된다.

접근 지정자	동일 클래스	동일 패키지	자식 클래스	전체 세계
public	O	O	O	O
protected	O	O	O	X
없음	O	O	X	X
private	O	X	X	X

public은 공용이라는 의미이므로 public을 멤버 앞에 붙이면 누구나 자유롭게 접근할 수 있는 멤버가 된다. 반대로 private는 전용이라는 의미이므로 private를 붙이면 클래스 안에서만 접근이 가능한 멤버가 된다. protected 키워드를 붙이면 멤버는 부모 클래스와 자식 클래스만이 접근할 수 있다(상속은 아직 학습하지 않았다).

그런데 만약 멤버 앞에 아무것도 붙이지 않으면 어떻게 될까? 멤버 앞에 접근 지정자가 없으면 디폴트(default)로 동일한 패키지 안에서만 접근이 가능하게 된다. 패키지(package)란 서로 관련된 클래스들을 하나로 묶은 것이다.

간단한 클래스를 이용하여 접근 제어를 이해하여 보자.

Test.java

```java
class A {
    private int a;          // 전용
    int b;                  // 디폴트
    public int c;           // 공용
}

public class Test {
    public static void main(String args[]) {

        A obj = new A();    // 객체 생성

        obj.a = 10;         // ❶ 전용 멤버는 다른 클래스에서는 접근이 안됨
        obj.b = 20;         // ❷ 디폴트 멤버는 접근할 수 있음
        obj.c = 30;         // ❸ 공용 멤버는 접근할 수 있음
    }
}
```

위의 클래스를 그림으로 그려보면 다음과 같다.

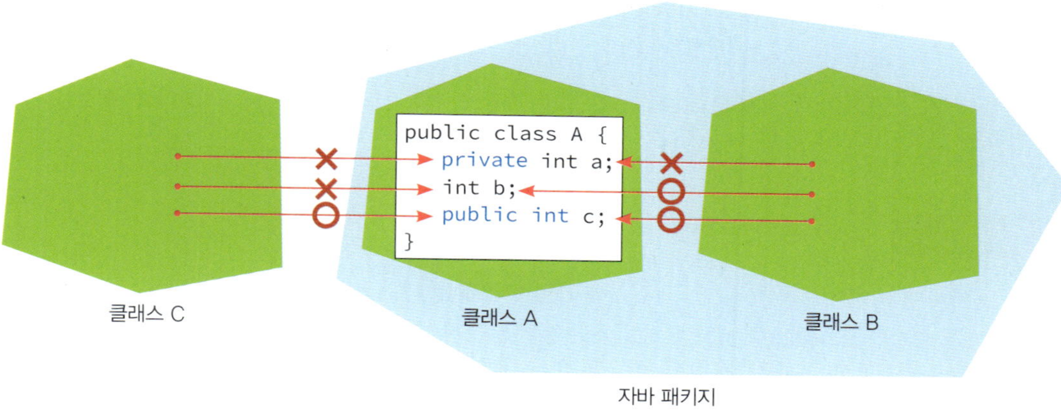

각 변수들을 접근 제어의 차원에서 분석해보자.

❶ 변수 a는 private로 정의되었으므로 변수 a는 클래스 A안에서는 사용할 수 있다. 하지만 Test 클래스에서는 사용할 수 없다. 클래스가 다르기 때문이다.

❷ 변수 b 앞에는 아무런 접근 지정자가 붙지 않았다. 이런 경우에는 동일한 패키지에 있는 클래스라면 얼마든지 사용이 가능하다. 위의 코드에서는 패키지를 지정하지 않았기 때문에 클래스 A와 클래스 Test는 디폴트 패키지에 속하게 된다. 따라서 Test 클래스에서도 b를 사용할 수 있는 것이다.

❸ 변수 c는 public으로 정의되어 있기 때문에 얼마든지 외부에서 사용이 가능하다.

접근자와 설정자

객체 지향 방법의 개념 중에 **정보 은닉**(information hiding)이 있었다. 정보 은닉이란 구현의 세부 사항을 클래스 안에 감추는 것이다. 대표적인 것이 클래스 안의 데이터를 외부에서 마음대로 변경하지 못하게 하는 것이다. 따라서 클래스 안에 변수를 선언할 때는 private를 붙이는 것이 좋다. private를 붙이게 되면 외부로부터의 접근이 차단된다. 클래스는 다음과 같이 설계하는 것이 좋다고 한다.

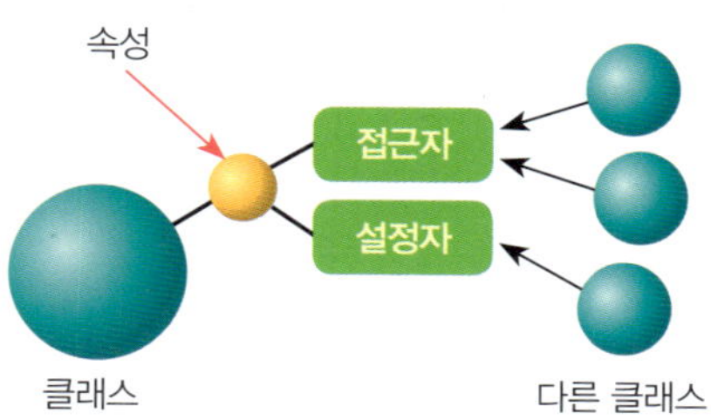

하지만 만약 클래스 안에 저장된 필드값이 꼭 필요한 경우에는 어떻게 하면 좋을까? 이 경우에는 어떤 특수한 메소드가 있어서 이들 메소드가 데이터값을 읽어서 외부로 전달해주면 좋을 것이다. 필드와 관련된 두 가지의 종류의 메소드가 있다. 하나는 필드값을 반환하는 **접근자**(getters)이고 또 하나는 필드값을 설정하는 **설정자**(setters)이다. 이러한 메소드는 대개 get이나 set이 메소드 이름 앞에 붙여진다. 예를 들면 getBalance()는 접근자이고 setBalance()는 설정자이다.

예제 4-3 설정자와 접근자를 만들어 보기

예를 들어서 은행 통장을 나타내는 Account 클래스를 작성해보자. 통장은 고객이름, 잔고 등의 정보를 가지고 있다. 이들 정보를 보호해보자. 필드를 private로 선언하고 필드에 대하여 접근자와 설정자를 추가하여 보면 다음과 같다.

Account.java

```java
public class Account {
    private int regNumber;
    private String name;
    private int balance;

    public String getName() {       return name;     }
    public void setName(String name) {       this.name = name;     }
    public int getBalance() {       return balance;     }
    public void setBalance(int balance) {       this.balance = balance;     }

    public static void main(String[] args) {
        Account obj = new Account();
        obj.setName("Tom");
        obj.setBalance(100000);
        System.out.println("이름은 " + obj.getName() + " 통장 잔고는 "
                + obj.getBalance() + "입니다. ");
    }
}
```

필드가 모두 private 로 선언되었다. 클래스 내부에서만 사용이 가능하다.

접근자와 설정자를 정의하고 있다.

접근자와 설정자를 사용하고 있다.

실행결과

```
이름은 Tom 통장 잔고는 100000입니다.
```

04.8 String 클래스 사용해보기

우리는 이번 장에서 클래스와 객체에 대하여 학습하였다. 클래스는 우리가 직접 작성하기도 하지만 이미 작성된 클래스를 사용하는 경우도 많다. 하나의 예로 문자열을 나타내는 String 클래스를 살펴보자. String 클래스는 문자열을 구성하는 문자들을 내부에 저장한다. String 객체 안에 저장된 문자에는 0부터 시작하는 번호가 매겨져 있다. 이것을 인덱스(index)라고 한다.

String 객체

String 클래스

자바 API 문서에서 String 클래스를 찾아보면 아주 많은 메소드들이 있다(https://docs.oracle.com/javase/8/docs/api/java/lang/String.html). 그중에서 많이 사용되는 몇 가지만을 추리면 다음과 같다.

메소드 요약	
char	charAt(int index) 지정된 인덱스에 있는 문자를 반환한다.
int	compareTo(String anotherString) 사전적 순서로 문자열을 비교한다. 앞에 있으면 -1, 같으면 0, 뒤에 있으면 1이 반환된다.
String	concat(String str) 주어진 문자열을 현재의 문자열 뒤에 붙인다.
boolean	equals(Object anObject) 주어진 객체와 현재의 문자열을 비교한다.
boolean	isEmpty() length()가 0이면 true를 반환한다.
int	length() 현재 문자열의 길이를 반환한다.
String	toLowerCase() 문자열의 문자들을 모두 소문자로 변경한다.
String	toUpperCase() 문자열의 문자들을 모두 대문자로 변경한다.

객체 생성

자바에서 객체를 생성하는 유일한 방법은 new를 사용하는 것이다. 하지만 문자열은 프로그래밍에서 아주 많이 사용되기 때문에 다음과 같이 2가지 방법으로 String 객체를 생성할 수 있고 의미가 약간 다르다.

StringTest.java

```
public class StringTest {

    public static void main(String[] args) {
        String s1 = new String("Java");        // ❶ 원칙임
        String s2 = new String("Java");
        String s3 = "Java";                    // ❷ 이렇게도 할 수 있음
        String s4 = "Java";
    }
}
```

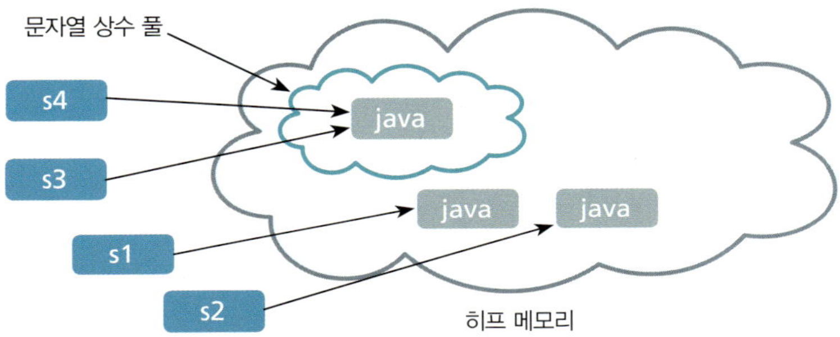

그림 4.2 문자열 객체의 생성

우리가 String 클래스의 객체를 생성할 때, (1)와 같이 new을 사용해서 String 객체를 생성하면 문자열이 동일하다고 하여도 새로운 객체를 생성한다. (2)와 같이 문자열 상수로 초기화하면, 문자열 상수 풀(pool)을 조사해서 동일한 문자열을 가진 객체가 존재하면 이것을 공유한다. 결과적으로 s1과 s2는 별도의 객체를 가리키지만 s3과 s4는 문자열 상수 풀에 있는 동일한 객체를 가리키게 된다.

문자열의 기초 연산들

객체가 생성된 후에 객체가 가지고 있는 메소드를 사용하려면 점 연산자(dot operator)를 사용한다. String 클래스의 메소드 length()를 호출하기 위해서는 다음과 같이 참조 변수에 점(.) 연산자를 사용한다. length() 메소드는 문자열의 길이를 반환한다.

```
public class StringLength {
    public static void main(String[] args) {
        String s = "Hello World!"; // 객체 생성
        int size = s.length(); // 12가 반환됨
```

```
        System.out.println(size);
    }
}
```

실행결과

```
12
```

String 객체 안에 들어 있는 첫 번째 문자를 추출하려면 charAt()이라는 메소드를 호출하면 된다. 문자 번호는 0부터 시작한다.

```
String s = "Hello World!";       // 객체 생성
char c = s.charAt(0);            // 'H'가 반환된다.
```

자바에서 2개의 문자열을 붙이려면 물론 concat()라는 메소드를 호출하여도 되지만 + 연산자를 사용하는 것이 편리하다.

```
String result = "A chain" + " is only as strong" + "as its weakest link";
```

문자열 비교하기

2개의 문자열이 동일한지 검사하려면 equals()을 호출하여야 한다.

```
public class StringCompare {
    public static void main(String []args) {
        String s1 = "Apple";
        String s2 = "Apple";
        String s3 = new String ("Apple");
        System.out.println(s1.equals(s2));
        System.out.println(s2.equals(s3));
    }
}
```

실행결과

```
true
false
```

여기서 주의해야 점은 자바에서는 == 연산자로는 문자열을 비교할 수 없다는 점이다. == 연산자는 문자열 객체의 주소만을 비교하게 된다.

```
public class StringCompare1 {
    public static void main(String []args){
        String s1 = "Apple";
        String s2 = "Apple";
```

```
        String s3 = new String ("Apple");
        System.out.println(s1==s2);
        System.out.println(s1==s3);
    }
}
```

실행결과

```
true
false
```

위의 코드에서 (s1==s2)가 true를 반환하는 이유는 문자열 상수 풀에서 동일한 문자열 상수를 가리키고 있기 때문이다. 그림 4.1을 참조한다.

문자열 안에서 단어 찾기

문자열에서 단어를 찾을 때는 indexOf()를 사용하는 것이 가장 쉽다. 단어의 시작 위치가 반환된다.

```
public class SearchString {
    public static void main(String[] args) {
        String s = "The cat is on the table";
        int index = s.indexOf("table");

        if(index == -1)
            System.out.println("table은 없습니다. ");
        else
            System.out.println("table의 위치: " + index);
    }
}
```

실행결과

```
table의 위치: 18
```

04.9 화면에 윈도우 만들어보기

우리는 앞에서 클래스를 정의하고 객체를 생성해 보았다. 이것만 가지고도 상당한 작업을 할 수 있다. 우리가 학습한 지식을 바탕으로 여러 개의 윈도우를 생성해 보자. 객체 지향 방법을 사용하면 윈도우를 훨씬 쉽게 생성할 수 있다.

자바에서 윈도우를 나타내는 클래스는 JFrame이다. 윈도우를 만들 때 가장 힘들 작업이 윈도우의 기본값들을 설정하는 부분이다. 객체 지향 방법에서는 "생성자" 개념이 있어서 이 부분이 아주 쉽다. 개발자가 아무 것도 설정하지 않아도 생성자에서 기본값으로 설정된다.

예제 4-4 윈도우를 만들어보자.

화면에 윈도우 하나를 표시하는 코드를 살펴보자. 어렵지 않다. new를 사용하여서 JFrame 객체를 생성해주면 화면에 윈도우가 하나 표시된다.

FrameTest.java

```
import javax.swing.*;

public class FrameTest {
    public static void main(String[] args) {
        JFrame f = new JFrame("Frame Test");

        f.setSize(300, 200);
        f.setVisible(true);
    }
}
```

❶ javax.swing이라는 패키지 안의 모든 클래스를 읽어들인다.

❷ JFrame 클래스의 객체를 생성한다. 생성자를 호출한다.

❸ JFrame 클래스의 메소드를 호출한다.

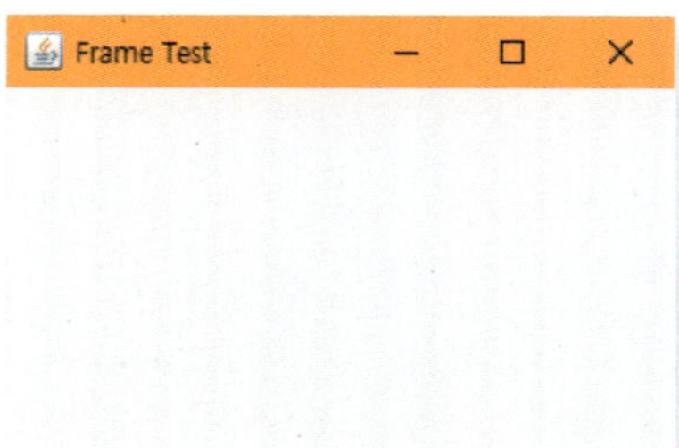

❶ javax.swing은 GUI에 관련된 클래스들을 모아 놓은 패키지이다. 패키지 안의 모든 클래스를 포함하는 문장이다.

❷ JFrame은 윈도우를 나타내는 클래스이다. new를 이용하여 객체를 생성하면서 생성자를 호출하고 있다. 생성자가 받는 것은 윈도우의 제목이다.

❸ JFrame 클래스가 가지고 있는 메소드들을 호출하고 있다. set이 앞에 붙은 메소드는 설정자이다.

setSize(width, height)는 윈도우의 크기를 설정한다. setVisible(boolean b)은 윈도우를 나타나게 하거나 보이지 않게 한다.

예제 4-5 여러 개의 윈도우를 만들어보자.

여러 개의 윈도우를 생성하려면 여러 개의 객체를 만들면 된다. for 루프를 사용하여 10개의 윈도우를 화면에 나타내보자.

FrameTest2.java

```
import javax.swing.*;
public class FrameTest2 {

    public static void main(String[] args) {
        for (int i = 0; i < 10; i++) {
            JFrame f = new JFrame("Frame Test");

            f.setSize(300, 200);
            f.setLocation(i * 30, 20);      // 윈도우의 위치를 설정한다.
            f.setVisible(true);
        }
    }
}
```

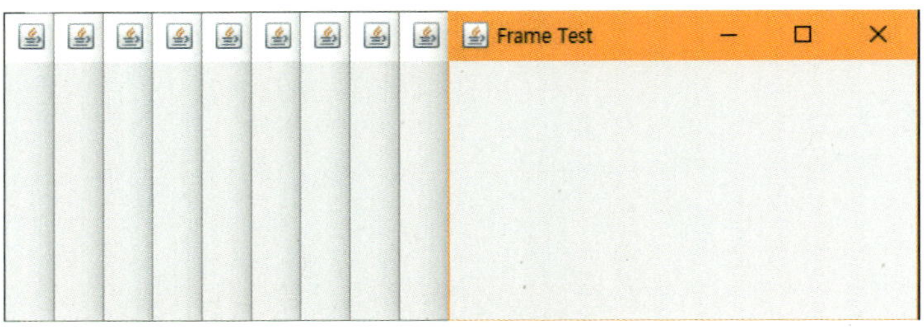

도전문제

윈도우를 2개 생성하여 경주를 시켜보자. 화면의 왼쪽에서 출발하여서 화면의 오른쪽으로 진행한다. 난수만큼 윈도우의 위치를 변경하는 작업을 반복한다.

Mini Project

주사위를 Dice 클래스로 모델링한다. Dice 클래스는 주사위면을 필드로 가지고 있고 roll(), getValue(), setValue() 등의 메소드를 가지고 있다. 생성자에서는 주사위면을 0으로 초기화한다. 2개의 주사위 객체를 생성하여서 주사위를 반복하여 던진다. 두 주사위 값의 합이 2가 되면 반복을 종료하고 2가 나오는데 걸린 횟수를 화면에 출력한다.

```
Console
<terminated> Dice [Java Application] C:\Program Files\Java\jdk-9.0.1\bin\javaw.exe (2017. 12. 14. 오후 5:53:27)
주사위1= 2 주사위2= 4
주사위1= 1 주사위2= 2
주사위1= 3 주사위2= 6
주사위1= 1 주사위2= 6
주사위1= 2 주사위2= 1
주사위1= 1 주사위2= 1
(1, 1)이 나오는데 걸린 횟수= 6
```

```
public class Dice {
   private int value;

   public Dice() {
      value = 0;
   }
   ...
}
```

Exercise

1. 다음과 같이 클래스가 정의되어 있다고 가정하자. 이 클래스의 객체를 생성하고 필드를 10과 1.2345로 초기화하며 각 필드의 값을 출력하는 코드를 작성하라.

```
public class NumberBox {
    public int ivalue;
    public float fvalue;
}
```

2. 날짜(date)를 클래스 Date로 작성한다고 가정하자. Date 안에 저장되는 변수 이름과 날짜를 조작하는 메소드 이름을 생각하여 보자.

	변수	설명
상태(속성)		년도
		월
		일

	메소드 이름	설명
동작(행동)		날짜를 설정
		날짜를 출력

3. 다음 프로그램에서 잘못된 부분은 무엇인가? 올바르게 수정하시오.

```
class Rectangle {
    int width, height;
    int area() { return width*height; }
}
public class Test {
    public static void main(String[] args) {
        Rectangle myRect;
        myRect.width = 10;
        myRect.height = 20;
        System.out.println("면적은 " + myRect.area());
    }
}
```

4. 2개의 정수의 합을 구하는 sum()과 3개의 정수의 합을 구하는 sum()을 메소드 오버로딩을 이용하여 정의하라.

```
class Calculation{
   // 여기에 정의한다.

   public static void main(String args[]){
      Calculation obj=new Calculation();
      obj.sum(10,20,30);
      obj.sum(10,20);
   }
}
```

Programming Exercise

1. 학생을 나타내는 클래스 Student를 만들어 보자. 학생은 이름(name)과 학번(rollno), 나이를 가진다. Student 클래스를 작성하고 객체를 생성하여 테스트하라.

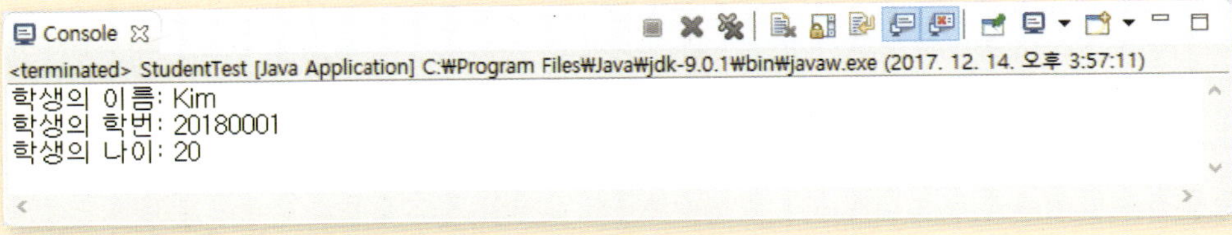

2. 강아지를 나타내는 클래스 Dog을 만들어 보자. 강아지 클래스는 종(breed), 나이(age), 색깔(color) 등의 필드를 가지며, barking(), hungry(), sleeping() 메소드를 가진다.

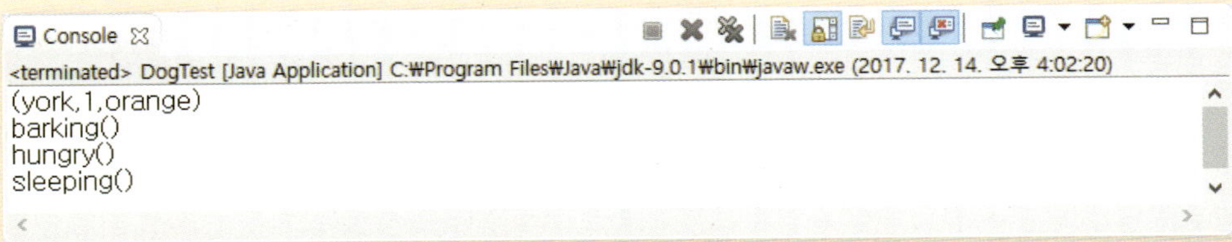

3. 날짜를 나타내는 클래스 Date를 만들어 보자. Date는 연도, 월, 일 등의 속성을 가지며, 날짜를 "2012.7.12"과 같이 출력하는 메소드 print1(), 날짜를 "July 12, 2012"와 같이 출력하는 print2() 등의 메소드를 가진다. Date 클래스를 작성하고 객체를 생성하여서 테스트하라.

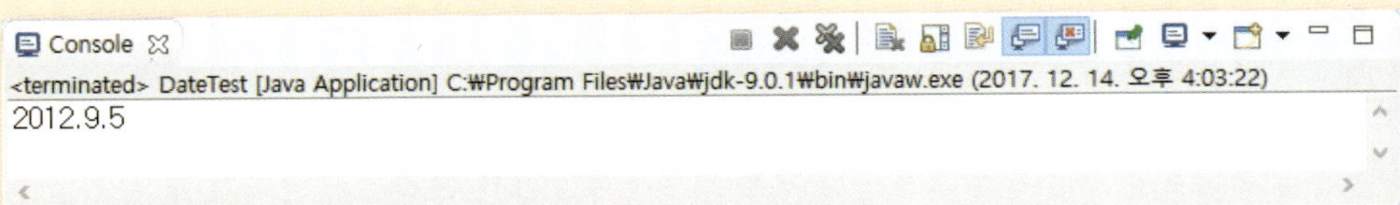

4. 복소수를 나타내는 클래스를 만들어 보자. 복소수는 real + imag × i와 같은 형태를 갖는다. 여기서 $i = \sqrt{-1}$이다. 복소수에 필요한 속성들과 가능한 메소드들을 결정한 후에, 클래스를 작성하고 객체를 생성하여서 테스트하라.

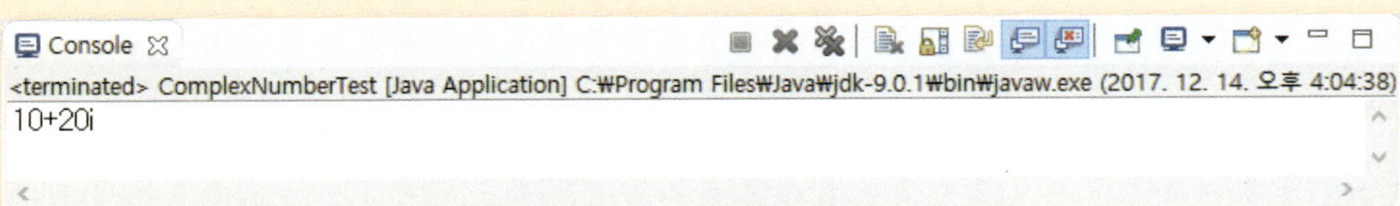

5. 은행 계좌를 나타내는 클래스 Account를 만들어 보자. Account 클래스는 잔액을 나타내는 balance 필드만을 가진다. Account 클래스의 메소드로는 돈을 인출하는 withdraw(int amount)와 돈을 저금하는 deposit(int amount)를 정의한다. 기타 필요한 메소드를 추가할 수 있다. Account 생성자에서는 잔액을 0으로 초기화한다. Account 객체를 2개 생성하여서 다음과 같이 테스트하라.

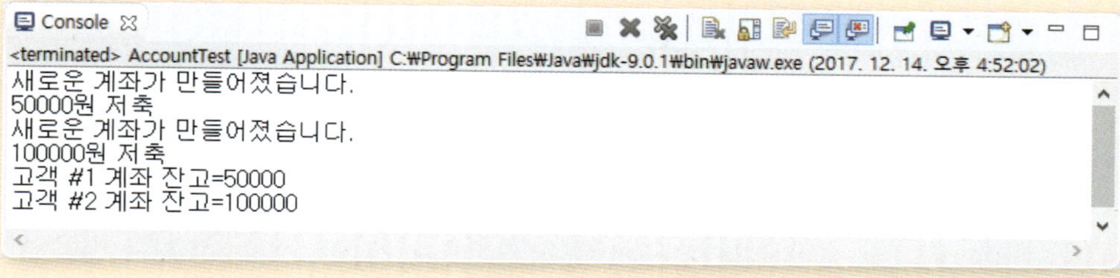

Power Java Compact

CHAPTER 05

클래스와 객체 II

학습목표

- 여기서는 좀 더 심층적으로 클래스와 객체에 대하여 살펴보자. 정적 변수, 객체 배열, 객체 전달하기 등이 중요한 주제가 된다.

학습목차

01 정적 멤버
02 객체 소멸
03 인수 전달 방법
04 객체 배열
05 내장 클래스

05.1 정적 멤버

프로그램을 작성하다보면 여러 개의 객체가 하나의 변수를 공유해야 되는 경우가 있다. 이러한 멤버를 **정적 멤버**(static member) **또는 클래스 멤버**(class member)라고 한다. 필드를 정의할 때 앞에 static을 붙이면 정적 멤버가 된다.

인스턴스 멤버 vs 정적 멤버

클래스의 멤버는 인스턴스 멤버와 정적 멤버로 나누어진다. 인스턴스 멤버와 정적 멤버의 차이를 정확하게 이해하는 것이 중요하다. 동일한 클래스를 이용하여 많은 객체들이 생성될 때 각각의 객체(인스턴스)들은 자신만의 필드를 가진다. 이들 필드는 인스턴스마다 별도로 생성되기 때문에 **인스턴스 변수**(instance variable)라고도 한다. 그림 5.1의 Television 클래스에서 channel, volume, onOff는 모두 인스턴스 변수이다. 각 객체는 이들 변수에 대하여 독립적인 기억 공간을 가지고 있으며 각기 다른 값을 가지고 있다.

```
class Television {
   int channel;
   int volume;
   boolean onOff;
   static int count;
}
```

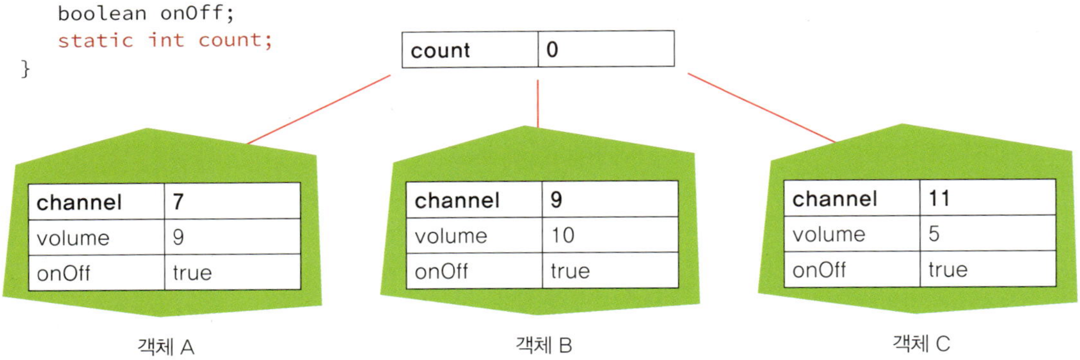

그림 5.1 정적 멤버

정적 변수(class variable)는 클래스 당 하나만 생성되는 변수이다. 정적 변수를 만들려면 변수를 정의할 때 앞에 static을 붙이면 된다. 변수 count 앞에는 static이 붙어 있으므로 정적 변수이다. 정적 변수는 하나의 클래스에 하나만 만들어지고 동일한 클래스의 모든 객체들은 하나의 정적 변수를 공유한다. 정적 변수는 객체 없이도 사용이 가능하다. 정적 멤버를 사용하려면 단순히 클래스 이름 뒤에 점 연산자(.)를 붙이면 된다.

예를 들어서 Television 클래스의 정적 멤버 count에 100을 대입하려면 다음과 같은 문장을 사용한다.

```
Television.count = 100;
```

객체가 있다면 객체의 이름을 통해서도 접근이 가능하다.

정적 변수의 활용

자바에서는 전역 변수(global varaible)의 개념이 없다. 전역 변수란 프로그램의 어디서나 사용할 수 있는 변수이다. 자바에서는 모든 변수는 클래스 외부에 존재할 수 없다. 하지만 경우에 따라서는 전역 변수가 필요하다. 이럴 때 정적 변수를 사용하면 일종의 전역 변수를 만들 수 있다. 예전에 C 프로그램을 가장 빠르게 자바 프로그램으로 변경하려면 모든 변수와 함수를 정적으로 만들면 된다는 우스개 소리가 있었다.

예제 5-1 정적 변수 사용하기

예를 들어서 어떤 가게에서 하루에 판매되는 피자의 개수를 알고 싶다고 하자. 피자의 개수를 알기 위해서는 지금까지 피자가 얼마나 생성되었는지를 알아야 한다. 이러한 경우에 정적 변수를 선언하고 생성자에서 증가시키면 된다.

PizzaTest.java

```
class Pizza {
   private String toppings;
   static int count = 0;        정적 변수 선언

   public Pizza(String  toppings){
      this.toppings =  toppings;
      count++;
   }
}
public class PizzaTest {
   public static void main(String args[]) {
      Pizza p1 = new Pizza("Super Supreme");
      Pizza p2 = new Pizza("Cheese");
      Pizza p3 = new Pizza("Pepperoni");
```

```
        int n = Pizza.count;
        System.out.println("지금까지 판매된 피자 개수 = " + n);
    }
}
```

실행결과

```
지금까지 판매된 피자 개수 = 3
```

위의 코드에서 바로 count가 바로 클래스 변수이다. 클래스 변수는 그 클래스의 인스턴스를 만들지 않고서도 사용될 수 있다. 클래스의 이름을 객체처럼 사용하여 접근한다.

```
int n = Pizza.count ;
```

객체가 생성될 때마다 count가 증가되는 것을 알 수 있다.

정적 메소드

변수와 마찬가지로 메소드도 정적 메소드로 만들 수 있다. 정적 메소드도 정적 변수와 마찬가지로 static 수식자를 메소드 앞에 붙여서 만든다. 정적 메소드의 예는 Math 클래스에 들어 있는 각종 수학 메소드들이다. 이들 수학 메소드들은 정적 메소드로 정의되는데 실수의 제곱근을 구하는데 구태여 Math 클래스의 객체를 생성할 필요가 없기 때문이다. 따라서 제곱근을 구하는 sqrt() 메소드는 정적 메소드로 선언되고 클래스 이름인 Math를 통하여 호출한다.

```
public class Math {
    public static double sqrt(double a) {
        ...
    }
}

...

double value = Math.sqrt(9.0);
```

우리가 많이 사용하였던 main() 메소드의 앞에도 static이 붙어 있다. 자바 가상 기계가 객체를 생성할 필요가 없이 main() 메소드를 호출할 수 있도록 하기 위해서이다. 정적 메소드에서는 정적 변수만을 사용할 수 있다. 인스턴스 변수는 사용할 수 없다. 아직 객체가 생성되지 않았기 때문이다. 현재 객체를 가리키는 this도 사용할 수 없다.

예제 5-2 정적 메소드 사용하기

간단한 연산을 제공하는 MyMath 클래스를 작성하여 보자. MyMath 클래스는 n^k값을 계산하는 power() 함수와 절대값 함수를 제공한다. 모두 정적 메소드로 정의해보자.

MyMathTest.java

```java
class MyMath {
   public static int abs(int x) { return x>0?x:-x; }
   public static int power(int base, int exponent) {
      int result = 1;
      for (int i = 1; i <= exponent; i++)
         result *= base;
      return result;
   }
}
public class MyMathTest {
    public static void main(String args[]) {
          System.out.println("10의 3승은 "+MyMath.power(10,  3));
    }
}
```

실행결과

```
10의 3승은 1000
```

05.2 객체 소멸

객체는 생성되어서 사용되다가 사용이 끝나면 파괴된다. 객체의 일생은 객체를 참조하는 변수와 밀접한 관련이 있다. 자세히 살펴보자.

그림 5.2 객체의 일생

참조 변수 대입

객체는 무조건 new 연산자를 사용하여서 생성된다. 참조 변수 사이의 대입 연산은 기초형 변수와는 상당히 다르다. 예를 들어서 다음의 문장을 순차적으로 실행하였다고 하자.

```
Pizza obj1 = new Pizza();      // ❶
Pizza obj2;                    // ❷

obj2 = obj1;                   // ❸
```

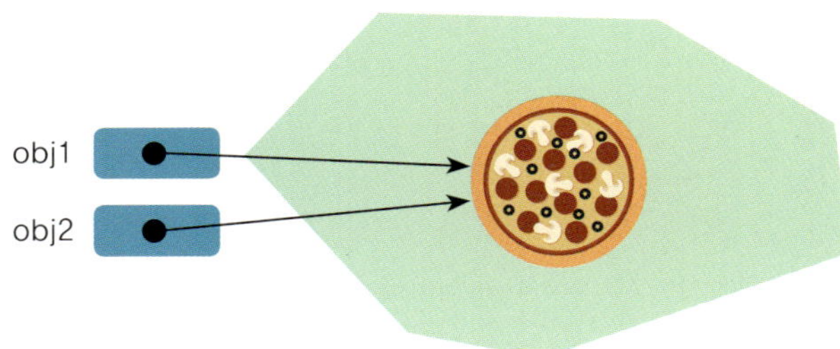

그림 5.3 두개의 참조 변수가 하나의 객체를 가리킨다.

문장 ③에서 obj1의 값이 obj2로 복사되면 obj2도 obj1의 객체를 가리키게 된다. 즉 obj1이 가지고 있던 참조값이 obj2로 복사되기 때문에 obj2도 동일한 객체를 가리키게 되는 것이다. 이 상태에서 obj2를 통하여 객체를 변경하면 obj1의 객체가 영향을 받는다.

객체의 소멸과 쓰레기 수집기

객체는 생성되어서 사용되다가 결국은 소멸 단계를 거쳐 객체가 점유하고 있었던 기억 공간이 반환된다. 객체를 소멸한다는 말은, 객체에 할당되어 있던 메모리를 회수한다는 뜻이다. 자바에서는 쓰레기 수집기가 자동으로 사용이 끝난 메모리를 수거한다. 쓰레기 수집기는 어떻게 판단할까? 만약 객체를 가리키는 참조 변수가 하나도 남아 있지 않다면 객체의 사용이 끝났다고 판단할 수 있다. 자바에서는 객체를 아무도 가리키지 않으면 접근 자체가 불가능하다. 다음의 예를 참조하라.

```
Pizza obj1 = new Pizza();      // ❶
Pizza obj2 = new Pizza();      // ❷

obj2 = obj1;                   // ❸
```

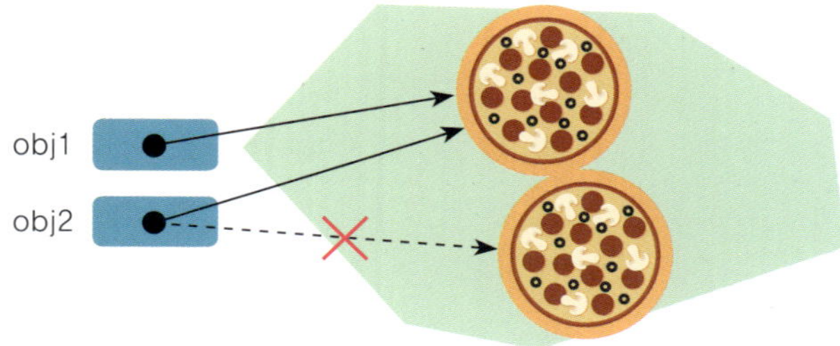

위의 코드를 실행하면 Pizza 객체가 2개 생성된다. ③번 문장을 실행하면 참조 변수 obj2는 obj1가 가리키던 객체를 가리키게 되고, obj2가 가리키던 객체는 아무도 가리키지 않게 된다. 따라서 쓰레기 수집기가 이 객체를 처리하게 된다. 강제적으로 객체를 소멸시키려면 참조 변수에 null을 대입하면 된다.

```
Pizza obj = new Pizza();          // 객체 생성
obj = null;                       // 강제로 쓰레기 수집기를 부른다.
```

중간점검

1. 기초 변수와 참조 변수의 차이점은 무엇인가?
2. 하나의 참조 변수가 다른 참조 변수로 대입되면 어떤 일이 발생하는가?
3. 객체를 소멸시키려면 어떻게 하면 되는가?

05.3 인수 전달 방법

메소드를 호출할 때, 우리는 메소드로 데이터(인수)를 전달할 수 있다. 자바에서 메소드의 매개 변수로 인수가 전달되는 방법은 기본적으로 **"값에 의한 호출"**(call-by-value)이다. 값에 의한 호출에서는 인수의 값이 복사되어 매개 변수로 전달된다. 하지만 전달되는 인수가 객체인 경우에는 주의할 점이 있다. 이것을 정확히 이해하고 있어야 자신 있게 자바 프로그램을 작성할 수 있다.

기초형 변수가 전달되는 경우

전달하는 인수가 int나 double 같은 기초형 변수인 경우에는 인수의 값이 매개 변수로 복사된다. 즉 "값에 의한 호출" 방식으로 전달된다. 인수의 복사본이 만들어지고 매개 변수를 변경하여도 메소드 외부에 있는 인수에 영향을 주지 않는다.

값이 복사된다.

```java
int x = 10;

obj.inc(x);
System.out.println(x);
```

```java
void inc(int a) {
    a = a + 1;
}
```

실행결과

```
10
```

실행 결과에서도 알 수 있듯이 inc() 메소드 안에서 매개 변수 a의 값을 변경하여도 원본 변수 x에는 영향을 주지 않는다.

객체가 전달되는 경우

객체를 메소드로 전달하게 되면 어떻게 될까? 우리가 객체를 메소드로 전달하게 되면 객체가 복사되어 전달되는 것이 아니고 객체의 참조값이 복사되어서 전달된다. 참조 변수는 참조값(주소)를 가지고 있다. 참조값이 매개 변수로 복사되면 매개 변수도 동일한 객체를 참조하게 된다. 따라서 매개 변수를 통하여 객체의 내용을 변경하게 되면 인수가 가리키는 객체도 변경된다.

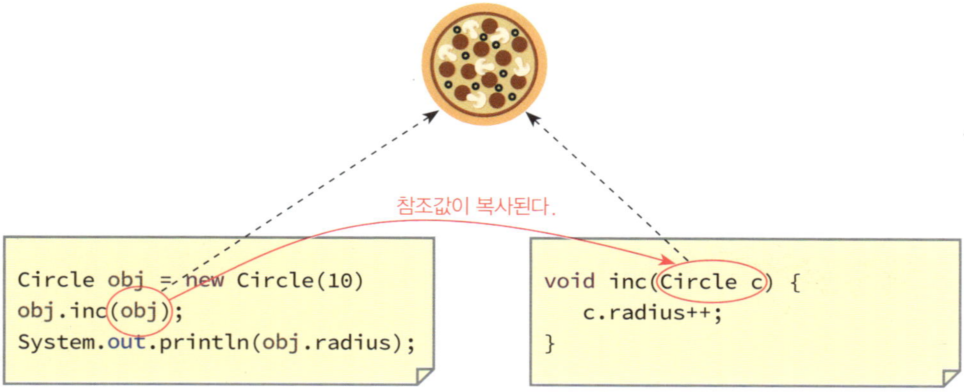

실행결과

```
11
```

위의 그림에서 obj에 저장된 것은 객체가 아니라 객체의 참조값이다. 실행 결과에서 확인 할 수 있듯이 inc() 안에서 객체를 변경하면 원본 객체도 변경된다. 메소드가 객체를 반환할 때도 객체가 통째로 반환되는 것이 아니라 객체의 참조값만 반환된다. 간단한 예제로 살펴보자.

예제 5-3 피자 크기 비교하기

피자 객체 2개를 받아서 더 큰 피자를 반환하는 메소드 whosLargest()를 작성해보자.

PizzaTest.java

```
class Pizza {
   int radius;

   Pizza(int r) {
      radius = r;
   }
   Pizza whosLargest(Pizza p1, Pizza p2) {
      if (p1.radius > p2.radius)
         return p1;
      else
         return p2;
   }
}

public class PizzaTest {
   public static void main(String args[]) {
      Pizza obj1 = new Pizza(14);
```

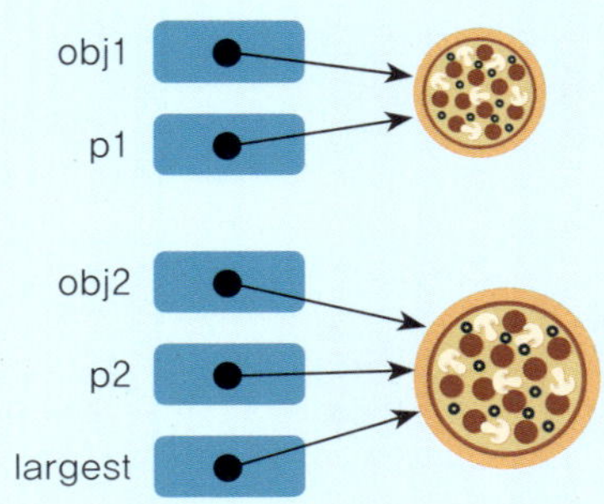

```
        Pizza obj2 = new Pizza(18);

        Pizza largest = obj1.whosLargest(obj1, obj2);
        System.out.println(largest.radius + "인치 피자가 더 큼.");
    }
}
```

실행결과

```
18인치 피자가 더 큼.
```

whosLargest() 메소드는 2개의 Pizza 객체를 받아서 더 큰 반지름을 가진 Pizza 객체를 반환한다. 메소드가 Pizza 객체를 받고 Pizza 객체를 반환하지만 실제로 오가는 것은 객체의 참조값(주소값)이다. 실제 객체가 오가는 것은 아니다. 이 점을 확실하게 이해하여야 나중에 혼동이 일어나지 않는다. 그리고 메소드 안에서 피자의 반지름을 변경하면 원본 피자도 변경된다.

배열이 전달되는 경우

배열을 받아서 처리하는 메소드는 상당히 자주 등장한다. 예를 들어서 배열의 원소들을 출력하는 메소드나 배열 원소들의 평균을 구하는 메소드가 있을 수 있다. 이들 메소드는 모두 배열을 매개 변수로 받아야 한다. 배열도 객체이기 때문에 배열을 전달하는 것은 배열 참조 변수를 복사하는 것이다.

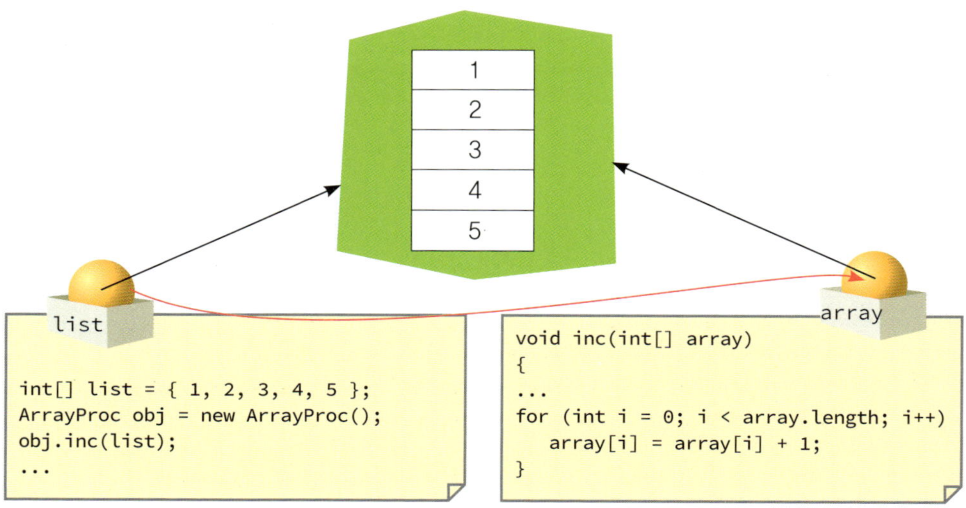

자바에서는 배열도 객체이다. 따라서 배열이 전달되는 경우에도 객체가 전달되는 것과 동일하게 처리된다. 즉 배열이 전달되는 것이 아니라 배열을 가리키는 참조값이 복사되고 메소드에서 매개 변수를 통하여 배열을 변경하면 원본 배열이 변경된다.

예제 5-4 배열을 받는 메소드 작성하기

배열을 받아서 최소값을 계산하여 반환하는 메소드 minArray(double[] list)를 작성하고 테스트해보자.

실행결과

```
첫 번째 배열의 최소값=0.1
두 번째 배열의 최소값=-9.0
```

ArrayArgumentTest.java

```java
public class ArrayArgumentTest {

    public static double minArray(double[] list) {
        double min = list[0];

        for (int i = 1; i < list.length; i++) {
            if (list[i] < min)
                min = list[i];
        }
        return (min);
    }

    public static void main(String args[]) {
        double[] a = { 1.1, 2.2, 3.3, 4.4, 0.1, 0.2 };
        double[] b = { -2.0, 3.0, -9.0, 2.9, 1.5 };

        double min;

        min = minArray(a);
        System.out.println("첫 번째 배열의 최소값=" + min);
        min = minArray(b);
        System.out.println("두 번째 배열의 최소값=" + min);
    }
}
```

05.4 객체 배열

우리는 객체를 저장하는 배열도 만들 수 있다. 자바에서는 객체 배열이 상당히 자주 사용된다. 정수형 배열과는 약간 다르다. 정수형 배열에는 정수값이 저장되어 있지만 객체 배열에는 객체에 대한 참조값이 저장되어 있다.

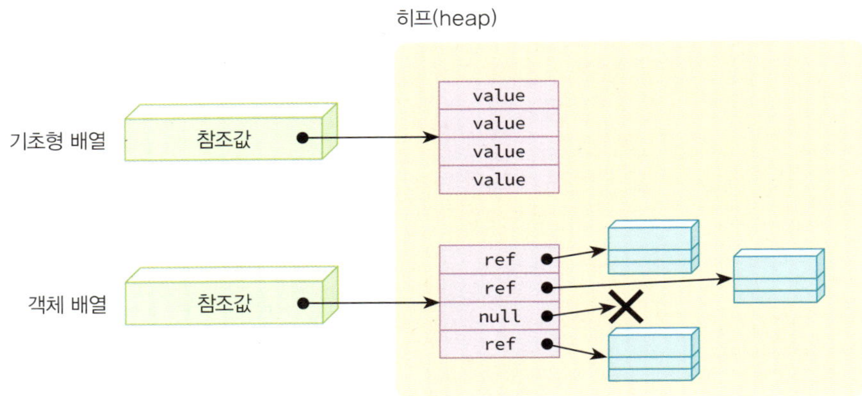

예제를 위하여 사각형을 나타내는 Rect 클래스를 다음과 같이 작성한다.

```
class Rect {
   int width, height;

   public Rect(int w, int h){
      this.width=w;
      this.height=h;
   }
   double calcArea() {      return (double)width*height;    }
}
```

객체 배열을 생성하려면 먼저 배열을 생성한 후에 각각의 배열 요소를 별도로 생성하여 저장하여야 한다. Rect 객체 배열을 생성하고 사용하는 코드를 자세히 살펴보자.

```
public class RectArrayTest {
   public static void main(String[] args) {
      Rect[] list;
      list = new Rect[5];

      for(int i=0;i < list.length; i++)
```

❶ 참조 변수 선언
❷ 배열 객체 생성

```
            list[i] = new Rect(i, i);  ← ❸ 배열 요소 생성

        for(int i=0;i < list.length; i++)  ← ❹ 배열 요소 처리
            System.out.println(i+"번째 사각형의 면적="+list[i].calcArea());
    }
}
```

실행결과

```
0번째 사각형의 면적=0.0
1번째 사각형의 면적=1.0
2번째 사각형의 면적=4.0
3번째 사각형의 면적=9.0
4번째 사각형의 면적=16.0
```

❶ **참조 변수 선언:** 자바에서는 배열이 객체이다. 따라서 배열을 참조할 수 있는 참조 변수가 필요하다. 참조 변수는 다음과 같이 선언할 수 있다.

```
Rect[] list;         // 참조 변수 선언
```

❷ **배열 객체 생성:** 배열 객체를 생성하기 위한 문장이 필요하다. 아직 배열 요소들은 생성되지 않았다. 배열의 각각의 요소는 비어 있다.

```
list = new Rect[5];
```

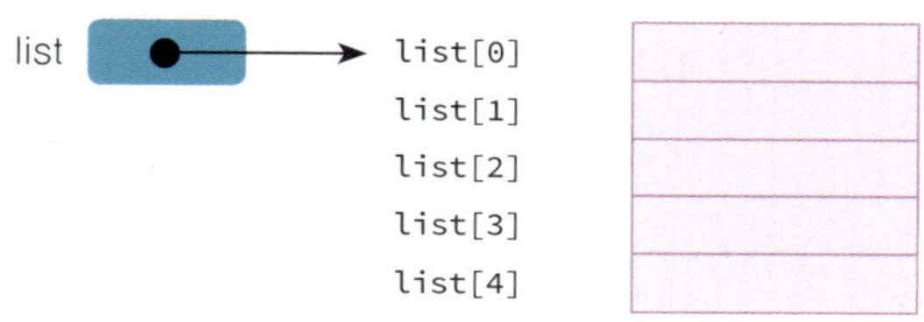

❸ 반복문을 이용하여 배열의 크기만큼 객체를 생성하여 배열 요소에 저장한다.

```
for(int i=0;i < list.length; i++)
    list[i] = new Rect(i, i);
```

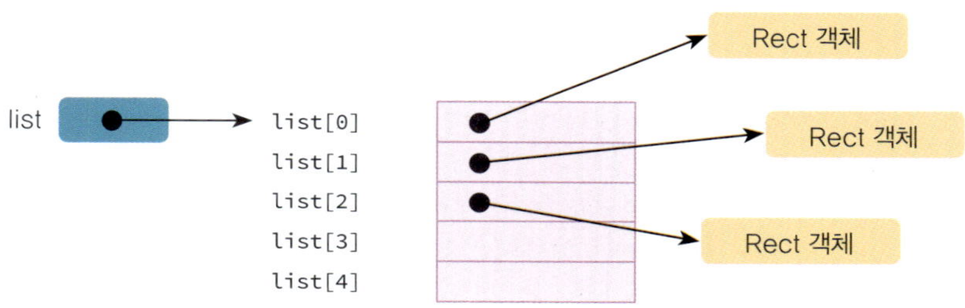

❹ **배열 요소 처리** - 반복문을 사용하여 배열에 저장된 객체를 처리한다.

```
for(int i=0;i < list.length; i++)
    System.out.println(i+"번째 사각형의 면적="+list[i].calcArea());
```

예제 5-5 객체 배열 만들기

영화를 나타내는 Movie 클래스를 정의한다. 사용자로부터 감명 깊게 본 영화의 제목과 감독을 입력받아서 Movie 객체 배열에 저장하고 다시 출력하는 프로그램을 작성한다.

실행결과

```
영화제목: 에이리언 2
영화감독: 제임스 카메론
영화제목: 티파니에서 아침을
영화감독: 에드워드 블레이크
{ 에이리언 2, 제임스 카메론 } { 티파니에서 아침을, 에드워드 블레이크 }
```

MovieArrayTest.java

```
import java.util.Scanner;

class Movie {
    String title, director;
    public Movie(String title, String director){
        this.title=title;
        this.director=director;
    }
}

public class MovieArrayTest {
    public static void main(String[] args) {
        Scanner scanner = new Scanner(System.in);

        Movie [] list= new Movie[2];

        for(int i=0;i < list.length; i++) {
            System.out.print("영화제목: ");
            String title = scanner.nextLine();
            System.out.print("영화감독: ");
            String director = scanner.nextLine();
            list[i] = new Movie(title, director);
        }

```

```
        for(int i=0;i < list.length; i++) {
            System.out.print("{ "+list[i].title+", "+list[i].director +" } ");
        }
    }
}
```

동적 객체 배열

자바의 표준 배열은 크기가 결정되면 변경하기 힘들다. 따라서 실제 프로그래밍에서는 동적 배열을 많이 사용한다. 동적 배열 중에서 ArrayList에 객체들을 저장해 보자. 첫 번째 예제로 여행지를 저장하고 있다가 랜덤으로 하나를 선택하여 사용자에게 추천하는 프로그램을 작성해보자.

ArrayListTest.java

```
import java.util.ArrayList;

public class ArrayListTest {
    public static void main(String[] args) {

        ArrayList<String> list = new ArrayList<String>();     // ❶
        list.add("홍콩");                                      // ❷
        list.add("싱가포르");
        list.add("괌");
        list.add("사이판");
        list.add("하와이");

        System.out.println("여행지 추천 시스템입니다.");
        int index = (int) (Math.random()*list.size());
        System.out.println("추천 여행지는 "+list.get(index));    // ❸
    }
}
```

실행결과

```
여행지 추천 시스템입니다.
추천 여행지는 괌
```

❶ ArrayList를 생성할 때는 어떤 객체를 저장할 것인지를 <...> 안에 지정하여야 한다. 여기서는 String 객체를 저장한다고 지정하였다.

```
ArrayList<String> list = new ArrayList<String>();
```

❷ ArrayList에 객체를 추가할 때는 add()를 사용한다.

```
list.add("홍콩");
```

❸ 지정된 인덱스에서 객체를 꺼낼 때는 get()을 호출한다.

```
System.out.println("추천 여행지는 "+list.get(index));
```

예제 5-6 연락처 정보 저장하기

이름과 전화번호를 Person이라는 클래스로 정의하고 Person 객체를 저장하는 동적 배열을 생성해 보자. 몇 사람의 연락처를 저장해 본다.

실행결과

```
(홍길동,01012345678)
(김유신,01012345679)
(최자영,01012345680)
(김영희,01012345681)
```

ArrayListTest2.java

```
import java.util.ArrayList;

class Person {
    String name;
    String tel;

    public Person(String name, String tel) {
        this.name = name;
        this.tel = tel;
    }
};

public class ArrayListTest2 {
    public static void main(String[] args) {

        ArrayList<Person> list = new ArrayList<Person>();
        list.add(new Person("홍길동", "01012345678"));
        list.add(new Person("김유신", "01012345679"));
        list.add(new Person("최자영", "01012345680"));
        list.add(new Person("김영희", "01012345681"));

        for (Person obj : list)
            System.out.println("(" + obj.name + "," + obj.tel + ")");
    }
}
```

동적 객체 배열이 생성된다.

for-each 구문을 사용할 수 있다.

05.5 내장 클래스

자바에서는 클래스 안에서 클래스를 정의할 수 있다. 내부에 클래스를 가지고 있는 클래스를 **외부 클래스**(outer class)라고 한다. 클래스 내부에 포함되는 클래스를 **내장 클래스**(nested class)라고 한다. 내장 클래스는 다음과 같이 분류할 수 있다.

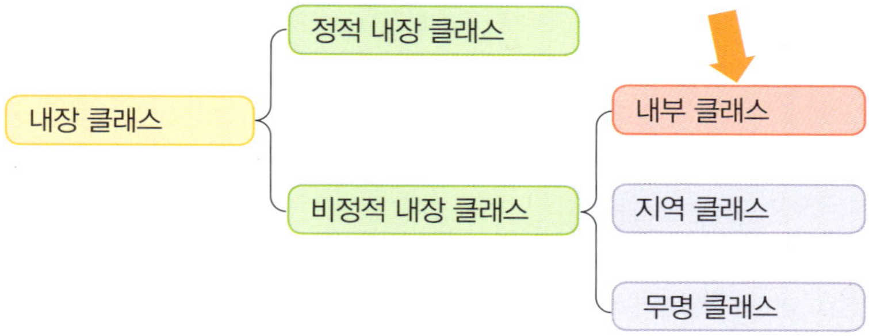

여기서는 가장 많이 사용되는 내부 클래스만을 살펴보도록 하겠다. 무명 클래스는 상속을 학습한 이후에 설명될 것이다.

내부 클래스

내부 클래스(inner class)는 클래스 안에 클래스이다. 자바에서는 클래스 안에서도 다른 클래스를 선언할 수 있다. 내부 클래스는 외부 클래스의 필드와 메서드를 전부 사용할 수 있다. private로 선언되어 있어도 접근이 가능하다. 이것이 최대 장점이다.

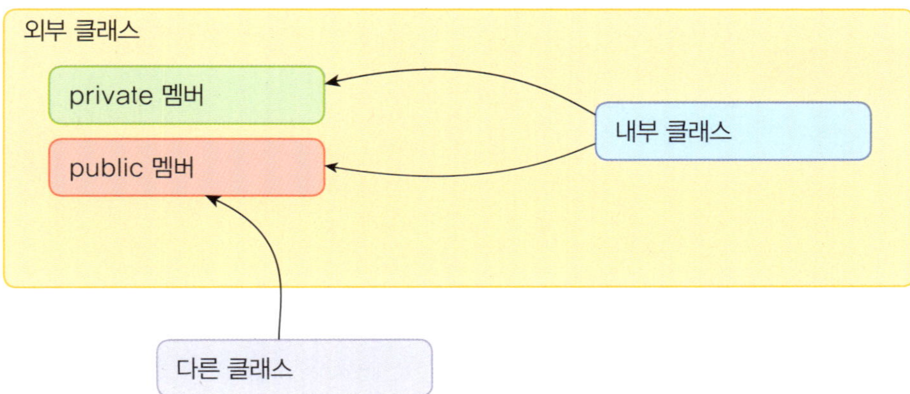

내부 클래스는 GUI 응용 프로그램에서 이벤트를 처리하는 클래스를 정의할 때 많이 사용된다. 아주 간단하게 내부 클래스를 정의하면 다음과 같다.

```
class Outer {
    private int num;

    class Inner {
        public void print() {
            System.out.println("여기는 내부 클래스입니다. ");
            System.out.println("num="+num);
        }
    }

    void display() {
        Inner obj = new Inner();
        obj.print();
    }
}

public class InnerTest {

    public static void main(String args[]) {
        Outer obj = new Outer();
        obj.display();
    }
}
```

> 이것이 바로 내부 클래스이다. 내부 클래스 안에서는 외부 클래스의 private 변수를 참조할 수 있다.

> 내부 클래스도 사용하려면 객체를 생성해야 한다.

실행결과

```
여기는 내부 클래스입니다.
num=0
```

예제 5-7 내부 클래스 사용하기

내부 클래스는 어떤 특정한 클래스에서만 사용되는 클래스를 정의할 때 많이 사용된다. 예를 들어서 Circle 클래스를 정의하는데 원의 중심을 표시하기 위하여 Point 클래스가 필요하다면 Point 클래스를 내부 클래스로 정의할 수 있다.

```
class Circle {
    class Point {
        int x, y;
        public Point(int x, int y) {
            this.x = x;
            this.y = y;
        }
    }
```

> 내부 클래스로 정의

```java

    int radius;
    Point center;

    public Circle(int radius, int x, int y) {
        this.radius = radius;
        this.center = new Point(x, y);
    }

    double calcArea() {
        return 3.14 * radius * radius;
    }
}

public class InnerTest2 {

    public static void main(String args[]) {
        Circle obj = new Circle(10, 0, 0);
        System.out.println("원의 면적=" + obj.calcArea());
    }
}
```

내부 클래스의 객체를 여기서 생성

실행결과

```
원의 면적=314.0
```

Mini Project

사용자의 아이디와 패스워드를 저장하는 객체 배열을 생성해 보자. 다음과 같은 메뉴가 제공되고 1번 메뉴를 선택하면 아이디와 패스워드를 새롭게 추가할 수 있다.

```
Console
<terminated> UserTest [Java Application] C:\Program Files\Java\jdk-9.0.1\bin\javaw.exe (2017. 12. 29. 오후 4:15:49)
======================================
1. Sign Up
2. Login
3. Print All Users
4. Exit
======================================
번호를 입력하시오: 1
Id: abcd
Password: 1234
======================================
1. Sign Up
2. Login
3. Print All Users
4. Exit
======================================
번호를 입력하시오: 3
{ abcd, 1234 }
```

현재까지의 등록된 사용자수는 정적 변수로 구현해 보자. 객체 배열은 정적이나 동적으로 생성해 본다. 다음 코드를 참고한다.

```
class User {
    String userId, password;
    static int count;

    public User(String userId, String password) {
        this.userId = userId;
        this.password = password;
    }
}
```

Exercise

1. 만약 어떤 values라는 double형 배열이 init() 메소드의 매개 변수로 넘어왔다고 하자. 배열의 각 원소를 0으로 초기화하는 문장을 작성하라.

```
void init(double[] values){
   // 여기에 배열의 원소를 0으로 초기화하는 문장을 작성하라.
}
```

2. 다음 프로그램의 실행 결과는 무엇일까? 이유를 설명하라.

```
public class Hello {
   public static void main(String[] args) {
      String x = null;
      giveMeAString(x);
      System.out.println(x);
   }
   static void giveMeAString(String y) {
      y = "This is a string";
   }
}
```

3. 다음 프로그램의 출력은?

```
public class Test {
   public static void main(String args[]) {
      class MyClass {
         public int i = 3;
      }
      MyClass obj = new MyClass();
      System.out.println("i = " + obj.i);
   }
}
```

4. 다음 프로그램의 출력은?

```
class Point {
   int x;
   int y;
}
```

```
public class Test {
   public static void main(String[] args) {
      Test obj = new Test();
      obj.sub();
   }

   void sub() {
      Point p = new Point();
      p.x = 10;
      p.y = 20;
      set(p);
      System.out.println(p.x + "," + p.y);
   }

   void set(Point p) {
      p.x = 30;
      p.y = 40;
   }
}
```

5. 다음 코드는 배열 a를 배열 b로 복사하려는 의도로 작성되었다. 실제 배열이 복사되는가? 만약 올바르지 않다면 올바르게 복사되도록 코드를 수정하라.

```
int[] a = { 1, 2, 3, 4, 5 };
int[] b = new int[5];
b = a;              // 배열 a를 배열 b로 복사
```

6. 객체 중에는 전체 시스템을 통틀어 딱 하나만 존재하여야 하는 것들이 있다. 다음의 프로그램을 분석하여서 왜 객체가 하나만 생성되는지를 설명하라. 단 이러한 객체를 생성할 때는 new를 사용하지 않고 정적 메소드 getInstance()를 호출하여야 한다. 이것은 싱글톤 디자인 패턴(singleton design pattern)으로 불린다.

```
class Single {
   private static Single s_instance;

   public static Single getInstance() {
      if (s_instance == null) {
         s_instance = new Single();
      }
      return s_instance;
   }
}
```

```
public class SingleTest {
   public static void main(String[] args) {
      Single obj1 = Single.getInstance();
      Single obj2 = Single.getInstance();
   }
}
```

Programming Exercise

1. MyMetric이라는 클래스를 작성하고 여기에 킬로미터를 마일로 변환하는 정적 메소드인 kiloToMile()을 작성하라. 또 반대로 마일을 킬로미터로 변환하는 정적 메소드 mileToKilo()로 작성하라. MyMetricTest 클래스에서 이들 정적 메소드를 호출하여 테스트해 보자.

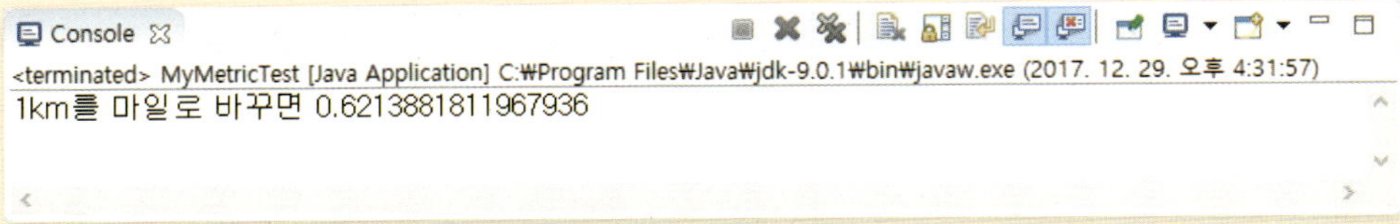

2. 배열을 이용하여 간단한 극장 예약 시스템을 작성하여 보자. 아주 작은 극장이라서 좌석이 10개밖에 안 된다. 사용자가 예약을 하려고 하면 먼저 좌석 배치표를 보여준다. 즉 예약이 끝난 좌석은 1로, 예약이 안 된 좌석은 0으로 나타낸다.

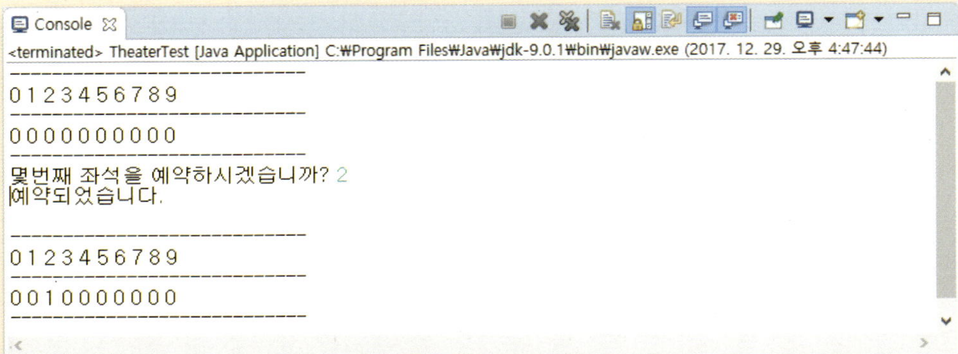

3. 다음과 같이 학생들의 성적을 받아서 평균을 구하는 프로그램을 작성하라.

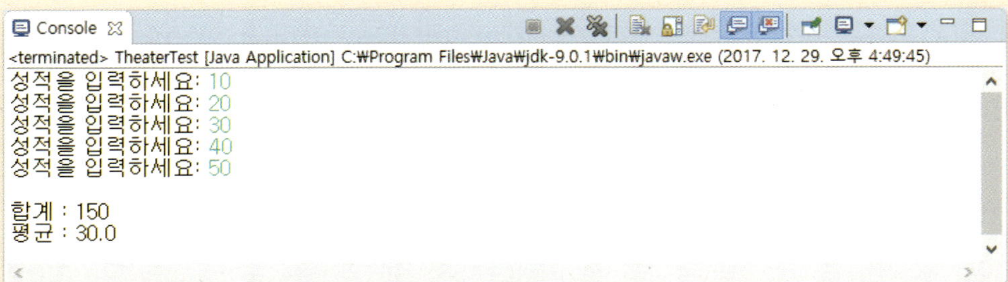

4. 비행기를 나타내는 Plane라는 이름의 클래스를 설계하라. Plane 클래스는 제작사(예를 들어서 에어버스), 모델(A380), 최대 승객수(500)를 필드로 가지고 있다.

   - 필드를 정의하라. 모든 필드는 private 멤버로 하라.

- 모든 필드에 대한 접근자와 설정자 메소드를 작성한다.
- Plane 클래스의 생성자 중 몇 개를 중복 정의하라. 생성자는 모든 데이터를 받을 수도 있고 아니면 하나도 받지 않을 수 있다.
- PlaneTest라는 이름의 테스트 클래스를 만드는데 main()에서 Plane 객체 여러 개를 생성하고 접근자와 설정자를 호출하여 보라.
- Plane 클래스에 지금까지 생성된 비행기의 개수를 나타내는 정적변수인 planes를 추가하고 생성자에서 증가시켜 보자.
- Plane 클래스에 정적변수 planes의 값을 반환하는 정적메소드인 getPlanes()를 추가하고 main()에서 호출하여 보라.

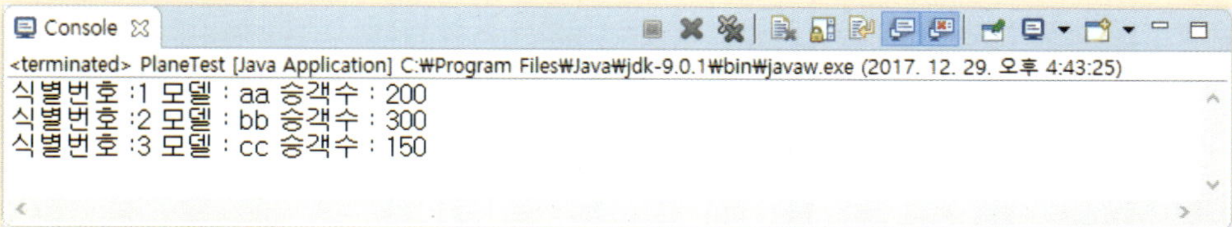

5. 은행 계좌를 나타내는 BankAccount 클래스에 다음과 같은 기능을 하는 메소드를 추가하고 테스트하라.

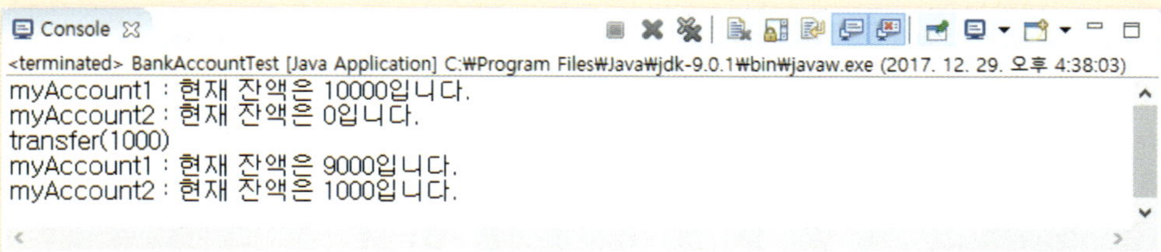


```
// 현재 객체의 잔액에서 amount만큼을 otherAccount 계좌로 송금한다.
public int transfer(int amount, BankAccount otherAccount)
{
   ...
}
```

Power Java Compact

POWER Java compact

CHAPTER 06

상속

학습목표

- 객체 지향 프로그래밍의 많은 장점이 바로 이 상속 메커니즘에서 나온다. 상속은 기존의 클래스로부터 필드와 메소드를 상속받아서 새로운 클래스를 파생하는 매커니즘이다. 필요하다면 기존의 코드에 새로운 메소드와 필드를 추가, 교체할 수 있다. 우리가 자바를 사용하여서 네트워크 프로그램이나 데이터베이스 프로그램, 그래픽 프로그램을 손쉽게 작성할 수 있는 것도 바로 이 상속 때문이다.

학습목차

06.1 상속

현실 세계에서 우리는 부모에게서 재산을 상속받을 수 있다. 객체 지향 프로그래밍에도 비슷한 개념이 존재한다. **상속**(inheritance)은 기존에 존재하는 클래스로부터 데이터와 코드를 이어받고, 필요한 기능을 추가할 수 있는 기법이다. 상속은 검증된 소프트웨어를 재사용할 수 있어서 신뢰성 있는 소프트웨어를 손쉽게 개발, 유지 보수할 수 있게 해주는 중요한 기술이다. 상속을 이용하면 여러 클래스에 공통적인 코드들을 하나의 클래스로 모을 수 있어서 코드의 중복을 줄일 수 있다.

상속의 형식

자바에서는 extends 키워드를 이용하여 상속을 나타낸다. 상속하는 클래스를 부모 클래스(슈퍼 클래스)라고 하고 상속받는 클래스를 자식 클래스(서브 클래스)라고 한다.

문법 6.1 상속 정의

```
class Child extends Parent {
  ...
  ...
}
```

```
class SportsCar extends Car {
  ...
  ...
}
```

설명 상속을 정의하려면 자식 클래스 이름 뒤에 extends를 써주고 부모 클래스 이름을 적어주면 된다. "extends"는 확장(또는 파생)한다는 의미이다. 즉 부모 클래스를 확장하여서 자식 클래스를 작성한다는 의미가 된다.

구체적인 예를 들어 보자. 스포츠카는 일반적인 자동차의 특징을 모두 가지고 있고 추가로 터보 차저가 추가되어 있다고 하자. 이런 경우에는 스포츠카를 위한 클래스를 다시 작성하는 것보다는 일반적인 자동차를 나타내는 클래스인 Car 클래스를 상속받아 수퍼

카를 나타내는 클래스인 SportsCar를 작성하는 것이 쉽다. UML에서 상속을 나타낼 때는 화살표가 자식 클래스에서 부모 클래스로 향한다.

Car.java

```java
public class Car
{
    int speed; // 속도
    public void setSpeed(int speed) { // 속도 변경 메소드
        this.speed = speed;
    }
}
```

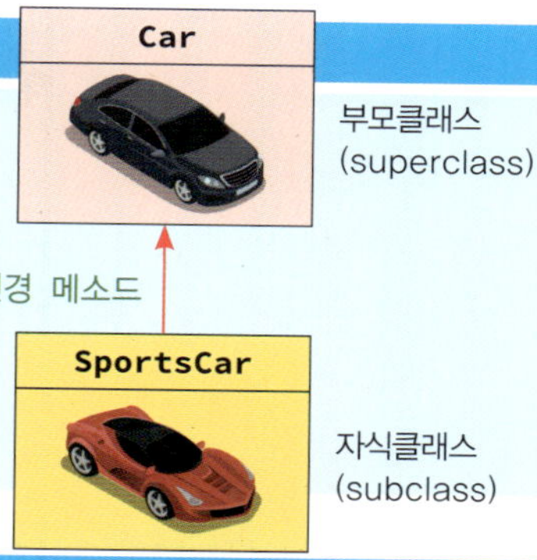

SportCar.java

```java
public class SportsCar extends Car
{
    boolean turbo;

    public void setTurbo(boolean flag) { // 터보 모드 설정 메소드
        turbo = flag;
    }
}
```

추가된 필드

추가된 메소드

무엇이 상속되는가?

자식 클래스는 부모 클래스가 가지고 있는 모든 멤버들을 전부 상속받고 자신이 필요한 멤버를 추가하기 때문에 항상 자식 클래스가 부모 클래스를 포함하게 된다. 아래 그림에서 SportsCar 클래스는 Car 클래스의 모든 필드와 메소드를 상속받고 여기에 하나의 필드와 하나의 메소드를 추가하였다. 상속을 나타낼 때 extends(확장)라는 용어를 사용하는 이유도 상속을 하게 되면 멤버가 증가하기 때문이다.

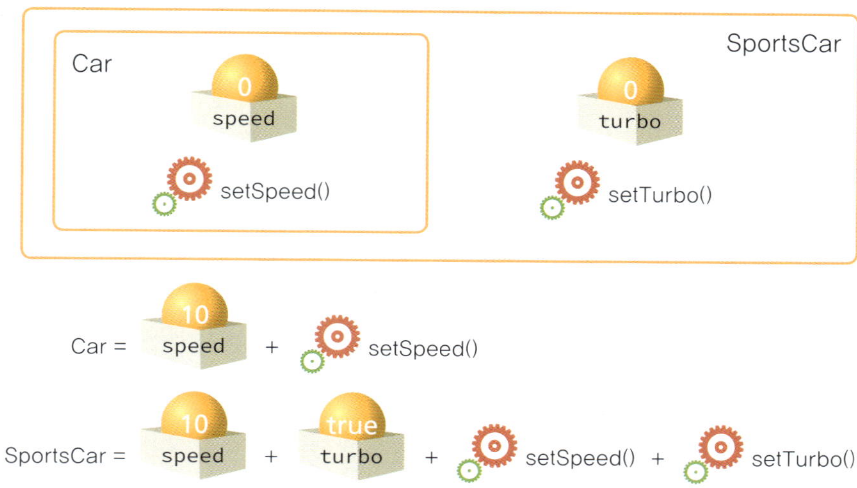

자 이제부터는 SportsCar 클래스의 객체를 생성하여서 상속받은 필드와 메소드를 사용하여 보자.

SportCarTest.java

```
public class  SportsCarTest {
    public static void main(String[] args) {
        SportsCar  obj = new SportsCar();
        obj.speed = 10;
        obj.setSpeed(60);
        obj.setTurbo(true);
    }
}
```

- 자식 클래스 객체 생성
- 부모 클래스의 필드와 메소드 사용
- 자체 메소드 사용

자식 클래스는 부모 클래스의 필드와 메소드를 마치 자기 것처럼 사용할 수 있다. 예를 들어서 obj는 부모 클래스의 필드인 speed를 마음대로 사용할 수 있다. 부모 클래스에 선언된 setSpeed() 메소드도 마음대로 사용할 수 있다. 자식 클래스가 정의한 자체 메소드인 setTurbo()를 사용할 수 있음은 물론이다.

왜 상속이 필요한가?

우리는 왜 상속을 사용하는가? 상속을 사용하는 이유를 잠시 생각하여 보자.

❶ 상속의 아이디어는 간단하지만 아주 강력하다. 만약 우리가 새로운 클래스를 생성해야 된다고 가정하자. 만약 우리가 원하는 코드를 가진 클래스가 이미 존재한다면 우리는 이 클래스를 상속받아서 새로운 클래스를 정의하면 된다. 이렇게 함으로서 우리는 직접 작성할 필요 없이 이미 존재하는 클래스의 필드와 메소드를 재사용할 수 있다.

❷ 상속을 사용하면 중복되는 코드를 줄일 수 있다. 예를 들어서 승용차, 트럭, 버스는 모두 속도를 변경하고 방향을 바꾸는 기능을 가지고 있다. 이들 클래스를 독립적으로 작성하게 되면 속도 변경 메소드 setSpeed()와 방향 변경 메소드 turn()가 모든 클래스에 중복해서 포함될 것이다.

이번에는 상속을 이용해보자. 운송수단의 공통적인 특징을 가지고 있는 클래스 Vehicle을 만들고 Vehicle을 상속받아서 각 클래스를 작성한다면 다음 그림과 같이 중복되는 부분을 최소화할 수 있다.

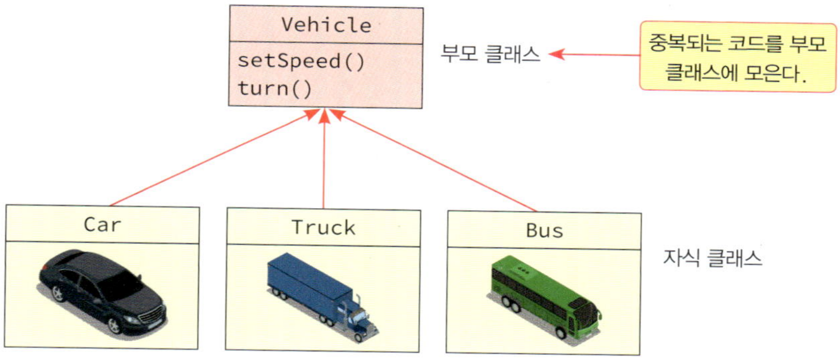

이제는 공통 부분은 하나로 정리되어서 관리하기 쉽고 유지 보수와 변경도 쉬워진다. 메소드 뿐만 아니라 필드에 대해서도 마찬가지이다. 중복되는 필드는 한 번만 기술하면 된다.

예제 6-1 Animal 클래스와 Dog 클래스 만들어보기

Animal 클래스는 일반적인 동물을 나타낸다. Dog 클래스는 강아지를 나타낸다. Animal 클래스를 상속받아 Dog 클래스를 작성해보자.

DogTest.java

```
class Animal {
    void eat() {
        System.out.println("먹고 있음...");
    }
}

class Dog extends Animal {
    void bark() {
        System.out.println("짖고 있음...");
    }
}

public class DogTest {
    public static void main(String args[]) {
        Dog d = new Dog();
        d.bark();
        d.eat();
    }
}
```

실행결과

```
짖고 있음...
먹고 있음...
```

예제 6-2 도형 예제

일반적인 도형을 나타내는 Shape 클래스를 작성하고 이것을 상속받아 원을 나타내는 Circle 클래스를 작성해보자.

CircleTest.java

```java
class Shape {
    int x, y;
}

class Circle extends Shape {
    int radius;

    public Circle(int radius) {
        this.radius = radius;
        x = 0;
        y = 0;
    }

    double calcArea() {
        return 3.14 * radius * radius;
    }
}

public class CircleTest {
    public static void main(String args[]) {
        Circle obj = new Circle(10);
        System.out.println("원의 중심: (" + obj.x + "," + obj.y + ")");
        System.out.println("원의 면적: " + obj.calcArea());
    }
}
```

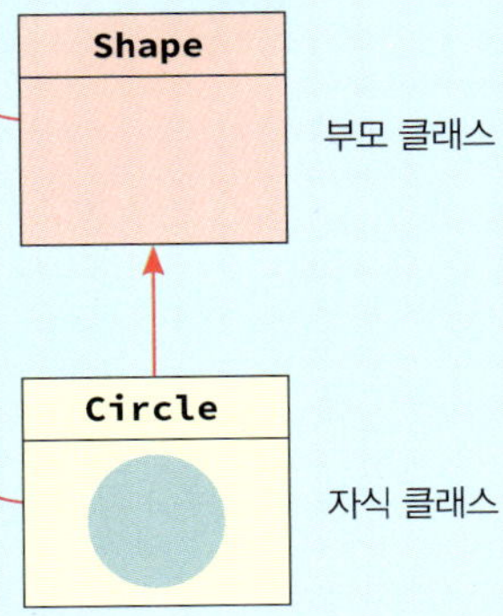

실행결과

```
원의 중심: (0,0)
원의 면적: 314.0
```

예제 6-3 상속트리구조

상속 관계는 일반적으로 트리 모양의 계층 구조를 형성한다. 예를 들어서 일반적인 운송 수단을 의미하는 Vehicle 클래스를 시작으로 상속 계층 구조를 작성하여 보면 다음과 같다.

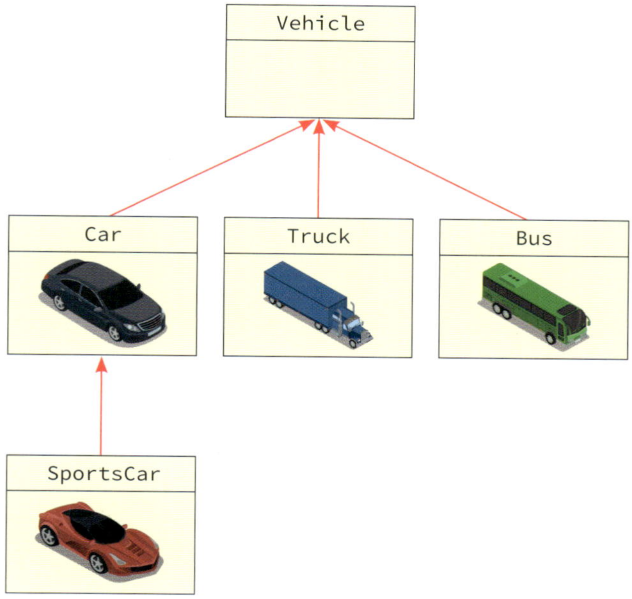

위의 상속 트리 구조에 맞추어서 클래스를 간단히 정의해보자. 멤버는 없어도 된다.

```
class Vehicle {    }
class Car extends Vehicle {    }
class Truck extends Vehicle {    }
class Bus extends Vehicle {    }
class SportsCar extends Car {    }
```

06.2 protected 접근 지정자

앞에서는 부모 클래스의 모든 멤버가 상속되는 것으로 이야기하였지만 사실은 상속시킬 멤버와 상속시키지 않을 멤버를 지정할 수 있다. 자식 클래스는 부모 클래스의 public 멤버, protected 멤버, 디폴트 멤버(부모 클래스와 자식 클래스가 같은 패키지에 있다면)를 상속받는다. 하지만 부모 클래스의 private 멤버는 상속되지 않는다.

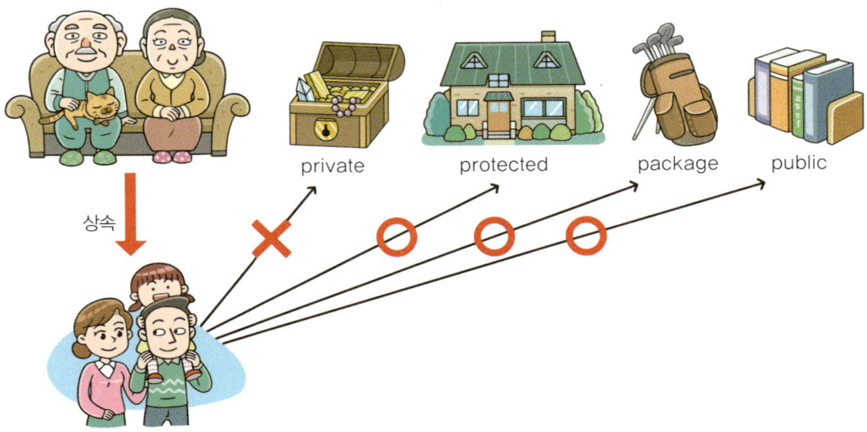

부모 클래스와 자식 클래스만 사용하는 멤버는 protected로 지정하면 아주 편리하다. 자바의 접근 제어 지정자를 다시 한 번 정리하여 보면 다음 표와 같다.

	public	protected	default	private
동일한 클래스	O	O	O	O
동일한 패키지의 일반 클래스	O	O	O	X
동일한 패키지의 자식 클래스	O	O	O	X
다른 패키지의 자식 클래스	O	O	X	X
다른 패키지의 일반 클래스	O	X	X	X

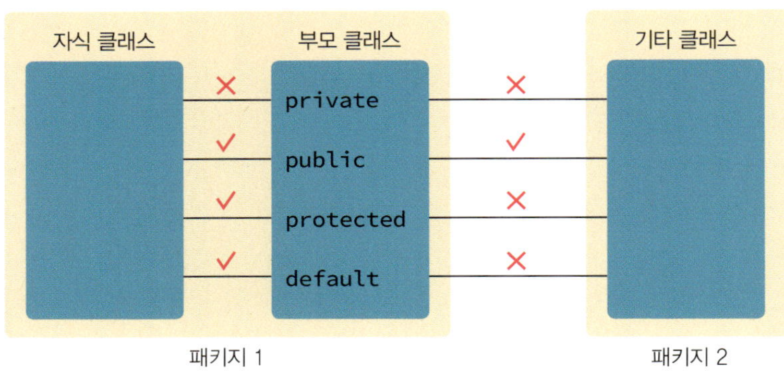

예를 들어서 다음의 코드에서는 Shape 클래스가 부모 클래스이고 Rectangle 클래스가 자식 클래스이다. Shape 클래스의 멤버인 x와 y를 protected로 변경하면 자식 클래스인 Rectangle만 사용할 수 있다.

Rectangle.java

```
class Shape {
    protected int x, y;
    void print() {
        System.out.println("x좌표: " + x + " y좌표: " + y);
    }
}

public class Rectangle extends Shape {
    int width, height;

    double calcArea() {
        return width * height;
    }
    void draw() {
        System.out.println("(" + x + "," + y + ") 위치에 " + "가로: " + width
                                             + " 세로: " + height);
    }
}
```

protected로 선언되었다.

부모 클래스의 protected 멤버는 사용할 수 있다.

위의 코드에서 x와 y는 protected로 선언되었기 때문에 Shape와 Rectangle에서만 사용이 가능하다. 외부 클래스는 접근할 수 없다.

06.3 상속과 생성자

자식 클래스의 객체가 생성될 때, 자식 클래스의 생성자만 호출될까? 아니면 부모 클래스의 생성자도 호출되는가? 어떤 순서로 호출될까? 이 문제를 분석하기 위하여 다음과 같은 간단한 프로그램을 작성하여 실행하여 보자.

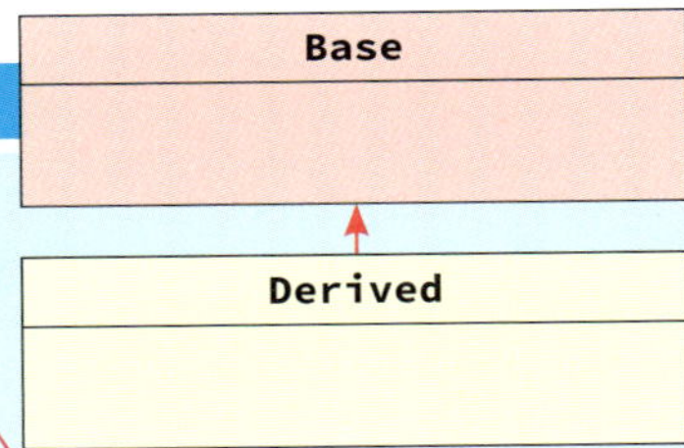

Test.java

```
class Base {
    public Base() {
        System.out.println("Base() 생성자");
    }
};

class Derived extends Base {
    public Derived() {
        System.out.println("Derived() 생성자");
    }
};

public class Test {
    public static void main(String[] args) {
        Derived r = new Derived();
    }
};
```

위의 프로그램을 실제로 실행시켜 보면 출력은 다음과 같다.

실행결과

```
Base() 생성자
Derived() 생성자
```

❶ 왜 Derived 객체를 생성했는데 Base 생성자까지 호출되는 것일까? 자식 클래스 객체 안에는 부모 클래스에서 상속된 부분이 들어 있다. 따라서 자식 클래스 안의 부모 클래스 부분을 초기화하기 위하여 부모 클래스의 생성자도 호출되는 것이다.

❷ 생성자의 호출 순서는 (**부모 클래스의 생성자**) → (**자식 클래스의 생성자**) 순으로 된다. 자식 클래스객체는 부모 클래스에서 상속된 부분을 초기화하기 위하여 먼저 부모 클래스의 생성자를 호출한다. 부모 클래스의 생성자 호출이 끝나면 자식 클래스가 추가한

부분을 초기화하기 위하여 자식 클래스의 생성자가 실행된다.

명시적인 호출

자식 클래스의 생성자에서 명시적으로 부모 클래스의 생성자를 호출할 수 있다. 이 때 super라는 키워드가 사용된다. 다음 예제는 Rectangle의 생성자에서 부모 클래스의 생성자를 명시적으로 호출하는 예이다.

Test.java

```
class Shape {

    public Shape() {
        System.out.println("Shape 생성자() ");
    }
};

class Rectangle extends Shape {
    public Rectangle(){
        super();        // 명시적인 호출
        System.out.println("Rectangle 생성자()");
    }
};

public class Test {
    public static void main(String[] args) {
        Rectangle r = new Rectangle();
    }
};
```

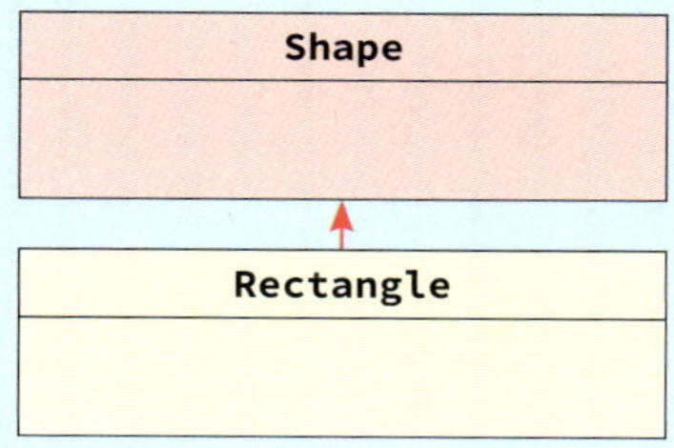

실행결과

```
Shape 생성자
Rectangle 생성자
```

묵시적인 호출

자바에서는 명시적으로 수퍼 클래스의 생성자를 호출해 주지 않아도 서브 클래스의 객체가 생성될 때 자동적으로 수퍼 클래스의 매개 변수가 없는 생성자가 호출된다. 다음 소스에서 Rectangle 객체를 생성하면 Rectangle 클래스의 생성자가 호출되기 전에 Shape 클래스의 생성자가 호출된다.

```
class Shape {
    public Shape() {
        System.out.println("Shape 생성자()");
```

```
    }
};
class Rectangle extends Shape {
    public Rectangle() {

        System.out.println("Rectangle 생성자()");
    }
};

public class Test {
    public static void main(String[] args) {
        Rectangle r = new Rectangle();
    }
};
```

컴파일러가 Shape();을 자동적으로 넣어준다고 생각하라.

실행결과

```
Shape 생성자
Rectangle 생성자
```

경고 묵시적인 부모 클래스 생성자 호출을 사용하려면 부모 클래스에 기본 생성자(매개 변수가 없는 생성자)가 반드시 정의되어 있어야 한다. 만약 기본 생성자가 정의되어 있지 않으면 오류가 발생한다.

06.4 메소드 재정의(오버라이딩)

자식 클래스에서는 부모 클래스의 메소드를 다시 정의할 수 있다. 이것을 **"자식 클래스의 메소드가 부모 클래스의 메소드를 재정의한다"**고 말한다. 메소드 재정의(method override)는 메소드 오버라이딩이라고도 한다. 메소드 재정의는 부모 클래스의 메소드를 변경하는 것이 필요할 때 사용된다. 이때 메소드의 이름이나 매개 변수, 반환형은 동일하여야 한다.

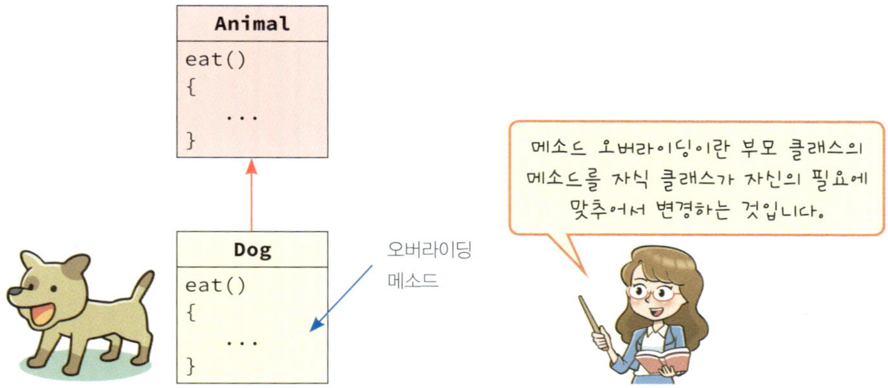

예를 들면 Animal 클래스에 eat()라는 메소드가 선언되어 있다고 하자. Animal 클래스는 특정한 동물을 지칭하지 않으므로 eat() 메소드의 몸체는 비어 있을 것이다. Animal을 상속받아서 Dog 클래스를 선언하였다고 하자. 이제는 eat() 메소드를 재정의하여 보자. 그리고 Dog 클래스의 객체를 생성하고 eat()를 호출하였다면 어떤 eat()가 호출될까?

DogTest.java

```
class Animal {
    public void eat()
    {
        System.out.println("동물이 먹고 있습니다. ");
    }
};

class Dog extends Animal {
    public void eat()
    {
        System.out.println("강아지가 먹고 있습니다. ");
    }
```

메소드 재정의

```
};
public class DogTest  {
    public static void main(String[] args) {
        Dog d = new Dog();
        d.eat();
    }
};
```

재정의된 메소드가 호출된다.

실행결과

```
강아지가 먹고 있습니다.
```

Dog 클래스의 객체에 대하여 eat()가 호출되면 Dog 클래스 안의 재정의된 eat()가 호출된다.

경고 부모 클래스의 메소드와 자식 클래스의 메소드가 완벽하게 일치하여야 재정의로 처리된다. 만약 완벽하게 일치하지 않으면 메소드 중복정의로 처리되어 버린다. 예를 들어서 다음과 같이 작성하면 메소드 재정의로 취급되지 않는다. eat()의 매개 변수가 서로 다르기 때문이다.

```
class Dog extends Animal {
    public void eat(int amount)
    {
        System.out.println("강아지가 먹고 있습니다. ");
    }
}
```

부모 클래스의 eat()와 매개 변수가 다르다.

팁 재정의된 메소드 이름 앞에는 @Override 어노테이션을 붙이는 것이 좋다. 만약 부모 클래스에 그런 이름의 메소드가 없다면 컴파일러가 오류를 발생한다.

```
class Dog extends Animal {
    @Override
    public void eat()
    {
        System.out.println("강아지가 먹고 있습니다. ");
    }
};
```

키워드 super를 사용하여 부모 클래스 멤버 접근

키워드 super는 상속 관계에서 부모 클래스의 메소드나 필드를 명시적으로 참조하기 위하여 사용된다. 만약 부모 클래스의 메소드를 재정의한 경우에 super를 사용하면 부모 클래스의 메소드를 호출할 수 있다.

보통 메소드를 재정의할 때, 부모 클래스의 메소드를 완전히 대치하는 경우보다 내용을 추가하는 경우가 많다. 이런 경우에는 super 키워드를 이용하여 부모 클래스의 메소드를 호출해 준 후에 자신이 필요한 부분을 추가해 주는 것이 좋다.

ChildTest.java

```java
class Parent {
    public void print() {
        System.out.println("부모 클래스의 print() 메소드");
    }
}
class Child extends Parent {
    public void print() {
        super.print();
        System.out.println("자식 클래스의 print() 메소드 ");
    }
}
public class ChildTest {
    public static void main(String[] args) {
        Child obj = new Child();
        obj.print();
    }
}
```

수퍼클래스의 메소드 호출

메소드 오버라이드

실행결과

```
부모 클래스의 print() 메소드
자식 클래스의 print() 메소드
```

> **팁** 이클립스는 메소드 재정의를 자동으로 해 주는 메뉴를 가지고 있다. 클래스 안에 커서를 두고 [Source] → [Override/Implement Methods...]을 사용해 보자. 한번만 사용해 보면 금방 익숙해질 것이다. 부모 클래스의 메소드 중에서 재정의할 것만 체크하면 된다.

06.5 추상 클래스

추상 클래스(abstract class)는 완전하게 구현되어 있지 않은 메소드를 가지고 있는 클래스를 의미한다. 메소드가 미완성되어 있으므로 추상 클래스로는 객체를 생성할 수 없다. 추상 클래스는 주로 상속 계층에서 추상적인 개념을 나타내기 위한 용도로 사용된다.

하나의 예로 동물을 나타내는 상속 계층도를 생각하여 보자. 동물을 Animal 클래스로 정의할 수 있지만 약간의 문제가 있다. 우리는 동물의 추상적인 개념에 대해서는 알고 있지만 구체적으로 어떤 동물인지 알 수 없으므로 구체적인 동작을 구현하기는 어렵다. 예를 들어서 move()라는 메소드를 작성한다고 가정하자. 우리는 동물이 움직인다는 것은 알지만 구체적으로 날아다니는지 기어다니는지는 알 수 없다. 즉 Animal 클래스의 move()라는 메소드를 완전하게 작성할 수 없는 것이다. 이런 경우에 Animal은 추상 클래스로 정의된다. Mammal(포유류), Fish(어류), Bird(조류) 클래스들도 마찬가지 이유에서 추상 클래스로 정의된다.

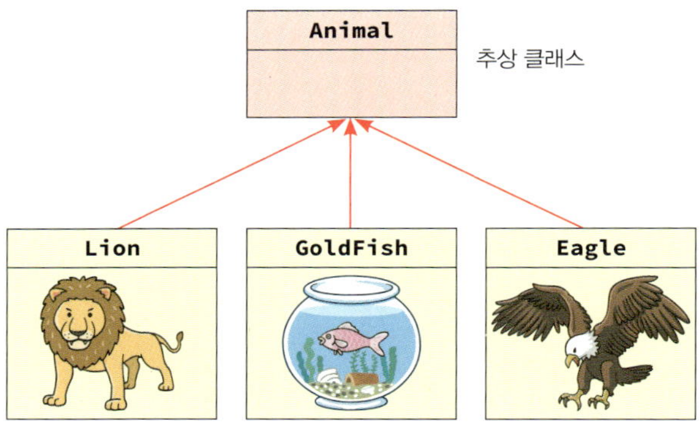

그림 6.1 추상 클래스의 개념

자바에서 추상 클래스를 만들기 위해서는 클래스 선언 시에 앞에 abstract를 붙인다. 앞의 Animal 클래스를 추상 클래스로 정의하여 보면 다음과 같다.

```
public abstract class Animal  {
    public abtract void move();
    ...
};
```

추상 메소드 정의, ;으로 종료됨을 유의!

추상 클래스는 하나 이상의 추상 메소드를 가지고 있어야 한다. 추상 메소드란 move()처럼 몸체가 없는 메소드를 말한다. 추상 메소드는 항상 세미 콜론(;)으로 종료되어야 한다.

각종 동물들의 움직이는 방법은 동물에 따라 상당히 다르므로 추상 메소드로 선언하는 것이 논리적이다.

추상 클래스를 상속받는 자식 클래스에서는 반드시 추상 메소드를 재정의하여야 한다. 만약 재정의하지 않으면 오류가 발생한다. 따라서 Lion 클래스에서는 반드시 move() 메소드의 몸체를 구현하여야 한다.

```
public class Lion extends Animal  {
    public void move() {
        System.out.println("사자의 move() 메소드입니다. ");
    }
};
```

추상 클래스를 상속받으면 추상 메소드를 구현하여야 한다.

예제 6-4 추상 메소드의 예

구체적인 예로 도형을 나타내는 클래스 계층 구조를 생각하여 보자. 각 도형은 공통적인 어떤 속성을 가지고 있다. 예를 들면 위치, 회전 각도, 선색상, 채우는 색 등의 속성은 모든 도형이 공유한다. 또 도형의 기준점을 이동하는 메소드인 move()는 모든 도형에서 동일하다. 따라서 이들 속성과 메소드는 추상 클래스인 Shape에 구체적으로 정의된다.

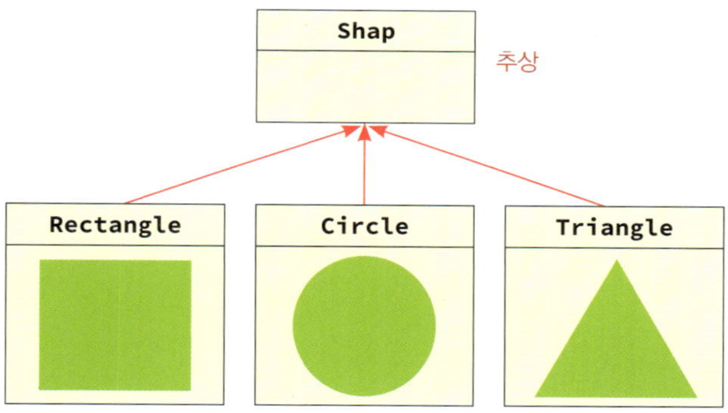

하지만 draw() 메소드를 생각해 보자. 도형을 그리는 방법은 각각의 도형에 따라 달라진다. 따라서 draw()의 몸체는 Shape에서는 정의될 수가 없다. 다만 메소드의 이름과 매개 변수는 정의될 수 있다. 이런 경우에 추상 메소드가 사용된다. 즉 draw()는 추상 메소드로 정의되고 draw()의 몸체는 각각의 자식 클래스에서 작성된다.

```
abstract class Shape {
    int x, y;
    public void move(int x, int y) {
        this.x = x;
        this.y = y;
    }
    public abstract void draw();
```

추상 클래스 Shape를 선언한다. 추상 클래스로는 객체를 생성할 수 없다.

추상 클래스라고 하더라도 추상 메소드가 아닌 보통의 메소드도 가질 수 있음을 유의하라.

추상 메소드를 선언한다. 추상 메소드를 하나라도 가지면 추상 클래스가 된다. 추상 메소드를 가지고 있는데도 abstract를 class 앞에 붙이지 않으면 컴파일 오류가 발생한다.

```java
};

class Rectangle extends Shape {
    int width, height;
    public void draw() {        // 추상 메소드 구현
        System.out.println("사각형 그리기 메소드");
    }
};

class Circle extends Shape {
    int radius;
    public void draw() {
        System.out.println("원 그리기 메소드");
    }
};
```

자식 클래스 Rectangle에서 부모 클래스의 추상 메소드 draw()를 실제 메소드로 구현한다. 자식 클래스에서 추상 메소드를 구현하지 않으면 컴파일 오류가 발생한다.

추상 메소드 draw()를 실제 메소드로 구현한다.

Q&A

Q 수퍼 클래스에서 draw()를 void draw() { }와 같이 내용이 없는 일반 메소드로 정의한 후에 서브 클래스에서 재정의하는 것과 추상 메소드와는 어떻게 다른가?

A 결과는 같다. 하지만 추상 메소드로 정의하면 서브 클래스에서는 반드시 구현하여야 하므로 구현을 강요하는 면에서 장점이 있다. 추상 메소드가 아니면 서브 클래스에서 재정의하지 않고 넘어갈 수도 있기 때문이다.

06.6 상속과 다형성

다형성(polymorphism)은 "**많은**(poly) + **모양**(morph)"이라는 의미로서 주로 프로그래밍 언어에서 하나의 식별자로 다양한 타입(클래스)을 처리하는 것을 의미한다. 넓은 의미에서는 메소드 중복 정의나 제네릭 프로그래밍(뒤에 학습할 예정임)도 다양성에 포함된다. 하지만 일반적으로 객체지향 프로그래밍에서 다형성이란 객체들의 타입(클래스)이 다르면 똑같은 메시지가 전달되더라도 서로 다른 동작을 하는 것을 말한다.

그림 6.2 다형성의 개념

구체적인 예를 살펴보자. 다양한 타입의 동물들에게 speak라는 메시지를 보낸다고 가정하자. 만약 강아지가 speak라는 메시지를 받는다면 "멍멍"이라고 할 것이고 고양이가 speak 메시지를 받는다면 "야옹"이라고 할 것이다. 즉 똑같은 명령을 내리지만 객체의 타입이 다르면 서로 다른 결과를 얻을 수 있는 것이 다형성이다. 여기서 중요한 것은 메시지를 보내는 측에서는 객체가 어떤 타입인지 알 필요가 없다는 점이다. 실행 시간에 객체의 타입에 따라서 자동적으로 적합한 동작이 결정된다.

다형성은 어떤 경우에 사용하는 기술일까? 다형성은 객체 지향 기법에서 하나의 코드로 다양한 타입의 객체를 처리하는 중요한 기술이다. 예를 들어서 한 곳에 모인 동물들이 각자의 소리를 내게 하고 싶으면 어떤 동물인지 신경 쓰지 말고 무조건 speak 메시지를 보내면 된다. 받은 동물은 자신이 낼 수 있는 소리를 낼 것이다. 또 사각형, 삼각형, 원과 같은 다양한 타입의 도형 객체들이 모여 있다고 하자. 이들 도형들을 그리고 싶으면 각 객체에 draw 메시지를 보내면 된다. 각 도형들은 자신의 모습을 화면에 그릴 것이다. 즉 도형의 타입을 고려할 필요가 없는 것이다.

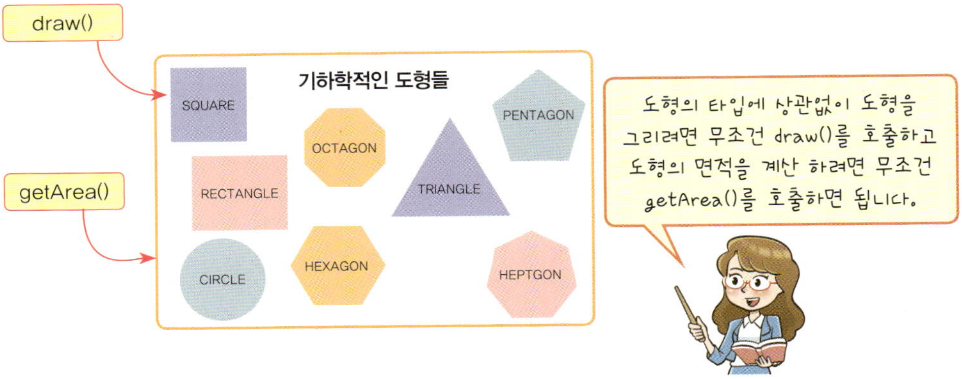

상속과 다형성

다형성은 상속을 통하여 구현된다. 하나의 예로 Rectangle, Triangle, Circle등의 도형을 나타내는 클래스가 Shape 클래스를 상속받았다고 가정하자.

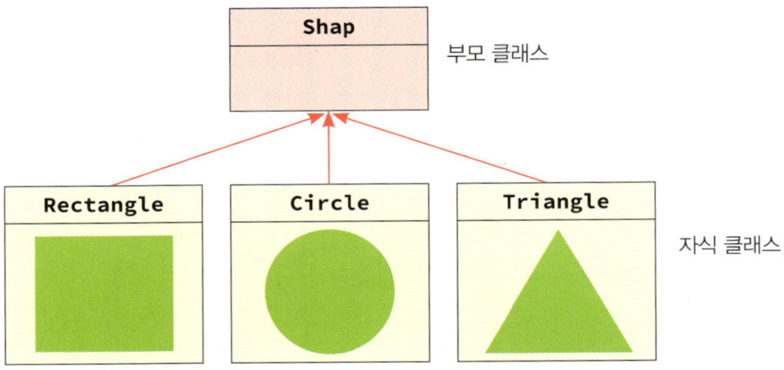

그림 6.3 도형 클래스들의 상속계층도

```
class Shape {
    protected int x, y;
    public void draw() {
        System.out.println("Shape Draw");
    }
}
```

각 도형들은 2차원 공간에서 도형의 위치를 나타내는 기준점 (x, y)을 가진다. 이것은 모든 도형에 공통적인 속성이므로 부모 클래스인 Shape에 저장한다.

```
class Rectangle extends Shape {
    private int width, height;
    public void draw() {
        System.out.println("Rectangle Draw");
    }
}
```

Shape에서 상속받아서 사각형을 나타내는 클래스 Rectangle을 정의하여 보자. Rectangle은 추가적으로 width와 height 변수를 가진다.

```
class Triangle extends Shape {
    private int base, height;
    public void draw() {
```

```
        System.out.println("Triangle Draw");
    }
}

class Circle extends Shape {
    private int radius;
    public void draw() {
        System.out.println("Circle Draw");
    }
}
```

위의 코드에서 자식 클래스인 Rectangle는 부모 클래스 Shape을 상속받고 있다. 위의 클래스를 테스트하기 위하여 다음과 같은 코드를 작성해보자.

ShapeTest.java

```
public class ShapeTest {
    public static void main(String arg[]) {
        Shape s1, s2;

        s1 = new Shape();      //  ❶ 당연하다.
        s2 = new Rectangle();  //  ❷ Shape 참조 변수로 Rectangle 객체를
                                      가리킬 수 있을까?
    }
}
```

위의 코드 중에서 문장 ❷를 생각하여 보자. Rectangle 객체가 생성되어서 Shape 참조 변수에 대입되는 문장은 오류처럼 보인다. 그러나 자식 클래스 객체 안에는 부모 클래스 부분이 있기 때문에, 부모 클래스 객체처럼 취급될 수 있다. 즉 **부모 클래스 참조 변수로 자식 클래스 객체를 참조할 수 있다. 이것을 상향 형변환이라고 한다.** 위의 문장은 다형성의 핵심이 되므로 잘 이해하여야 한다.

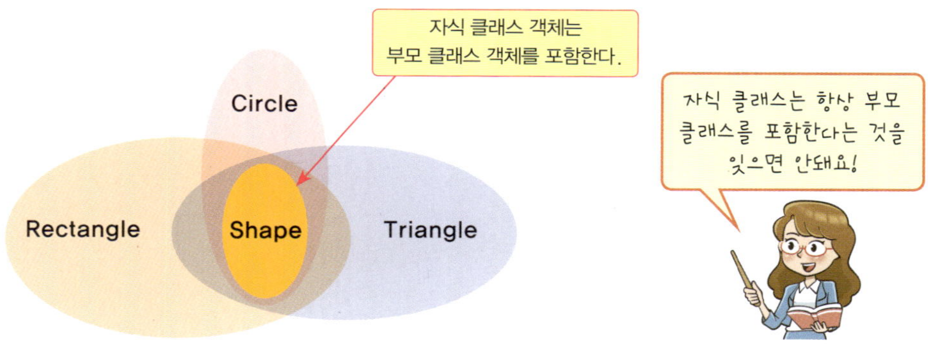

그림 6.4 자식 클래스와 부모 클래스의 포함 관계

그렇다면 문장 ❷에서 s2를 통하여 자식 클래스의 모든 멤버를 사용할 수 있을까? 그렇지는 않다. 자식 클래스 중에서 부모 클래스로부터 상속받은 부분만을 s2를 통해서 사용할 수 있고 나머지는 사용하지 못한다. 즉 위의 ❷번 문장이 실행되면 Rectangle 객체 중에서 Shape로부터 상속받은 부분은 s2를 통해서 사용할 수 있지만 Rectangle 객체의 다른 부분은 s2를 통해서 사용할 수 없는 것이다. 근본적으로 s2는 Shape 참조 변수이기 때문이다.

좀 더 완전한 소스를 통해서 상향 형변환을 분석하여 보자.

ShapeTest.java

```java
public class ShapeTest {
    public static void main(String arg[]) {
        Shape s = new Rectangle();
        Rectangle r = new Rectangle();
        s.x = 0;
        s.y = 0;
        s.width = 100;
        s.height = 100;
    }
}
```

부모클래스의 참조변수로 자식클래스의 객체를 가리키는 것은 합법적이다.

Shape 클래스의 필드와 메소드에 접근하는 것은 OK

컴파일 오류가 발생한다. s를 통해서는 Rectangle 클래스의 필드와 메소드에 접근할 수 없다.

실행결과

```
width cannot be resolved or is not a field
height cannot be resolved or is not a field
```

s를 통해서는 x, y만을 사용할 수 있다. 그러나 r을 통해서는 모든 필드를 전부 사용할 수 있다.

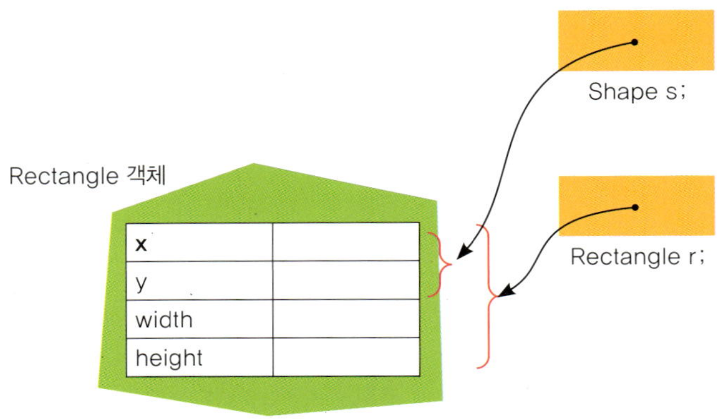

여러분은 아마 지금쯤 다음과 같은 질문을 할 수 있다.

"부모 클래스의 참조 변수를 가지고 자식 클래스 객체를 참조하는 것이 도대체 어디에 필요한가요?"

객체 지향의 원리 중에서 다형성이 이것과 관련이 있다. 앞에서 다형성은 객체들이 동일한 메시지를 받더라도 각 객체의 타입에 따라서 서로 다른 동작을 하는 것이라고 하였다. 좀 더 구체적으로 들어가 보자. 앞의 코드에서 도형 클래스들은 화면에 자신을 그리기 위한 메소드 draw()를 포함하고 있다. 다음과 같이 Shape 참조 변수들을 통하여 각 객체들의 draw() 메소드를 호출하면 과연 어떤 메소드가 호출될까?

ShapeTest.java

```java
public class ShapeTest {
    public static void main(String arg[]) {
        Shape arrayOfShapes[] = new Shape[3];
        arrayOfShapes[0] = new Rectangle();
        arrayOfShapes[1] = new Triangle();
        arrayOfShapes[2] = new Circle();
        for (int i = 0; i < arrayOfShapes.length; i++) {
            arrayOfShapes[i].draw();
        }
    }
}
```

클래스 Shape의 배열 arrayOfShapes[]를 선언한다.

배열 arrayOfShapes[] 길이만큼 루프를 돌면서 각 배열 요소를 통하여 draw() 메소드를 호출해 본다. 어떤 draw()가 호출될까? 각 요소가 실제로 가리키고 있는 객체에 따라 서로 다른 draw()가 호출된다.

실행결과

```
Rectangle Draw
Triangle Draw
Circle Draw
```

실행 결과를 보면 반복 루프에서 Shape의 draw()가 호출되는 것이 아니라 참조 변수가 가리키는 실제 객체에 따라 메소드가 자동적으로 선택된다. 위의 프로그램과 같이 코딩하는 것이 어떤 장점이 있을까? 우리는 도형의 종류를 구분하여 draw()를 호출할 필요가 없다. 어떤 도형이든지 무조건 부모 클래스의 참조 변수를 통하여 draw()를 호출하면 도형의 종류에 따라서 적절한 draw()가 자동으로 호출된다. 이것을 **동적 바인딩**(dynamic binding) 또는 **가상 메소드 호출**(virtual method invocation)이라고 한다.

실제 객체를 알고 싶다면?

어떤 참조 변수가 가리키는 객체의 실제 타입을 알고 싶으면 instanceof 연산자를 사용한다. 예를 들어서 앞의 도형 예제에서 Shape 참조 변수는 Rectangle, Triangle, Circle 타입의 객체를 모두 가리킬 수 있다. 경우에 따라서는 실제 타입을 알고 싶은 경우가 있다. 이런 경우에 instanceof 연산자를 사용한다.

ShapeTest.java

```java
public class ShapeTest {
    public static void main(String arg[]) {
        Shape s = new Rectangle();
```

```
        if( s instanceof Rectangle ) {
            System.out.println("실제 객체는 Rectangle이군요!");
        }
        if( s instanceof Circle ) {
            System.out.println("실제 객체는 Circle이군요!");
        }
    }
}
```

실행결과

```
실제 객체는 Rectangle이군요!
```

06.7 인터페이스

인터페이스(interafce)는 서로 다른 장치들이 연결되어서 상호 데이터를 주고받는 규격을 의미한다. 인터페이스는 특히 컴퓨터 주변 장치에 많다. 예를 들어서 컴퓨터 본체와 주변 장치를 연결하는 인터페이스로 USB가 있고 컴퓨터와 모니터를 연결하는 인터페이스로 HDMI 규격도 있다.

우리에게 친근한 USB 인터페이스를 예로 들어서 설명해보자. 만약 어떤 장치가 USB 인터페이스 규격을 만족한다면 그 장치는 컴퓨터에 연결할 수 있다. 하지만 USB 인터페이스 규격을 지키지 않는다면 컴퓨터에 연결할 수 없다. 하드웨어에 인터페이스가 필요한 것은 이해가 갈 것이다.

소프트웨어 세계에도 인터페이스 개념이 필요하다. 여러 프로그래머들이 독립적으로 클래스를 작성하고, 이들 클래스들을 합쳐서 하나의 소프트웨어를 완성하는 상황을 가정해보자. 이때 각자의 클래스를 다른 사람의 클래스와 연결하려면 클래스 간의 상호작용을 기술하는 일종의 규격(조건)이 있어야 한다. 그래야만 클래스들이 서로 잘 접속될 것이다. 이러한 규격을 **인터페이스**(interface)라고 부른다.

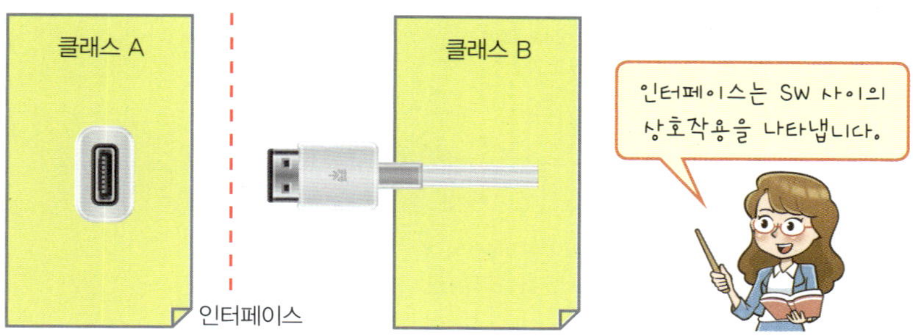

인터페이스 정의

인터페이스를 정의하는 것은 클래스를 정의하는 것과 유사하다. 하지만 키워드 class를 사용하지 않고 키워드 interface를 사용한다.

문법 6.2 **인터페이스 정의**

```
interface 인터페이스_이름 {
    반환형    추상메소드1(...);
    반환형    추상메소드2(...);
    ...
}
```

```
interface Drawable{
   void draw();
}
```

설명 인터페이스는 추상 메소드로 이루어진다. 인터페이스 안에서 필드(변수)는 선언될 수 없다. 상수는 정의할 수 있다.

예를 들어서 어떤 객체가 화면에 그려질 수 있다면 draw() 메소드를 가질 것이다. 이것을 Drawable 인터페이스로 정의할 수 있다. Drawable 인터페이스 안에는 draw() 추상 메소드만 정의되어 있다. 즉 메소드 이름과 매개변수만 존재하고, 몸체가 없으며 세미콜론으로 종료된다.

참고 인터페이스 안의 모든 메소드는 public과 abstract를 붙이지 않아도 public과 abstract로 취급된다.

인터페이스 구현

인터페이스만으로는 객체를 생성할 수 없다. 인터페이스는 다른 클래스에 의하여 **구현**(implement)될 수 있다. 인터페이스를 구현한다는 말은 인터페이스에 정의된 추상 메소드의 몸체를 정의한다는 의미이다. 클래스가 인터페이스를 구현하기 위해서는 implement 키워드를 사용한다. 예를 들어서 Circle 클래스가 Drawable 인터페이스를 구현하는 예는 다음과 같다.

TestInterface1.java

```
interface Drawable{
   void draw();
}
class Circle implements Drawable {
   int radius;
   public void draw() {
      System.out.println("Circle Draw");
   }
}
public class TestInterface1 {
```

```java
    public static void main(String args[]){
        Drawable obj = new Circle();
        obj.draw();
    }
}
```

실행결과

```
Circle Draw
```

위의 코드에서 Circle은 Drawable 인터페이스를 구현하고 있다. 따라서 다른 클래스들은 Circle이 draw()라는 메소드를 가지고 있음을 확신할 수 있다. 즉 draw() 메소드를 호출할 수 있는 것이다. 이와 같이 인터페이스는 클래스와 클래스 사이의 상호작용을 정의하는 역할을 한다.

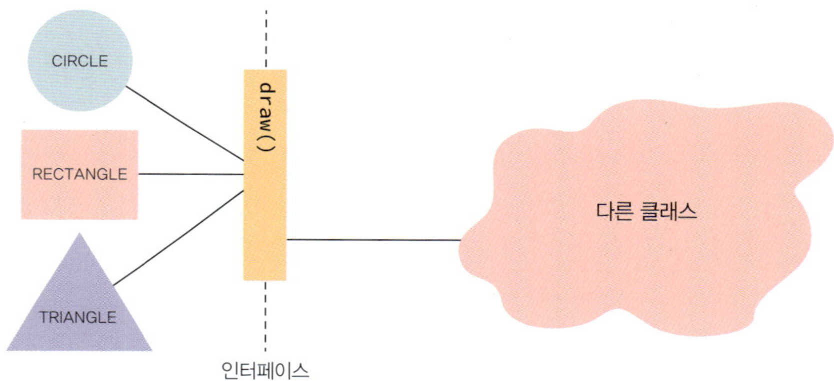

어떤 클래스가 인터페이스를 구현하려면 인터페이스에 포함된 모든 추상 메소드를 구현하여야 한다. 클래스가 인터페이스에 있는 하나의 메소드라도 빠뜨린다면 컴파일러는 오류를 발생한다. 클래스와 마찬가지로 인터페이스는 인터페이스 이름을 가진 .java 파일에 단독으로 저장될 수 있다.

상속과 동시에 인터페이스를 구현할 수 있다.

우리는 부모 클래스를 상속받으면서 동시에 인터페이스를 구현할 수 있다. 아래의 코드에서 Circle은 Shape 클래스를 상속받으면서 동시에 Drawable 인터페이스를 구현하고 있다.

TestInterface2.java

```java
class Shape {
    protected int x, y;
}
interface Drawable{
    void draw();
```

```java
}
class Circle extends Shape implements Drawable {
    int radius;
    public void draw() {
        System.out.println("Circle Draw");
    }
}
public class TestInterface2 {
    public static void main(String args[]){
        Drawable obj = new Circle();
        obj.draw();
    }
}
```

상속과 동시에 인터페이스를 구현하고 있다. 이것이 가장 일반적인 클래스 정의 형태이다.

실행결과

```
Circle Draw
```

인터페이스로 다중 상속 구현

객체 지향 프로그래밍을 하다 보면 부모 클래스가 2개 있어야 하는 경우도 종종 있다. 예를 들어서 하늘을 나는 자동차는 부모 클래스로 자동차와 비행기를 가지는 것이 순리이다. 하지만 자바에서는 복잡한 문제를 피하기 위하여 다중 상속이 금지되어 있다. 대신에 인터페이스를 이용하면 다중 상속의 효과를 낼 수 있다. 예를 들어서 어떤 클래스가 화면에 그릴 수도 있고 프린터로 출력할 수도 있다고 하자. 그러면 다음과 같이 Printable, Drawable 인터페이스를 동시에 구현할 수 있다.

Circle.java

```java
interface Printable {
    void print();
}

interface Drawable {
    void draw();
}

public class Circle implements Printable, Drawable {
    public void print() {
        System.out.println("프린터로 원을 출력합니다. ");
    }

    public void draw() {
        System.out.println("화면에 원을 그립니다. ");
```

2개의 인터페이스를 동시에 구현하고 있다.

```
    }

    public static void main(String args[]) {
        Circle obj = new Circle();
        obj.print();
        obj.draw();
    }
}
```

실행결과

```
프린터로 원을 출력합니다.
화면에 원을 그립니다.
```

팁

Java 8에서는 인터페이스 안에 정적 메소드와 디폴트 메소드를 제공할 수 있다. 디폴트 메소드는 인터페이스 안의 메소드의 기본 구현을 제공하는 것이다. 디폴트 메소드가 있으면 클래스가 이 메소드를 작성하지 않았어도 메소드를 호출할 수 있다.

```
interface Drawable {
    default void draw(){ System.out.println("default method"); }
}
```

Mini Project

간단한 텍스트 기반 게임을 작성하여 보자. 주인공을 움직여서 몬스터를 피하고 황금을 차지하는 게임이다. 화면에는 3가지의 스프라이트가 나타난다. '@'은 주인공 캐릭터이고 'M'은 몬스터, 'G'는 황금을 나타낸다. 주인공 캐릭터는 키보드의 h, j, k, l 키를 이용하여 상하좌우로 움직인다. 몬스터는 난수만큼 이동한다. 황금은 움직이지 않는다. 어디서 상속을 사용할 수 있을까?

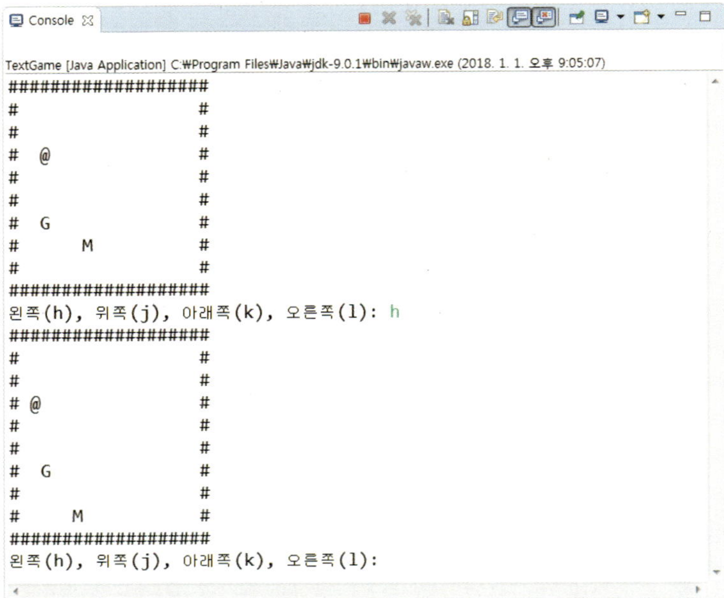

게임에서의 주인공 캐릭터와 몬스터 캐릭터, 황금 등은 모두 공통점을 가지고 있다. 즉 현재의 위치, 이미지, 체력(hp), 이동속도 등의 필드가 있을 수 있고 move(), draw() 등의 메소드를 가질 수 있다. 따라서 이들의 공통점을 모아서 부모 클래스로 정의하는 것은 좋은 기법이다. 여기서는 간단하게 다음과 같은 상속만을 생각한다.

```
abstract class Sprite {
    int x=3, y=3;
    abstract void move(char c);
}

class Main extends Sprite {
    void move(char c){
        if( c == 'h' ) --x;
        else if( c == 'j' ) --y;
        else if( c == 'k' ) ++y;
        else if( c == 'l' ) ++x;
    }
}

class Monster extends Sprite {
```

```
    public Monster() {
        x = y = 7;
    }
    void move(char c){
        x += (Math.random()-0.5)>0? 1: -1;
        y += (Math.random()-0.5)>0? 1: -1;
    }
}
```

Exercise

1. 다음과 같은 클래스 정의에 대하여 답하라.

```
class Student {
   private int number;
   protected String name;
}

public class GraduateStudent extends Student {
   public String lab;
}
```

(1) 위의 코드에서 부모 클래스는 ___________이고 자식 클래스는 ________이다.

(2) 위의 클래스 관계를 나타내는 UML 도형을 그려라.

(3) 각 필드에 대한 접근자와 설정자를 작성하라.

(4) 생성자를 추가하여 보라. 자식 클래스의 생성자에서 부모 클래스의 생성자를 명시적으로 호출하게 하라.

(5) GraduateStudent s = new GraduateStudent();와 같이 객체를 생성하였다고 하자. 다음 중 필드를 잘못 접근한 것은?

① s.number = 10;

② s.lab = "Image Processing Lab";

③ s.name = "홍길동";

2. 다음 코드의 실행 결과는?

```
class A {
   public A()    {       System.out.println("클래스 A 생성자");    }
}
class B extends A {
   public B()    {       System.out.println("클래스 B 생성자");    }
}
class C extends B {
   public C()    {       System.out.println("클래스 C 생성자");    }
}
public class Test
{
   public static void main(String[] args)    {
      C c = new C();
```

```
    }
}
```

3. 다음 코드에 대하여 질문에 답하라.

```
class A {
    private int x;
    protected int y;
    int z;
    public int w;
}
class B extends A {
    public int u;
}
```

(1) 위의 코드에서 B obj = new B(); 문장을 이용하여 객체 obj를 생성하였다고 하자. obj를 통하여 사용할 수 있는 필드는 어떤 것들인가?

(2) 다음 중 잘못된 문장은 무엇인가? 그 이유는?

① A obj = new B();

② B obj = new A();

4. 다음 코드에는 잘못된 부분이 있다. 올바르게 수정하라.

```
class A {
    public A(char c) {      }
}
class B extends A {
    public B(char c) {      }
}
```

팁 생성자 호출을 유심히 보자.

5. 다음 코드에 대하여 질문에 답하라.

```
class A {
    public void print() { System.out.println("A");      }
}
class B extends A {
    public void print() { System.out.println("B");      }
}
```

(1) 다음과 같은 코드를 실행한 결과는?

```
B obj = new B();
obj.print();
```

(2) 다음과 같은 코드를 실행한 결과는?

```
A obj = new B();
obj.print();
```

(3) B의 print() 안에서 A의 print()도 호출하려면 어떻게 하면 되는가?

6. 다음 코드에서 잘못된 부분은 어디일까?

```
abstract class A {
    public abstract void print();
    public void display() { }
}
class B extends A {
}
```

Programming Exercise

1. 원을 나타내는 Circle 클래스를 상속받아서 피자를 나타내는 Pizza 클래스를 작성해보자.

```
class Circle  {
    protected int radius;
    public Circle(int r) { radius = r; }
}
```

Pizza 클래스 안에 포함된 main()을 실행하였을 때 아래와 같은 결과가 출력되도록 하라

```
public static void main(String args[]) {
    Pizza obj = new Pizza("Pepperoni", 20);
    obj.print();
}
```

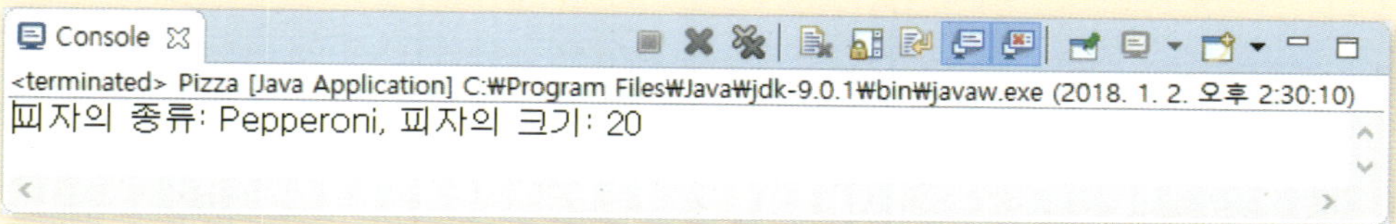

2. 동물을 나타내는 Animal 클래스를 상속받아서 새를 나타내는 Bird 클래스를 작성해 보자.

```
class Animal {
    void walk() {
        System.out.println("걸을 수 있음");
    }
}
```

Bird 클래스 안에 포함된 main()을 실행하였을 때 아래와 같은 결과가 출력되도록 하라.

```
public static void main(String[] args){
    Bird bird = new Bird();
    bird.walk();
    bird.fly();
    bird.sing();
}
```

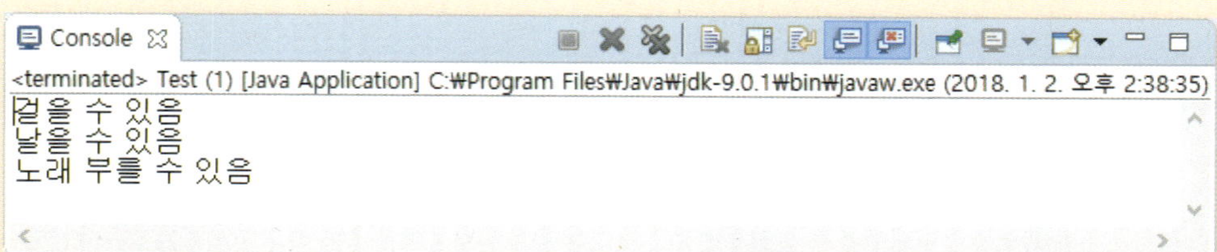

3. 동물을 나타내는 Animal 인터페이스를 구현하여서 새를 나타내는 Bird 클래스를 작성해 보자. 아래와 같은 실행결과가 나오도록 한다.

```
interface Animal {
    void walk() ;
    void fly() ;
    void sing() ;
}
```

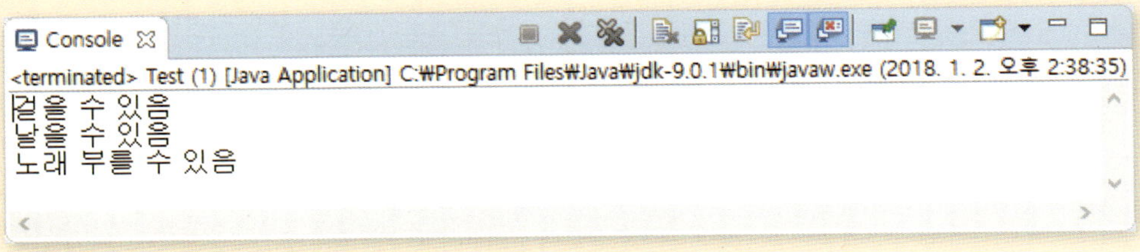

4. 일반적인 경기를 나타내는 Sports 클래스를 다음과 같이 정의한다.

```
class Sports {
    String getName() {      return "아직 결정되지 않음";  }
    int getPlayers() {      return 0;     }
}
```

이 클래스를 상속받아서 축구를 나타내는 클래스 Soccer를 작성하고 getName()과 getPlayers()를 재정의하여서 다음과 같은 출력이 나오도록 하라.

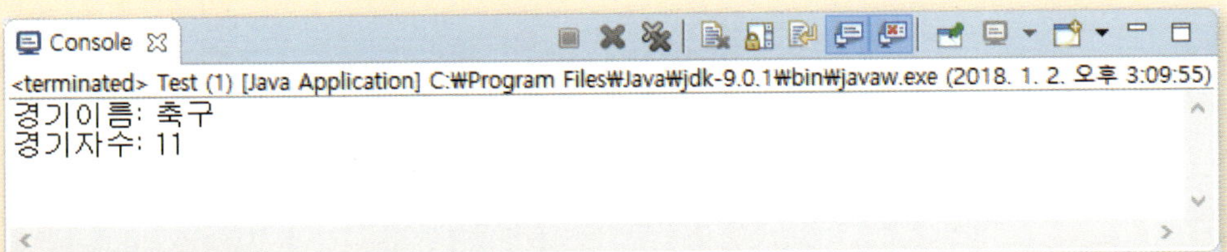

5. 일반적인 사각형을 나타내는 Rectangle 클래스가 다음과 같이 정의된다.

```
class Rectangle {
    int width, height;
    public Rectangle(int width, int height) {
        this.width = width;
        this.height = height;
    }
}
```

위의 Rectangle 클래스를 상속받아서 색깔 있는 사각형을 나타내는 ColorRectangle 클래스

를 정의한다. ColorRectangle 클래스에는 색상을 나타내는 필드 String color;가 추가된다. ColorRectangle 클래스의 생성자를 작성해보자. 다음과 같은 실행 결과가 나오도록 한다.

```
public static void main(String[] args){
    ColorRectangle obj = new ColorRectangle(100, 100, "blue");
    System.out.println("가로: "+obj.width);
    System.out.println("세로: "+obj.height);
    System.out.println("색상: "+obj.color);
}
```

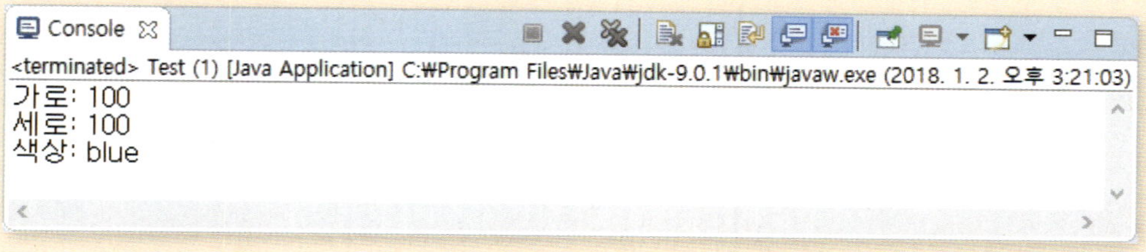

Power Java Compact

POWER Java *compact*

CHAPTER 07

패키지와 예외처리

학습목표

- 이 장에서는 클래스들과 인터페이스를 패키지로 묶는 방법과 패키지에 있는 클래스들을 사용하는 방법에 대하여 설명한다. 이어서 자바의 기본 패키지와 유틸리티 패키지에 포함된 각종 클래스들의 사용 예를 살펴본다. 프로그램 실행 도중에 여러 가지 원인으로 인하여 오류가 발생할 수 있다. 우리는 오류가 발생했을 때 사용자에게 오류를 보고하고 오류를 우아하게 처리할 수 있어야 한다.

학습목차

07.1 패키지란?

자바는 서로 관련된 클래스들을 하나로 묶을 수 있는 방법을 제공하는데, 그것이 바로 **패키지**(package)이다. 패키지를 사용하여서 관련된 클래스들을 묶을 수 있고, 동일한 클래스 이름을 충돌 없이 여러 개의 패키지에서 쓸 수 있다.

표준 자바 라이브러리는 패키지들로 구성되어 있다. 라이브러리의 클래스들은 기능에 따라 서로 다른 패키지로 분리되어 있다. 예를 들면 입력을 담당하는 InputStream 클래스는 java.io 패키지에, 네트워크를 담당하는 Socket 클래스는 java.net 패키지에 들어 있다.

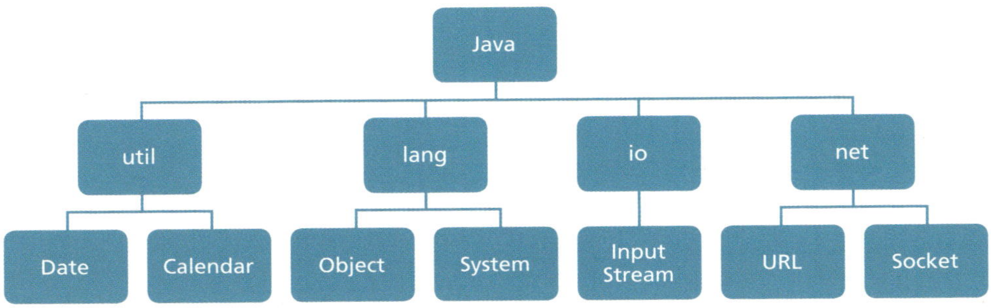

그림 7.1 자바 표준 라이브러리 패키지

왜 패키지 구조를 사용하는가?

패키지를 사용하는 가장 중요한 이유는 클래스 이름이 겹치더라도 패키지가 다르면 중복 문제가 발생하지 않기 때문이다. 예를 들어서 두개의 프로그래머가 Rectangle라는 동일한 이름의 클래스를 작성하였다고 하자. 동일한 이름의 식별자가 여러 개 있으면 링크 단계에서 문제가 발생할 수 있다. 어떤 클래스를 붙여야 하는지 컴파일러가 알 수 없기 때문이다. 하지만 자바에서는 동일한 이름의 클래스라고 하더라도 서로 다른 패키지에 있으면 전혀 문제가 되지 않는다.

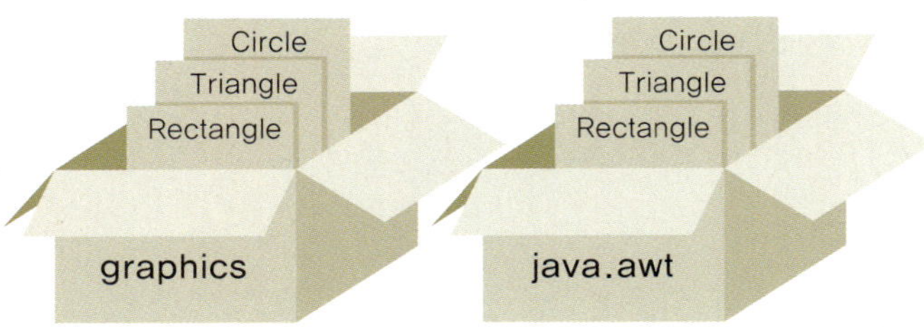

- 서로 관련된 클래스들을 묶어서 조직화할 수 있다. 라이브러리가 하나로 되어 있는 것보다 필요한 클래스를 쉽게 찾을 수 있다.
- 패키지마다 이름 공간을 따로 갖기 때문에 동일한 클래스 이름이라 하더라도 패키지가 다르면 사용할 수 있다.
- 패키지별로 접근에 제약을 가할 수 있다.

07.2 패키지 선언과 사용

패키지 선언

패키지는 어떻게 생성하는가? 패키지를 생성하기 위해서는 소스 코드의 첫 번째 줄에 package 문을 넣으면 된다. 예를 들어 Circle.java 파일의 Circle 클래스를 graphics 패키지에 넣고 싶으면 다음과 같이 한다.

Circle.java

```
package graphics;
public class Circle {
    ...
}
```

Circle 클래스의 정식 이름은 graphics.Circle이 된다. 패키지 선언문은 항상 소스 파일의 첫 번째 문장이어야 한다. 만약 지금까지 우리가 해 온 대로 소스 파일을 생성하였는데 패키지 문을 사용하지 않은 경우에는 어떻게 되는가? 이런 경우에는 **디폴트 패키지**(default package)에 속하게 된다. 디폴트 패키지는 이름이 없는 패키지로서 임시적인 프로그램을 작성할 경우에 사용하는 패키지이다.

> **참고** **패키지 이름 짓기**
>
> - 패키지의 이름은 일반적으로 소문자만을 사용한다. 이것은 클래스나 인터페이스 이름과의 중복을 피하기 위한 것이다.
> - 인터넷 도메인 이름을 역순으로 사용한다. 예를 들면 com.company.test라는 패키지 이름은 도메인 이름 company.com에서의 test라는 프로젝트를 의미한다. 지역 이름을 중간에 붙이기도 한다.
> - 자바 언어 자체의 패키지는 java나 javax로 시작한다.

> **참고** **이클립스로 패키지 만들기**
>
> [File] → [New] → [Package] 메뉴를 이용하여 프로젝트 폴더 안에 패키지를 만들 수 있다. 패키지에 속하는 클래스들을 패키지 아래에 만들어주면 된다.

패키지 사용

패키지 안에 들어 있는 클래스나 인터페이스를 사용하려면 어떻게 해야 하는가? 몇 가지의 방법이 있다.

- 클래스에 패키지 이름을 앞에 붙여서 참조한다.
- 패키지를 포함한다(import).

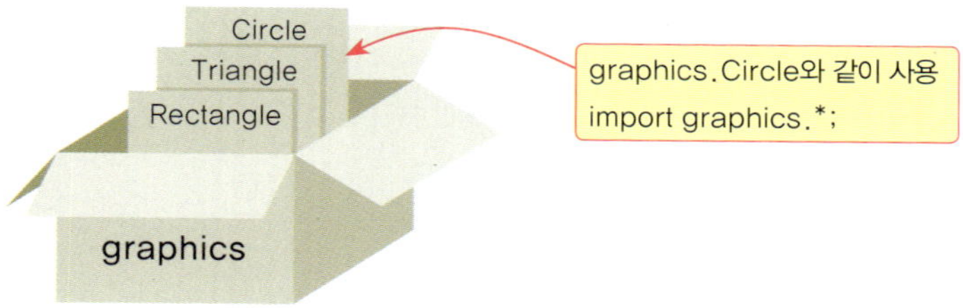

2가지 방법을 하나씩 살펴보자.

(1) 클래스 이름에 패키지를 붙여서 참조하기

지금까지는 Circle처럼 클래스 이름만 가지고 클래스를 참조하였다. 만약 동일한 패키지 안에 있는 클래스이면 이런 식으로 참조할 수 있다. 하지만 다른 패키지에 있는 클래스를 사용하려면 클래스의 완전한 이름을 써주어야 한다. 예를 들어서 graphics.Circle과 같다. 물론 객체를 생성할 때도 이런 식으로 해주어야 한다.

```
graphics.Circle obj = new graphics.Circle();
```

이런 완전한 이름 형식은 자주 사용하지 않는 클래스인 경우에는 괜찮다. 그러나 반복적으로 사용되는 클래스인 경우에는 읽기도 힘들고 입력하기 불편하다. 따라서 이런 경우에는 import를 사용하여 해당 클래스나 패키지를 포함하여야 한다.

(2) 패키지를 포함한다.

외부의 패키지를 포함시키려면 import문장을 사용한다. import 문장은 package 문장 다음에 위치하여야 한다. import문의 문법은 다음과 같다. 별표(*)는 패키지 안에 모든 클래스를 포함한다는 의미이다. 특정한 클래스만을 포함할 수도 있다.

```
import graphics.*;
```

패키지가 포함되면 그 패키지 안에 들어있는 클래스들은 패키지 이름을 생략하고 클래스 이름으로만 사용할 수 있다.

```
Circle myCircle = new Circle();
```

클래스의 이름이 중복되는 경우

만약 똑같은 이름의 클래스를 가지는 패키지가 동시에 포함될 때는, 모호성을 제거하기 위하여 정식 이름을 사용하여야 한다. 즉 예를 들어 2개의 패키지 lib1, lib2가 존재하고 각각이 Circle이라는 똑같은 이름의 클래스를 가지고 있고 두 개의 패키지가 현재의 프로그램에 동시에 포함되면 Circle의 이름을 다음처럼 정식 이름으로 써야 한다.

```
import lib1;
import lib2;
...
lib1.Circle obj1 = new lib1.Circle();
lib2.Circle obj2 = new lib2.Circle();
```

예제 7-1 이클립스로 패키지 만들기

(1) 이클립스로 패키지를 만드는 방법을 학습해보자. 먼저 Calculator라는 프로젝트를 만든다. 이어서 src 폴더 위에서 마우스 오른쪽 버튼을 눌러서 [New] → [Package]를 선택하고 lib과 main 패키지를 생성한다.

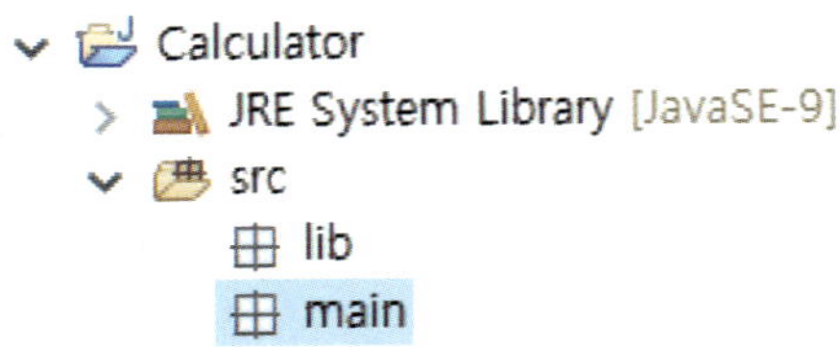

(2) lib 패키지 위에서 마우스 오른쪽 버튼을 눌러서 [New] → [Class]를 선택하고 Calculator 클래스를 추가한다. 다음과 같이 입력한다. 첫 번째 문장은 자동으로 생성된다.

Calculator.java

```
package lib;

public class Calculator {
    public int add(int a, int b) {
        return a + b;
    }
}
```

(3) main 패키지 위에서 마우스 오른쪽 버튼을 눌러서 [New] → [Class]를 선택하고 PackageTest 클래스를 추가한다. 다음과 같이 입력한다. 첫 번째 문장은 자동으로 생성된다. Calculator 클래스를 사용하기 위하여 패키지 lib 안의 모든 클래스를 가져 왔다.

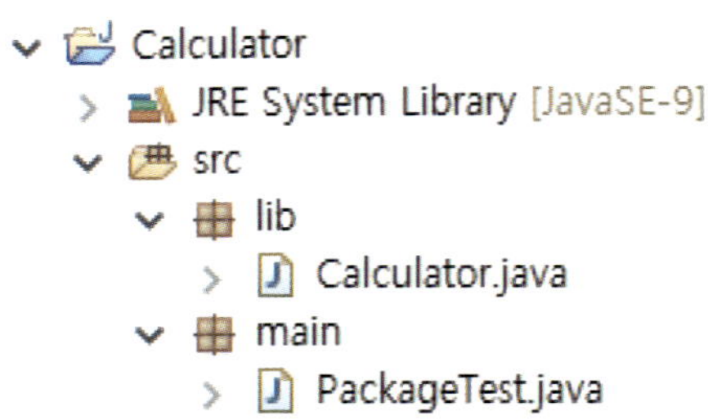

PackageTest.java

```java
package main;
import lib.*;

public class PackageTest {
    public static void main(String args[]) {
        Calculator obj = new Calculator();
        System.out.println(obj.add(100, 200));
    }
}
```

만약 mycalc 패키지를 포함하지 않고 Calculator 클래스를 사용하려면 다음과 같이 한다.

PackageTest.java

```java
package main;

public class PackageTest {
    public static void main(String args[]) {
        lib.Calculator obj = new lib.Calculator();
        System.out.println(obj.add(100, 200));
    }
}
```

실행결과

```
300
```

07.3 소스 파일과 클래스 파일의 관리

소스 파일의 위치

자바에서 각종 소스 파일과 클래스 파일을 어떤 원칙으로 관리하는 것일까? 하나의 디렉토리에 모든 소스 파일과 클래스 파일에 있는가? 아니면 여러 디렉토리에 흩여져서 저장되는가? 비록 자바 언어의 사양은 아니지만 많은 자바 구현에서 계층적인 파일 시스템을 이용하여 소스 파일과 클래스 파일을 관리한다. 예를 들어서 다음과 같은 소스 파일을 작성하였다고 가정하자.

Circle.java

```
package graphics;
public class Circle() {
    ...
}
```

위의 소스 파일은 <프로젝트 디렉토리>\graphics\Circle.java로 저장되어야 한다. 클래스의 완전한 이름과 디렉토리의 이름은 서로 대응되어야 한다. 즉 graphics.Circle은 graphics 디렉토리 아래에 Circle.java가 있음을 의미한다. 이클립스에서는 <프로젝트 디렉토리>\src\graphics\Circle.java로 저장된다.

클래스 파일의 위치

컴파일이 끝난 클래스 파일은 어디에 저장되는가? 클래스 파일도 패키지의 구조를 반영한 디렉토리에 저장된다. 즉 위의 소스 파일 Circle.java를 컴파일하면 <프로젝트 디렉토리>\graphics\Circle.class로 저장된다. 이클립스에서는 <프로젝트 디렉토리>\bin\graphics\Circle.class로 저장된다.

```
D:\myprogram\
      |
      ---> bin\
             |
             ---> graphics\
                    |
                    ---> Circle.class
```

CLASSPATH

자바 가상 기계가 클래스 파일들을 찾는 경로를 **클래스 경로**(class path)라고 한다. 클래스 경로는 CLASSPATH라는 시스템 변수에 의하여 설정된다. 컴파일러와 자바 가상 기계는 모두 클래스 경로에 패키지 이름을 붙여서 클래스 파일들을 찾는다.

클래스 경로를 지정하는 가장 좋은 방법은 자바 명령어 도구들을 실행시킬 때, -cp라는 옵션을 사용하는 것이다. 이렇게 하면 다른 응용 프로그램에 영향을 주지 않고 각 응용 프로그램에 대해 개별적으로 설정할 수 있다. 클래스 경로의 기본값은 "."이다. 즉, 현재 디렉토리만 검색된다. 우리가 CLASSPATH 환경 변수 또는 -cp 옵션을 지정하면 이 값이 변경된다. 예를 들어서 환경 변수 CLASSPATH는 다음과 같이 변경할 수 있다.

```
C:\> set CLASSPATH=C:\classes;C:\lib;.
```

여러분이 이클립스를 사용하면 이클립스가 자동적으로 명령어 도구들을 실행할 때 여러분들의 클래스 파일들이 저장된 디렉토리를 -cp를 사용하여 지정하게 된다.

```
C> java -cp C:\classes;C:\lib;. graphics.Rectangle
```

JAR 압축 파일

클래스 파일은 또한 JAR(Java archive) 파일 형태로 저장될 수 있다. JAR 파일은 여러 개의 클래스 파일을 디렉토리의 계층 구조를 유지한 채로 압축하여 가지고 있다. 따라서 JAR 파일을 사용하면 공간을 절약하고 성능을 향상시키게 된다. 전문 업체에서 자바 라이브러리를 구매하게 되면 일반적으로 우리에게 JAR 파일들을 보내오게 된다. JAR 파일을 받아서 JAR 파일 안에 들어 있는 클래스 파일을 사용하려면 다음과 같이 클래스 경로에 JAR 파일을 포함시키면 된다.

```
C:\> set CLASSPATH=C:\classes;C:\lib;C\test.jar;.
```

참고 인터넷 도메인 이름은 때로는 유효한 패키지 이름이 될 수 없다. 예를 들어서 하이픈(-)이나 특수 문자를 포함하는 경우이다. 또 숫자로 시작되어도 안 된다. 또 자바의 예약어이여도 안 된다. 이런 경우에는 밑줄 문자(_)를 앞에 붙이면 된다.

중간점검

1. 패키지를 사용하는 이점은 무엇인가?
2. 패키지 이름을 짓는 일반적인 관례는 무엇인가?
3. 인터넷 도메인 이름이 hu.ac.kr이라면 권장되는 패키지 이름은?
4. 만약 패키지의 이름이 company.project와 같다면 소스 파일이 저장되는 디렉토리는?
5. 만약 Server라는 클래스를 project.server 패키지로 만들고 싶으면 어떤 문장을 Server.java에 추가하여야 하는가?
6. 소스 파일과 클래스 파일을 분리하려면 어떻게 하면 되는가?

07.4 자바 라이브러리 패키지

자바에서는 기본적으로 많은 패키지들을 제공하고 프로그래머는 이것들을 이용하여 편리하게 프로그램을 작성할 수 있다. 자바가 제공하는 패키지들은 자바 API 문서에 나열되어 있다. 자바의 기본 패키지는 java로 시작하며 확장 패키지는 javax로 시작한다. 우리가 처음부터 사용하였던 String 클래스나 System 클래스도 모두 java.lang 패키지에 포함된 클래스이다.

패키지	설명
java.applet	애플릿을 생성하는데 필요한 클래스
java.awt	그래픽과 이미지를 위한 클래스
java.io	입력과 출력 스트림을 위한 클래스
java.lang	자바 프로그래밍 언어에 필수적인 클래스
java.math	수학에 관련된 클래스
java.net	네트워킹 클래스
java.nio	새로운 네트워킹 클래스
java.security	보안 프레임워크를 위한 클래스와 인터페이스
java.sql	데이터베이스에 저장된 데이터를 접근하기 위한 클래스
java.util	날짜, 난수 생성기 등의 유틸리티 클래스
javax.imageio	자바 이미지 I/O API
javax.net	네트워킹 애플리케이션을 위한 클래스
javax.swing	스윙 컴포넌트를 위한 클래스
javax.xml	XML을 지원하는 패키지

참고 자바에서 기본적으로 제공하는 패키지에 대한 정보는 https://docs.oracle.com/javase/9/docs/api/overview-summary.html에서 제공하고 있다. 자바 9 버전에서는 패키지들을 모아서 모듈로 제공하고 있다.

중간점검

1. 자바에서 제공되는 패키지 중에서 java.math에 어떤 클래스들이 존재하는지 자바 API 문서를 보고 조사하여 보자.

07.5 Object 클래스

자바에서는 클래스를 정의할 때 명시적으로 부모 클래스를 선언하지 않으면 Object 클래스가 부모 클래스가 된다. Object 클래스는 java.lang 패키지에 들어 있으며 자바 클래스 계층 구조에서 맨 위에 위치하는 클래스이다.

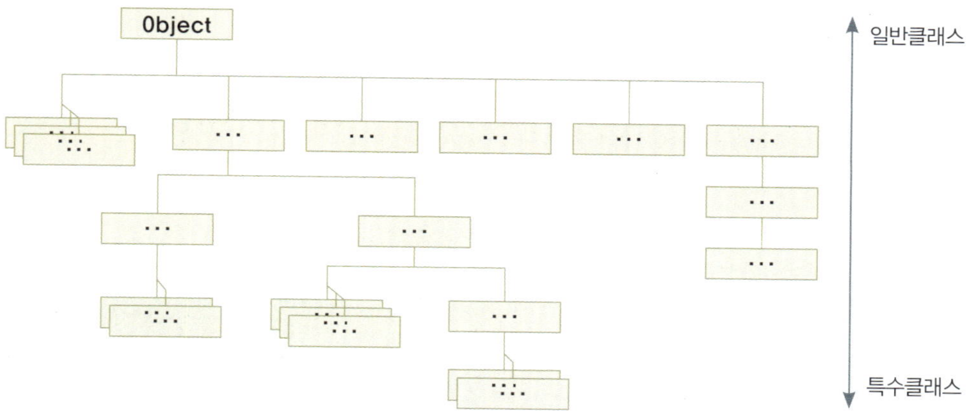

그림 7.2 Object 클래스는 상속 계층 구조의 맨 위에 있다.(출처: java.sun.com)

Object 안에 정의되어 있는 메소드는 다음과 같다. 만약 이들 메소드를 사용하기로 작정하였다면 사용자 자신의 용도에 맞도록 이들 메소드들을 재정의하여야 한다.

- public boolean equals(Object obj) : obj가 이 객체와 같은지를 나타낸다.
- public String toString() : 객체의 문자열 표현을 반환한다.
- protected Object clone() : 객체 자신의 복사본을 생성하여 반환한다.
- public int hashCode() : 객체에 대한 해쉬 코드를 반환한다.
- protected void finalize() : 가비지 콜렉터에 의하여 호출된다.
- public final Class getClass() : 객체의 실행 클래스 정보를 반환한다.

우리가 관심 있게 봐야할 몇 가지의 메소드에 대하여 살펴보자.

getClass() 메소드

getClass()는 객체가 어떤 클래스로 생성되었는지에 대한 정보를 반환한다. 즉 "What type of object am I?"라는 질문을 던지는 거라고 생각할 수 있다. getClass()는 **리플렉션**(reflection)이라는 기법을 구현한 것이다. 리플렉션은 객체 자신에 대하여 질문을 던질 수 있는 기법이다. 경우에 따라서는 객체가 자신에 대하여 질문을 던져야 하는 경우도 있다. 특히 안드로이드 프로그래밍에서는 종종 사용된다. 예제를 보자.

CarTest.java

```java
class Car {    }
public class CarTest {
    public static void main(String[] args) {
        Car obj = new Car();
        System.out.println("obj is of type " + obj.getClass().getName());
        System.out.println("obj의 해쉬코드=" + obj.hashCode());
    }
}
```

실행결과

```
obj is of type Car
obj의 해쉬코드=5592464
```

toString() 메소드

이것도 일반적으로 재정의하여야 하는 메소드이다. Object 클래스의 toString() 메소드는 객체의 정보를 요약하여 문자열로 반환하는 함수이다. 우리가 println()을 사용하여 객체를 출력하면 객체의 toString() 메소드가 자동으로 호출된다. 따라서 toString() 메소드는 반드시 재정의하여야 할 필요가 있다. 아래 코드에서 원을 나타내는 클래스에 toString()을 재정의하여서 사용해 보았다.

CircleTest.java

```java
class Circle {
    int radius;
    public Circle(int radius) {
        this.radius = radius;
    }
    public String toString() {
        return "Circle(r="+radius+")";
    }

}
public class CircleTest {
    public static void main(String[] args) {
        Circle obj1 = new Circle(10);
        Circle obj2 = new Circle(20);
        System.out.println(obj1);
        System.out.println(obj2);
```

```
        }
}
```

실행결과

```
Circle(r=10)
Circle(r=20)
```

equals() 메소드

우리가 자바 프로그램을 작성하다보면 객체가 동일한 값을 가지고 있는지 비교할 때가 종종 있다. 예를 들어서 객체가 가지고 있는 내용이 일치하는지를 비교하기 위하여 다음과 같이 == 연산자를 사용하면 잘못된 결과를 얻게 된다. 이것은 아주 주의하여야 한다.

TestEqual.java

```
public class TestEqual {
    public static void main(String[] args) {
        String s1 = new String("Kim");
        String s2 = new String("Kim");
        if( s1 == s2 )
            System.out.println("동일한 문자열입니다.");
        else
            System.out.println("동일한 문자열이 아닙니다.");
    }
}
```

실행결과

```
동일한 문자열이 아닙니다.
```

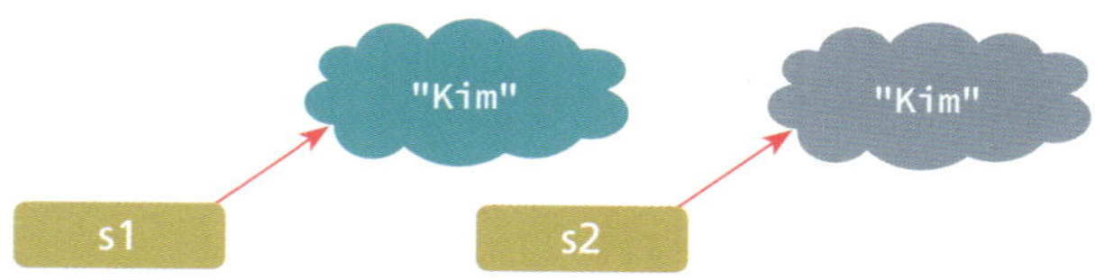

s1과 s2에 저장된 값은 객체의 참조값이고 s1과 s2가 서로 다른 객체를 가리키고 있으므로 s1 == s2 연산의 결과는 false가 되는 것이다. == 연산자는 객체의 내용이 같은지를 비교하는 것이 아니고 두개의 참조값을 비교한다. 이때 사용할 수 있는 것이 equals() 메소드이다. 위의 코드를 올바르게 수정하면 다음과 같이 된다.

TestString.java

```
public class TestString {
    public static void main(String[] args) {
        String s1 = new String("Kim");
        String s2 = new String("Kim");
        if( s1.equals(s2) == true )
            System.out.println("동일한 문자열입니다.");
        else
            System.out.println("동일한 문자열이 아닙니다.");
    }
}
```

실행결과

```
동일한 문자열입니다.
```

String 클래스에서는 equals() 메소드를 재정의하였기 때문에 올바르게 비교하는 것이다. 만약 equals() 메소드가 재정의되지 않았다면 equals()도 ==를 사용한다.

우리가 작성한 객체가 동일한 정보를 가지고 있는가를 검사하기 위해서는, equals() 메소드를 재정의하여야 한다. 예를 들어서 2개의 Circle 객체가 동일한 반지름을 가진 원인지를 검사하기 위해서는 다음과 같이 equals()를 재정의하여야 한다.

CircleTest.java

```
class Circle {
    int radius;
    public Circle(int radius) {
        this.radius = radius;
    }
    public boolean equals(Circle c1) {
        if( radius == c1.radius ) return true;
        else return false;
    }

}
public class CircleTest {
    public static void main(String[] args) {
        Circle obj1 = new Circle(10);
        Circle obj2 = new Circle(10);
        if( obj1.equals(obj2) ) System.out.println("2개의 원은 같습니다.");
        else System.out.println("2개의 원은 같지 않습니다.");
    }
}
```

```
실행결과
2개의 원은 같습니다.
```

finalize() 메소드

Object 클래스는 finalize()라는 콜백(callback) 메소드를 정의한다. 이것은 객체가 소멸되기 직전에 호출된다. Object 클래스의 finalize()에서는 아무 것도 하지 않지만 서브 클래스에서 재정의하여 자원을 반납하는 등의 정리 과정을 실행할 수 있다.

07.6 Wrapper 클래스

자바에서는 정수나 실수와 같은 기초 자료형을 제외하고는 모든 것이 객체로 되어 있다. 하지만 어떤 경우에는 정수와 같은 기초 자료형도 객체로 포장하고 싶은 경우가 있다. 가장 대표적인 예가 객체만을 저장하는 ArrayList이다. ArrayList에 기초 자료형을 넣으려면 기초 자료형을 객체로 포장하여야 한다. 이것이 바로 Wrapper 클래스이다.

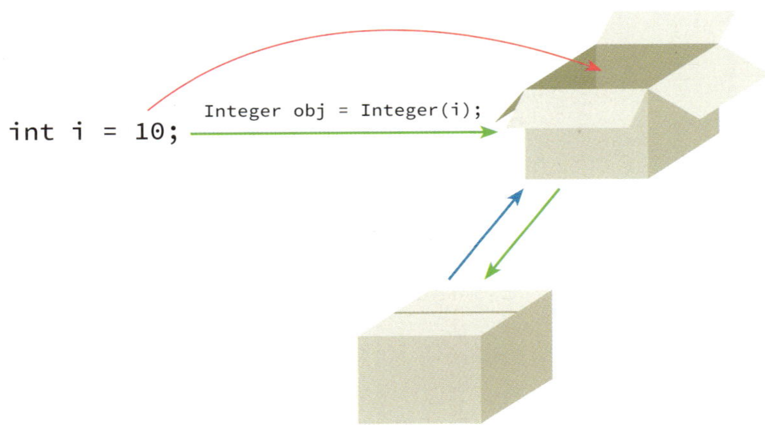

Wrapper 클래스는 정수와 같은 기초 자료형을 저장하고 있는 클래스이다. 예를 들어서 Integer 클래스는 정수값을 데이터로 가지고 있다. Integer 클래스의 객체를 만드는 문장은 다음과 같다.

```
Integer obj = new Integer(10);
```

위의 문장이 실행되면 obj 객체는 정수 10을 객체로 나타내며 객체 타입이 필요한 경우에 사용될 수 있다.

자바의 각 기초 자료형에 대하여 해당되는 랩퍼 클래스가 존재한다.

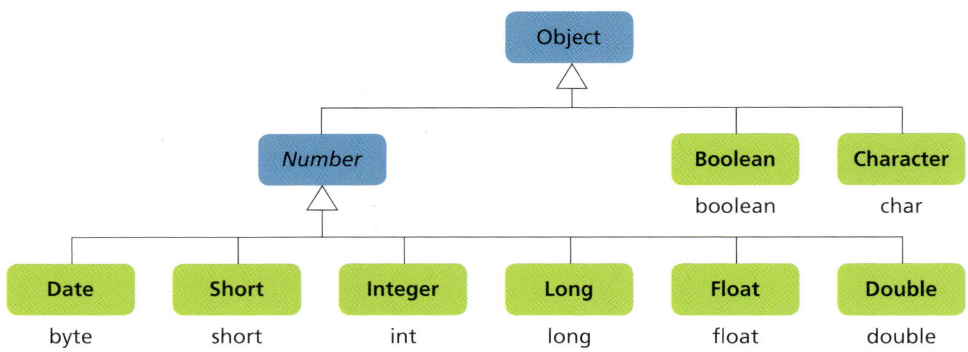

랩퍼 클래스는 여러 가지 유용한 메소드도 제공한다. 특히 저장된 값을 다른 자료형으로 변환하는 메소드를 제공한다. 이중에서도 가장 많이 사용되는 메소드는 기초 자료형을 문자열로 변환하거나, 또는 반대로 변환하는 메소드이다. Integer 클래스가 제공하는 메소드 중의 일부를 살펴보면 다음과 같다.

반환값	메소드 이름	설명
static int	intValue()	int형으로 반환한다.
static double	doubleValue()	double형으로 반환한다.
static float	floatValue()	float형으로 반환한다.
static int	parseInt(String s)	문자열을 int형으로 변환한다.
static String	toBinaryString(int i)	int형의 정수를 2진수 형태의 문자열로 변환한다.
static String	toString(int i)	int형의 정수를 10진수 형태의 문자열로 변환한다.
static Integer	valueOf(String s)	문자열 s를 Integer 객체로 변환한다.
static Integer	valueOf(String s, in radix)	문자열 s를 radix진법의 Integer 객체로 변환한다.

이들 메소드는 많이 사용되므로 객체를 생성하지 않고 클래스의 이름에 도트 연산자를 붙여서 사용할 수 있다. 이러한 메소드를 클래스 메소드(또는 정적 메소드)라고 한다. 위의 메소드 중에서 아주 많이 사용되는 toString()과 parseInt()에 대하여 살펴보자.

값을 저장하고 꺼내기

Wrapper 객체에 기초 자료형의 값을 저장하고 꺼내는 문장은 다음과 같다.

```
Integer obj1 = new Integer(100);
int value1 = obj1.intValue();

Double obj2 = new Double(3.141592);
double value2 = obj2.doubleValue();
```

기초 자료형을 문자열로 변환

만약 기초 자료형을 문자열로 변환하고 싶다면 각 랩퍼 클래스의 toString() 메소드를 이용할 수 있다.

```
String s1 = Integer.toString(10);
String s2 = Integer.toString(10000);
String s3 = Float.toString(3.14);
String s4 = Double.toString(3.141592);
```

문자열을 기초 자료형으로 변환

문자열을 기초 자료형으로 변환하려면 각 Wrapper 클래스의 parseInt() 메소드를 사용한다. 사용자가 값을 입력하는 경우, 문자열로 입력된다. 따라서 문자열을 수치값으로 변환할 필요가 있다. 아래와 같이 각 기초 자료형에 따라 해당되는 Wrapper 클래스를 사용하여야 한다.

```
int i = Integer.parseInt("10");
long l = Long.parseLong("10000");
float f = Float.parseFloat("3.14");
double d = Double.parseDouble("3.141592");
```

오토 박싱

자바는 Wrapper 객체와 기초 자료형 사이의 변환을 자동으로 하여 주는 기능이 있다. 이것은 오토 박싱(auto-boxing)이라고 한다.

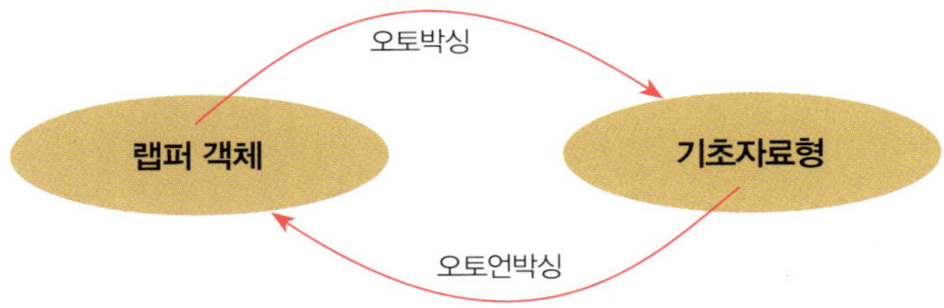

예를 들어서 다음과 같은 문장에서 int형 정수는 Integer 객체로 자동으로 변환된다. 또한 Integer 객체는 자동으로 int형 정수로 변환된다.

```
Integer box;
box = 10;    // 정수를 자동으로 Integer 객체로 포장한다. (boxing)
System.out.println(box + 1); // box는 자동으로 int형으로 변환(unboxing)
```

07.7 String 클래스

문자열을 나타내는 String 클래스를 살펴보자. String 클래스는 문자열을 구성하는 문자들을 내부에 저장한다. String 객체 안에 저장된 문자에는 0부터 시작하는 번호가 매겨져 있다. 이것을 인덱스(index)라고 한다.

String 객체

String 클래스

자바 API 문서에서 String 클래스를 찾아보면 아주 많은 메소드들이 있다(https://docs.oracle.com/javase/8/docs/api/java/lang/String.html). 그중에서 많이 사용되는 몇 가지만을 추리면 다음과 같다.

메소드 요약	
char	`charAt(int index)` 지정된 인덱스에 있는 문자를 반환한다.
int	`compareTo(String anotherString)` 사전적 순서로 문자열을 비교한다. 앞에 있으면 -1, 같으면 0, 뒤에 있으면 1이 반환된다.
String	`concat(String str)` 주어진 문자열을 현재의 문자열 뒤에 붙인다.
boolean	`equals(Object anObject)` 주어진 객체와 현재의 문자열을 비교한다.
boolean	`isEmpty()` length()가 0이면 true를 반환한다.
int	`length()` 현재 문자열의 길이를 반환한다.
String	`toLowerCase()` 문자열의 문자들을 모두 소문자로 변경한다.
String	`toUpperCase()` 문자열의 문자들을 모두 대문자로 변경한다.

객체 생성

자바에서 객체를 생성하는 유일한 방법은 new를 사용하는 것이다. 하지만 문자열은 프로그래밍에서 아주 많이 사용되기 때문에 다음과 같이 2가지 방법으로 String 객체를 생성할 수 있고 의미가 약간 다르다.

StringTest.java

```java
public class StringTest {

    public static void main(String[] args) {
        String s1 = new String("Java");        // ❶ 원칙임
        String s2 = new String("Java");
        String s3 = "Java";                    // ❷ 이렇게도 할 수 있음
        String s4 = "Java";
    }
}
```

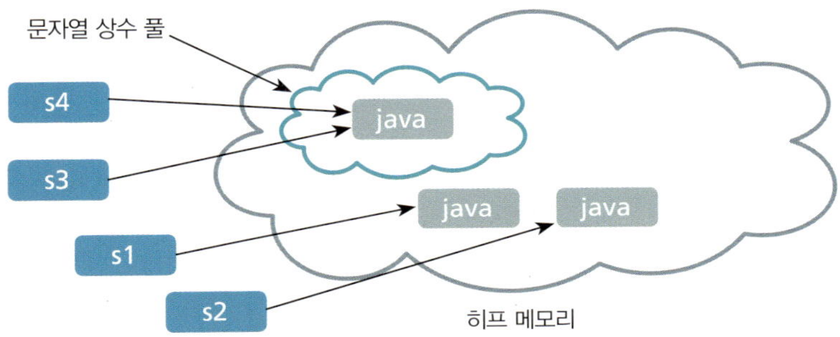

그림 7.3 문자열 객체의 생성

우리가 String 클래스의 객체를 생성할 때, ❶와 같이 new을 사용해서 String 객체를 생성하면 문자열이 동일하다고 하여도 새로운 객체를 생성한다. ❷와 같이 문자열 상수로 초기화하면, 문자열 상수 풀(pool)을 조사해서 동일한 문자열을 가진 객체가 존재하면 이것을 공유한다. 결과적으로 s1과 s2는 별도의 객체를 가리키지만 s3과 s4는 문자열 상수 풀에 있는 동일한 객체를 가리키게 된다.

문자열의 기초 연산들

객체가 생성된 후에 객체가 가지고 있는 메소드를 사용하려면 점 연산자(dot operator)를 사용한다. String 클래스의 메소드 length()를 호출하기 위해서는 다음과 같이 참조 변수에 점(.) 연산자를 사용한다. length() 메소드는 문자열의 길이를 반환한다.

StringLength.java

```java
public class StringLength {
    public static void main(String[] args) {
        String s = "Hello World!"; // 객체 생성
```

```
        int size = s.length(); // 12가 반환됨
        System.out.println(size);
    }
}
```

실행결과

```
12
```

String 객체 안에 들어 있는 첫 번째 문자를 추출하려면 charAt()이라는 메소드를 호출하면 된다. 문자 번호는 0부터 시작한다.

```
String s = "Hello World!";    // 객체 생성
char c = s.charAt(0);         // 'H'가 반환된다.
```

자바에서 2개의 문자열을 붙이려면 물론 concat()라는 메소드를 호출하여도 되지만 + 연산자를 사용하는 것이 편리하다.

```
String result = "A chain" + " is only as strong" + "as its weakest link";
```

문자열 비교하기

2개의 문자열이 동일한지 검사하려면 equals()를 호출하여야 한다.

StringCompare.java

```
public class StringCompare {
    public static void main(String []args) {
        String s1 = "Apple";
        String s2 = "Apple";
        String s3 = new String ("Apple");
        System.out.println(s1.equals(s2));
        System.out.println(s2.equals(s3));
    }
}
```

실행결과

```
true
true
```

앞에서도 언급하였지만 자바에서는 == 연산자로는 문자열을 비교할 수 없다는 점을 주의해야 한다. == 연산자는 문자열 객체의 주소만을 비교하게 된다.

StringCompare1.java

```
public class StringCompare1 {
```

```
    public static void main(String []args){
        String s1 = "Apple";
        String s2 = "Apple";
        String s3 = new String ("Apple");
        System.out.println(s1==s2);
        System.out.println(s1==s3);
    }
}
```

실행결과

```
true
false
```

위의 코드에서 (s1==s2)가 true를 반환하는 이유는 문자열 상수 풀에서 동일한 문자열 상수를 가리키고 있기 때문이다. 그림 7.3을 참조한다.

문자열 안에서 단어 찾기

문자열에서 단어를 찾을 때는 indexOf()를 사용하는 것이 가장 쉽다. 단어의 시작 위치가 반환된다.

StringSearch.java

```
public class StringSearch {
    public static void main(String[] args) {
        String s = "The cat is on the table";
        int index = s.indexOf("table");

        if(index == -1)
            System.out.println("table은 없습니다. ");
        else
            System.out.println("table의 위치: " + index);
    }
}
```

실행결과

```
table의 위치: 18
```

문자열을 단어로 분리할 때

예전에 문자열을 단어들로 분리할 때는 StringTokenizer 클래스를 사용하였다. 하지만 최근 버전에서는 String 클래스가 제공하는 split() 메소드를 사용하면 훨씬 쉽게 문자열을 단어로 분리할 수 있다. 이 메소드는 문자열을 분석하여서 토큰으로 분리시켜 주는 기능을 제공한다. 사용자로부터 받은 텍스트나 파일에 저장된 텍스트를 처리하는 경우에 유용하게 사용할 수 있다. 예를 들어서 날짜를 “2020.12.25”과 같은 문자열로 받아서 “2020”, “12”, “25”로 분리하는데 사용할 수 있다. 생성자에서 문자열을 분리하는데 사용하는 분리자를 지정할 수 있다.

TokenTest.java

```
public class TokenTest {
    public static void main(String[] args) {
        String[] tokens = "I am a boy.".split(" ");
        for (String token : tokens)     {
            System.out.println(token);
        }
    }
}
```

실행결과

```
I
am
a
boy.
```

앞에서는 문자열을 분리할 때 스페이스를 사용하였는데 분리 문자를 지정할 수도 있다. 예를 들어서 ‘,’ 문자를 분리 문자로 사용할 수 있다.

SplitTest.java

```
public class SplitTest {
    public static void main(String args[]){
        String[] tokens = "100,200,300".split(",");
        for (String token : tokens)       {
            System.out.println(token);
        }

    }
}
```

실행결과

```
100
200
300
```

StringBuffer 클래스

String 클래스의 경우, 빈번하게 문자열을 변경하는 경우에는 비효율적일 수 있다. 왜냐하면 문자열의 내용을 변경하는 String 클래스 메소드의 경우, 새로운 String 객체를 생성하고 기존의 내용을 복사해야 하기 때문이다. 예를 들어보자.

```
String s1 = "Hello ";
String s2 = s1.concat(" World");
```

위의 코드에서 concat()라는 메소드는 s1의 내용을 변경하는 것이 아니라 새로운 String 객체를 생성하여서 반환한다.

자바는 변경 가능한 문자열을 위하여 String 클래스의 대안으로 StringBuffer 클래스를 제공한다.

```
StringBuffer s = new StringBuffer("Happiness depends upon ourselves");
```

StringBuffer 객체는 내부적으로 문자열을 저장하는 메모리를 가지고 있다. 이 메모리를 버퍼(buffer)라고 한다. 버퍼의 총 크기는 capacity가 나타내고 현재 저장된 문자열의 길이는 length이다. 버퍼의 크기는 자동적으로 조절된다. length()와 capacity() 메소드는 length값과 capacity값을 반환한다.

```
StringBuffer sb = new StringBuffer();    // 16바이트의 공간이 할당된다.
sb.append("Hello");                      //  6바이트가 사용된다.
```

StringBuffer만이 제공하는 가장 중요한 메소드는 append()와 insert()이다. 이 두 메소드는 어떤 타입의 데이터도 받을 수 있도록 중복 정의되어 있다. 각 메소드는 인수를 문자열로 변환한 후에 저장되어 있는 문자열의 뒤에 붙이거나 특정한 위치에 삽입한다.

insert()는 여러 가지 형태로 중복 정의된 메소드로서 문자열의 특정 위치에 여러 종류의 데이터를 문자열로 바꾸어 삽입한다. 역시 중복 정의된 append()는 문자열 버퍼의 끝에 여러 종류의 데이터를 추가하는 메소드이다. 간단한 예를 들어보자.

```
StringBuffer sb = new StringBuffer("10+20=");
sb.append(10+20);
sb.insert(0, "수식 ");
```

sb의 최종값은 "수식 10 + 20 = 30"이 된다.

중간점검

1. 자바에서 정수 10과 Integer(10)은 어떻게 다른가?
2. StringBuffer와 String은 어떻게 다른가?

07.8 기타 유용한 클래스

Math 클래스

Math 클래스는 지수나 로그, 제곱근, 삼각함수와 같은 기본적인 수치 연산을 위한 메소드들을 제공한다. 간단한 예제를 들면 다음과 같다.

MathTest.java

```java
public class MathTest {
    public static void main(String[] args){
        double x = Math.PI;
        System.out.println(Math.sin(x));
        System.out.println(Math.random());
    }
}
```

실행결과

```
1.2246467991473532E-16
0.8082738632799703
```

Random 클래스

Random 클래스의 객체는 난수를 발생하는데 사용된다. 48 비트 길이의 시드(seed)를 사용하며 알고리즘으로는 변형된 선형 합동 수식(linear congruential formula)을 이용한다. 만약 동일한 시드를 이용하여 두개의 Random 객체가 생성된다면 동일한 난수를 발생하게 된다.

RandomTest.java

```java
import java.util.*;
public class RandomTest {
    public static void main(String[] args)
    {
        Random random = new Random();
        for (int i = 0; i < 10; i++)
            System.out.print(random.nextInt(100)+",");
    }
}
```

실행결과

```
12,48,7,4,15,77,84,60,8,62,
```

Arrays 클래스

Arrays 클래스는 배열을 다루는 다양한 메소드들을 가지고 있다. 예를 들면 정렬하거나 탐색하는 것과 같은 메소드들을 제공한다. 주어진 값으로 배열을 채우는 메소드인 fill()이나 배열 원소를 크기 순으로 정렬하는 메소드인 sort()등이 제공된다. 이들 모두 객체를 생성하지 않고도 호출될 수 있는 정적 메소드이다. 다음은 간단한 예이다.

ArraysTest.java

```
import java.util.*;

public class ArraysTest {
    public static void main(String[] args) {
        int[] array = { 9, 4, 5, 6, 2, 1 };
        Arrays.sort(array);
        printArray(array);
        System.out.println(Arrays.binarySearch(array,9));
        Arrays.fill(array,8);
        printArray(array);

    }

    private static void printArray(int[] array) {
        System.out.print("[");
        for(int i=0 ;i< array.length;i++)
            System.out.print(array[i]+" ");
        System.out.println("]");

    }
}
```

실행결과

```
[1 2 4 5 6 9 ]
5
[8 8 8 8 8 8 ]
```

Calendar 클래스

Calendar 클래스는 추상 클래스로서 날짜와 시간에 대한 정보를 가지고 있고 특정 시각을 연도, 월, 일 등으로 변환하는 메소드도 가지고 있다. 시각은 1970 1월 1일 00:00:00.000 GMT부터 흘러온 시간으로 나타낸다. 현재 시각을 나타내는 객체를 얻으려면 다음과 같이 하면 된다.

```
Calendar rightNow = Calendar.getInstance();
```

현재 날짜를 출력하는 프로그램을 작성해 보면 다음과 같다.

CalendarTest.java

```java
import java.util.*;

public class CalendarTest {
    public static void main(String[] args) {
        Calendar d = Calendar.getInstance();
        System.out.println(d);
        System.out.println(d.get(Calendar.YEAR)+"년");
        System.out.println(d.get(Calendar.MONTH)+1 +"월");
        System.out.println(d.get(Calendar.DATE)+"일");

        d.set(Calendar.HOUR, 12);
        d.set(Calendar.MINUTE, 34);
        d.set(Calendar.SECOND, 0);
        System.out.println(d);
    }
}
```

실행결과

```
java.util.GregorianCalendar[time=1513056772776,...]
2017년
12월
12일
java.util.GregorianCalendar[time=?, ...]
```

07.9 예외 처리란?

이 세상에 완벽한 프로그램은 없다. 따라서 어떤 프로그램이든지 잘못된 코드, 부정확한 데이터, 예외적인 상황에 의하여 오류가 발생할 수 있다. 예를 들어 배열의 인덱스가 배열의 한계를 넘을 수도 있고, 디스크에서는 하드웨어 에러가 발생할 수 있다. 자바에서는 이러한 오류를 **예외**라는 이름으로 부른다. 예외(exception)이란 "exceptional event"의 약자이다. 대개의 경우 오류가 발생하면 프로그램이 종료된다. 그러나 무조건 종료하는 것보다 프로그램에서 오류를 감지하여 우아하게 프로그램을 종료하거나 오류를 처리한 후에 계속 실행할 수 있다면 더 나은 프로그램이 될 수 있다.

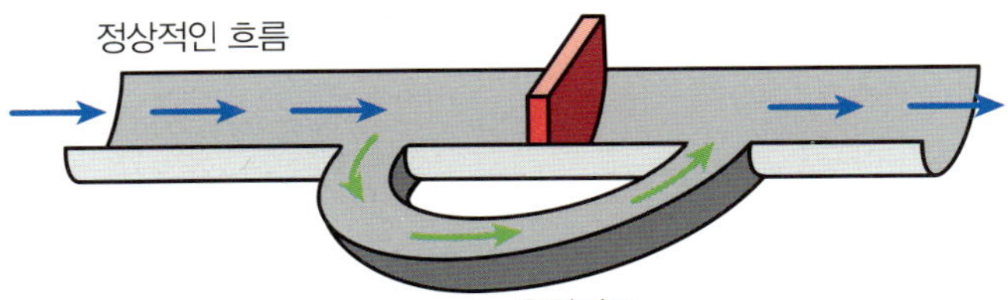

그림 7.4 자바에서는 실행 오류가 발생하면 예외가 생성된다.

예외 발생 예제

예외를 실감하기 위하여 고의적으로 0으로 나누어서 강제적으로 예외를 발생시켜 보자.

DivideByZero.java

```
import java.util.Scanner;

public class DivideByZero {
    public static void main(String[] args) {
        int x, y;
        Scanner sc = new Scanner(System.in);

        System.out.print("피젯수: ");
        x = sc.nextInt();
        System.out.print("젯수: ");
        y = sc.nextInt();

        int result = x / y;
        System.out.println("나눗셈 결과: " + result);
```

예외가 발생할 수 있는 문장

```
    }
}
```

```
실행결과
피젯수: 10
젯수: 0
Exception in thread "main" java.lang.ArithmeticException: / by zero
        at DivideByZero.main(DivideByZero.java:14)
```

위의 예제는 결과에서 보듯이, 정수 10을 0으로 나누었기 때문에 ArithmeticException이라는 이름의 예외가 발생하였다. 현재 예외를 처리하고 있지 않기 때문에 예외가 발생하는 즉시 프로그램이 종료되었다. 실행 결과에서 알 수 있듯이 예외가 발생한 지점 이후의 문장들이 실행되지 않았다.

> **참고** **버그와 예외**
> 여기서 한 가지 주의할 점은 버그와 예외는 구별하여야 한다. 실행 도중에 버그로 인해서도 실행 오류가 발생할 수 있지만 이러한 버그는 개발 과정에서 모두 수정되어야 한다. 자바에서는 버그에 의한 실행 오류도 예외로 취급하지만 진정한 의미에서의 예외는 우리가 예상하였던 상황이 아닌 경우를 의미한다. 예를 들면 반드시 존재하여야 하는 파일이 없거나 인터넷 서버가 다운된 경우 등을 진정한 의미에서의 예외라고 할 수 있다.

try-catch 문장

자바에서는 기본적으로 try-catch 문장을 사용한다.

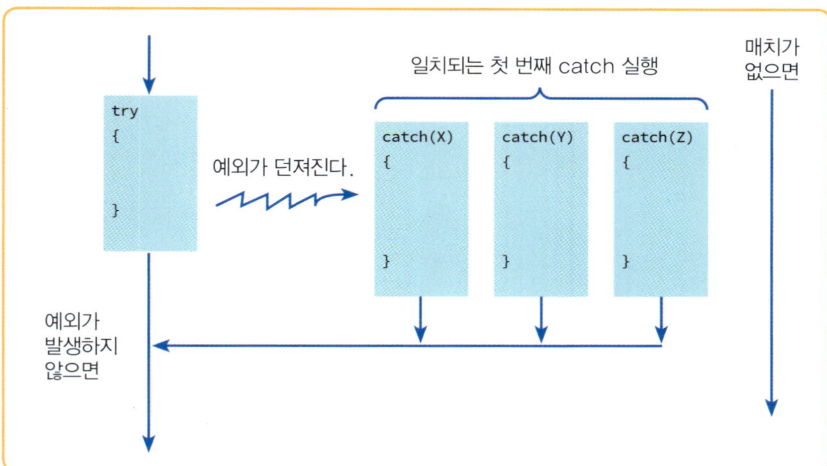

예외 처리기의 기본 형식은 다음과 같다.

```
try {
    // 예외가 발생할 수 있는 코드
```

```
} catch (예외종류   참조변수) {
   // 예외를  처리하는  코드
}
} finally {
   // 여기 있는 코드는 try 블록이 끝나면 무조건 실행된다.
}
```

try 블록에는 예외가 발생할 가능성이 있는 문장이 들어간다. catch 블록에는 처리하고자 하는 예외의 종류를 지정하고 그 예외를 처리하기 위한 코드가 들어간다. 예외마다 하나의 catch 블록을 지정하여야 한다.

try/catch 블록에서 예외가 발생하는 경우와 발생하지 않는 경우의 실행 흐름을 비교하여 보자. 먼저 예외가 발생하지 않는 경우에는 catch 블록의 코드는 실행되지 않는다. 반면에 예외가 발생한 경우에는 catch 블록의 코드가 실행된다. finally 블록은 항상 실행된다.

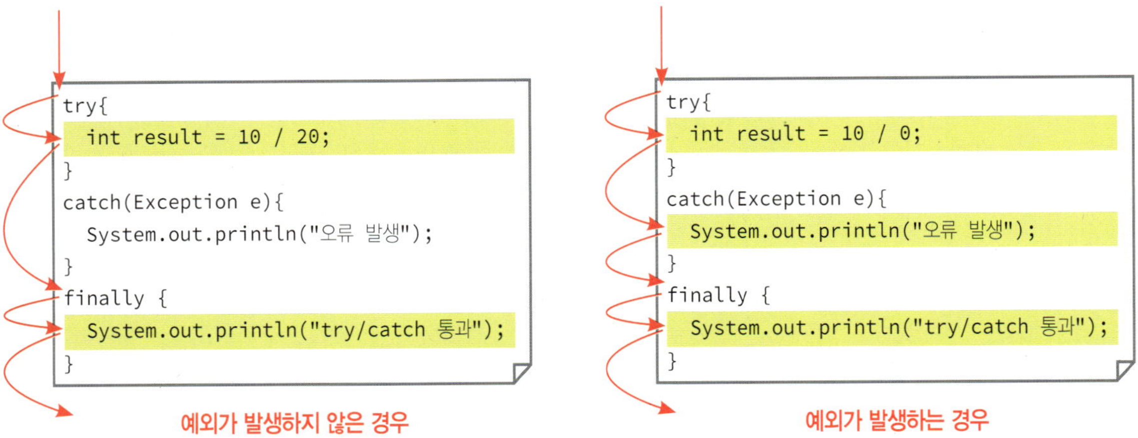

그림 7.5 try/catch 블록에서의 실행 흐름

0으로 나누는 예외 처리

앞에 등장하였던 0으로 나누는 예외를 발생시키는 프로그램에 예외 처리기를 붙여보자. 먼저 오류가 발생할 가능성이 있는 코드는 try 블록으로 감싸고 처리 과정은 catch 블록에 위치시키면 된다.

DivideByZeroOK.java

```java
import java.util.Scanner;

public class DivideByZeroOK {
   public static void main(String[] args) {
      int x, y;
      Scanner sc = new Scanner(System.in);

```

```
        System.out.print("피젯수: ");
        x = sc.nextInt();
        System.out.print("젯수: ");
        y = sc.nextInt();
        try {
            int result = x / y;          // 예외 발생!
        } catch (ArithmeticException e) {
            System.out.println("0으로 나눌 수 없습니다.");
        }
        System.out.println("프로그램은 계속 진행됩니다.");
    }
}
```

여기서 오류를 처리한다. 현재는 그냥 콘솔에 오류 메시지를 출력하고 계속 실행한다.

실행결과

```
피젯수: 10
젯수: 0
0으로 나눌 수 없습니다.
프로그램은 계속 진행됩니다.
```

예제 7-2 배열 인덱스 예외 처리

이번에는 배열에서 인덱스가 배열의 크기를 벗어나는 경우에 발생되는 예외를 처리하여 보자. 예외의 이름은 ArrayIndexOutOfBoundsException이다. 이 예외를 처리해보자.

실행결과

```
1 2 3 4 5 인덱스 5는 사용할 수 없네요!
```

ArrayError.java

```
public class ArrayError {
    public static void main(String[] args) {
        int[] array = { 1, 2, 3, 4, 5 };
        int i = 0;

        try {
            for (i = 0; i <= array.length; i++)
                System.out.print(array[i] + " ");
        } catch (ArrayIndexOutOfBoundsException e) {
            System.out.println("인덱스 " + i + "는 사용할 수 없네요!");
        }
    }
}
```

Try-With-Resource

try-with-resources ('자동 리소스 관리'라고도 함)는 Java 7에서 도입된 새로운 예외 처리 메커니즘으로, try catch 블록 내에서 사용되는 리소스를 자동으로 닫는다. 이 기능을 사용하려면 try 괄호 안에 필요한 리소스를 선언하기만 하면 된다. 생성된 리소스는 블록의 끝에서 자동으로 닫힌다. 다음은 try-with-resources 문의 예이다. 파일에서 문자를 읽는 예제로서 우리는 아직 학습하지 않았다. 예외 부분만 보자.

TryTest.java

```
import java.io.*;

public class TryTest {
    public static void main(String args[]) {
        try (FileReader fr = new FileReader("test.txt")) {
            char[] a = new char[50];
            fr.read(a);
            for (char c : a)
                System.out.print(c);
        } catch (IOException e) {
            e.printStackTrace();
        }
    }
}
```

fr이 가리키는 리소스는 사용이 끝나면 자동으로 닫혀진다.

함수가 예외 객체를 보내는 방법

앞에서 간단하게 try-catch 블록을 사용하여 예외를 처리하는 방법을 살펴보았다. 자바에서 예외를 처리하는 방법에는 한 가지가 더 있다.

- 예외를 잡아서 그 자리에서 처리하는 방법: try-catch 블록을 사용하여서 예외를 잡고 처리한다.
- 메소드가 예외를 발생시킨다고 기술하는 방법: throws를 사용하여, 다른 메소드한테 예외 처리를 맡긴다.

앞에서는 try-catch 블록을 이용하여서 예외를 잡아서 처리하였다. 하지만 가끔은 메소드가 발생되는 예외를 그 자리에서 처리하지 않고, 자신을 호출한 상위 메소드로 예외를 전달하는 편이 더 적절할 수도 있다. 발생하는 모든 예외를 그 자리에서 처리하는 것은 상당한 양의 코드를 필요로 하고 또 반드시 상위 메소드가 그 예외를 처리하도록 해야 하는 경우도 있다.

만약 발생하는 예외를 바로 처리하지 않으려면 메소드가 이들 예외를 던진다고 메소드 정의에 표시하여야 한다. 예를 들어서 디스크에 있는 텍스트 파일을 열어서 문자를 하나씩 읽는 코드는 다음과 같다(우리는 아직 학습하지 않았다). 여기서는 try-catch 블록을 사용하지 않고 main() 메소드에 throws IOException를 붙여서 예외를 처리하였다.

ExceptionTest.java

```java
import java.io.*;

public class ExceptionTest {

   public static void main(String args[]) throws IOException {
      FileReader fr = new FileReader("test.txt");
      char[] a = new char[50];
      fr.read(a);
      for (char c : a)
         System.out.print(c);
   }
}
```

IOException이 발생하면 상위 메소드로 예외를 전달한다. 여기서는 예외가 발생하면 프로그램이 종료된다.

Mini Project

휠오브포츈(wheel of fortune) 또는 행맨(hangman)과 같은 단어 게임을 제작하여 보자. 빈칸으로 구성된 문자열이 주어지고 사용자는 문자열에 들어갈 글자들을 하나씩 추측해서 맞추는 게임이다.

사용자가 문자열에 들어 있는 글자를 말했으면 화면에 그 글자를 출력한다. 일정한 횟수만 시도할 수 있게 하라. 문제에 사용되는 문자열들은 String 배열에 저장되어 있고 매번 랜덤하게 선택된다고 가정한다.

```
Console
<terminated> Test (2) [Java Application] C:₩Program Files₩Java₩jdk-9.0.1₩bin₩javaw.exe (2018. 1. 6. 오후
현재의 상태: _____
글자를 추측하시오: s
현재의 상태: _____
글자를 추측하시오: c
현재의 상태: c____
글자를 추측하시오: o
현재의 상태: co___
글자를 추측하시오: n
현재의 상태: co_n_
글자를 추측하시오: t
현재의 상태: co_nt
글자를 추측하시오: u
현재의 상태: count
```

다음 코드를 참조하여 전체 프로그램을 작성해보자.

```
String[] words = { "java", "count", "school", "book", "student",
                                                       "programmer" };
int index = (new Random()).nextInt(words.length);
solution = words[index];
StringBuffer answer = new StringBuffer(solution.length());
```

Exercise

1. (1) 다음의 Rectangle 클래스를 library 패키지에 속하게 하려고 한다. 어떤 문장을 추가하여야 하는가?

```
________________________;
public class Rectangle {
   int w, h;
}
```

(2) 위의 Rectangle 클래스를 import 문장 없이 사용하고자 한다. 어떻게 하여야 하는가?

```
___________________.Rectangle obj = new _________________.Rectangle();
```

(3) import 문장을 사용하여 library 패키지를 포함시켜 보자.

```
______________;
...
Rectangle obj = new Rectangle();
```

2. 여러 가지 유틸리티 라이브러리를 사용하여 보자. 빈칸에 해당되는 문장을 완성시켜 보자.

```
public class Test {
   public static void main(String[] args) {
      _________________________________;
   }
}
```

(1) 0부터 100사이의 난수를 하나 생성하여 보자.

(2) 국제 전화 번호 "082-2-777-5566"에서 국가 번호, 도시 식별 번호, 가입자 번호를 추출하여 보자. StringTokenizer를 사용한다.

(3) 오늘 날짜를 화면에 출력하여 보자.

(4) Test 클래스의 객체를 생성하고 이 객체를 통하여 객체를 생성한 클래스의 이름을 출력하여 보자.

(5) 0도부터 90도까지 5도씩 증가하면서 싸인값을 출력하는 루프를 작성하고 테스트하라.

3. 2개의 문자열이 동일한지를 비교하기 위하여 아래와 같은 문장을 작성하여 실행하였다. 하지만 결과는 문자열이 같지 않다고 나온다. 무엇 때문이고 어떻게 수정하여야 하는가?

```
String s1 = new String("Why");
String s2 = new String("Why");
if( s1 == s2 )
   System.out.println("2개의 문자열은 같습니다.");
else
   System.out.println("2개의 문자열은 다릅니다.“");
```

4. 다음 코드에서 자동박싱과 자동언박싱을 지적하라. 원래는 어떻게 적어주어야 하는가?

```
Integer obj = 100;
int i = obj;
```

5. Integer와 같은 랩퍼 클래스는 왜 필요한가?

6. 오류와 발생되는 예외를 올바르게 짝지으시오.

- int[] list; list[0] = 0;
- 자바 가상 기계가 클래스를 찾을 수 없는 경우
- 파일을 읽던 프로그램이 파일의 끝에 도달한 경우
- 파일의 끝에 도달했는데도 파일을 읽으려고 시도

- 에러(error)
- 체크 예외(checked exception)
- 컴파일 오류
- 예외가 발생하지 않는다

7. 다음 프로그램을 컴파일하여 보자.

```
public class Test {
   public static void main(String[] args) {
      sub();
   }
   public static void sub() {
      int[] array = new int[10];
      int i = array[10];
   }
}
```

(1) 위의 프로그램은 컴파일 시에 오류가 발생한다. 어떤 오류가 발생하는가?

(2) try/catch 블록을 사용하여서 예외를 처리하여 보라.

(3) throws 선언을 이용하여 예외를 처리하여 보라.

8. 다음과 같은 예외 처리기로 잡을 수 있는 예외는 어떤 종류인가? 그리고 이런 종류의 예외 처리기가 바람직하지 않은 이유는?

```
catch (Exception e) {
    ...
}
```

9. 다음 코드에서 잘못된 부분을 지적하시오.

```
try {
    ...
} catch (Exception e) {
    ...
} catch (ArithmeticException a) {
    ...
}
```

10. 다음 프로그램의 출력을 쓰시오.

```
try {
    int n = Integer.parseInt("abc");
    System.out.println("try");
}
catch (NumberFormatException e){
   System.out.println("숫자 형식 오류");
}
finally {
   System.out.println("finally");
}
```

Programming Exercise

1. 주사위를 나타내는 클래스 Die를 작성하여 보자. 다음과 같은 메소드를 가진다.

메소드	설명
`Die()`	생성자, 주사위 면을 1로 초기화한다.
`int roll()`	주사위를 던진다. 1부터 6까지의 숫자를 반환한다.
`void setValue(int v)`	주사위 면을 설정한다.
`int getValue()`	현재 주사위 면을 반환한다.
`String toString()`	현재 주사위의 상태를 문자열로 반환한다.

2. Die 클래스를 이용하여 컴퓨터와 사용자 간의 주사위 게임을 구현하고 테스트하라. game 패키지를 생성하고 전체 소스를 game 패키지에 추가한다.

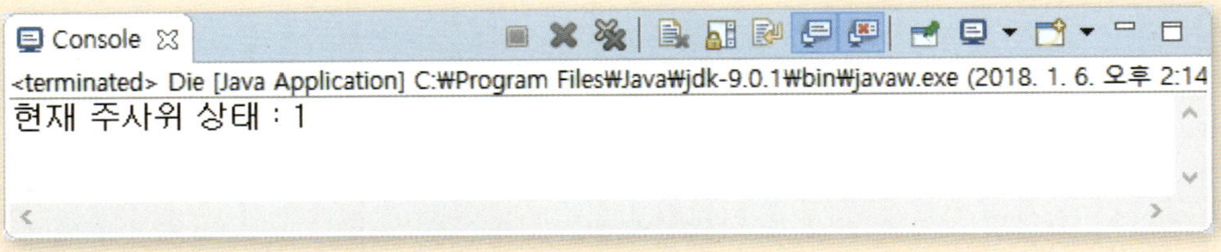

3. "가위/바위/보" 게임을 이번 장에서 학습한 난수 발생기 클래스 Random을 이용하여 구현해 보자. 사용자와 컴퓨터가 대결하는 것으로 하고 컴퓨터는 0부터 2까지의 난수를 발생한다. 0은 가위, 1은 바위, 2는 보로 간주하고 사용자가 입력한 수를 비교하여서 승부를 결정하라. rps 패키지를 생성하고 전체 소스를 rps 패키지에 추가한다.

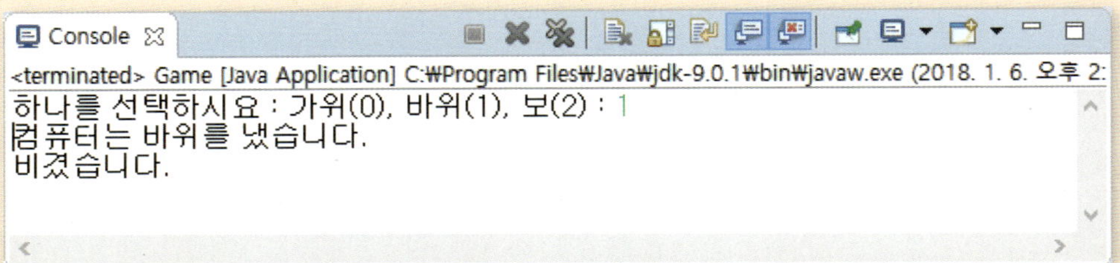

4. 문자열을 처리하는 프로그램을 작성하여 보자. StringTokenizer 클래스를 이용하여 사용자로부터 받은 문자열을 단어로 분리한다. 단어들의 개수를 출력한다.

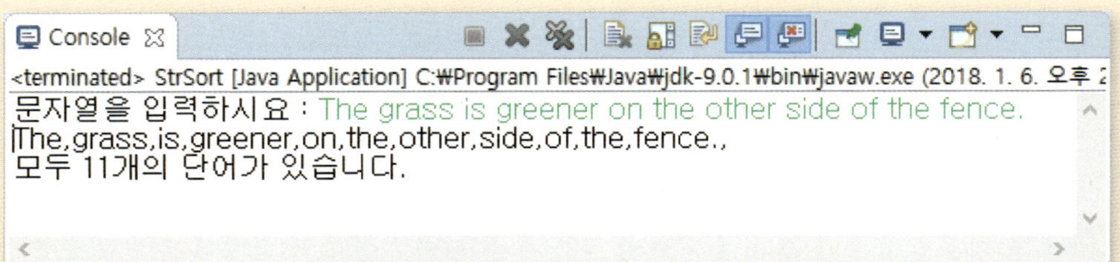

POWER Java compact

CHAPTER 08

자바 GUI 기초

학습목표

- 앞에서 클래스와 객체, 상속, 인터페이스에 대한 방대한 내용을 학습하였다. 이번 장에서는 이들 이론들이 구체적으로 그래픽 사용자 인터페이스를 작성하는데 어떻게 이용되는지를 살펴보자. 객체 지향 방법을 사용하면 사용자 인터페이스를 아주 쉽게 작성할 수 있다. 프로그래머가 원하는 GUI 프로그램을 작성하려면 각 컴포넌트의 크기와 위치를 지정할 수 있어야 한다. 배치 관리자란 자동적으로 컴포넌트의 위치와 크기를 결정하는 객체이다. 이번 장에서는 그래픽 사용자 인터페이스의 기초를 학습한다.

학습목차

08.1 그래픽 사용자 인터페이스

지금까지 등장한 프로그램들은 모두 콘솔-기반이었다. 콘솔-기반이란 텍스트만을 사용하여 사용자와 대화하는 것으로 현재는 많이 사용되지 않는 방식이다. 현재 대부분의 프로그램은 그래픽과 마우스를 사용하는 **그래픽 사용자 인터페이스**(Graphical User Interface, **간단히** GUI)를 사용한다. GUI는 컴포넌트들로 이루어진다. **컴포넌트**(component)란 버튼이나 체크박스와 같은 기본적인 빌딩 블록을 의미한다.

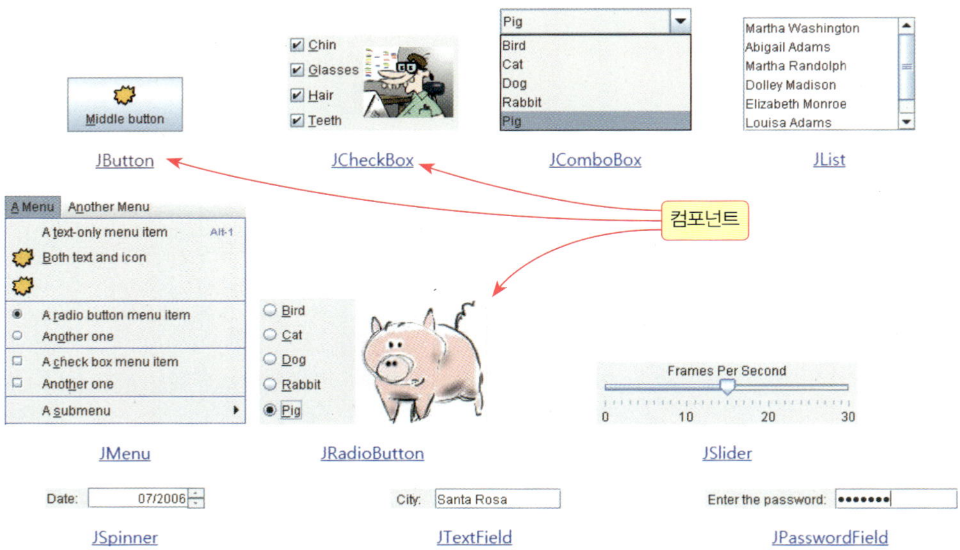

그림 8.1 그래픽 사용자 인터페이스는 컴포넌트들로 제작된다(그림 출처: java.sun.com).

GUI 자체가 중요하기도 하지만 GUI 기반의 응용 프로그램을 작성하다보면 우리는 앞에서 학습한 클래스, 객체, 상속, 인터페이스들이 실제로 어떻게 사용되는지를 체험할 수 있다.

AWT와 스윙

자바에서 사용할 수 있는 GUI에는 AWT(Abstract Windows Toolkit)와 **스윙**(Swing)이 있다. AWT는 초기 자바 버전에서 제공하였던 GUI이다. AWT는 운영 체제가 제공하는 자원을 이용하여 컴포넌트를 생성한다. 스윙은 AWT와는 달리, 컴포넌트가 자바로 작성되어 있기 때문에 어떤 플랫폼에서도 일관된 화면을 보여줄 수 있다. 최근에 JavaFx가 발표된 바 있다. 이 책에서는 스윙만을 다룰 것이다.

Java AWT	Java Swing
AWT는 플랫폼에 의존적이다.	스윙은 플랫폼에 독립적이다.
AWT 컴포넌트는 용량이 크다.	스윙 컴포넌트는 용량이 가볍다.
AWT 교체할 수 있는 **룩앤필(look and feel)을 지원하지 않는다**.	스윙은 교체할 수 있는 **룩앤필(look and feel)을 지원한다**.
컴포넌트의 개수가 적다.	컴포넌트의 개수가 많다.

피자를 주문하는 애플리케이션의 GUI를 AWT와 스윙으로 각각 작성하여 보면 다음과 같다.

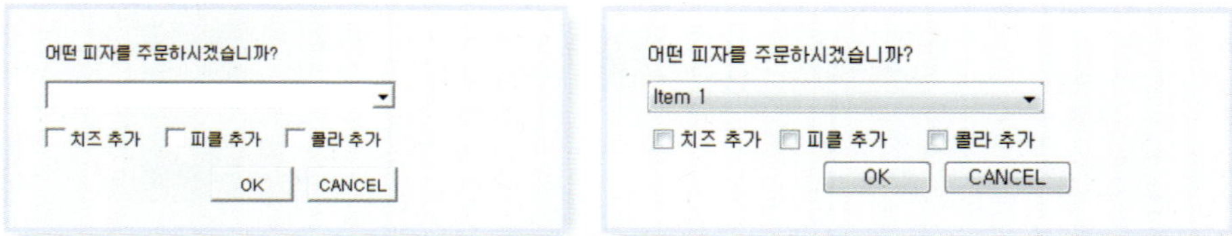

그림 8.2 동일한 GUI를 AWT와 스윙으로 만들어본 예

자바 초기 버전에서 AWT가 발표되었고 나중에 이것을 업그레이드한 스윙이 발표되었으므로 클래스 이름 충돌이 일어난다. 따라서 자바에서는 스윙에 속하는 클래스들을 모두 앞에 J를 붙이기로 하였다. 예를 들어서 버튼을 나타내는 클래스가 AWT에서는 Button이고 스윙에서는 JButton이다. 대부분의 경우, 방대한 스윙 패키지에서 다음과 같은 패키지만 있으면 된다.

- java.awt: GUI 컴포넌트를 위한 부모 클래스 들을 제공하고 추가로 Color나 Point와 같은 유틸리티 타입의 클래스들을 포함하고 있다.
- java.awt.event: GUI 컴포넌트로부터 발생되는 이벤트(예를 들면 버튼 클릭 이벤트)를 처리하기 위한 클래스와 인터페이스를 가지고 있다.
- javax.swing: 버튼이나 텍스트 필드, 프레임, 패널과 같은 GUI 컴포넌트들을 가지고 있다.

스윙 클래스 계층구조

스윙 컴포넌트들은 계층 구조로 설계되었다. 일부 컴포넌트는 다른 컴포넌트들을 포함하는 컨테이너로 사용할 수 있다. 아래는 스윙의 중요한 클래스들만 그려본 것이다.

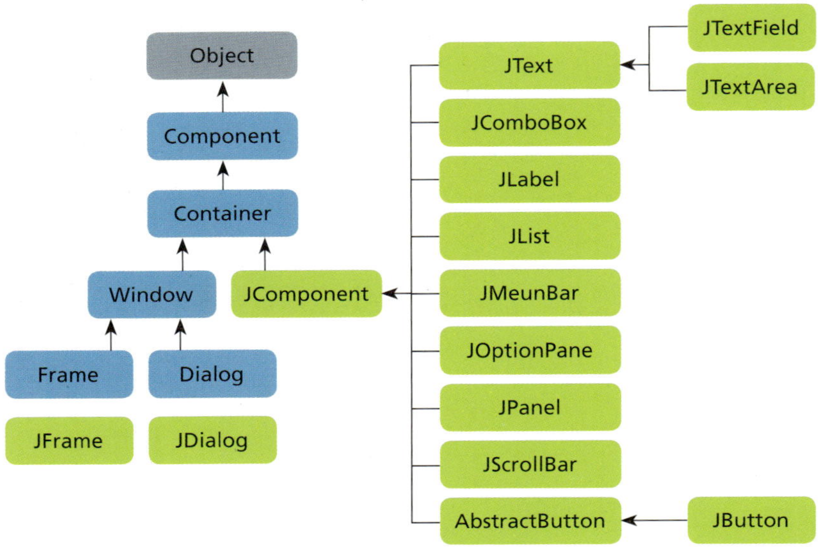

그림 8.3 스윙 패키지의 상속 계층도

08.2 컴포넌트와 컨테이너

자바가 제공하는 컴포넌트는 크게 컴포넌트와 컨테이너로 나누어진다. 컨테이너란 다른 컴포넌트들을 내부에 넣을 수 있는 컴포넌트를 의미한다.

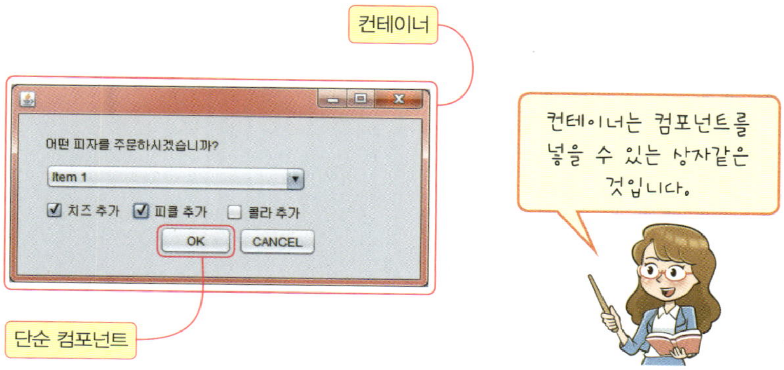

그림 8.4 컨테이너와 컴포넌트

컴포넌트

단순한 컴포넌트로서 JButton, JLabel, JCheckbox, JChoice, JList, JMenu, JTextField, JScrollbar, JTextArea, JCanvas 등이 여기에 속한다.

컨테이너

다른 컴포넌트를 안에 포함할 수 있는 컴포넌트로서 JFrame, JDialog, JApplet, JPanel, JScrollPane 등이 여기에 속한다.

컨테이너의 종류

컨테이너는 다시 최상위 컨테이너와 일반적인 컨테이너로 나누어진다.

최상위 컨테이너

최상위 컨테이너란 절대 다른 컨테이너 안에 포함될 수 없는 컨테이너를 의미한다. JFrame, JDialog, JApplet 등이 여기에 해당된다.

JApplet

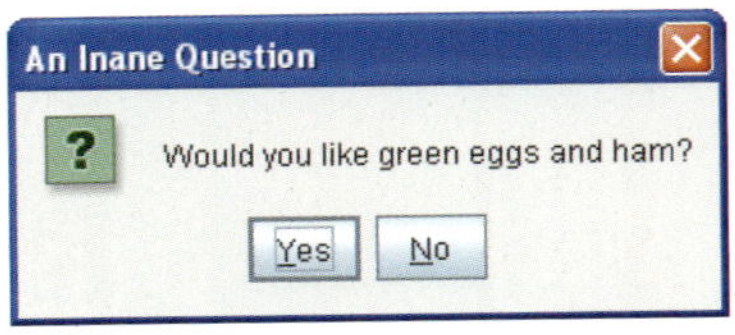

JDialog

JFrame

일반 컨테이너

일반적인 컨테이너란 다른 컨테이너 안에 포함될 수 있는 컨테이너로 JPanel, JScroll Pane 등을 의미한다.

08.3 GUI 작성 절차

애플리케이션의 GUI를 작성하려면 제일 먼저 최상위 컨테이너를 하나 생성하여야 한다. 스윙에는 JFrame, JDialog, JApplet의 3가지의 최상위 컨테이너가 존재한다.

- JFrame은 윈도우와 메뉴를 가지는 일반적인 데스크탑 애플리케이션에 적합하다.
- JDialog는 메뉴가 없는 대화 상자 형식의 간단한 애플리케이션에 사용된다.
- JApplet은 애플릿을 작성하는데 사용된다.

최상위 컨테이너가 생성되었다면 다음 단계는 애플리케이션에 필요한 컴포넌트를 생성하여 컨테이너에 추가하는 것이다. 예를 들어서 버튼이 필요하다면 버튼을 생성하여 컨테이너에 추가하면 된다.

(1) 컨테이너를 생성한다.

(2) 컴포넌트를 추가한다.

그림 8.5 GUI 작성 순서

컨테이너 생성하기

간단한 예로 최상위 컨테이너인 프레임을 생성하는 프로그램을 살펴보자. 상속없이 JFrame 클래스를 직접 사용할 수도 있지만 보다 일반적인 방법은 JFrame 클래스를 상속한 클래스 MyFrame을 정의하는 것이다. 상속을 이용하면 우리가 필요한 변수이나 메소드를 MyFrame에 추가할 수 있다. 앞에서 학습하였던 상속의 개념을 실제로 적용하는 것이다. 앞으로 이 코드를 기본으로 하자.

MyFrame.java

```java
import javax.swing.*;                               // ❶
public class MyFrame extends JFrame {               // ❷
    public MyFrame() {                              // ❸
        setSize(300, 200);
        setTitle("MyFrame");
        setVisible(true);
        setDefaultCloseOperation(JFrame.EXIT_ON_CLOSE);
    }
    public static void main(String[] args) {
        MyFrame f = new MyFrame();                  // ❹
    }
}
```

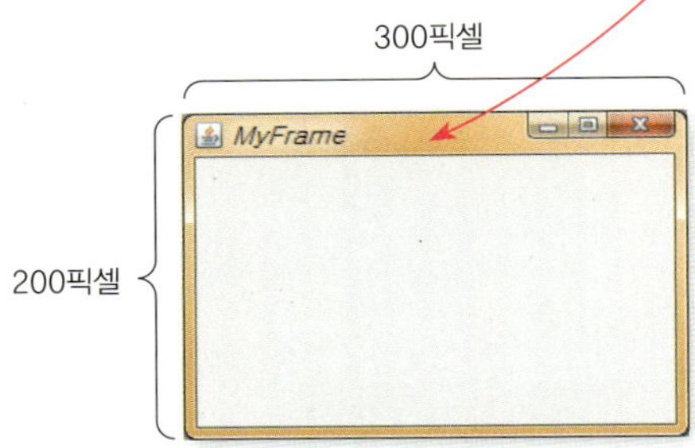

❶ 스윙을 사용하기 위하여 javax.swing 패키지 안의 모든 클래스를 포함한다.

❷ JFrame을 상속하여 MyFrame 클래스를 정의한다.

❸ MyFrame 클래스의 생성자에서 MyFrame 객체를 초기화한다. setSize()는 윈도우의 크기를 설정한다. setTitle()은 윈도우의 제목을 설정한다. setVisible()은 윈도우를 화면에 표시한다.

❹ main()에서 MyFrame 객체를 생성한다.

> **참고**
>
> main()에서는 MyFrame 객체를 생성한 후에 종료한다. 하지만 위의 프로그램을 실행시켜보면 윈도우는 종료되지 않는다. 어떻게 된 일일까?
>
> ```java
> public static void main(String[] args) {
>         MyFrame f = new MyFrame();      // 이 문장이 종료되면 프로그램도 종료?
> }
> ```
>
> 자바 스윙에서 JFrame 객체를 만들면 윈도우를 담당하는 새로운 스레드가 하나 생성된다(스레드는 독립적으로 실행되는 코드이다). 따라서 main()이 종료되더라도 윈도우는 없어지지 않는다.

컨테이너에 컴포넌트 추가하기

컨테이너가 생성되었으면 원하는 컴포넌트 객체들을 컨테이너에 추가한다. 이 경우에는 JFrame 객체가 컨테이너가 된다. add() 메소드를 이용하면 컴포넌트를 컨테이너에 추가할 수 있다. 버튼 컴포넌트를 생성하여서 프레임에 추가하여 보자.

MyFrame.java

```java
import javax.swing.*;
import java.awt.FlowLayout;

public class MyFrame extends JFrame {
    public MyFrame() {
        setSize(300, 200); 베치 관리자 설정
        setTitle("MyFrame");

        setLayout(new FlowLayout());             // ❶ 배치 관리자 설정
        JButton button = new JButton("버튼");  // ❷
        add(button);                             // ❸
        setVisible(true);
        setDefaultCloseOperation(JFrame.EXIT_ON_CLOSE);
    }
    public static void main(String[] args) {
        MyFrame f = new MyFrame();
    }
}
```

❶ MyFrame 클래스의 생성자에서 setLayout(setLayout(new FlowLayout()); 문장을 실행하여 배치 관리자를 FlowLayout으로 변경한다. 배치 관리자는 컨테이너 안에서 자식 컴포넌트들의 배치를 담당하는 객체이다. FlowLayout은 자식 컴포넌트들을 순서대로 배치한다.

❷ new 연산자를 이용하여 버튼 객체를 생성한다.

❸ add(button); 문장을 실행하여서 버튼을 프레임에 추가한다.

참고 만약 배치 관리자를 지정하지 않고 버튼을 프레임에 추가하면 버튼이 전체 화면을 차지하게 된다. 이유는 컴포넌트를 배치하는 배치 관리자가 BorderLayout이기 때문이다.

JFrame 클래스

여기서는 최상위 컨테이너인 JFrame에 대하여 살펴보자.

- 컨테이너는 컴포넌트들을 트리(tree) 형태로 저장한다. 최상위 컨테이너는 이 트리의 루트 노드가 된다.
- 각 컴포넌트들은 딱 한번만 컨테이너에 포함될 수 있다. 이미 다른 컨테이너에 들어 있는 컴포넌트를 또 다른 컨테이너에 넣으면 안 된다.
- 최상위 컨테이너는 내부에 콘텐트 페인(content pane)을 가지고 있다. 여기에 화면에 보이는 컴포넌트를 저장한다.
- 최상위 컨테이너에는 메뉴바를 추가할 수 있다.

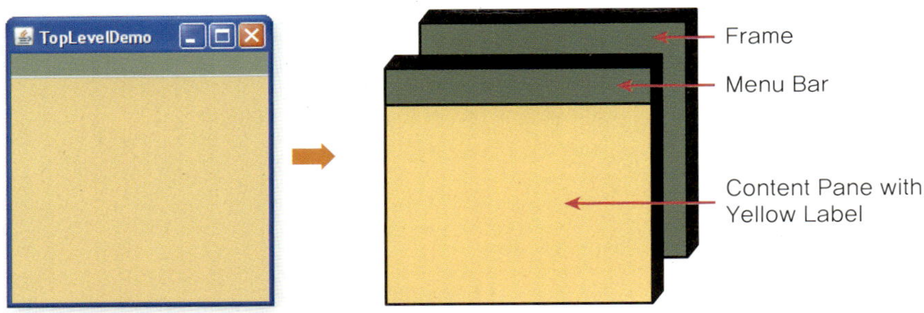

이번에는 프레임 객체의 속성을 변경시키는 방법을 살펴보자. 객체의 속성을 변경하려면 set으로 시작되는 설정자 메소드를 사용하여야 한다. 우리가 상속에서 살펴보았듯이 **조상 클래스가 제공하는 메소드들은 자식 클래스가 사용할 수 있다**. 프레임의 조상 클래스가 가지고 있는 메소드 중에서 많이 사용되는 메소드들은 다음과 같다,

- add(component): 프레임에 컴포넌트를 추가한다.
- setLocation(x, y), setSize(width, height): 프레임의 위치와 크기를 설정한다.
- setIconImage(IconImage): 윈도우 시스템에 타이틀 바, 태스크 스위처에 표시할 아이콘을 알려준다.
- setTitle(): 타이틀 바의 제목을 변경한다.
- setResizable(boolean): 사용자가 크기를 조절할 수 있는지를 설정한다.

예제 8-1 JFrame의 메소드 사용

JFrame 컨테이너의 배경색을 노랑색으로 변경하고 버튼을 2개 추가하는 프로그램은 다음과 같다.

MyFrame.java

```java
import java.awt.*;
import javax.swing.*;

public class MyFrame extends JFrame {
    public MyFrame() {
        setSize(300, 150);                              // ❶ JFrame의 크기를 설정한다.
        setLocation(200, 300);                          // ❷ JFrame의 위치를 설정한다.
        setTitle("MyFrame");
        setLayout(new FlowLayout());
        getContentPane().setBackground(Color.yellow);   // ❸ 배경색을 변경한다.
        JButton button1 = new JButton("확인");
        JButton button2 = new JButton("취소");
        this.add(button1);
        this.add(button2);
        setVisible(true);
        setDefaultCloseOperation(JFrame.EXIT_ON_CLOSE);
    }
    public static void main(String[] args) {
        MyFrame f = new MyFrame();
    }
}
```

❸ getContentPane()은 프레임 안에 있는 콘텐트 페인을 가져온다. 콘텐트 페인은 컴포넌트를 부착하는 판의 역할을 한다. 콘텐트 페인의 배경색을 "yellow"로 변경한다.

08.4 배치 관리자

버튼과 같은 자식 컴포넌트들은 컨테이너 내부에 배치된다. 프로그래머가 절대 좌표값으로 자식 컴포넌트의 위치를 지정할 수도 있다. 그러나 절대 위치를 사용하여 컴포넌트들을 배치할 경우, 플랫폼에 따라서 프로그램의 모습이 상당히 달라질 수 있다.

그림 8.6 배치 관리자의 개념

이런 문제점을 해결하기 위하여 자바에서는 **배치 관리자**(layout manager)를 사용한다. 배치 관리자는 컨테이너 안에 존재하는 컴포넌트들의 크기와 위치를 자동적으로 관리하는 객체이다. java.awt 패키지에는 여러 가지의 배치를 제공하는 배치 관리자가 제공된다. 가장 많이 사용되는 배치 관리자만을 간략히 살펴보자.

다양한 배치 관리자

BorderLayout

컴포넌트들이 5개의 영역인 North(상), South(하), East(좌측), West(우측), Center(중앙)중 하나로 추가된다. 프레임, 애플릿, 대화 상자와 같은 최상위 컨테이너의 디폴트 배치 관리자이다. BorderLayout은 아래 그림처럼 컨테이너를 5개의 영역으로 구분하고 각각의 영역에 컴포넌트를 배치할 수 있다.

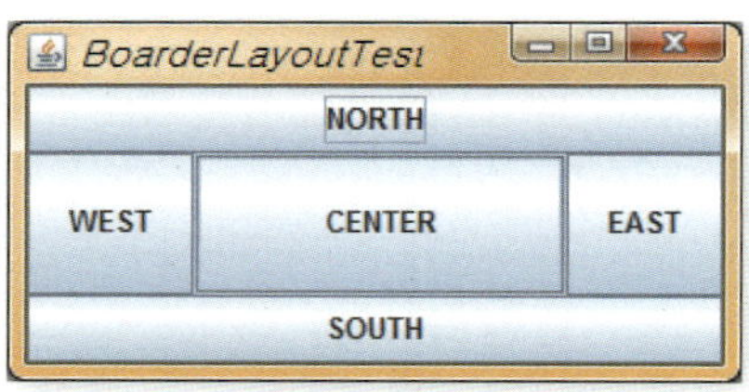

영역 지정은 "North", "South", "East", "West", "Center"의 문자열을 사용한다. 예를 들어서 버튼을 남쪽에 배치하고 싶으면 다음과 같은 문장을 사용한다.

```
add(button, "South");
```

만약 영역을 지정하지 않으면 컴포넌트는 중앙(Center)에 놓여진다. 여러 개의 컴포넌트를 같은 영역에 추가하는 경우, 마지막으로 추가된 컴포넌트만 표시된다. 5개의 버튼을 만들어서 중앙, 남, 북, 동, 서에 배치하는 프로그램은 다음과 같다. 실행결과는 옆페이지에 나와있는 것과 같다.

MyFrame.java

```java
import java.awt.*;
import javax.swing.*;

public class MyFrame extends JFrame {
    public MyFrame() {
        setTitle("BoarderLayoutTest");
        setSize(300, 150);
        setLayout(new BorderLayout());          // ❶

        JButton b1 = new JButton("NORTH");
        JButton b2 = new JButton("SOUTH");
        JButton b3 = new JButton("EAST");
        JButton b4 = new JButton("WEST");
        JButton b5 = new JButton("CENTER");

        add(b1, BorderLayout.NORTH);
        add(b2, BorderLayout.SOUTH);
        add(b3, BorderLayout.EAST);
        add(b4, BorderLayout.WEST);
        add(b5, BorderLayout.CENTER);

        setVisible(true);
        setDefaultCloseOperation(JFrame.EXIT_ON_CLOSE);
    }
    public static void main(String argv[]) {
        MyFrame f = new MyFrame();
    }
}
```

❶ 컨테이너에 배치 관리자를 설정하려면 먼저 new 연산자를 이용하여 배치 관리자 객체를 만들고 이 객체를 컨테이너의 setLayout() 메소드를 사용하여 배치 관리자로 지정한다. 예를 들어서 프레임에 BorderLayout 배치 관리자를 설정하는 방법은 다음과 같다.

```
setLayout(new BorderLayout()); //  프레임의 배치 관리자를 설정한다.
```

FlowLayout

컴포넌트들을 왼쪽에서 오른쪽으로 버튼을 배치한다. 패널의 디폴트 배치 관리자이다. FlowLayout은 가장 간단한 배치 관리자로서 각 컴포넌트들은 하나의 줄에서 차례로 배치되고 더 이상 공간이 없으면 다음 줄에 배치된다.

MyFrame.java

```
import java.awt.*;
import javax.swing.*;

public class MyFrame extends JFrame {
    public MyFrame() {
        setTitle("FlowLayoutTest");
        setSize(300, 150);
        setLayout(new FlowLayout());

        add(new JButton("Button1"));
        add(new JButton("Button2"));
        add(new JButton("Button3"));
        add(new JButton("Button4"));
        add(new JButton("Button5"));
        setVisible(true);
        setDefaultCloseOperation(JFrame.EXIT_ON_CLOSE);
    }
    public static void main(String argv[]) {
        MyFrame f = new MyFrame();
    }
}
```

프레임의 배치관리자를 FlowLayout으로 지정

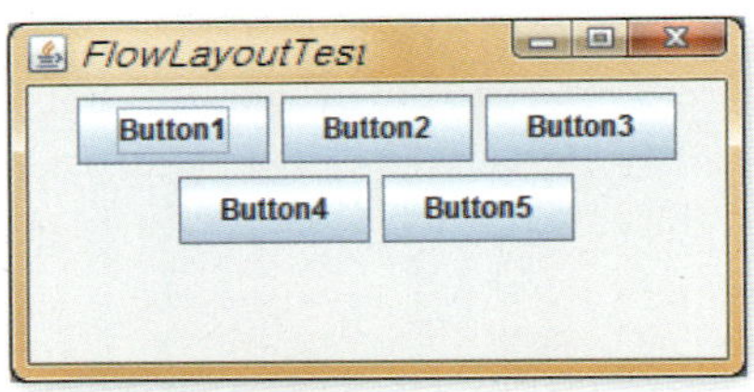

GridLayout

GridLayout은 컴포넌트를 격자 모습으로 배치한다. GridLayout은 컴포넌트들을 격자 모양으로 배치한다. 모든 컴포넌트들의 크기는 같게 되며 컨테이너의 모든 공간은 컴포넌트로 채워진다. 윈도우의 크기를 바꾸면 GridLayout은 컴포넌트의 크기를 변경하여 윈도우의 크기에 맞춘다.

MyFrame.java

```
import java.awt.*;
import javax.swing.*;
```

```java

public class MyFrame extends JFrame {
    public MyFrame() {
        setTitle("GridLayoutTest");
        setSize(300, 150);
        setLayout(new GridLayout(0, 3)); //

        add(new JButton("Button1"));
        add(new JButton("Button2"));
        add(new JButton("Button3"));
        add(new JButton("B4"));
        add(new JButton("Long Button5"));
        setVisible(true);
        setDefaultCloseOperation(JFrame.EXIT_ON_CLOSE);
    }
    public static void main(String argv[]) {
        MyFrame f = new MyFrame();
    }
}
```

3개의 열과 필요한 만큼의 행을 가지는 GridLayout을 생성한다. 격자 사이의 간격을 2로 지정하려면 GridLayout(0, 3, 2, 2)와 같이 한다.

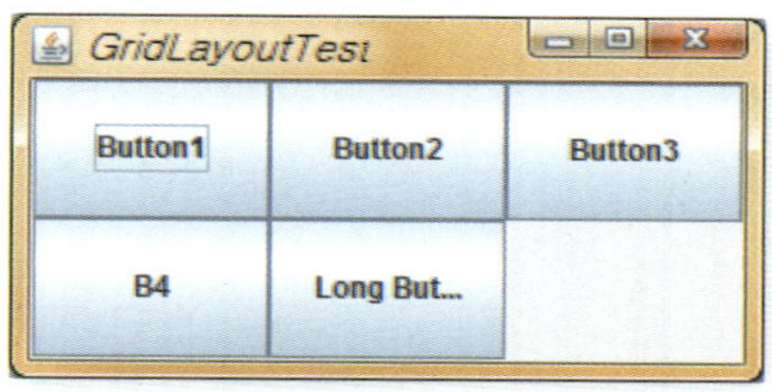

참고 행의 개수나 열의 개수를 0으로 하면 추가하는 컴포넌트의 개수에 따라서 행이나 열의 개수가 정해진다. 또 생성자에서 격자 간의 간격도 설정할 수 있다.

```java
setLayout(new GridLayout(0, 3, 1, 1));
```

위의 문장에서 열의 개수는 3이지만 행의 개수는 컴포넌트의 개수에 따라서 동적으로 변경된다. 그리고 격자 간의 간격은 1픽셀이다.

참고 이외에도 BoxLayout, CardLayout, GridBagLayout, GroupLayout, SpringLayout 등이 있다. 자세한 내용은 http://docs.oracle.com/javase/tutorial/uiswing/layout/ 사이트를 참조한다.

팁

어떤 배치 관리자를 사용할 것인가?

컨테이너에서 어떤 배치 관리자를 사용할 것인지도 우리가 결정해야 할 문제이다. 컴포넌트가 가능한 모든 영역을 차지하도록 하려면 BorderLayout을 사용하야 한다. 모든 컴포넌트가 같은 크기를 가지기를 바란다면 GridLayout을 사용해야 한다. 각 컴포넌트를 한 줄로 나열시키고 싶을 경우에는 FlowLayout을 사용한다.

절대 위치로 배치하기

배치 관리자 없이도 컴포넌트를 배치할 수 있지만 가능하면 배치 관리자를 사용하는 것이 좋다. 배치 관리자는 플랫폼이나 룩앤필의 변경에 따른 컴포넌트의 외관 변경이나 폰트의 크기 변경, 컨테이너의 크기 변경에 쉽게 적응한다. 그러나 특별한 경우에는 컴포넌트들을 배치 관리자 없이 배치해야만 하는 경우도 있다. 즉 컨테이너 안의 컴포넌트들의 크기와 위치가 외부의 영향을 받지 않는 경우가 그렇다. 배치 관리자를 사용하지 않으려면 배치 관리자를 null로 설정하고 setSize(), setLocation() 메소드를 사용하여 위치와 크기를 설정하면 된다. 절대 위치를 사용하는 간단한 예제 프로그램은 다음과 같다.

MyFrame.java

```java
import java.awt.event.*;
import javax.swing.*;

public class MyFrame extends JFrame {
    private JButton b1, b2;

    public MyFrame() {
        setTitle("Absolute Position Test");
        setDefaultCloseOperation(JFrame.EXIT_ON_CLOSE);
        setSize(300, 150);
        setLayout(null);                            // ❶
        b1 = new JButton("Button #1");
        add(b1);                                    // ❷
        b1.setLocation(10, 30);                     // ❸
        b1.setSize(90, 20);

        b2 = new JButton("Button #2");
        add(b2);
        b2.setLocation(100, 30);
        b2.setSize(90, 20);
        setVisible(true);
        setDefaultCloseOperation(JFrame.EXIT_ON_CLOSE);
    }
    public static void main(String args[]) {
        MyFrame f = new MyFrame();
    }
}
```

패널의 배치 관리자를 지정하지 않는다. 즉 절대 위치를 사용하겠다는 의미이다.

각 버튼의 크기와 위치를 setSize(), setLocation() 메소드를 이용하여 지정한다.

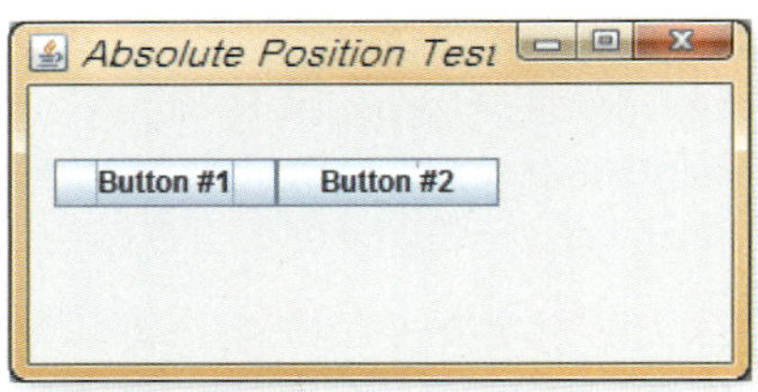

❶ 배치 관리자를 null로 설정한다.

```
setlayout(null);
```

❷ add() 메소드를 사용하여 컴포넌트를 컨테이너에 추가한다.

```
Button b = Button("Button #1");
add(b);
```

❸ setSize(w, h)와 setLocation(x, y)을 사용하여 컴포넌트의 위치와 크기를 지정한다. 아니면 setBounds()를 사용하여서 위치와 크기를 동시에 지정하여도 된다.

예제 8-2 피아노 건반을 만들어보자.

이제까지 학습한 내용을 바탕으로 피아노 건반 형태로 버튼을 배치해 보자.

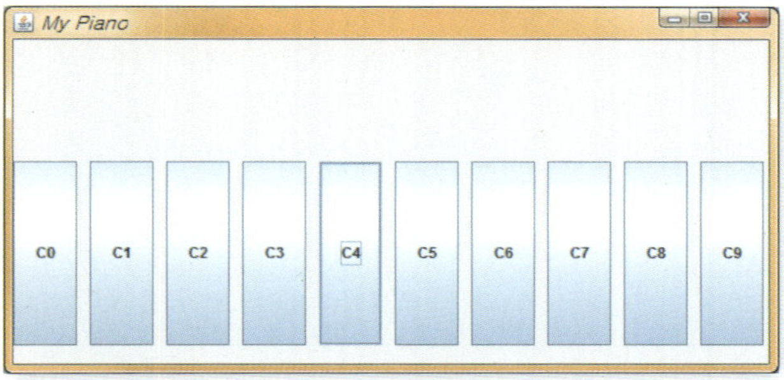

물론 우리는 GridLayout을 사용할 수도 있지만 절대 위치를 사용하여 배치해보자.

MyFrame.java

```
import java.awt.*;
import javax.swing.*;

public class MyFrame extends JFrame {
   public MyFrame() {
      setTitle("My Piano");
      setSize(610, 300);
      setLayout(null);

      for(int i=0;i<10;i++) {
         JButton button = new JButton("C"+i);
         button.setLocation(i*60, 100);
         button.setSize(50, 150);
         add(button);
      }
```

배치관리자를 삭제한다.

```
        setVisible(true);
        setDefaultCloseOperation(JFrame.EXIT_ON_CLOSE);
    }
    public static void main(String argv[]) {
        MyFrame f = new MyFrame();
    }
}
```

만약 GridLayout을 사용한다면 다음과 같이 배치 관리자를 설정한다.

```
setLayout(new GridLayout(0, 10));
```

08.5 패널 사용하기

패널(panel)은 컴포넌트들을 포함하고 있도록 설계된 컨테이너 중의 하나이다. 레이블이나 버튼과 같은 컴포넌트들을 화면에 표시하는 일반적인 방법은 패널에 이들 컴포넌트를 추가하고 그 패널을 프레임에 추가하는 것이다. 우리가 벽에 그림을 붙이기 전에 나무판을 벽에 걸고 그 위에 그림들을 붙이는 것과 비슷하다. 즉 그림을 벽에 직접 붙이는 것이 아니라 나무판을 먼저 벽에 붙이는 것이다. 패널은 바로 이 나무판의 역할을 한다.

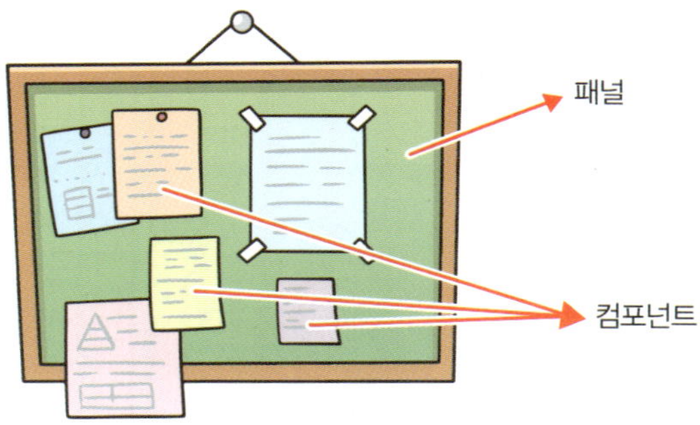

그림 8.7 패널은 컴포넌트를 붙일 수 있는 판이다.

물론 패널을 쓰지 않고 프레임에 컴포넌트들을 직접 추가할 수도 있지만 별도의 패널을 쓰는 것이 유지 보수 및 배치 관리에 좋은 경우가 많다. 예를 들어서 다음과 같이 화면을 2개로 나누어서 표시하고자 할 때 패널을 사용할 수 있다.

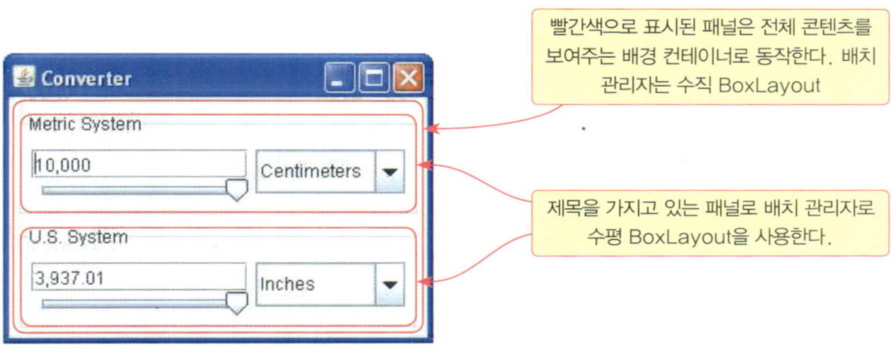

패널도 컨테이너의 일종이므로 setLayout(LayoutManager layout)을 호출하여 배치 관리자를 설정할 수 있다.

```
JPanel panel = new JPanel();
panel.setLayout(new GridLayout(3, 3));
```

패널에서 가장 중요한 메소드는 컴포넌트를 추가하고 삭제하는 add()와 remove()이다. 컴포넌트를 추가할 때는 다음과 같이 한다.

```
panel.add(aComponent);
panel.add(anotherComponent);
```

예제 8-3 패널 사용하기

패널을 사용하는 간단한 예제를 살펴보자.

MyFrame.java

```java
import java.awt.*;
import javax.swing.*;

public class MyFrame extends JFrame {
    public MyFrame() {
        JPanel panel = new JPanel();        // 패널을 생성한다.
        panel.setBackground(Color.orange); // 패널의 배경색을 변경한다.

        JButton b1 = new JButton("Button 1");    // 버튼을 생성한다.
        b1.setBackground(Color.yellow);     // 버튼의 배경색을 변경한다.

        JButton b2 = new JButton("Button 2");
        b2.setBackground(Color.green);

        panel.add(b1);                    // 버튼을 패널에 추가한다.
        panel.add(b2);                    // 버튼을 패널에 추가한다.
        add(panel);                     // 패널을 프레임에 추가한다.
        setSize(300, 150);
        setVisible(true);
        setDefaultCloseOperation(JFrame.EXIT_ON_CLOSE);
}
    public static void main(String argv[]) {
        MyFrame f = new MyFrame();
    }
}
```

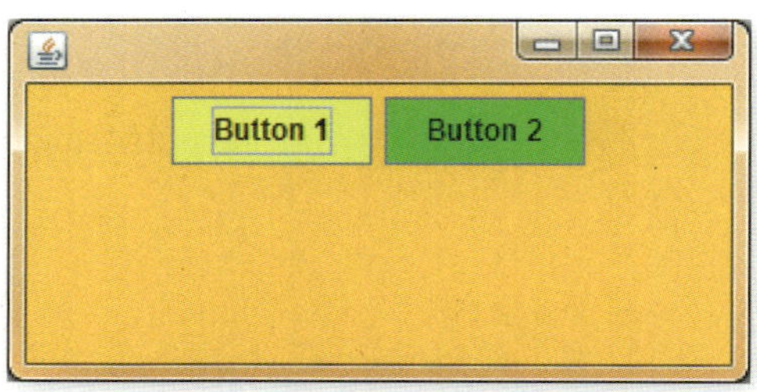

08.6 기초 컴포넌트들

자바 애플리케이션에서 많이 사용하는 가장 기본적인 컴포넌트인 레이블, 버튼, 텍스트 필드에 대하여 간단히 살펴보자.

- 레이블(JLabel): 텍스트를 표시할 수 있는 공간
- 텍스트필드(JTextField): 사용자가 한 줄의 텍스트를 입력할 수 있는 공간
- 버튼(JButton): 클릭되면 어떤 동작을 실행하는 버튼

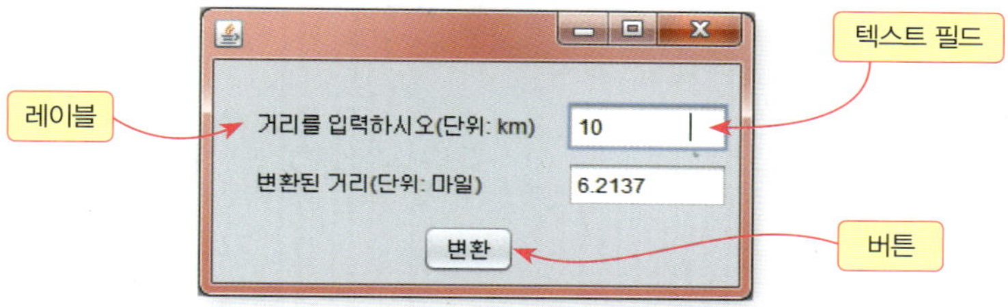

레이블

레이블(label)은 컴포넌트 중에서 아마 가장 간단한 것이다. 레이블은 편집이 불가능한 텍스트를 표시하기 위한 컴포넌트이다. 레이블은 다양한 용도로 사용되는데 컴포넌트들의 캡션을 표시하거나 도움이 되는 정보 또는 계산의 결과를 표시하는데 사용될 수 있다. 레이블은 텍스트와 이미지를 동시에 표시할 수 있다. 또한 레이블에 나타나는 텍스트의 속성은 변경할 수 있다. 즉 폰트의 종류, 크기, 색상 등은 변경가능하다.

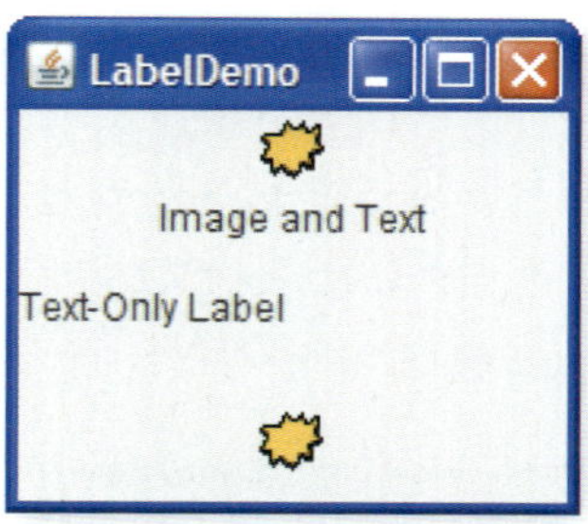

일반적으로는 레이블을 생성할 때 표시할 텍스트를 생성자에 넘긴다.

```
JLabel label = new JLabel("안녕하세요?");
```

먼저 레이블 객체를 생성하고 나중에 레이블의 텍스트를 설정하는 방법도 있다.

```
JLabel label = new JLabel();
label.setText("안녕하세요?");
```

텍스트 필드

텍스트 필드(text field)는 사용자가 한 줄의 텍스트를 입력할 수 있는 기본적인 텍스트 콘트롤이다. 사용자가 텍스트 입력을 끝내고 엔터키를 누르면 액션 이벤트가 발생한다. 만약 한 줄 이상의 텍스트 입력이 필요하면 **텍스트 영역**(text area)를 사용하여야 한다.

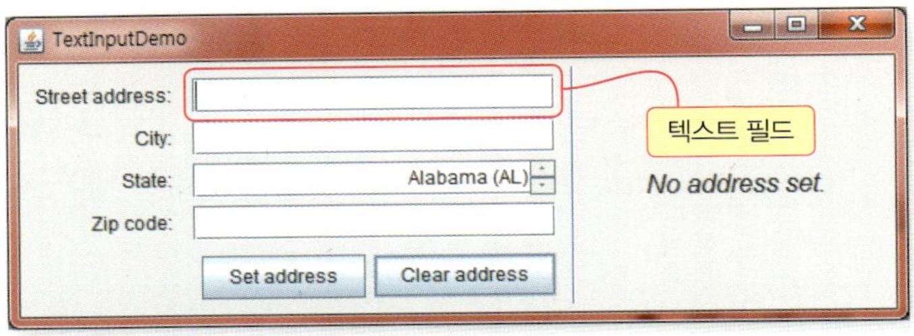

스윙은 텍스트 입력을 위한 여러 가지 종류의 컴포넌트를 제공한다.

- JTextField: 기본적인 텍스트 필드
- JFormattedTextField: 사용자가 입력할 수 있는 문자를 제한한다.
- JPasswordField: 사용자가 입력하는 내용이 보이지 않는다.
- JComboBox: 사용자가 직접 입력할 수도 있지만 항목 중에서 선택할 수 있다.
- JSpinner: 텍스트 필드와 버튼이 조합된 것으로 사용자는 이전 버튼과 다음 버튼을 이용하여 선택할 수 있다.

텍스트 필드는 다음과 같은 생성자를 제공한다.

```
textField = new JTextField(20);      // 20은 텍스트 필드의 칸수이다.
```

편집을 가능하게 할 수도 있고 불가능하게 할 수도 있다. setEditable(boolean)을 이용하여 편집 허용 여부를 설정한다. 편집이 불가능하게 하려면 setEditable(false)로 호출한다. 텍스트 필드에서 텍스트를 가져오는 메소드는 getText()이고 텍스트를 쓰는 메소드는 setText()이다. get과 set이 붙어 있는 메소드는 접근자와 설정자 메소드임을 잊지 말자.

버튼

버튼은 사용자가 클릭했을 경우, 이벤트를 발생하여 원하는 동작을 하게 하는데 이용된다. 버튼에서 우리가 변경할 수 있는 것은 버튼 안의 텍스트, 버튼 텍스트의 폰트, 텍스트 색상, 배경색, 그리고 버튼의 상태(활성, 비활성)이다.

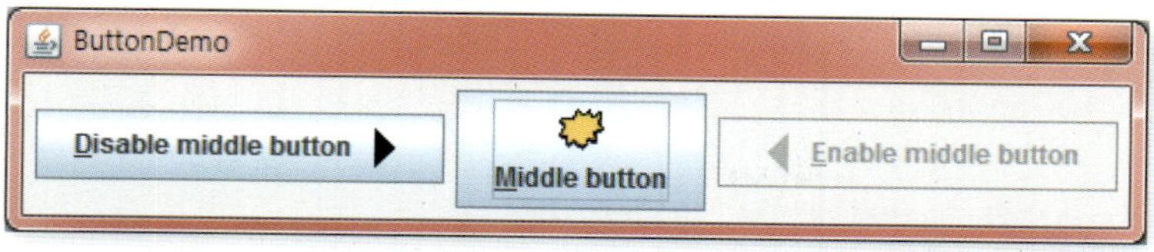

스윙에서 지원하는 버튼에는 다음과 같은 것들이 있다.

- JButton: 가장 일반적인 버튼이다.
- JCheckBox: 체크박스 버튼
- JRadioButton: 라디오 버튼으로 그룹 중의 하나의 버튼만 체크할 수 있다.
- JMenuItem: 메뉴이다.
- JCheckBoxMenuItem: 체크박스를 가지고 있는 메뉴항목이다.
- JRadioButtonMenuItem: 라디오 버튼을 가지고 있는 메뉴 항목이다.
- JToggleButton: 2가지 상태를 가지고 토글이 가능한 버튼이다.

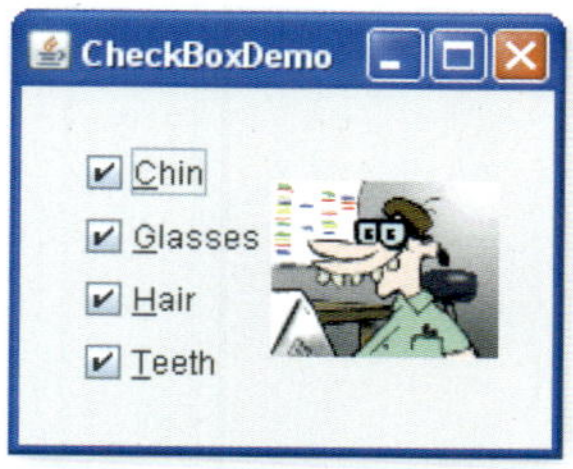

예제 8-4 온도 변환 프로그램 만들기

화씨 온도를 섭씨 온도로 변환해 주는 애플리케이션을 작성하여 보자. 아직 이벤트 처리를 학습하지 않았으므로 아래와 같은 화면만 만들어보자.

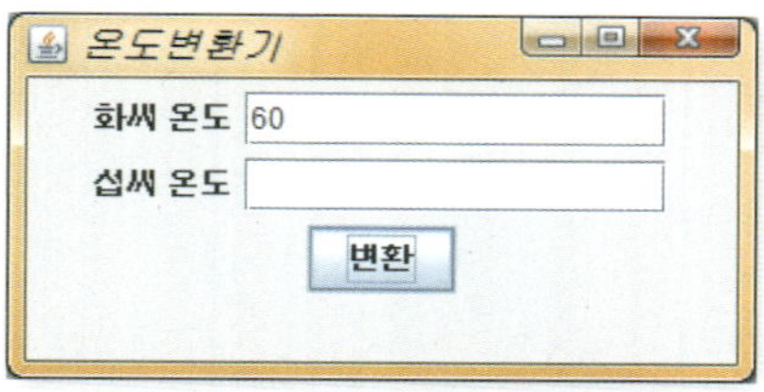

TempConverter.java

```
import java.awt.*;
import javax.swing.*;

public class TempConverter extends JFrame {
   public TempConverter() {
```

```
        JPanel panel = new JPanel();                // ❶
        add(panel);

        JLabel label1 = new JLabel("화씨 온도");       // ❷
        JLabel label2 = new JLabel("섭씨 온도");
        JTextField field1 = new JTextField(15);
        JTextField field2 = new JTextField(15);
        JButton button = new JButton("변환");

        panel.add(label1);
        panel.add(field1);
        panel.add(label2);
        panel.add(field2);
        panel.add(button);

        setSize(300, 150);                          // ❸
        setTitle("온도변환기");
        setVisible(true);
        setDefaultCloseOperation(JFrame.EXIT_ON_CLOSE);
    }

    public static void main(String argv[]) {
        TempConverter f = new TempConverter();
    }
}
```

❶ 프레임에 직접 추가하는 것보다 패널을 프레임에 추가하고 패널에 다른 컴포넌트를 추가하는 편이 낫다. 따라서 패널을 생성하고 프레임에 추가하자.

```
Panel panel = new JPanel();
add(panel);
```

❷ 필요한 컴포넌트들을 생성하고 패널에 추가한다.

```
JLabel label1 = new JLabel("화씨 온도");
JLabel label2 = new JLabel("섭씨 온도");
JTextField field1 = new JTextField(15);
JTextField field2 = new JTextField(15);
JButton button = new JButton("변환");

panel.add(label1);
panel.add(field1);
panel.add(label2);
```

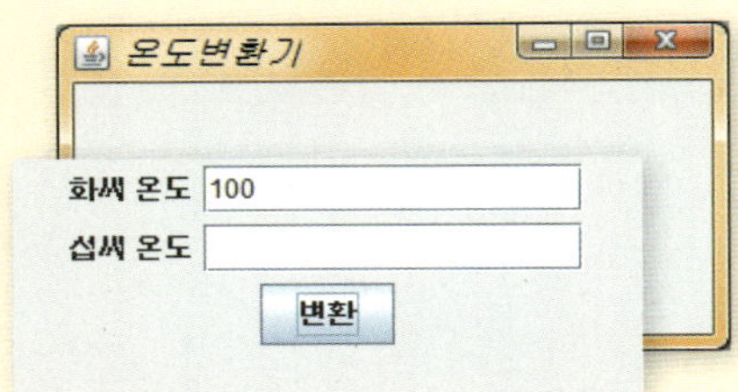

```
panel.add(field2);
panel.add(button);
```

❸ 필요한 메소드를 호출하여서 프레임의 속성을 변경한다.

```
setSize(300, 150);
setDefaultCloseOperation(JFrame.EXIT_ON_CLOSE);
setTitle("온도변환기");
setVisible(true);
```

예제 8-5 피자 주문 화면 만들기

패널 안에 다른 패널이 포함될 수 있다. 이것을 이용하여 다음 그림처럼 프로그램의 화면을 디자인하라.

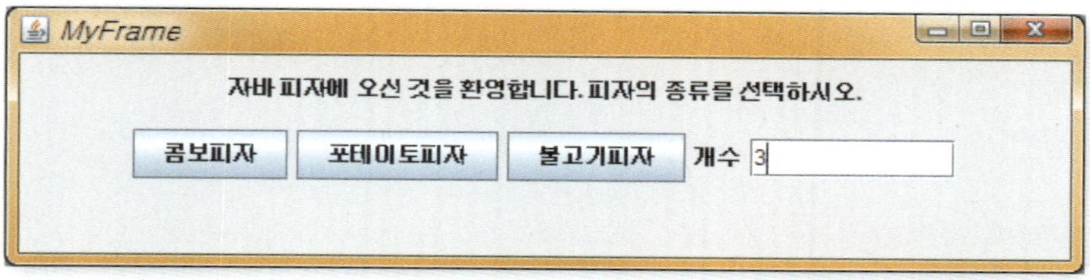

아래 그림과 같이 프레임에 패널 2장을 깔고 그 위에 버튼과 레이블, 텍스트 필드를 배치해보자.

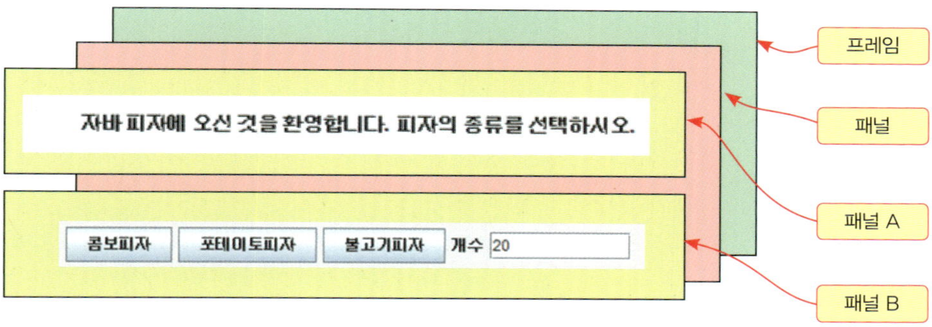

MyFrame.java

```
import java.awt.*;
import javax.swing.*;

public class MyFrame extends JFrame {

   public MyFrame() {
      setSize(600, 150);
      setDefaultCloseOperation(JFrame.EXIT_ON_CLOSE);
      setTitle("MyFrame");

```

```java
        JPanel panel = new JPanel();
        JPanel panelA = new JPanel();
        JPanel panelB = new JPanel();

        JLabel label1 = new JLabel("자바 피자에 오신 것을 환영합니다. 피자의 종류를 선택하시오.");
        panelA.add(label1);

        JButton button1 = new JButton("콤보피자");
        JButton button2 = new JButton("포테이토피자");
        JButton button3 = new JButton("불고기피자");
        panelB.add(button1);
        panelB.add(button2);
        panelB.add(button3);

        JLabel label2 = new JLabel("개수");
        JTextField field1 = new JTextField(10);
        panelB.add(label2);
        panelB.add(field1);

        panel.add(panelA);
        panel.add(panelB);
        add(panel);
        setVisible(true);
        setDefaultCloseOperation(JFrame.EXIT_ON_CLOSE);
    }

    public static void main(String[] args) {
        MyFrame f = new MyFrame();
    }
}
```

도전문제

패널의 배경색은 panel.setBackground(Color.BLUE);와 같은 문장으로 변경이 가능하다. 3장의 패널 색상을 다르게 하여 각각의 패널이 어디에 위치하는지를 조사하여 보자.

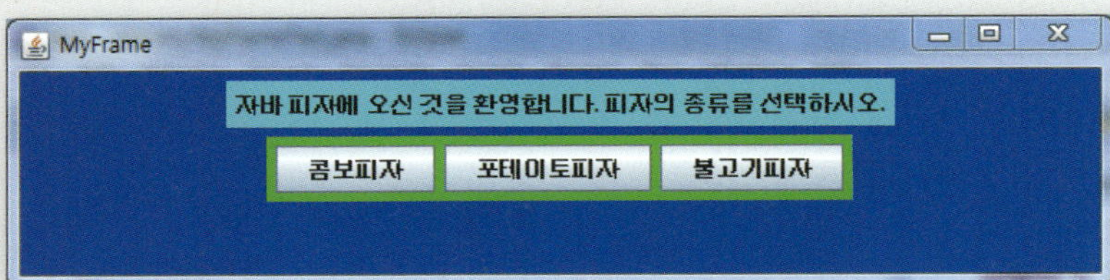

Mini Project

간단한 계산기를 작성하여 보자. 계산 기능은 나중에 추가하기로 하자. 여기서는 다음과 같은 외관만 구현하면 된다. 배치 관리자로 GridLayout을 사용하여 보자.

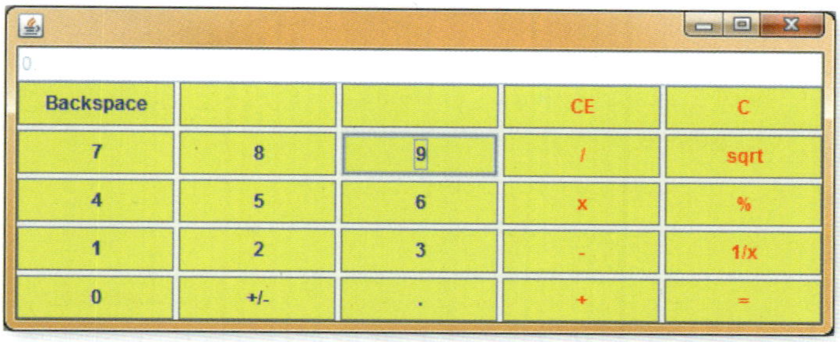

다음 소스를 참고하여 작성한다.

Calculator.java

```java
public class Calculator extends JFrame {
    ...
    private String[] labels = {
        "Backspace", "", "", "CE", "C", "7", "8", "9", "/", "sqrt", "4", "5",
       "6", "x", "%", "1", "2", "3", "-", "1/x", "0", "+/-", ".", "+", "=", };

    public Calculator() {
        ...
        panel.setLayout(new GridLayout(0, 5, 3, 3));    // 격자간의 간격이 3
        buttons = new JButton[25];                       // 버튼의 배열
        int index = 0;
        for (int rows = 0; rows < 5; rows++) {
            for (int cols = 0; cols < 5; cols++) {
                buttons[index] = new JButton(labels[index]);     // 버튼 생성
                panel.add(buttons[index]);                 // 패널에 추가한다.
                index++;
            }
        }
        ...
    }
}
```

Exercise

1. 다음 코드는 화면에 프레임을 표시하는 프로그램이다. 빈칸을 채워보자

```
import javax.swing.*;
public class MyFrame extends JFrame {
    public MyFrame() {
        setSize(300, 150);
        setTitle("MyFrame");
        setVisible(true);
    }
    public static void main(String[] args) {
        ________________________________// MyFrame 객체를 생성한다.
    }
}
```

2. 1번 코드를 상속을 이용하지 않는 버전으로 변경해 보라. JFrame 객체를 직접 생성한다. 상속을 이용한 버전과 상속을 이용하지 않는 버전의 장단점은 무엇일까?

```
import javax.swing.*;
public class Test {
    public static void main(String[] args) {
        ________________________________// JFrame 객체를 생성한다.
        ________________________________// setSize() 호출
        ________________________________// setTitle() 호출
        ________________________________// setVisible() 호출
    }
}
```

3. MyFrame의 배치 관리자를 3×4 GridLayout으로 설정해 보자. 어떤 코드를 추가하여야 하는가?

```
import javax.swing.*;
public class MyFrame extends JFrame {
    public MyFrame() {
        setSize(300, 200);
        setTitle("MyFrame");
        setVisible(true);
        ________________________________    // 배치관리자는 GridLayout으로 설정
    }
}
```

Programming Exercise

1. 다음과 같은 응용 프로그램의 외관만 작성하여 보자. 즉 기능을 제공할 필요는 없다.

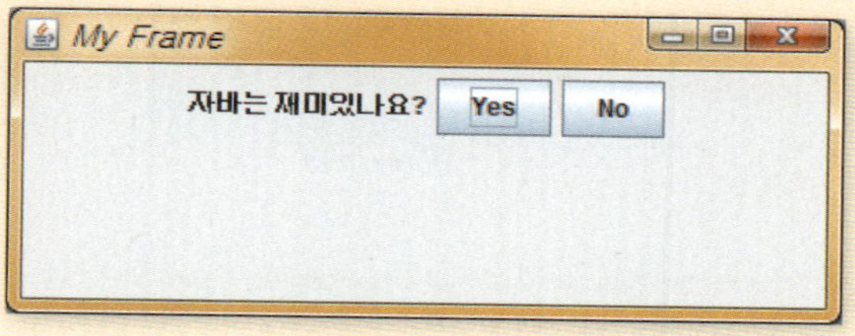

2. 간단한 카운터의 외관만을 작성해 보자. 현재 "증가" 버튼을 눌러도 값을 증가되지 않는다.

3. 다음과 같은 애플리케이션을 외관만 작성하여 보자. 즉 기능을 제공할 필요는 없다. 패널을 여러 개를 사용하여 원하는 화면이 나오도록 하라. 즉 패널1에 레이블을 추가하고 패널2에 버튼들을 추가한 후에 패널3에 패널1과 패널2를 추가한다. 마지막으로 패널3를 프레임에 추가한다.

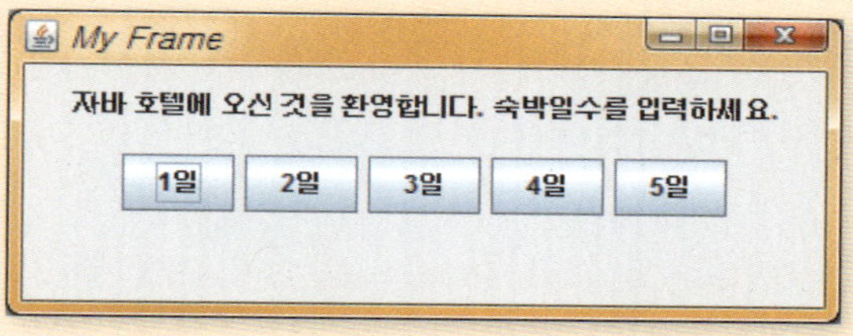

4. 다음과 같이 난수를 발생하여 레이블을 불규칙하게 배치하여 보자. 어떤 배치 관리자를 어떻게 사용하여야 하는가?

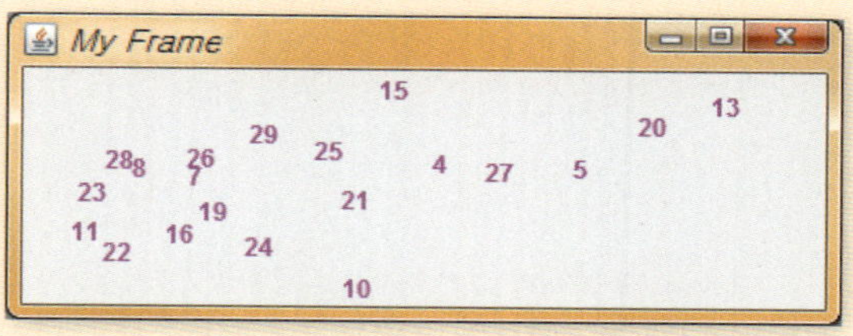

팁 참고로 절대 위치로 배치하려면 setBounds()를 사용하거나 setSize()와 setLocation()을 함께 사용한다. 난수는 Math.random()으로 발생시킨다.

5. 프레임 안에 20개의 버튼을 다음과 같이 배치하는 프로그램을 작성하라. GridLayout을 사용한다. 버튼의 배경색은 랜덤한 색상으로 한다.

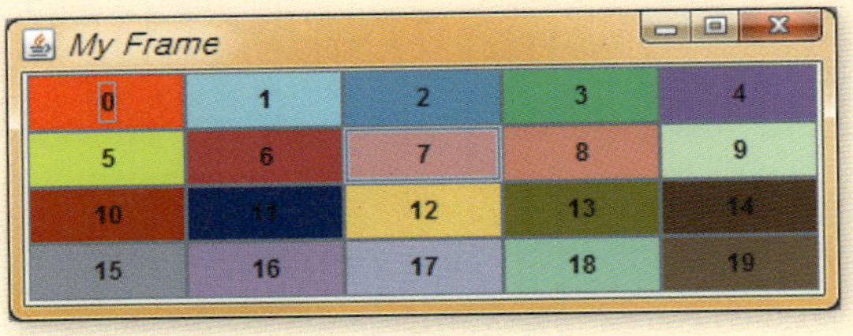

팁 랜덤한 색상은 다음과 같이 만들 수 있다.

```
int R = (int)(Math.random()*256);
int G = (int)(Math.random()*256);
int B= (int)(Math.random()*256);
Color color = new Color(R, G, B);
```

6. 다음과 같은 간단한 전화번호 입력기를 만들어보자. 실제 동작은 안 되어도 상관없다.

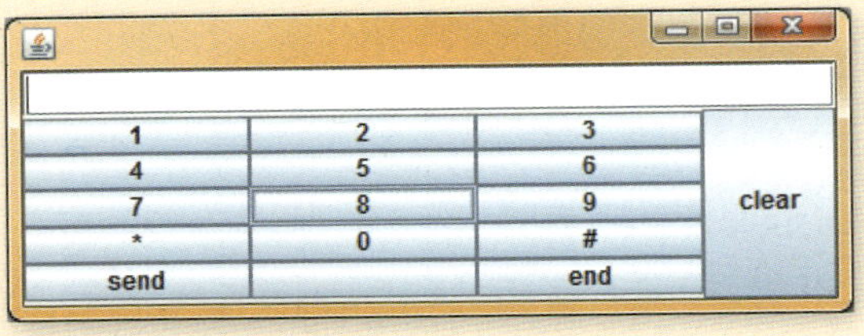

POWER Java compact

CHAPTER 09

이벤트 처리

학습목표

- 우리는 8장에서 화면에 프레임을 생성하고, 프레임에 버튼을 추가하는 방법을 배웠다. 우리는 버튼을 클릭할 수는 있었지만 아무 일도 일어나지 않았다. 그 이유는 버튼을 눌렀을 때 발생되는 이벤트(event)를 처리하지 않았기 때문이다. 이번 장에서는 버튼이 발생하는 이벤트를 처리해 보자. 이벤트를 처리할 수 있다면 유용한 작업을 하는 GUI를 구현할 수 있다.

학습목차

09.1 이벤트 처리 개요

이벤트란?

그래픽 사용자 인터페이스(GUI)를 사용하는 프로그램의 구조는 일반적인 프로그램과는 상당히 다르다. 일반적인 프로그램은 알고리즘에 따라서 문장들을 차례대로 실행하여 작업을 진행하지만, GUI 프로그램에서는 버튼과 같은 컴포넌트들을 화면에 배치한 후에, 사용자의 입력을 기다리고 있다가, 사용자가 특정 버튼을 누르면 다음 작업이 진행된다. 이와 같이 어떤 이벤트가 일어나는지를 감시하고 있다가 이벤트가 발생하면 적절한 처리를 해주는 프로그래밍 방식을 **이벤트-구동 프로그래밍**(event-driven programming)이라고 한다.

그림 9.1 이벤트 구동 프로그래밍

이벤트는 누가 처리하는가?

객체 지향 프로그램에서는 모든 작업을 객체(object)가 한다. 이벤트 처리도 객체가 한다. 우리는 이벤트를 처리하는 클래스를 정의하고 이 클래스의 객체 A를 생성한다. 이 객체를 가지고 이벤트를 발생하는 객체 B(예를 들어 버튼)에 등록하면 된다. 차후에 이벤트가 발생하면 등록된 객체 A가 이벤트를 처리하게 된다. 이것을 **위임**(delegation)이라고 한다. 이것은 자신이 처리하지 않고 다른 객체 A에 위임한다는 의미이다.

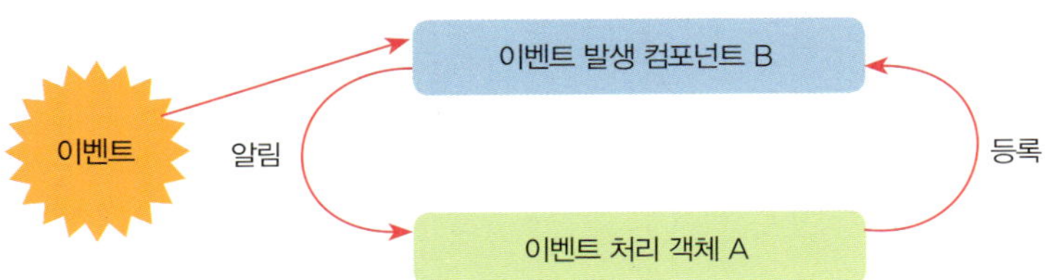

STEP #1 : 이벤트를 처리할 클래스 정의

클래스가 이벤트를 처리하려면 어떻게 해야 할까? 특정한 규격을 만족해야 할 것이다.

리스너 인터페이스는 어떤 클래스가 이벤트를 처리하기 위하여 구현해야 하는 규격이다. 예를 들어서 버튼을 클릭하면 액션 이벤트(action event)가 발생하는데 이 이벤트를 처리하기 위한 리스너 인터페이스는 ActionListener 인터페이스이다. ActionListener에서는 actionPerformed()라는 메소드가 정의되어 있다. 따라서 액션 이벤트를 처리하려면 이 메소드를 작성해야 한다. actionPerformed()는 액션 이벤트가 발생할 때마다 호출된다. 이벤트를 처리하기 위하여 MyListener라고 하는 클래스를 작성하면 다음과 같은 구조가 된다.

```
class    MyListener    implements    ActionListener {
    public void actionPerformed(ActionEvent e) {
        ...    // Action 이벤트를 처리하는 코드가 여기에 들어간다.
    }
}
```

액션 이벤트가 발생하면 호출된다.

STEP #2: 컴포넌트에 이벤트 처리 객체 등록하기

다음 순서는 리스너 객체를 컴포넌트에 등록하는 단계이다. 컴포넌트에 리스너 객체를 등록해야만 이벤트가 발생하였을 때, 이벤트가 처리된다. 각 컴포넌트는 이벤트 리스너를 등록할 수 있는 메소드를 제공한다. 예를 들어서 버튼의 경우, addActionListener()가 그러한 메소드이다. 이벤트 리스너를 등록하는 예제 코드는 다음과 같다.

```
public class MyFrame extends JFrame {
    ...
    public MyFrame()
    {
        button = new JButton("증가");       // 버튼 생성
        button.addActionListener(new MyListener());
        ...
    }
}
```

new를 이용하여 이벤트 리스너 객체를 생성하고, 버튼에 이벤트 리스너 객체를 등록한다.

예제 9-1 카운터 작성하기

가장 전형적인 예제를 통하여 이벤트를 어떻게 처리하는지 살펴보자. 아래 프로그램에서 버튼을 누르면 카운터 값이 하나씩 증가된다.

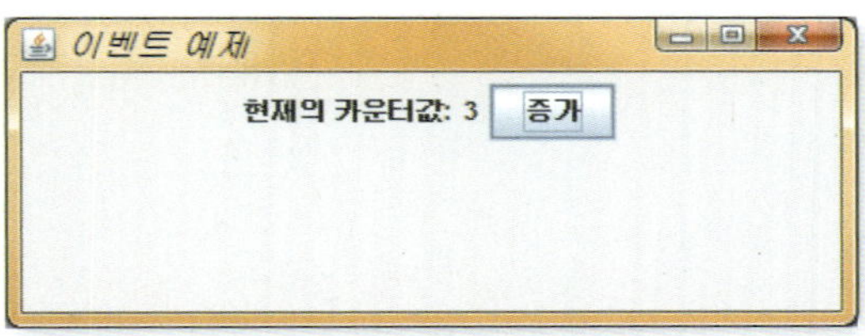

MyFrame.java

```java
import javax.swing.*;
import java.awt.event.*;
import java.awt.*;

public class MyFrame extends JFrame {
    private JButton button;
    private JLabel label;
    int counter=0;

    class MyListener implements ActionListener {
        public void actionPerformed(ActionEvent e) {
            counter++;
            label.setText("현재의 카운터값: "+counter);
        }
    }
    public MyFrame() {
        setSize(400, 150);
        setTitle("이벤트 예제");
        setLayout(new FlowLayout());
        button = new JButton("증가");
        label = new JLabel("현재의 카운터값: "+counter);
        button.addActionListener(new MyListener());
        add(label);
        add(button);
        setVisible(true);
        setDefaultCloseOperation(JFrame.EXIT_ON_CLOSE);
    }
    public static void main(String[] args) {
        MyFrame t = new MyFrame();
    }
}
```

❶ java.awt.event 패키지에 이벤트를 처리하는 클래스들이 모여 있음

❷ 내부 클래스로 이벤트를 처리하는 클래스 정의

❸ 버튼에 이벤트 처리 객체를 등록시킨다.

❶ 이벤트를 처리하는 패키지를 포함시킨다.

java.awt.event 패키지 안에 이벤트를 처리하는 클래스들이 모여 있다. 이것을 포함시킨다.

❷ 이벤트를 처리하는 클래스를 작성한다.

리스너 인터페이스를 구현하는 클래스는 어디든지 정의할 수 있으나 내부 클래스로 정의하는 경우가 많다. 이벤트를 처리하는 클래스에서만 사용되기 때문이다. 내부 클래스는 다른 클래스 안에 위치하는 클래스이다. 내부 클래스는 외부 클래스의 필드들을 자유롭게 사용할 수 있다. actionPerformed()에서는 counter 변수를 증가하고 증가된 값을 레이블의 텍스트로 설정한다.

❸ 이벤트 리스너를 이벤트 소스에 등록한다.

new를 이용하여 리스너 객체를 생성하고 addActionListener()를 이용하여 버튼에 리스너 객체를 등록한다.

참고

이벤트 객체

이벤트 객체는 발생된 이벤트에 대한 모든 정보를 리스너로 전달한다. 이벤트 객체의 getSource()는 이벤트를 발생한 컴포넌트를 반환한다. getSource()는 Object 타입으로 반환하므로, 이것을 필요한 자료형으로 형변환하여 사용하면 된다.

```
public void actionPerformed(ActionEvent e) {
   button = (JButton)e.getSource();
      ...
}
```

이벤트의 종류에 따라서 추가적인 정보들을 얻을 수 있다. 예를 들어서 MouseEvent 객체의 경우에는, 클릭된 마우스 버튼 번호를 getButton() 메소드를 통하여 얻을 수 있다.

09.2 여러 가지 이벤트 처리 방법

앞 절에서는 내부 클래스가 이벤트를 처리하도록 했지만 많은 다양한 방법이 있다.

(1) 프레임 클래스가 이벤트를 처리

이 방법은 프레임 클래스가 JFrame을 상속받으면서 동시에 ActionListener 인터페이스도 구현하는 방법이다.

EventProcFrame1.java

```
import javax.swing.*;
import java.awt.event.*;

public class EventProcFrame1 extends JFrame implements ActionListener {
    private JButton button;
    private JLabel label;
    int counter=0;

    public void actionPerformed(ActionEvent e) {
        counter++;
        label.setText("현재의 카운터값:  "+counter);
    }
    public EventProcFrame1() {
        this.setSize(400, 150);
        this.setTitle("이벤트 예제");

        JPanel panel = new JPanel();
        button = new JButton("증가");
        label = new JLabel("현재의 카운터값:  "+counter);
        button.addActionListener(this);
        panel.add(label);
        panel.add(button);
        add(panel);
        setVisible(true);
        setDefaultCloseOperation(JFrame.EXIT_ON_CLOSE);
    }
    public static void main(String[] args) {
        EventProcFrame1 t = new EventProcFrame1();
    }
}
```

MyFrame 클래스는 JFrame 클래스를 상속받고 동시에 ActionListener를 구현한다. 따라서 프레임이 버튼에서 발생하는 이벤트도 처리할 수 있다.

EventTest1 클래스 안에 actionPerformed()가 정의되어 있어야 한다.

현재 객체를 이번트 리스너로 버튼에 등록한다. 즉 자기 자신이 이벤트를 처리한다고 등록한다.

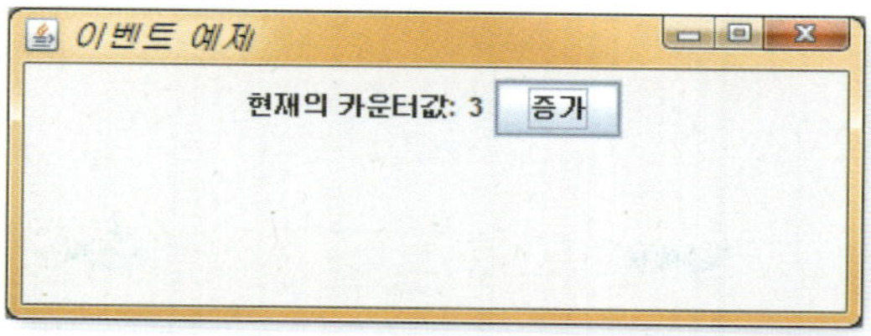

(2) 무명 클래스를 사용하는 방법

이벤트 리스너 클래스를 정의할 때, 많이 사용되는 방법 중의 하나가 무명 클래스를 사용하는 것이다. 무명 클래스는 말 그대로 이름이 없는 클래스를 작성하여, 한번만 사용하는 것이다. 이것은 처음에는 상당히 이상해보이지만, 실제로는 익숙해지면 코드를 읽기 쉽게 만든다. 왜냐하면 클래스가 정의되면서 바로 사용되기 때문이다. 안드로이드 프로그래밍에서도 자주 사용된다. 따라서 그 형식을 완벽하게 이해하도록 하자.

EventProcFrame2.java

```java
import javax.swing.*;
import java.awt.event.*;

public class EventProcFrame2 extends JFrame {
   private JButton button;
   private JLabel label;
   int counter=0;

   public EventProcFrame2() {
      this.setSize(400, 150);
      this.setTitle("이벤트 예제");

      JPanel panel = new JPanel();
      button = new JButton("증가");
      label = new JLabel("현재의 카운터값:  "+counter);
      button.addActionListener(new ActionListener() {
         public void actionPerformed(ActionEvent e) {
            counter++;
            label.setText("현재의 카운터값:  "+counter);
         }
      });
      panel.add(label);
      panel.add(button);
      add(panel);
      setVisible(true);
      setDefaultCloseOperation(JFrame.EXIT_ON_CLOSE);
   }
   public static void main(String[] args) {
      EventProcFrame2 f = new EventProcFrame2();
```

❶ 무명 클래스는 ActionListener 인터페이스를 구현한다. 무명 클래스의 객체도 동시에 생성된다.

❷ 무명 클래스 안에서 actionPerformed() 메소드를 정의한다.

```
    }
}
```

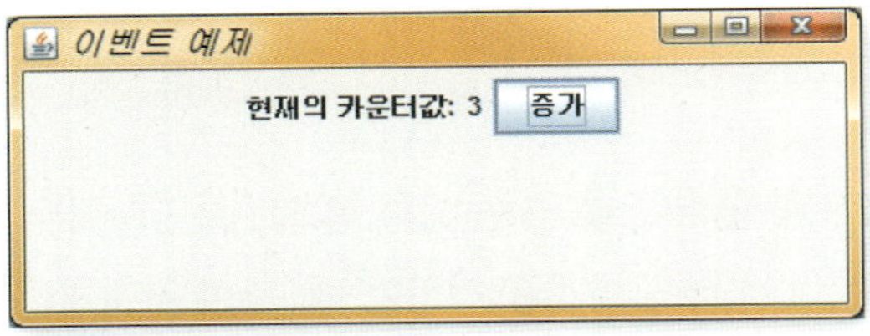

무명 클래스는 이름이 없는 클래스라고 할 수 있다. 무명 클래스는 부모 클래스를 상속받거나 특정 인터페이스를 구현하여 작성할 수 있고 그 목적은 부모 클래스의 메소드를 재정의하거나 인터페이스의 메소드를 정의하는 것이다. 예제에서는 다음과 같은 부분이 무명 클래스이고 ActionListener 인터페이스의 actionPerformed() 함수를 정의하고 있다.

문법 9.1 **무명 클래스**

```
new 인터페이스이름() {
   ...
    // 클래스 몸체
}
```

```
new ActionListener() {
  public void actionPerformed(ActionEvent e)
  {
    ...
  }
}
```

설명 무명 클래스는 부모 클래스에서 상속을 받아서 작성하거나 인터페이스를 구현하여서 작성할 수 있다. new 키워드 다음에 부모 클래스 이름이나 인터페이스 이름을 적어주면 된다. 부모 클래스 이름을 적으면 그 부모 클래스에서 상속을 받는다는 의미이고, 인터페이스 이름인 경우에는 그 인터페이스를 구현하는 클래스라는 의미이다.

이름이 있는 클래스와 무명 클래스를 비교하여 보자.

이름이 있는 클래스의 경우

```
class MyListener implements ActionListener  {
   ...
}
MyListener  obj = new  MyListener();
```

무명 클래스의 경우

```
MyListener   obj = new ActionListener() {    ...    };
```

예제 9-2 가위, 바위, 보 게임 작성 하기

가위, 바위, 보 게임을 작성하여 보자. 먼저 가위, 바위, 보를 나타내는 버튼을 생성한다. 사용자가 버튼 중에서 하나를 클릭하면 이것을 컴퓨터가 내부에서 생성한 난수값과 비교한다. 누가 이겼는지를 화면에 출력한다.

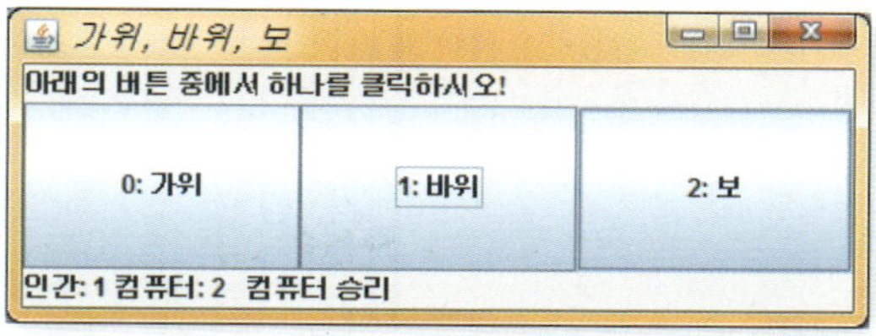

RockPaperScissor.java

```java
import java.awt.*;
import java.awt.event.*;
import java.util.*;
import javax.swing.*;

public class RockPaperScissor extends JFrame implements ActionListener {
   final int SCISSOR = 0;
   final int ROCK = 1;
   final int PAPER = 2;

   private JPanel panel;
   private JLabel output, information;
   private JButton rock, paper, scissor;

   public RockPaperScissor() {
      setTitle("가위, 바위, 보");
      setSize(400, 150);

      panel = new JPanel();
      panel.setLayout(new GridLayout(0, 3));// 그리드 배치 관리자 선택

      information = new JLabel("아래의 버튼 중에서 하나를 클릭하시오!");
      output = new JLabel("Good Luck!");
      rock = new JButton("0: 가위");
      paper = new JButton("1: 바위");
      scissor = new JButton("2: 보");
      rock.addActionListener(this);
      paper.addActionListener(this);
      scissor.addActionListener(this);

      panel.add(rock);
      panel.add(paper);
      panel.add(scissor);

      add(information, BorderLayout.NORTH);
      add(panel, BorderLayout.CENTER);
      add(output, BorderLayout.SOUTH);
```

① 프레임에서 직접 이벤트를 처리하고 있다.

모든 버튼에서 발생하는 이벤트는 현재 객체, 즉 프레임 객체가 처리한다고 등록한다.

```java
        setVisible(true);
        setDefaultCloseOperation(JFrame.EXIT_ON_CLOSE);
    }

    public static void main(String[] args) {
        RockPaperScissor gui = new RockPaperScissor();
    }

    @Override
    public void actionPerformed(ActionEvent e) {
        JButton b = (JButton)e.getSource();          // 이벤트 발생 컴포넌트 추출
        int user = Integer.parseInt(""+b.getText().charAt(0));
                                                   // 버튼 텍스트의 첫 번째 글자 추출
        Random random = new Random();
        int computer = random.nextInt(3); // 0부터 2까지의 난수 발생
        if( user == computer)
            output.setText("인간과 컴퓨터가 비겼음");
        else if( user == (computer+1)%3)      // 0은 1에게 지고 1은 2에게, 2는 0에게 진다.
            output.setText("인간: "+user+" 컴퓨터: "+computer+"    인간 승리");
        else
            output.setText("인간: "+user+" 컴퓨터: "+computer+"    컴퓨터 승리");
    }
}
```

❷ 이벤트 처리 메소드

❷ 이벤트를 처리하는 메소드 actionPerformed()를 정의하고 있다. getSource()를 호출하여 사용자가 선택한 버튼이 어떤 것인지를 파악한다. 그 버튼 텍스트의 첫 번째 글자를 정수로 변경한다. 버튼 텍스트에는 0, 1, 2 글자가 첫 번째 글자로 되어 있다. 이어서 난수를 발생하고 사용자 선택과 난수를 비교한다. 사용자 선택이 난수보다 하나 많으면 사용자가 승리한 것이다.

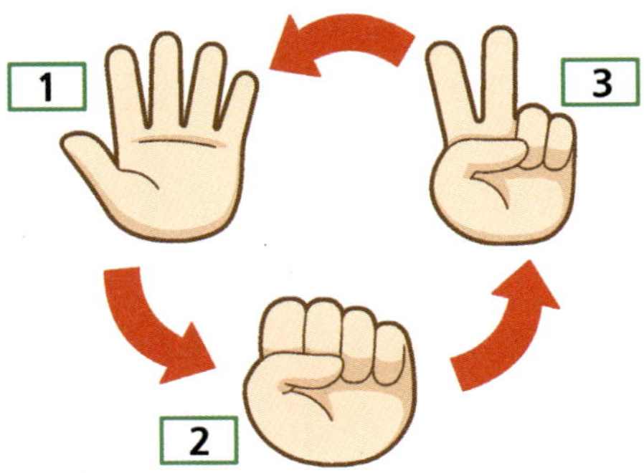

09.3 람다식

람다식(lambda expression)은 이름이 없는 메소드(함수)라고 할 수 있다. 우리가 람다식을 사용하는 이유는 간결함 때문이다. 람다식을 이용하면 메소드가 필요한 곳에 간단히 메소드를 보낼 수 있다. 특히 메소드가 딱 한 번만 사용되고 메소드의 길이가 짧은 경우에 유용하다. 이전 버전의 자바에서는 메소드를 객체로 만들 수 있는 방법이 없었다. 하지만 JDK8부터는 함수를 객체로 만들 수 있다. 이것이 바로 람다식이다.

문법 9.2 **람다식**

```
(arg1, arg2...) -> { body }
```

```
(int a, int b)->{ return a+b; }
```

설명 자바에서 람다식은 (argument) → (body) 구문을 사용하여 작성된다. 간단하게 매개 변수 a와 b를 전달받아서 a+b를 계산하고 반환하는 메소드를 람다식으로 정의하면 오른쪽 위와 같다.

람다식은 특히 이벤트 처리에 이용할 수 있다. 버튼 이벤트를 처리하는데 람다식을 활용해보자.

MyFrame.java

```
import javax.swing.*;
import java.awt.event.*;


public class MyFrame extends JFrame {
    private JButton button;
    private JLabel label;
    int counter=0;

    public MyFrame() {
        this.setSize(400, 150);
        this.setTitle("이벤트 예제");

        JPanel panel = new JPanel();
        button = new JButton("증가");
        label = new JLabel("현재의 카운터값:  "+counter);
        button.addActionListener(e -> {
            counter++;
            label.setText("현재의 카운터값:  "+counter);
        });
```

❶ 람다식을 이용하여 이벤트를 처리하고 있다. 변수 e는 이벤트를 나타낸다. 람다식은 함수를 객체로 만들어서 메소드에 전달할 수 있다.

```
        panel.add(label);
        panel.add(button);
        add(panel);
        setVisible(true);
        setDefaultCloseOperation(JFrame.EXIT_ON_CLOSE);
    }
    public static void main(String[] args) {
        MyFrame t = new MyFrame();
    }
}
```

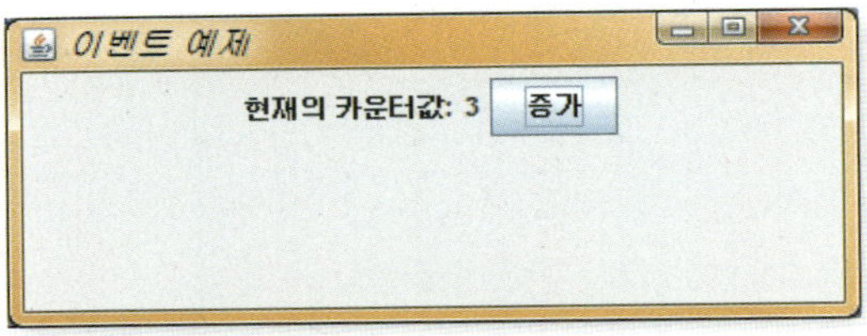

❶ 람다식은 메소드를 객체로 만든 것이다. 위의 코드에서는 다음과 같은 부분이 람다식이다.

```
e -> {
    counter++;
    label.setText("현재의 카운터값: "+counter);
}
```

e가 메소드의 매개 변수이고 { ... } 부분이 메소드의 몸체이다.

참고 이벤트 리스너를 작성할 때 주의할 점은 이벤트를 빠른 시간 안에 처리해야 한다는 점이다. 모든 그리기와 이벤트 처리가 동일한 스레드 안에서 실행되므로 이벤트 처리가 늦어지면 프로그램이 마우스나 키보드에 반응하지 않게 된다. 만약 이벤트 처리가 길어질 것 같으면 별도의 스레드를 생성하여 그 스레드가 작업을 하도록 하여야 한다.

09.4 키 이벤트

키 이벤트(key event)는 사용자가 키보드를 이용하여 입력을 하는 경우에 발생한다. 키를 누를 때도 발생하지만 키에서 손을 떼는 경우에도 발생한다. 어떤 클래스가 키보드 이벤트를 처리하려면 KeyListener 인터페이스를 구현하여야 한다. KeyListener 인터페이스는 다음과 같은 가상 메소드를 가지고 있다.

```
public class MyListener  implements KeyListener {

    public void keyPressed(KeyEvent e)  {    }   // 사용자가 키를 눌렀을 경우에 호출
    public void keyReleased(KeyEvent e) {    }   // 사용자가 키에서 손을 떼었을 경우에 호출
    public void keyTyped(KeyEvent e)    {    }   // 사용자가 글자를 입력했을 경우에 호출
}
```

KeyListener 인터페이스에 정의된 메소드들의 매개 변수 e는 사용자가 입력한 키보드의 가상 키 번호이다. 많이 사용되는 가상 키 번호는 KeyEvent에 정의되어 있고 다음과 같다.

상수	설명	상수	설명
VK_ENTER	엔터키	VK_F1	f1 키
VK_END	end 키	VK_F2	f2 키
VK_CAPSLOCK	capslock 키	...	
VK_ALT	alt 키	VK_F12	f12 키
VK_LEFT	왼쪽 화살표	VK_PAGE_DOWN	page down 키
VK_RIGHT	오른쪽 화살표	VK_PAGE_UP	page up 키

키보드 포커스

KeyEvent가 발생하려면 컴포넌트가 반드시 키보드 포커스를 가지고 있어야 한다. 키보드 포커스를 얻으려면 requestFocus(), setFocusable(true)을 호출하여야 한다.

```
panel.requestFocus();
panel.setFocusable(true);
```

예제 9-3 간단한 게임 만들어 보기

간단한 게임을 구현하여 보자. 프레임 안에 3개의 버튼이 있다. 사용자가 프레임을 선택하고 엔터키를 누를 때마다 버튼의 텍스트가 0부터 10 사이의 난수로 변경된다.

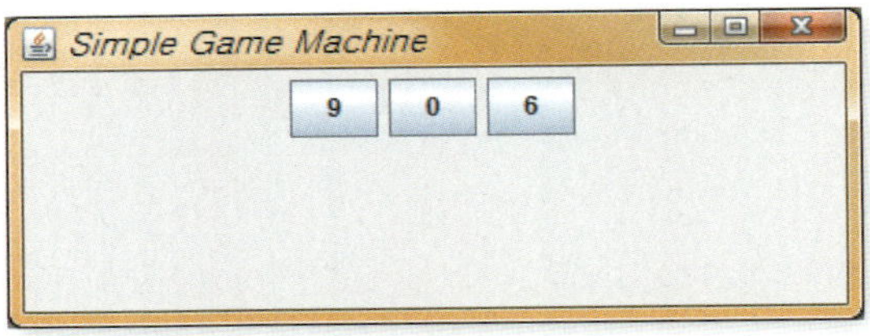

프레임 안에 패널을 생성하고 패널 안에 3개의 버튼을 추가한다. 키 이벤트를 받을 수 있도록 panel.requestFocus(); panel.setFocusable(true); 을 호출한다. 0부터 10 사이의 난수는 다음과 같이 생성할 수 있다.

```
n1 = (int)(Math.random()*10);
```

키 이벤트를 처리하려면 KeyListener 인터페이스를 구현하여야 한다. 무명 클래스나 내부 클래스 등의 방법을 사용할 수 있다.

SimpleGame.java

```
import java.awt.event.*;
import javax.swing.*;

public class SimpleGame extends JFrame {

   int n1, n2, n3;
   JButton button1, button2, button3;

   public SimpleGame() {
      setTitle("Simple Game Machine");
      setSize(300, 150);
      JPanel panel = new JPanel();
      button1 = new JButton(""+n1);
      panel.add(button1);
      button2 = new JButton(""+n2);
```

```
        panel.add(button2);
        button3 = new JButton(""+n3);
        panel.add(button3);
        panel.requestFocus();
        panel.setFocusable(true);
        panel.addKeyListener(new KeyListener() {
            public void keyPressed(KeyEvent e) {
                int keycode = e.getKeyCode();
                if( keycode == KeyEvent.VK_ENTER ) {
                    n1 = (int)(Math.random()*10);
                    n2 = (int)(Math.random()*10);
                    n3 = (int)(Math.random()*10);
                    button1.setText(""+n1);
                    button2.setText(""+n2);
                    button3.setText(""+n3);
                }
            }
            public void keyReleased(KeyEvent e) {    }
            public void keyTyped(KeyEvent e) {       }
        });
        add(panel);
        setVisible(true);
        setDefaultCloseOperation(JFrame.EXIT_ON_CLOSE);
    }

    public static void main(String[] args) {
        SimpleGame f = new SimpleGame();
    }
}
```

도전문제

난수를 분석하여 여러 가지 적절한 메시지를 화면에 출력해 보자. 예를 들어서 동일한 숫자 3개가 나오면 "축하합니다!"를 출력한다.

예제 9-4 자동차 움직이기

키보드의 화살표 키로 움직이는 자동차를 작성하여 보자. 프레임에 패널을 붙이고 패널에서 자동차 이미지를 그린다. 패널 안에서 키 이벤트를 처리하여서 화살표키가 입력되면 화면의 자동차를 움직인다. 여기서 주의할 점은 패널이 키 입력을 받으려면 반드시 setFocusable(true)를 호출하여야 한다.

MyFrame.java

```java
import java.awt.event.*;
import javax.swing.*;

public class MyFrame extends JFrame {

    int img_x=150, img_y=150;
    public MyFrame() {
        setSize(600, 300);
        JButton button = new JButton("");
            ImageIcon icon = new ImageIcon("d:\\car.png");
            button.setIcon(icon);
        button.setLocation(img_x, img_y);
        JPanel panel = new JPanel();
        panel.add(button);
        panel.requestFocus();
        panel.setFocusable(true);
        panel.addKeyListener(new KeyListener() {
            public void keyPressed(KeyEvent e) {
                int keycode = e.getKeyCode();
                switch (keycode) {
                case KeyEvent.VK_UP:    img_y -= 10;   break;
                case KeyEvent.VK_DOWN:    img_y += 10;   break;
                case KeyEvent.VK_LEFT:    img_x -= 10;   break;
                case KeyEvent.VK_RIGHT:   img_x += 10;   break;
                }
                button.setLocation(img_x, img_y);
            }
            public void keyReleased(KeyEvent arg0) {    }
            public void keyTyped(KeyEvent arg0) {       }
        });
        add(panel);
        setVisible(true);
        setDefaultCloseOperation(JFrame.EXIT_ON_CLOSE);
    }

```

① 무명 클래스를 이용하여 KeyListener를 구현하는 클래스를 작성한다.

```java
    public static void main(String[] args) {
        MyFrame f = new MyFrame();
    }
}
```

09.5 Mouse와 MouseMotion 이벤트

마우스 이벤트(Mouse Event)는 사용자가 마우스 버튼을 누르거나 마우스를 움직일 때 발생한다. 사용자가 버튼을 누르거나 메뉴를 선택할 때는 마우스 이벤트를 처리할 필요가 없다(앞에서 학습한대로 이러한 경우는 액션 이벤트로 처리하면 된다). 하지만 사용자가 화면에 마우스로 그림을 그리게 하려면 마우스 이벤트를 처리하여야 한다.

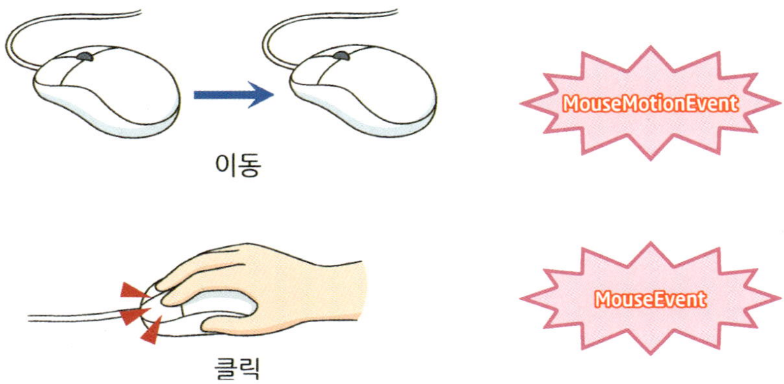

마우스 버튼의 클릭을 처리하려면 MouseListener를 구현하여서 MouseEvent를 받으면 된다. 마우스가 이동할 때 마우스의 위치를 받으려면 MouseMotionListener를 구현하여서 MouseMotionEvent를 받아야 한다. 마우스에 대한 이벤트를 이렇게 분리하는 이유는 마우스의 움직임을 추적하는 것이 시스템의 오버헤드를 증가시키기 때문이다. 먼저 MouseListener 인터페이스에 대하여 살펴보자.

MouseListener 인터페이스

MouseListener 인터페이스는 다음과 같은 가상 메소드를 가지고 있다.

```
public class MyListener implements MouseListener {
   public void mousePressed(MouseEvent e) {    }
   public void mouseReleased(MouseEvent e) {   }
   public void mouseEntered(MouseEvent e) {    }
   public void mouseExited(MouseEvent e) {     }
   public void mouseClicked(MouseEvent e) {    }
}
```

- mousePressed: 마우스가 컴포넌트위에서 눌려지면 호출된다.
- mouseReleased: 마우스가 컴포넌트위에서 떼어지면 호출된다.
- mouseEntered: 마우스 커서가 컴포넌트로 들어가면 호출된다.
- mouseExited: 마우스 커서가 컴포넌트에서 나가면 호출된다.
- mouseClicked: 사용자가 컴포넌트를 클릭한 경우에 호출된다.

사용자가 마우스 버튼을 누르면 mousePressed()가 호출되고 마우스 버튼에서 손을 떼면 mouseReleased()가 호출된다. 이어서 mouseClicked()가 호출된다. 마우스의 현재 좌표는 e.getX()와 e.getY()를 호출하면 알 수 있다.

MouseMotionListener 인터페이스

마우스가 이동할 때 좌표를 받으려면 이 인터페이스를 구현한다.

```
public class MyClass implements MouseMotionListener {
   public void mouseDragged(MouseEvent e) {    }
   public void mouseMoved(MouseEvent e) {    }
}
```

마우스 드래그하면 호출된다.

마우스가 클릭되지 않고 이동하는 경우에 호출된다.

마우스 버튼이 눌린 채로 이동하면 mouseDragged()가 호출되고, 그냥 이동하면 mouseMoved()가 호출된다. 마우스의 현재 좌표는 이벤트의 객체의 getX()와 getY()를 호출하면 알 수 있다. 주의할 점은 드래그시에는 mouseMoved()는 호출되지 않는다는 점이다. 또 드래그시에는 mouseClicked()는 호출되지 않는다. 따라서 마우스 관련 프로그래밍을 정확하게 하기 위해서는 여러 가지 실험을 미리 해보는 것이 필요하다. 뒤의 예제를 참조하라.

예제 9-5 마우스로 자동차 이동하기

이번에는 마우스로 자동차를 이동하는 프로그램을 작성하여 보자.

MyFrame.java

```
import java.awt.event.*;
import javax.swing.*;

public class MyFrame extends JFrame {

   int img_x = 150, img_y = 150;

   public MyFrame() {
      setSize(600, 300);
```

```java
        JButton button = new JButton("");
        ImageIcon icon = new ImageIcon("d:\\car.png");
        button.setIcon(icon);
        button.setLocation(img_x, img_y);
        JPanel panel = new JPanel();
        panel.add(button);
        panel.requestFocus();
        panel.setFocusable(true);
        panel.addMouseListener(new MouseListener() {
            public void mousePressed(MouseEvent e) {
                img_x = e.getX();
                img_y = e.getY();
                button.setLocation(img_x, img_y);
            }
            public void mouseReleased(MouseEvent e) {     }
            public void mouseEntered(MouseEvent e) {    }
            public void mouseExited(MouseEvent e) {     }
            public void mouseClicked(MouseEvent e) {    }
        });
        add(panel);
        setVisible(true);
        setDefaultCloseOperation(JFrame.EXIT_ON_CLOSE);
    }

    public static void main(String[] args) {
        MyFrame f = new MyFrame();
    }
}
```

예제 9-6 마우스로 원 그리기

우리는 아직 원을 그리는 방법을 학습하지 않았지만 프레임에서 getGraphics()을 호출하여 Graphics 객체를 얻은 후에 fillOval()을 호출하면 간단히 원을 그릴 수 있다. 마우스를 클릭하는 곳에 원을 그려보자.

MyFrame.java

```java
import java.awt.*;
import java.awt.event.*;
import javax.swing.*;

public class MyFrame extends JFrame implements MouseListener {
    public MyFrame() {
        addMouseListener(this);
        setSize(300, 300);
        setLayout(null);
        setVisible(true);
        setDefaultCloseOperation(JFrame.EXIT_ON_CLOSE);
    }

    public void mouseClicked(MouseEvent e) {
        Graphics g = getGraphics();
        g.setColor(Color.ORANGE);
        g.fillOval(e.getX()-30, e.getY()-30, 60, 60);
    }

    public void mouseEntered(MouseEvent e) {}
    public void mouseExited(MouseEvent e) { }
    public void mousePressed(MouseEvent e) {}
    public void mouseReleased(MouseEvent e) {  }

    public static void main(String[] args) {
        MyFrame f = new MyFrame();
    }
}
```

마우스가 클릭된 좌표에 원을 그린다.

도전문제

위의 프로그램에서 원의 색상을 랜덤하게 변경하여 보자.

09.6 어댑터 클래스

이벤트를 처리하기 위해서는 리스너 인터페이스에서 정의되어 있는 모든 메소드를 구현해야 한다. 따라서 프로그래머가 작성하기를 원하는 메소드가 하나뿐인 경우에도 인터페이스의 모든 메소드를 구현해야 하는 불편함이 따른다. 이러한 불편을 해소하기 위한 것이 **어댑터 클래스**(Adaptor Class)이다. **어댑터 클래스는 인터페이스를 구현해 놓은 클래스이다**. 어댑터 클래스를 상속받아서 원하는 메소드만을 재정의하는 것이 가능해진다.

예를 들어 KeyEvent의 경우에 2가지 방법을 비교해보자.

리스너를 사용하는 방법

```
class MyListener implements KeyListener {
    public void keyTyped(KeyEvent e){   // 작성하기 원하는 메소드
        ...
    }
    public void keyPressed(KeyEvent e){ } // 불필요한 메소드
    public void keyReleased(KeyEvent e){ }    // 불필요한 메소드
}
```

어댑터를 사용하는 방법

```
class MyListener extends KeyAdaptor {   ← 인터페이스를 구현해 놓은 어댑터 클래스
    public void keyTyped(KeyEvent e){
        if( e.getKeyChar() == 'x' ){
            ...                          ← 필요한 메소드만 재정의한다.
        }
    }
}
```

Mini Project

TIC-TAC-TOE 게임을 작성하여 보자. TIC-TAC-TOE 게임은 3 × 3칸을 가진 게임판을 만들고, 경기자가 동그라미 기호(O)와 가위표 기호(X)을 번갈아 가며 게임판에 놓는 게임이다. 가로, 세로, 대각선 상관 없이 직선으로 동일한 기호 3개를 먼저 만들면 승리한다.

모든 버튼에 동일한 액션 리스너 객체를 등록한다. 액션 리스너에서는 버튼 클릭 이벤트를 처리하고 아직 클릭 안 된 것을 확인한 후에 동그라미 차례이면 'O'으로, 가위 차례이면 'X'로 버튼의 텍스트를 변경한다.

```
@Override
   public void actionPerformed(ActionEvent e) {
      for(int i =0;i<3;i++){
         for(int j =0;j<3;j++){
            if( e.getSource()==buttons[i][j] && buttons[i][j].getText().
                                                            equals(" ") ==true){
               if( turn == 'X'){
                  buttons[i][j].setText("X");
                  turn = 'O';
               }
               else {
                  buttons[i][j].setText("O");
                  turn = 'X';

               }
            }
         }
      }
   }
```

Exercise

1. 다음 문장이 참인지 거짓인지를 판단하시오. 거짓이면 올바르게 수정하시오.

   (1) 버튼에서 발생하는 이벤트는 Key 이벤트이다.

   (2) 마우스가 움직였을 때 발생하는 이벤트는 MouseEvent이다.

   (3) 어댑터 클래스를 사용하면 코드가 길어진다.

2. 버튼 컴포넌트 b에 액션 리스너 객체 obj를 등록하는 문장을 작성하시오.

3. 사용자가 키보드의 키를 눌렀을 때 keyTyped(), keyPressed(), keyRelelased()가 호출되는 순서는 무엇인가? 실제 프로그램을 작성하여 알아보아도 좋다.

4. 다음의 이벤트 처리 코드를 무명 클래스를 이용하여 다시 작성하여 보자.

```
class MyFrame extends JFrame implements ActionListener {
   JButton button;
   public MyFrame() {
      button = new JButton("버튼을 누르시오");
      button.addActionListener(this);
      ...
   }
   public void actionPerformed(ActionEvent e) {
      System.out.println("마침내 버튼이 눌려졌습니다.");
   }
}
```

5. 4번의 이벤트 처리 코드를 람다식을 사용하여 다시 작성하여 보자.

6. 다음의 이벤트 처리 코드를 MouseAdaptor 클래스를 사용하여 다시 작성하여 보자.

```
addMouseListener(new MouseListener() {
      public void mousePressed(MouseEvent e) {
         img_x = e.getX();
         img_y = e.getY();
         repaint();
      }
      public void mouseReleased(MouseEvent e) { }
      public void mouseEntered(MouseEvent e) { }
      public void mouseExited(MouseEvent e) { }
      public void mouseClicked(MouseEvent e) { }
});
```

Programming Exercise

1. 프레임 안에 버튼을 하나 생성하고, 버튼이 눌려지면 버튼의 텍스트를 아래와 같이 변경하는 프로그램을 작성하라.

2. 프레임 안에 버튼을 2개 생성하고, 각 버튼을 누르면 패널의 배경색이 변경되는 프로그램을 작성하라.

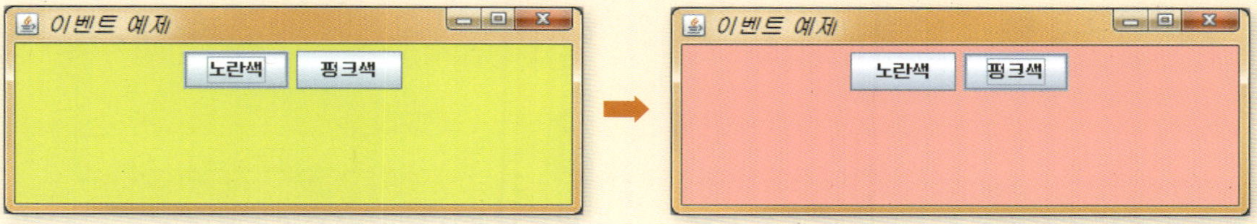

3. 마일을 입력하고 "변환" 버튼을 누르면 마일이 킬로미터로 변환되어 표시되는 프로그램을 작성하라.

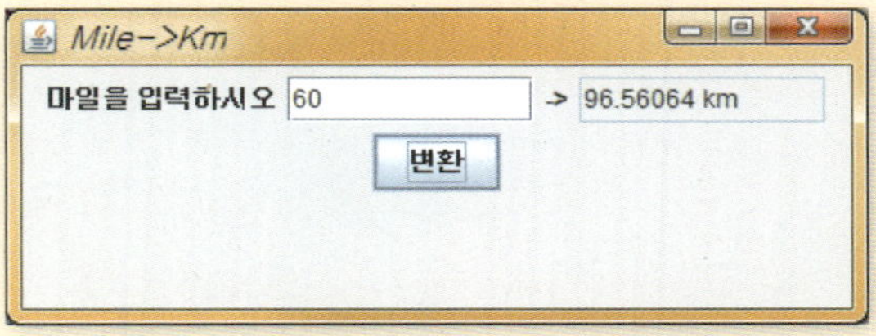

4. 다음과 같은 실행 결과를 가지는 프로그램을 작성하여 보자. 화살표 키나 버튼을 누르면 화면의 막대가 좌우로 움직인다. 막대는 패널이나 버튼으로 구현한다.

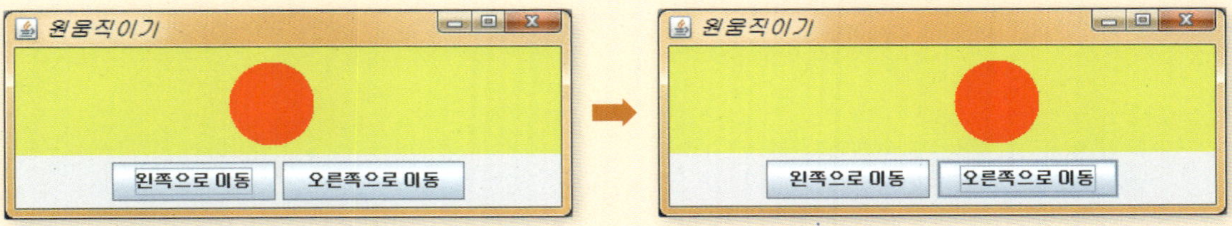

5. 원금과 이율을 입력하면 이자를 계산하여 주는 프로그램을 작성하시오. 버튼을 누르면 이자가 계산되어야 한다.

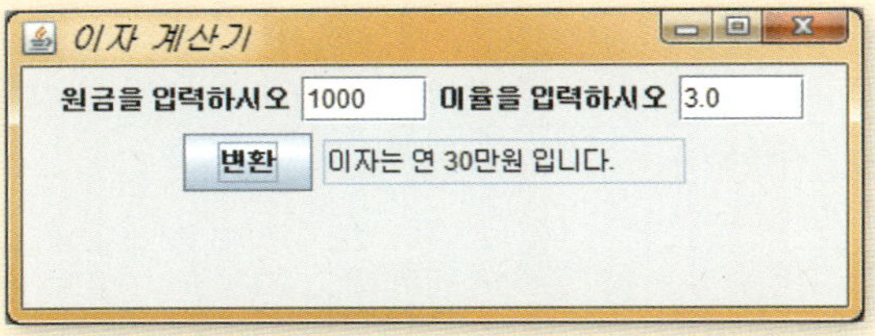

6. 랜덤한 상태의 타일을 받아서 순서대로 만드는 퍼즐 게임을 작성해 보자.

7. 사칙 연산이 가능한 간단한 계산기를 구현해보자. 정수 1자리 숫자만 계산하여도 된다.

참고 텍스트 필드에 있는 문자열을 정수로 변환하려면 다음과 같은 문장을 사용한다.

```
int number = Integer.parseInt(result.getText());
```

POWER Java compact

CHAPTER 10

스윙 컴포넌트

학습목표

- 이번 장에서는 스윙이 제공하는 컴포넌트들을 살펴본다. 스윙은 일반적인 애플리케이션을 작성하는데 충분한 규모의 컴포넌트들을 제공하고 있다. 텍스트에 관련된 컴포넌트, 스크롤 페인, 체크 박스, 라디오 버튼 등이 다루어진다. 종합적인 예제로 피자 주문 화면을 작성하여 본다.

학습목차

10.1 스윙 컴포넌트 소개

자바에서 GUI 프로그램을 작성하려면 스윙에서 제공하는 컴포넌트를 사용하여야 한다. 컴포넌트(component)는 재사용 가능한 프로그램 빌딩 블록으로서 다른 컴포넌트와 결합하여 애플리케이션을 구성한다. 컴포넌트는 다른 컴포넌트들로 구성될 수도 있다. 여러 개의 객체들이 모여서 컴포넌트를 이룰 수 있다. 스윙 컴포넌트는 다음과 같은 계층 구조를 가진다.

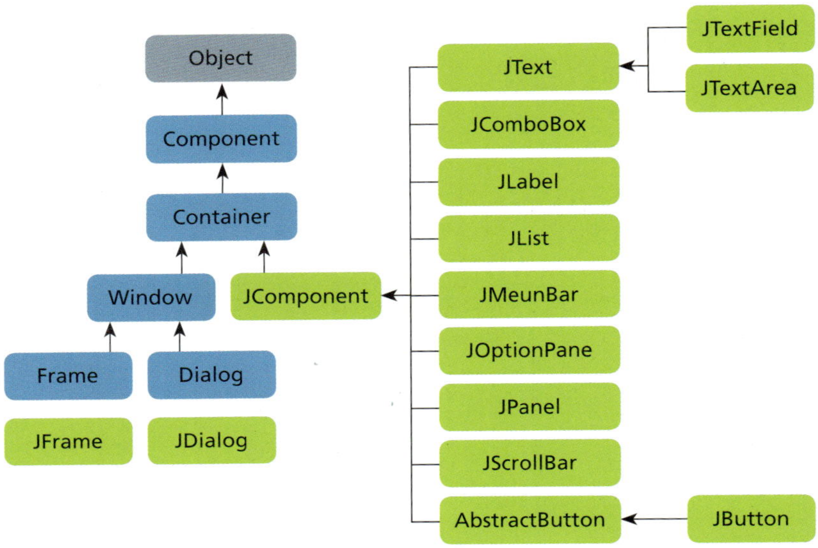

JComponent의 메소드

JComponent는 거의 모든 스윙 컴포넌트의 부모 클래스이다. JComponent 클래스의 메소드 중에서 많이 사용되는 것은 다음과 같다.

메소드	설명
`public void add(Component c)`	하나의 컴포넌트를 다른 컴포넌트에 추가한다.
`public void setSize(int width,int height)`	컴포넌트의 크기를 설정한다.
`public void setLocation(int x, int y)`	컴포넌트의 위치를 설정한다.
`public void setLayout(LayoutManager m)`	컴포넌트의 배치 관리자를 설정한다.
`public void setVisible(boolean b)`	컴포넌트의 표시 여부를 설정한다. 디폴트는 false이다.

예를 들어서 버튼에서도 JComponent의 메소드들을 사용할 수 있다. 우리는 이미 앞장에서 setSize()나 setLocation()을 사용한 바 있다.

10.2 레이블 사용하기

텍스트를 표시하는 스윙 컴포넌트는 레이블(JLabel)이다. 다음과 같은 문장으로 화면에 텍스트를 표시할 수 있다.

```
JLabel label = new JLabel("Hello World");
```

레이블에 사용되는 색상과 폰트는 변경이 가능하다.

예제 10-1 레이블의 색상과 폰트 변경하기

레이블의 색상과 폰트를 변경하여 프레임 위에 표시해 보자.

LabelTest.java

```
import java.awt.*;
import javax.swing.*;

public class LabelTest extends JFrame {
   private JPanel panel;
   private JLabel label1, label2;

   public LabelTest() {
      setTitle("레이블 테스트");
      setSize(400,150);

      panel = new JPanel();
      label1 = new JLabel("Color Label");
      label1.setForeground(Color.BLUE);
      label2 = new JLabel("Font Label");
      label2.setFont(new Font("Arial", Font.ITALIC, 30));
      label2.setForeground(Color.ORANGE);
```

```
        panel.add(label1);
        panel.add(label2);
        add(panel);
        setVisible(true);
        setDefaultCloseOperation(JFrame.EXIT_ON_CLOSE);
    }

    public static void main(String[] args) {
        LabelTest t=new LabelTest();
    }
}
```

이미지 레이블

레이블과 버튼에는 텍스트 뿐만 아니라 이미지도 표시할 수 있다. 그림 10.1은 레이블과 버튼에 이미지를 추가로 표시한 것이다.

그림 10.1 이미지를 가지고 있는 레이블과 버튼

스윙 컴포넌트에 이미지를 표시하려면 먼저 ImageIcon 인스턴스를 생성하여야 한다. ImageIcon은 JPEG, GIF, PNG 이미지 파일을 읽을 수 있다. 다음 단계는 setIcon() 메소드를 사용하여 레이블에 이미지를 지정하는 것이다.

```
ImageIcon image = new ImageIcon("d://dog.png");
JLabel label = new JLabel("Dog");
label.setIcon(image);
```

레이블에 이미지가 설정되면 레이블의 텍스트는 오른쪽에 표시된다. 버튼에 이미지를 추가하는 과정도 레이블과 아주 유사한다.

예제 10-2 레이블로 이미지 표시하기

레이블로 이미지를 표시하고 아래에 버튼을 표시해 보자. d: 드라이브에 dog.png 파일이 있어야 한다.

ImageLabelTest.java

```
import java.awt.*;
import javax.swing.*;

public class ImageLabelTest extends JFrame {
    private JPanel panel;
    private JLabel label;
    private JButton button;

    public ImageLabelTest() {
        setTitle("레이블 테스트");
        setSize(400,150);

        panel = new JPanel();
        label = new JLabel("Dog");
        label.setFont(new Font("Arial", Font.ITALIC, 30));
        label.setForeground(Color.ORANGE);

        ImageIcon icon = new ImageIcon("d://dog.png");
        label.setIcon(icon);

        button = new JButton("자세한 정보를 보려면 클릭하세요!");
        panel.add(label);
        panel.add(button);
        add(panel);
        setVisible(true);
        setDefaultCloseOperation(JFrame.EXIT_ON_CLOSE);
    }

    public static void main(String[] args) {
        ImageLabelTest t=new ImageLabelTest();
    }

}
```

이미지 생성

레이블에 이미지 추가

10.3 텍스트 필드 사용하기

텍스트 필드(text field)는 JTextField 클래스로서 입력이 가능한 한 줄의 텍스트 필드를 만드는 데 사용된다. 텍스트 필드 안에서 문자열을 선택할 수 있고 선택한 문자열을 복사하여 붙이는 것(Cut and Paste)도 가능하다. JTextField는 두 개의 자식 클래스를 가지는데 JPasswordField는 패스워드 입력처럼 사용자가 입력하는 문자를 보여주지 않는 컴포넌트이다. JFormattedTextField는 사용자가 입력할 수 있는 문자 집합을 제한한다.

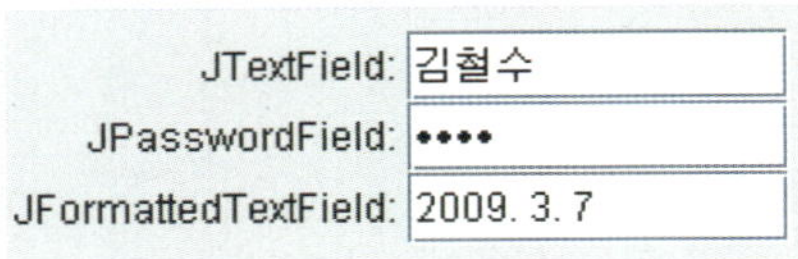

텍스트 필드를 생성하려면 다음과 같은 문장들을 사용한다.

```
JTextField tf = new JTextField(30);          // 30자 크기의 텍스트 필드를 만든다.
tf.setText("아이디를 입력하시오.");             // 텍스트 필드의 텍스트를 설정한다.
System.out.println(tf.getText());            // 텍스트 필드의 텍스트를 가져온다.
```

텍스트 필드가 사용자로부터 입력을 받을 수 있으려면 키보드 포커스를 가지고 있어야 한다. requestFocus()를 호출한다.

```
tf.requestFocus();
```

텍스트 필드에 입력한 후에 [Enter]키를 누르면 액션 이벤트가 발생한다. 액션 리스너를 정의하고 actionPerformed()에서 액션 이벤트를 처리하면 된다.

예제 10-3 사용자로부터 받은 정수의 제곱 계산하기

텍스트 필드를 이용하여 사용자로부터 정수를 입력받은 후에 정수의 제곱을 구하여 결과를 출력 전용의 텍스트 필드를 이용하여 표시하는 프로그램을 작성하여 보자.

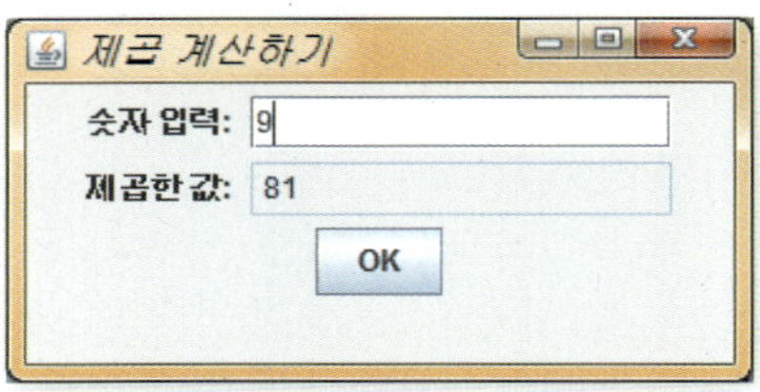

TestFieldFrame.java

```java
import java.awt.*;
import javax.swing.*;
import java.awt.event.*;

public class TextFieldFrame extends JFrame {
    private JButton button;
    private JTextField text, result;
    public TextFieldFrame() {
        setSize(300, 150);
        setTitle("제곱 계산하기");
        ButtonListener listener = new ButtonListener();

        JPanel panel = new JPanel();
        panel.add(new JLabel("숫자 입력: "));
        text = new JTextField(15);
        text.addActionListener(listener);
        panel.add(text);

        panel.add(new JLabel("제곱한 값: "));
        result = new JTextField(15);
        result.setEditable(false);
        panel.add(result);

        button = new JButton("OK");
        button.addActionListener(listener);
        panel.add(button);
        add(panel);
        setVisible(true);
        setDefaultCloseOperation(JFrame.EXIT_ON_CLOSE);
    }
    // 내부 클래스로서 텍스트 필드와 버튼의 액션 이벤트 처리
    private class ButtonListener implements ActionListener {
        public void actionPerformed(ActionEvent e) {
            if (e.getSource() == button || e.getSource() == text) {
                String name = text.getText();
                int value = Integer.parseInt(name);
                result.setText(" " + value * value);
                text.requestFocus();
            }
        }
    }
    public static void main(String[] args) {
        new TextFieldFrame();
    }
}
```

리스너 객체 생성

레이블 객체 생성

컬럼수가 15인 텍스트 필드 생성

텍스트 필드에 리스너 연결

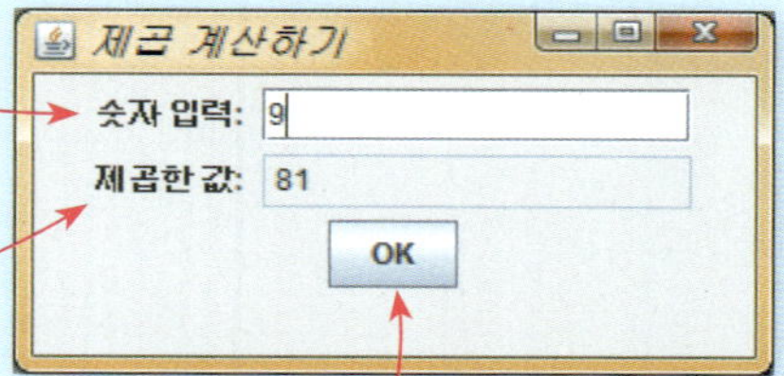

결과를 나타낼 텍스트 필드

편집 불가 설정

버튼을 누르거나 텍스트 필드에서 엔터키를 누르면 호출

텍스트를 입력받아서 정수로 변환하고 제곱값을 구한 후에 결과를 result에 출력한다. 텍스트 포커스를 text에 설정한다.

예제 10-4 패스워드 필드 사용하기

패스워드 필드는 용어 그대로 암호를 입력받을 때 사용한다. 패스워드 필드에 사용자가 암호를 입력하면 글자들이 모두 * 문자로 표시된다. 패스워드 필드를 사용하여 다음과 같은 로그인 윈도우를 작성하여 보자.

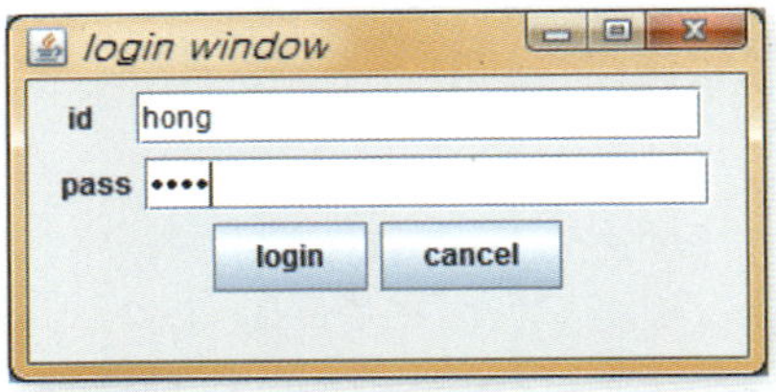

LoginWindow.java

```java
import java.awt.*;
import java.awt.event.*;
import javax.swing.*;

public class LoginWindow extends JFrame {

    public LoginWindow()
    {
        setTitle("login window");
        setSize(300, 150);

        JPanel panel = new JPanel();
        add(panel);

        panel.add(new JLabel("id     "));
        panel.add(new JTextField(20));
        panel.add(new JLabel("pass"));
        panel.add(new JPasswordField(20));

        JButton login = new JButton("login");
        panel.add(login);

        JButton cancel = new JButton("cancel");
        panel.add(cancel);

        setVisible(true);
        setDefaultCloseOperation(JFrame.EXIT_ON_CLOSE);
    }
    public static void main(String[] args) {
        new LoginWindow();
    }
}
```

패스워드 필드를 생성하여 패널에 추가한다.

도전문제

1. 보다 정교한 배치 관리자를 사용해 보자.
2. 회원 가입 버튼을 추가하고 이 버튼을 누르면 벡터(vector)에 아이디와 패스워드를 저장하라.
3. "login" 버튼을 누르면 벡터에 저장된 정보를 탐색하여 "로그인 성공"이나 "로그인 실패"와 같은 메시지를 화면에 출력하라.

10.4 체크 박스

체크 박스(check box)란 사용자가 클릭하여 체크된 상태와 체크되지 않은 상태 중의 하나로 만들 수 있는 컨트롤이다. 체크 박스는 흔히 사용자로 하여금 YES와 NO 중에서 하나를 선택하게 하는데 사용된다. 아래 그림은 4개의 체크 박스를 가진 애플리케이션을 보여준다.

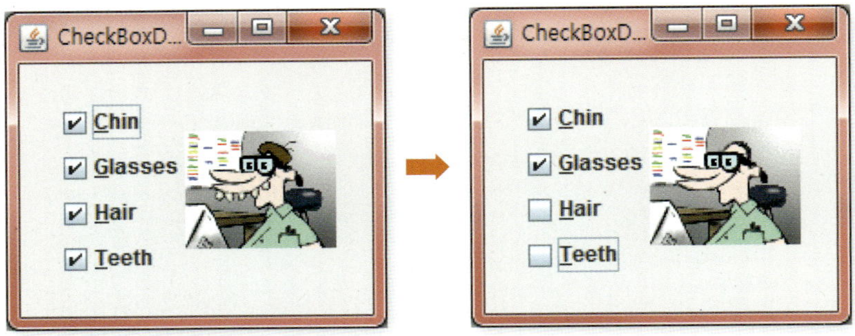

체크 박스를 생성하기 위해서는 JCheckBox 클래스를 사용한다. 체크 박스는 다음과 같이 생성하면 된다.

```
onion = new JCheckBox("양파");
cheese = new JCheckBox("치즈", true);
onion.setSelected(true);
```

만약 생성자에서 초기 상태를 주지 않으면 체크되지 않은 체크 박스가 생성된다. 체크된 상태를 원하면 두 번째 매개 변수를 "true"로 주면 된다. 체크 박스를 강제적으로 true나 false로 설정하려면 setSelected()를 사용한다.

체크 박스 이벤트 처리

사용자가 체크 박스를 클릭하면 ItemEvent가 발생한다. ItemEvent를 처리하려면 ItemListener를 구현하여야 한다. 무명 클래스를 사용하는 것이 편하다.

```
JCheckBox check = new JCheckBox("Checkbox", false);
check.addItemListener(new ItemListener() {
    public void itemStateChanged(ItemEvent e) {
        System.out.println("체크상태: " + check.isSelected());
    }
});
```

예제 10-5 체크박스 사용하기

아래와 같은 5개의 체크 박스를 가지는 프로그램을 작성해 보자.

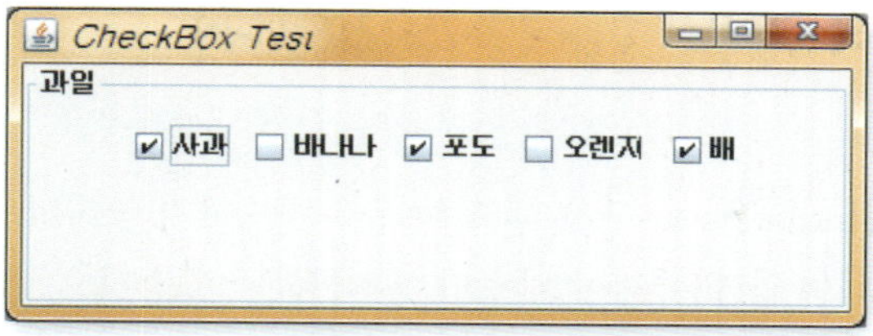

CheckBoxTest.java

```java
import java.awt.*;
import java.awt.event.*;
import javax.swing.*;

public class CheckBoxTest extends JFrame {

    public CheckBoxTest() {
        setTitle("CheckBox Test");
        setSize(500, 150);

        JPanel panel = new JPanel();
        add(panel);

        JCheckBox checkbox1 = new JCheckBox("사과", true);
        JCheckBox checkbox2 = new JCheckBox("바나나");
        JCheckBox checkbox3 = new JCheckBox("포도", true);
        JCheckBox checkbox4 = new JCheckBox("오렌지");
        JCheckBox checkbox5 = new JCheckBox("배", true);

        panel.setBorder(BorderFactory.createTitledBorder("과일"));

        panel.add(checkbox1);
        panel.add(checkbox2);
        panel.add(checkbox3);
        panel.add(checkbox4);
        panel.add(checkbox5);

        add(panel);
        setVisible(true);
        setDefaultCloseOperation(JFrame.EXIT_ON_CLOSE);
    }
    public static void main(String[] args) {
        new CheckBoxTest();
    }
}
```

10.5 라디오 버튼

라디오 버튼(radio button)은 체크 박스와 비슷하지만 하나의 그룹 안에서는 한 개의 버튼만 선택할 수 있다는 점이 다르다. 만약 하나의 라디오 버튼을 클릭하면 다른 버튼은 자동적으로 선택이 해제된다.

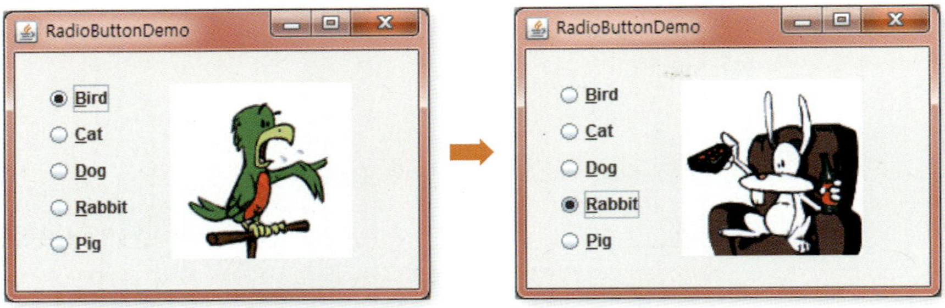

그림 10.2 라디오 버튼

라디오 버튼을 만들기 위해서는 두개의 클래스를 이용한다. 하나는 JRadionButton으로 라디오 버튼을 생성하는데 사용한다. 또 하나는 ButtonGroup으로 버튼들을 그룹핑하는데 사용된다. 라디오 버튼은 모든 사용법이 앞의 체크 박스와 비슷하다. 예를 들어서 라디오 버튼은 다음과 같이 생성한다.

```
JRadioButton    radio1 = new JRadioButton("Small Size");
JRadioButton    radio2 = new JRadioButton("Medium Size");
JRadioButton    radio3 = new JRadioButton("Large Size");
...
ButtonGroup  group = new ButtonGroup();

group.add(radio1);
group.add(radio2);
group.add(radio3);
```

ButtonGroup 객체를 생성한다.

라디오 버튼들을 ButtonGroup 객체에 추가한다.

라디오 버튼 객체들을 생성한 후에는 이것들을 그룹핑하여야 한다. 이것은 ButtonGroup 클래스를 생성하고 여기에 라디오 버튼들을 추가하면 된다. ButtonGroup의 기능은 하나의 라디오 버튼만이 선택될 수 있도록 하는 것이다.

라디오 버튼 이벤트 처리

만약 라디오 버튼이 눌려지는 순간, 어떤 작업을 실행하고 싶다면 액션 이벤트를 처리하면 된다. 코드에서 라디오 버튼이 눌려졌는지를 검사하고 싶다면 isSelected()를 사용한다. 만약 강제적으로 어떤 버튼을 선택되게 하려면 doClick()을 사용한다.

예제 10-6 커피 주문 화면 만들기

커피의 크기를 선택하는 다음과 같은 화면을 라디오 버튼을 이용하여서 생성하여 보자.

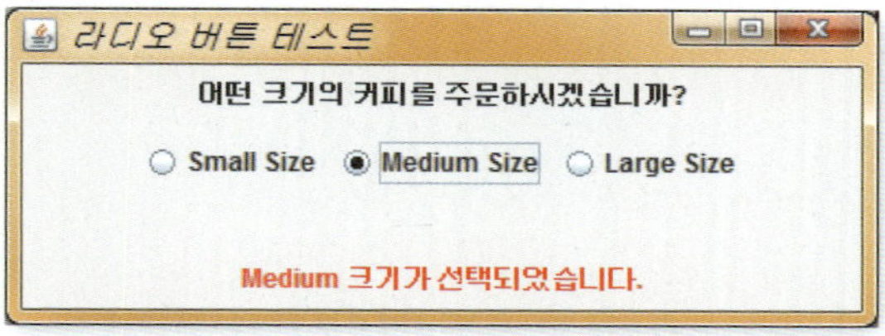

RadioButtonFrame.java

```java
import java.awt.*;
import java.awt.event.*;
import javax.swing.*;
public class RadioButtonFrame extends JFrame implements ActionListener {

    private JRadioButton small, medium, large;
    private JLabel text;
    private JPanel topPanel, sizePanel, resultPanel;

    public RadioButtonFrame () {
        setTitle("라디오 버튼 테스트");
        setSize(300, 150);

        topPanel = new JPanel();
        topPanel.add(new JLabel("어떤 크기의 커피를 주문하시겠습니까?"));
        add(topPanel, BorderLayout.NORTH);

        sizePanel = new JPanel();
        small = new JRadioButton("Small Size");
        medium = new JRadioButton("Medium Size");
        large = new JRadioButton("Large Size");

        ButtonGroup size = new ButtonGroup();
        size.add(small);
        size.add(medium);
        size.add(large);
        small.addActionListener(this);
        medium.addActionListener(this);
        large.addActionListener(this);
```

라디오 버튼 생성

버튼 그룹을 생성하고 여기에 라디오 버튼을 추가한다.

버튼에 액션 리스너를 등록한다.

```
        sizePanel.add(small);
        sizePanel.add(medium);
        sizePanel.add(large);
        add(sizePanel, BorderLayout.CENTER);

        resultPanel = new JPanel();
        text = new JLabel("크기가 선택되지 않았습니다.");
        text.setForeground(Color.red);
        resultPanel.add(text);
        add(resultPanel, BorderLayout.SOUTH);
        setVisible(true);
        setDefaultCloseOperation(JFrame.EXIT_ON_CLOSE);
    }

    public void actionPerformed(ActionEvent e) {
        if (e.getSource() == small) {
            text.setText("Small 크기가 선택되었습니다.");
        }
        if (e.getSource() == medium) {
            text.setText("Medium 크기가 선택되었습니다.");
        }
        if (e.getSource() == large) {
            text.setText("Large 크기가 선택되었습니다.");
        }
    }

    public static void main(String[] args) {
        new RadioButtonFrame();
    }
}
```

버튼 그룹을 생성하고 여기에 라디오 버튼을 추가한다.

라디오 버튼이 눌려지면 호출된다. 레이블에 선택 결과를 출력한다.

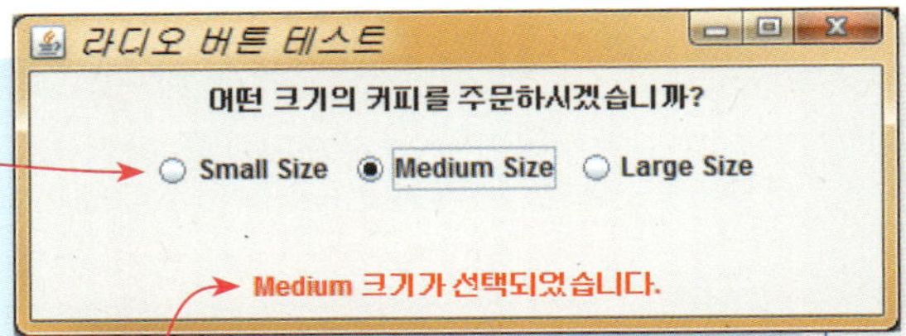

10.6 텍스트 영역 사용하기

텍스트 영역(TextArea)은 앞의 텍스트 필드와 비슷하지만 한 줄이 아니라 여러 줄의 텍스트가 들어 갈 수 있다.

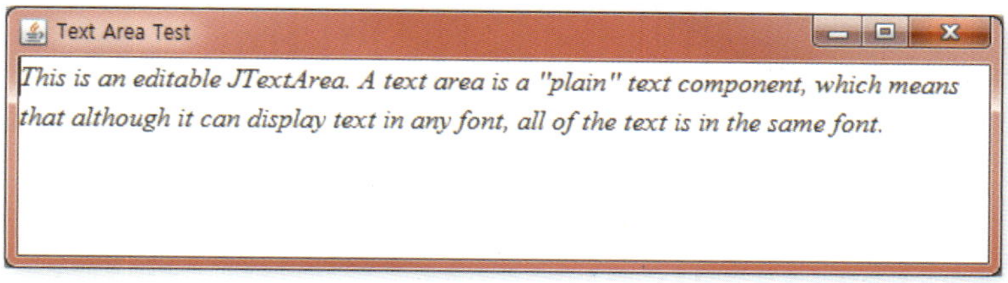

그림 10.3 텍스트 영역

```
textArea = new JTextArea(10, 30);      // 10행 30열의 텍스트 영역을 만든다.
```

생성자의 매개 변수는 텍스트 영역의 행과 열이다. 텍스트 영역에서 텍스트를 가져오려면 getText()를 사용하고 텍스트를 넣으려면 setText()를 사용한다. 이것은 텍스트 필드와 동일하다. 텍스트를 추가하려면 append()를 사용한다.

```
textArea.append("겁이 많은 개일수록 큰소리로 짖는다");
```

예제 10-7 텍스트 필드 사용하기

사용자가 텍스트 필드에 텍스트를 입력하고 엔터키를 누르면 이것을 텍스트 영역에 추가하는 프로그램을 작성하여 보자.

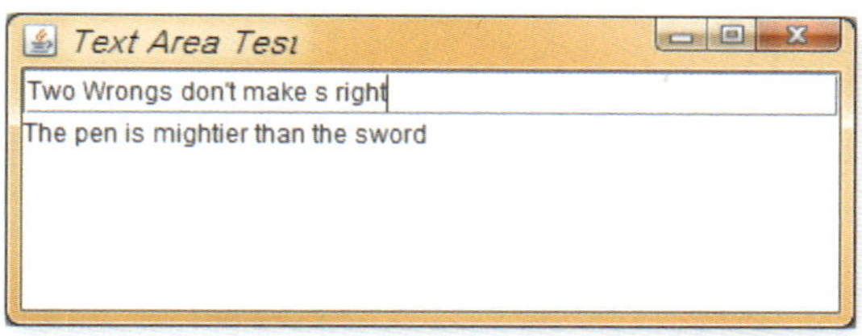

TextAreaFrame.java

```
import java.awt.*;
import java.awt.event.*;
import javax.swing.*;

```

```java
public class TextAreaFrame extends JFrame implements ActionListener {
    protected JTextField textField;
    protected JTextArea textArea;

    public TextAreaFrame() {
        setTitle("Text Area Test");

        textField = new JTextField(30);
        textField.addActionListener(this);

        textArea = new JTextArea(10, 30);
        textArea.setEditable(false);

        add(textField, BorderLayout.NORTH);
        add(textArea, BorderLayout.CENTER);

        pack();
        setVisible(true);
        setDefaultCloseOperation(JFrame.EXIT_ON_CLOSE);
    }

    public void actionPerformed(ActionEvent evt) {
        String text = textField.getText();
        textArea.append(text + "\n");
        textField.selectAll();
        textArea.setCaretPosition(textArea.getDocument().getLength());
    }

    public static void main(String[] args) {
        new TextAreaFrame();
    }
}
```

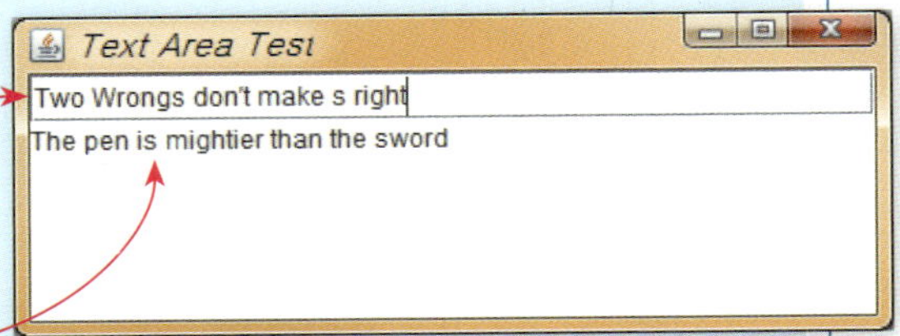

TextArea의 줄수와 칸수는 생성자의 인수로 지정이 가능하다. 문자열을 인수로 주면 TextArea 생성시에 그 문자열이 표시 영역에 나타난다.

텍스트 필드에서 텍스트를 읽어서 텍스트 영역에 추가한다. 입력을 편하게 하기 위하여 텍스트 필드에 있는 텍스트를 모두 선택한다.

스크롤 페인

스크롤 페인(scroll pane)은 컴포넌트에 스크롤 기능을 제공한다. 일반적으로 화면은 제한되어 있고 화면보다 더 큰 컴포넌트를 표시하기 위해서는 스크롤 기능이 필요하다. 스크롤 기능을 추가하려면 스크롤 페인에 컴포넌트를 집어넣어야 한다. 예를 들어서 앞의 프로그램에 스크롤 기능을 추가하려면 텍스트 영역을 스크롤 페인의 생성자 매개 변수로 넘겨서 스크롤 페인에 추가하면 된다.

```java
textArea = new JTextArea(10, 30);                  // 텍스트 영역을 생성한다.
JScrollPane scrollPane = new JScrollPane(textArea);  // ❶
add(scrollPane, BorderLayout.CENTER);
```

❶은 텍스트 영역 객체를 포함하고 있는 JScrollPane 객체를 생성한다. 일반적으로 JScrollPane의 어떤 메소드도 호출할 필요가 없는데 그 이유는 스크롤 페인은 자동적으로 모든 일을 처리하기 때문이다. 즉 필요하면 스크롤 바를 생성하고 사용자가 스크롤 노브를 움직이면 클라이언트를 다시 그린다. 위의 코드를 앞의 TextArea 예제 프로그램에 스크롤 페인을 추가하여 보면 다음과 같이 텍스트 영역에 스크롤 바가 나타난다.

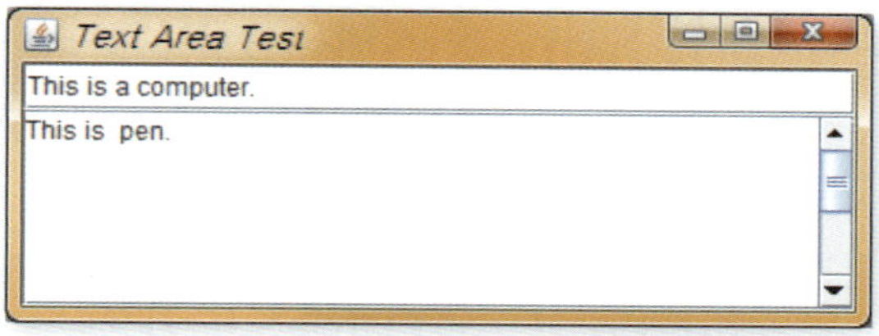

그림 10.4 텍스트 영역을 스크롤 페인에 넣은 결과

JScrollPane 클래스는 텍스트 영역이외에도 어떤 종류의 컴포넌트와도 사용할 수 있다.

10.7 콤보 박스

콤보 박스(combo box)도 여러 항목 중에서 하나를 선택하는데 사용할 수 있다. 콤보 박스는 텍스트 필드와 리스트의 결합이다. 사용자는 콤보 박스의 텍스트를 직접 입력할 수도 있고 리스트에서 선택할 수도 있다. 하지만 텍스트 필드를 편집 불가로 해놓는 경우에 사용자는 리스트에서 선택만 할 수 있다.

그림 10.5 콤보박스의 모습

콤보 박스를 생성하기 위해서는 먼저 생성자 중에서 하나를 골라서 호출하여야 한다. 생성자는 비어 있는 콤보 박스를 생성한다. 여기에 항목을 추가하려면 addItem() 메소드를 사용한다.

```
JComboBox combo = new JComboBox();
combo.addItem("dog");
combo.addItem("lion");
combo.addItem("tiger");
```

콤보 박스로부터 사용자가 선택한 항목을 가져오려면 getSelectedItem()을 사용한다. 이 메소드는 Object 타입으로 반환하므로 이것을 형변환하여 사용하여야 한다.

사용자가 콤보 박스에서 항목을 선택하면 액션 이벤트가 발생된다. 보통은 이 액션 이벤트는 무시하고 특정 버튼을 누르는 경우에만 선택된 항목을 가져오게 된다. 하지만 사용자가 항목을 선택하였을 경우, 피이드백을 주고 싶은 경우에는 콤보 박스의 액션 이벤트를 처리할 수 있다.

예제 10-8 콤보 박스를 사용하여 이미지 선택하기

사용자가 콤보 박스에서 하나의 이미지를 선택하면 이것을 화면에 표시하는 프로그램을 작성해보자.

ComboBoxFrame.java

```java
import java.awt.*;
import java.awt.event.*;
import javax.swing.*;

public class ComboBoxFrame extends JFrame implements ActionListener {
    JLabel label;

    public ComboBoxFrame() {
        setTitle("콤보 박스");
        setSize(400, 200);

        String[] animals = { "dog", "cat", "bird" };
        JComboBox animalList = new JComboBox(animals);
        animalList.setSelectedIndex(0);
        animalList.addActionListener(this);

        label = new JLabel();
        label.setHorizontalAlignment(JLabel.CENTER);
        changePicture(animals[animalList.getSelectedIndex()]);
        add(animalList, BorderLayout.NORTH);
        add(label, BorderLayout.CENTER);
        setVisible(true);
        setDefaultCloseOperation(JFrame.EXIT_ON_CLOSE);
    }

    public void actionPerformed(ActionEvent e) {
        JComboBox cb = (JComboBox) e.getSource();
        String name = (String) cb.getSelectedItem();
        changePicture(name);
    }

```

콤보박스에서 항목이 선택되면 이미지를 변경한다.

```java
    protected void changePicture(String name) {
        ImageIcon icon = new ImageIcon("d:\\"+name + ".png");
        label.setIcon(icon);
        if (icon != null) {
            label.setText(null);
        } else {
            label.setText("이미지가 발견되지 않았습니다.");
        }
    }

    public static void main(String[] args) {
        ComboBoxFrame frame=new ComboBoxFrame();
    }
}
```

이미지 파일들은 d 드라이브에 있어야 한다.

10.8 메뉴 붙이기

메뉴는 공간을 절약하면서 사용자가 여러 가지 옵션 중에서 하나를 선택하게 하는 방법이다. 메뉴는 다른 컴포넌트와는 달리 컨테이너 안에 배치되지 않는다. 메뉴는 메뉴바에 나타나거나 팝업 메뉴로만 나타난다. 메뉴바는 윈도우 상단에 위치하면서 여러 개의 메뉴를 가지고 있다. 팝업 메뉴는 사용자가 팝업이 가능한 컴포넌트 위에서 마우스 오른쪽 버튼을 누르면 그 위치에 등장한다. 메뉴 항목은 이미지나 텍스트를 가질 수 있다. 물론 폰트나 색상등도 변경이 가능하다. 메뉴에 관련된 용어는 다음과 같다.

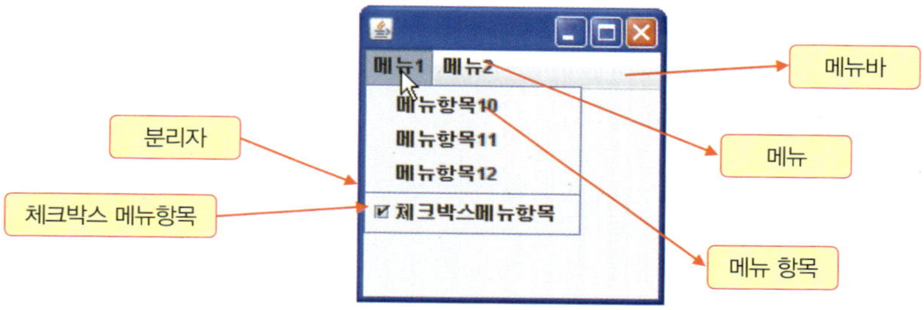

그림 10.6 메뉴에서의 용어

계층도에서도 알 수 있듯이 메뉴는 간단하게도 버튼이다. 그 이유는 버튼과 같이 누르면 이벤트가 발생하기 때문이다. 메뉴바는 JMenuBar 클래스에 의하여 지원된다. 메뉴바는 프레임에만 부착될 수 있다. 패널에는 부착할 수 없다. 메뉴 항목은 MenuItem 객체로 표현된다. 메뉴는 JMenu 객체에 의해 표현되는데 JMenuItem의 서브 클래스로 구현되기 때문에 메뉴 안의 메뉴, 즉 서브 메뉴를 쉽게 만들 수 있다.

메뉴 생성 절차

기본적인 메뉴의 생성 순서는 다음과 같다.

```
// ❶ 메뉴바 관련 변수를 선언한다.
JMenuBar menuBar;      // 메뉴바
JMenu menu;            // 메뉴
JMenuItem menuItem;    // 메뉴 항목

// ❷ 메뉴바를 생성한다.
menuBar = new JMenuBar();

// ❸ 메뉴를 생성하여 메뉴바에 추가한다.
menu = new JMenu("메뉴1");
```

```
menuBar.add(menu);

// ❹ 메뉴 항목을 생성하여 메뉴에 추가한다.
menuItem = new JMenuItem("메뉴항목1",  KeyEvent.VK_T);
menu.add(menuItem);

// ❺ 프레임에 메뉴바를 설정한다.
frame.setJMenuBar(mb);
```

메뉴 이벤트 처리

각 메뉴 항목에 대하여 액션 이벤트를 처리해 주면 된다.

```
// 각각의 메뉴 항목에 대하여 이벤트 처리기 등록
menuItem.addActionListener(this);
```

예제 10-9 메뉴 만들어 보기

프레임을 생성한 후에 메뉴바를 붙인다. 메뉴바에는 5개의 메뉴를 생성하여 추가하고 첫 번째 메뉴에 다양한 메뉴 항목들을 생성하여 추가하여 보자.

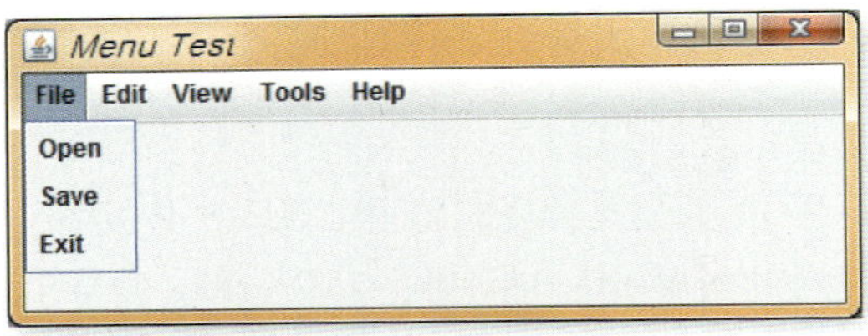

MenuTest.java

```java
import javax.swing.*;

public class MenuTest extends JFrame {

    public MenuTest() {
        setTitle("Menu Test");
        setSize(400, 150);
        JMenuBar menuBar = new JMenuBar();
        JMenu menu = new JMenu("File");
        menu.add(new JMenuItem("Open"));
        menu.add(new JMenuItem("Save"));
        menu.add(new JMenuItem("Exit"));
        menuBar.add(menu);

        menuBar.add(new JMenu("Edit"));
```

```
        menuBar.add(new JMenu("View"));
        menuBar.add(new JMenu("Tools"));
        menuBar.add(new JMenu("Help"));

        setJMenuBar(menuBar);
        setVisible(true);
        setDefaultCloseOperation(JFrame.EXIT_ON_CLOSE);
    }

    public static void main(String args[]) {
        MenuTest f = new MenuTest();
    }
}
```

예제 10-10 이미지 뷰어 만들기

메뉴와 레이블을 이용하여서 이미지를 화면에 보여주는 프로그램을 작성해 보자. “Open”과 “Exit”로 이루어진 메뉴를 만들고 “Open” 메뉴를 선택하면 다음과 같이 파일을 선택하는 대화 상자를 연다. 이미지 파일이 선택되면 이것을 레이블을 이용하여 화면에 표시한다.

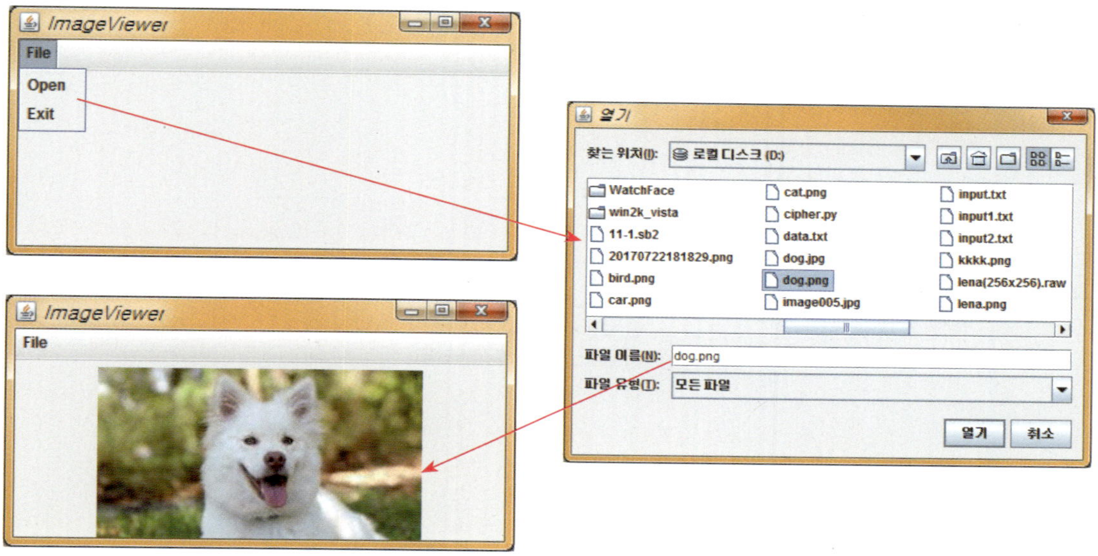

파일을 선택하는 대화 상자는 다음과 같은 코드로 생성할 수 있다.

```
JFileChooser chooser = new JFileChooser();
int r = chooser.showOpenDialog(this);
if (r == JFileChooser.APPROVE_OPTION) {      // 사용자가 "열기" 버튼을 누르면
    String name = chooser.getSelectedFile().getAbsolutePath();
    label.setIcon(new ImageIcon(name));
}
```

ImageViewer.java

```java
import java.awt.*;
import java.awt.event.*;
import java.io.*;
import javax.swing.*;

public class ImageViewer extends JFrame implements ActionListener {
    private JLabel label;
    private JMenuItem open, exit;

    public ImageViewer() {
        setTitle("ImageViewer");
        setSize(600, 300);

        JMenuBar mbar = new JMenuBar();
        JMenu m = new JMenu("File");
        open = new JMenuItem("Open");
        open.addActionListener(this);
        m.add(open);
        exit = new JMenuItem("Exit");
        exit.addActionListener(this);
        m.add(exit);
        mbar.add(m);
        setJMenuBar(mbar);

        label = new JLabel();
        JPanel panel = new JPanel();
        panel.add(label, "Center");
        add(panel);
        setVisible(true);
        setDefaultCloseOperation(JFrame.EXIT_ON_CLOSE);
    }

    public void actionPerformed(ActionEvent e) {
        Object source = e.getSource();
        if (source == open) {
            JFileChooser chooser = new JFileChooser();
            int r = chooser.showOpenDialog(this);
            if (r == JFileChooser.APPROVE_OPTION) {
                String name = chooser.getSelectedFile().getAbsolutePath();
                label.setIcon(new ImageIcon(name));
            }
        } else if (source == exit)
            System.exit(0);
```

액션 이벤트 처리 객체를 지정한다. (open.addActionListener(this);)

액션이벤트 처리메소드 (actionPerformed)

이미지를 화면에 표시한다. (label.setIcon(new ImageIcon(name));)

```
    }

    public static void main(String[] args) {
        ImageViewer f = new ImageViewer();
    }

}
```

Mini Project

이번 장에서는 피자를 주문할 수 있는 애플리케이션을 작성하여 보자. 다음의 스케치를 참조하라.

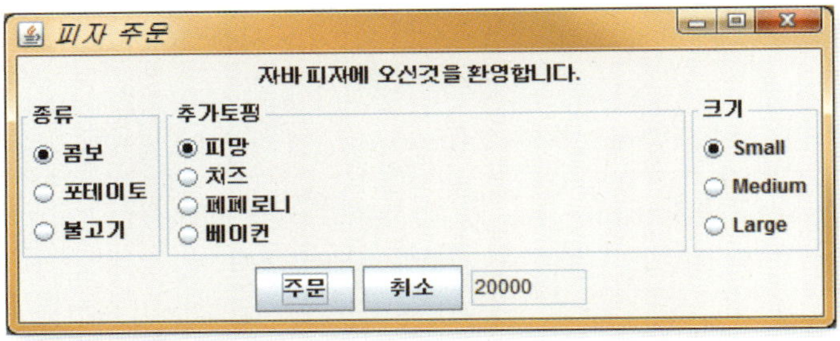

1. "자바 피자에 오신 것을 환영합니다"라는 텍스트를 가지고 있는 패널 WelcomePanel 을 작성하여 보자.

```
class WelcomePanel extends JPanel
{
    private JLabel message;
    public WelcomePanel()
    {
        message = ________________________; // 레이블 생성
    }
    add(message);
}
```

2. TypePanel을 작성하여 보자. TypePanel은 피자의 타입을 선택할 수 있는 라디오 버튼들을 가지고 있다. 3개의 행과 1개의 열을 가지는 GridLayout을 사용한다.

```
class TypePanel extends JPanel
{
    private JRadioButton combo, potato, bulgogi;
    public TypePanel()
    {
        setLayout(new GridLayout(3, 1));
        combo = new JRadioButton("콤보", true);
        potato = new ___________("포테이토");
        bulgogi = new ___________("불고기");
        ButtonGroup bg = new ButtonGroup();
        bg.add(combo);
        bg.add(potato);
        bg.add(bulgogi);
        setBorder(BorderFactory.createTitledBorder("종류"));
        add(combo);
        add(potato);
```

```
        add(bulgogi);
    }
}
```

3. 같은 방식으로 "추가토핑"을 나타내는 패널 ToppingPanel을 작성한다.
4. 같은 방식으로 "크기"를 나타내는 패널 SizePanel을 작성한다.

Exercise

1. 다음 질문에 간단히 답하시오.

(1) 텍스트 필드에 들어있는 텍스트를 가져오는 문장을 쓰시오.

(2) 가장 간단하게 텍스트 필드에 들어있는 텍스트를 지우려면 어떻게 하면 되는가?

(3) 텍스트 필드에다 텍스트를 입력하고 [Enter]키를 누르면 어떻게 되는가?

(4) 사용자가 체크 박스를 선택하였을 경우에 발생하는 이벤트는 무엇인가?

(5) 라디오 버튼이 선택되면 어떤 이벤트가 발생하는가?

2. 다음의 문장에서 잘못된 곳이 있으면 올바르게 고치시오.

(1) JButton *button;

(2) aTextField = new TextField(20, “초기 텍스트”);

(3) JTextComponent t = new TextArea(20, 10);

(4) textArea = new JTextArea(20, 30);

textArea.add(new JScrollPane());

(5) panel.setBorder(new BorderFactory.createTitledBorder(“크기”);

3. 다음은 체크 박스에서 발생하는 이벤트를 처리하는 코드이다. 무명 클래스를 사용한다. 빈칸에 적절한 코드를 추가하라.

```
JCheckBox check = new JCheckBox("Checkbox", false);
check.addItemListener(________ ItemListener() {
    public void itemStateChanged(ItemEvent e) {
        System.out.println("체크상태: " + check.isSelected());
    }
});
```

4. 다음은 라디오 버튼에서 발생하는 이벤트를 처리하는 코드이다. 현재는 프레임에서 이벤트를 처리한다. 이 코드를 무명 클래스를 사용하도록 변경하라.

```
public class MyFrame extends JFrame implements ActionListener {
    ...
    radio.addActionListener(this);
    public void actionPerformed(ActionEvent e) {
        System.out.println("Small 크기가 선택되었습니다.");
    }
}
```

Programming Exercise

1. 우리는 레이블을 이용하여 이미지를 화면에 표시할 수 있다. 다음과 같이 3개의 이미지를 화면에 표시하는 프로그램을 작성해 보자. GridLayout을 사용하여 3개의 레이블을 배치하고 여기에 이미지를 표시한다.

2. 다음 그림과 같이 아주 단순한 영문-한글 변환기를 작성하여 보자. 왼쪽 텍스트 영역에 사용자가 영어를 입력하고 "번역" 버튼을 누르면 미리 입력된 몇 개의 영어단어만을 한글로 변환한다.

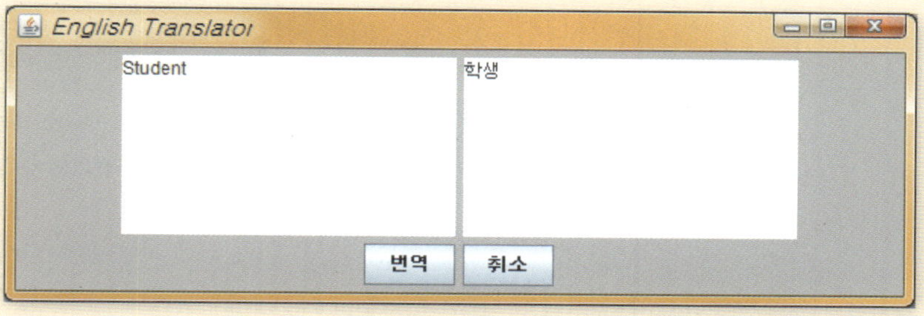

> **팁** 텍스트 영역에서 getText()를 이용하여서 텍스트를 얻은 후에, 텍스트에서 단어를 분리하려면 Scanner 클래스의 next() 메소드를 사용하라. String 클래스의 메소드를 사용하여도 좋다.

3. 화면의 왼쪽에는 라디오버튼가 있고 오른쪽에 레이블이 있다. 사용자가 라디오버튼에서 하나를 선택하면 해당되는 이미지가 오른쪽의 레이블에 표시되도록 하라.

4. 숫자를 추측하는 게임을 작성하여 보자. 프로그램은 1부터 100 사이의 하나의 숫자를 랜덤하게 생성하여 가지고 있다. 사용자는 숫자를 추측하고 컴퓨터는 사용자가 입력한 숫자가 정답보다 높은지 낮은지 만을 알려준다. 다음과 같은 사용자 인터페이스를 사용한다. 숫자가 정답이 아니면, 힌트를 나타내는 텍스트 필드의 배경색을 빨간색으로 변경한다.

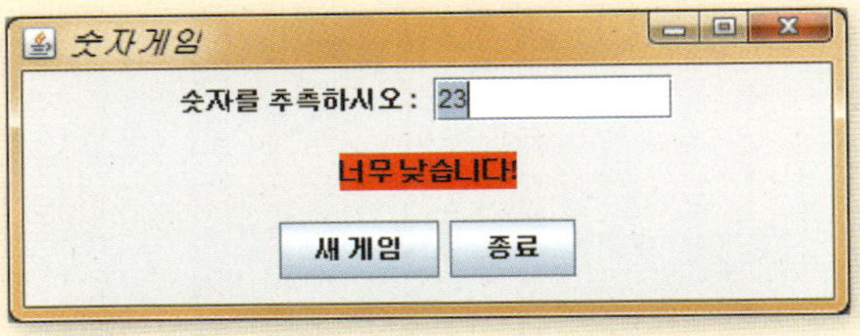

팁 텍스트 필드의 배경색을 변경하는 것은 다음 코드를 참조하라.

```
text.setBackgroundColor(Color.red);
```

5. 자동차 정비소를 위한 애플리케이션을 작성하여 보자. 다음과 같은 메뉴와 요금표를 사용한다.

수리	가격(원)
엔진 오일 교환	45000
자동 변속기 오일 교환	80000
에어콘 필터 교환	30000
타이어 교환	100000

사용자가 수리를 선택하면 전체 가격을 계산하여 출력하도록 하라. 사용자는 여러 수리를 동시에 할 수 있다. 체크 박스를 사용하라.

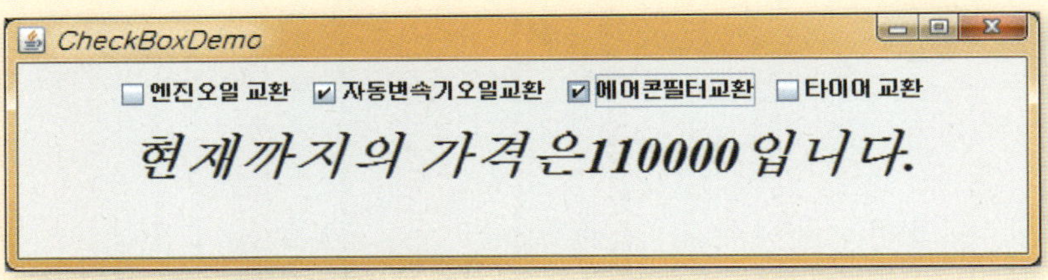

POWER Java compact

CHAPTER 11

자바 그래픽

학습목표

- 이번 장에서는 GUI 컴포넌트 위에 그림을 그려본다. 사각형과 원을 비롯하여 여러 가지의 도형을 그릴 수 있고 문자열도 출력할 수 있다. 또 색상과 폰트를 지정할 수 있으며 보다 향상된 그래픽인 Java 2D를 사용할 수 있다.

학습목차

11.1 자바에서의 그래픽

그래픽은 문자나 숫자보다 더 빠르고 쉽게 정보를 전달할 수 있다. 이번 장에서는 자바에서의 그래픽에 대하여 자세히 살펴본다. 자바는 최근에 출시된 언어답게 출시 때부터 그래픽에 많은 신경을 썼다. 그림 11-1은 자바 그래픽을 이용한 데모 화면이다. 최근에 출시된 Java 2D를 사용하면 상당히 고차원적인 연산들을 할 수 있다. 곡선을 그릴 수 있으며 도형을 회전할 수도 있고 앤티에일리어싱이나 그라디언트 채우기 등도 가능하다.

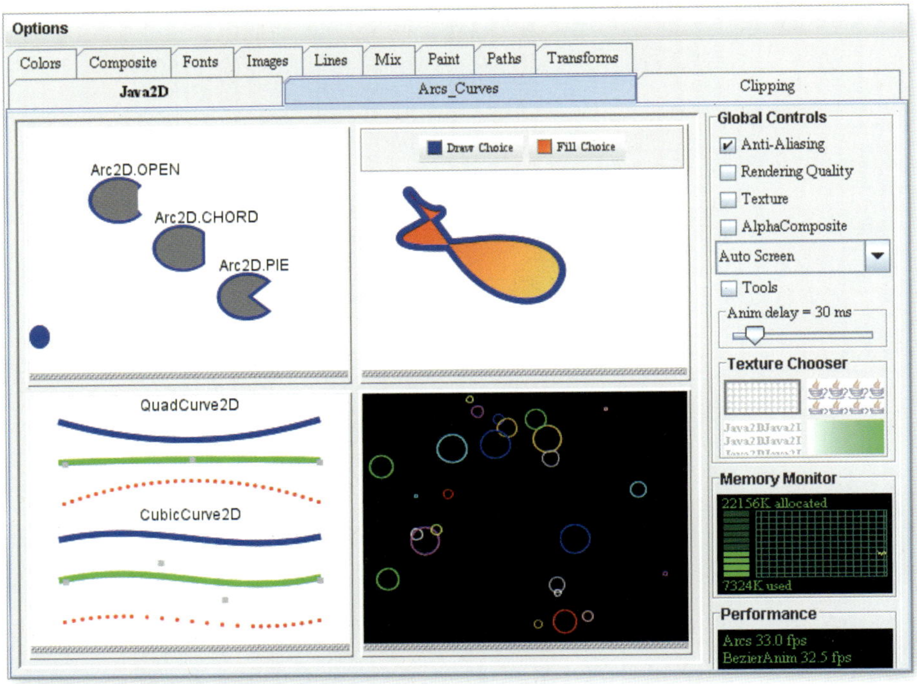

그림 11.1 자바 그래픽 데모 예제(java.sun.com)

자바는 플랫폼에 독립적이기 때문에 한번만 배우면 어디서나 똑같은 모양의 그래픽 프로그램을 작성할 수 있다. 즉 자바의 그래픽 모델은 플랫폼에 독립적이다. 이는 대단한 장점이 된다. 자바로 그래픽 프로그램을 작성하면 컴퓨터의 종류나 운영 체제에 관계없이 어디서나 똑같은 모양으로 나타난다.

11.2 그래픽 프로그래밍의 기초

Graphics 클래스

자바는 java.awt.Graphics 클래스를 통하여 그래픽 기능을 제공한다. Graphics 클래스는 그리기에 사용되는 색상 및 글꼴 등의 상태를 유지하고 화면에 그림을 그리는 메소드를 제공한다. Graphics 클래스는 세 가지 유형의 메소드를 제공한다.

- 텍스트 문자열: drawString() 메소드를 통해 텍스트를 화면에 그릴 수 있다.
- 기초 도형들: drawXXX()과 fillXXX() 형식의 메소드를 통하여 직선, 사각형, 타원 등을 화면에 그릴 수 있다.
- 이미지: drawImage() 메소드를 통해 화면에 이미지를 그릴 수 있다.

그래픽 좌표계

자바에서는 대부분의 2D 그래픽 시스템과 마찬가지로 좌표의 원점 (0,0)은 왼쪽 상단 구석에 있다. getWidth() 및 getHeight()을 호출하여 컴포넌트의 폭과 높이를 알 수 있다.

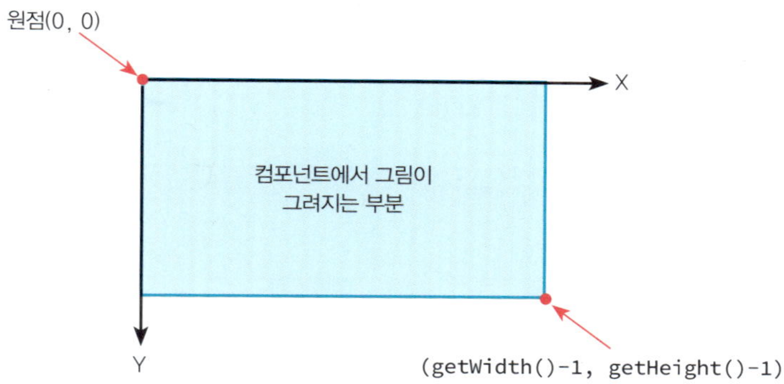

어디에 그릴까?

프레임 위에 직접 문자열을 그릴 수 있으나 이것은 좋은 방법은 아니다. 자바에서 프레임은 다른 컴포넌트를 넣어두는 컨테이너의 역할로 설계되었다. 따라서 다른 컴포넌트 위에 그린 후에 그 컴포넌트를 프레임에 추가하는 것이 좋다. 그렇다면 어떤 컴포넌트가 좋을까? 우리는 패널(JPanel) 위에 그리도록 하자. 패널은 그림을 그릴 수 있는 표면을 가지고 있고, 동시에 컨테이너의 역할도 한다. 일반적으로는 JPanel을 상속받은 자식 클래스를 작성한 후에 이것을 그림을 그리는 캔버스로 사용한다.

paintComponent()

각 컴포넌트는 자신을 그리는 코드를 가지고 있다. 컴포넌트의 paintComponent()에는 자신을 화면에 그리는 코드가 들어 있다. 따라서 우리가 어떤 컴포넌트 위에 그림을 그리기 위해서는 컴포넌트의 paintComponent() 메소드를 재정의하고 여기에 우리의 코드를 추가하여야 한다. 기능을 쉽게 추가하기 위해서는 JPanel을 그대로 사용하는 것보다. JPanel을 상속받아서 MyPanel을 작성하는 편이 낫다. 부모 클래스 JPanel의 각종 메소드를 재정의하면 추가적인 기능을 쉽게 구현할 수 있다.

```
class MyPanel extends JPanel {
   protected void paintComponent(Graphics g) {
      super.paintComponent(g);
      // 여기에 그림을 그리는 문장을 넣는다.
   }
}
```

paintComponent()라는 메소드는 컴포넌트를 다시 그릴 필요가 있을 때마다 자바 시스템에 의하여 호출되는 메소드이다. 예를 들어서 컴포넌트가 가려졌다가 다시 화면에 나타날 때에 paintComponent()가 자동으로 호출된다. 따라서 그림을 그리는 코드가 paintComponent() 안에 들어 있지 않으면 컴포넌트가 제대로 그려지지 않는다.

예제 11-1 기본 예제

패널을 하나 생성하고 여기에 원과 사각형을 그려보자.

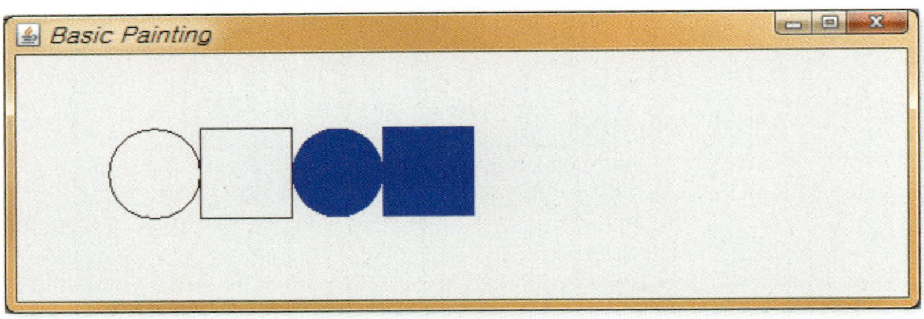

MyFrame.java

```
import javax.swing.*;
import java.awt.*;

public class MyFrame extends JFrame {

   class MyPanel extends JPanel {
      protected void paintComponent(Graphics g) {      // ❶
```

```
            super.paintComponent(g);
            g.drawOval(60, 50, 60, 60);                      // ❷
            g.drawRect(120, 50, 60, 60);                     // ❸
            g.setColor(Color.BLUE);
            g.fillOval(180, 50, 60, 60);
            g.fillRect(240, 50, 60, 60);
        }
    }

    public MyFrame() {
        setTitle("Basic Painting");
        setSize(600, 200);
        add(new MyPanel());
        setVisible(true);
        setDefaultCloseOperation(JFrame.EXIT_ON_CLOSE);
    }

    public static void main(String[] args) {
        MyFrame f = new MyFrame();
    }
}
```

❶ paintComponent()는 Graphics 타입의 매개 변수를 가지고 있다. Graphics 클래스는 그림을 그리는데 필요한 모든 설정값(예를 들어서 색상이나 폰트)과 그림 그리는 메소드를 가지고 있다. 따라서 자바에서의 모든 그리기는 Graphics 클래스를 통해야 한다.

❷,❸ 사각형을 그리려면 Graphics 객체가 가지고 있는 drawRect()을 호출하면 된다. 예를 들어서 화면에 사각형과 원을 그리려면 다음과 같은 문장을 paintComponent() 안에 추가한다.

```
g.drawOval(60, 50, 60, 60);
g.drawRect(120, 50, 60, 60);
```

참고 만약 그림이 그려지는 컴포넌트가 JPanel이나 JLabel처럼 그래픽 컴포넌트인 경우, paintComponent()메소드에서 super.paintComponent(g);를 호출해 주는 것이 좋다. 부모 클래스가 그려야 될 부분도 있기 때문이다. 자기 그림만 그리고 종료해 버리면 부모 클래스는 그릴 기회를 얻지 못한다.

예제 11-2 이벤트와 그래픽의 결합

일반적으로 그래픽은 이벤트 처리와 결합된다. 여기서는 사용자가 화면을 클릭하면 그 위치에 사각형을 그리도록 프로그램을 작성하여 보자. 마우스의 버튼이 눌려지면 위치를 저장했다가 화면에 사각형을 그리면 된다. 사각형을 직접 그리는 것이 아니고 repaint()만 호출해주고 사각형은 paintComponent()에서 그려야 한다.

MyFrame.java

```java
import javax.swing.*;
import java.awt.*;
import java.awt.event.*;

public class MyFrame extends JFrame {
    int x, y;
    class MyPanel extends JPanel {
        public MyPanel()      {
            addMouseListener(new MouseAdapter() {
                public void mousePressed(MouseEvent e) {
                    x = e.getX();
                    y = e.getY();
                    repaint();
                }
            });
        }
        protected void paintComponent(Graphics g) {
            super.paintComponent(g);
            g.setColor(Color.ORANGE);
            g.fillRect(x, y, 100, 100);
        }
    }

    public MyFrame() {
        setTitle("Basic Painting");
        setSize(600, 200);
        add(new MyPanel());
        setVisible(true);
        setDefaultCloseOperation(JFrame.EXIT_ON_CLOSE);
    }

    public static void main(String[] args) {
        MyFrame f = new MyFrame();
    }
}
```

마우스 어댑터 클래스를 상속하여 무명 클래스를 생성한다. 이것으로 마우스 클릭 이벤트를 처리한다.

회면을 다시 그리도록 repaint()를 호출한다.

(x, y) 위치에 사각형을 그린다.

만약 사용자가 화면을 다시 그리고 싶으면 어떻게 해야 하는가? 여기서는 마우스가 클릭되면 그 위치에 사각형을 그려야 한다. 이 경우에는 repaint()를 호출하면 된다. repaint()가 적절한 시기에 paintComponent()를 호출한다. 절대로 paintComponent()를 직접 호출하면 안 된다.

11.3 기초 도형 그리기

Graphics 클래스는 점, 선, 곡선, 사각형, 문자열, 이미지 같은 기초 도형을 그리는 메소드를 제공한다.

기초 도형	관련된 메소드
직선	drawLine(), drawPolyline()
사각형	drawRect(), fillRect(), clearRect()
3차원 사각형	draw3DRect(), fill3DRect()
둥근 사각형	drawRoundRect(), fillRoundRect()
타원	drawOval(), fillOval()
호	drawArc(), fillArc()
다각형	drawPolygon(), fillPolygon()
문자열	drawString()
이미지	drawImage()

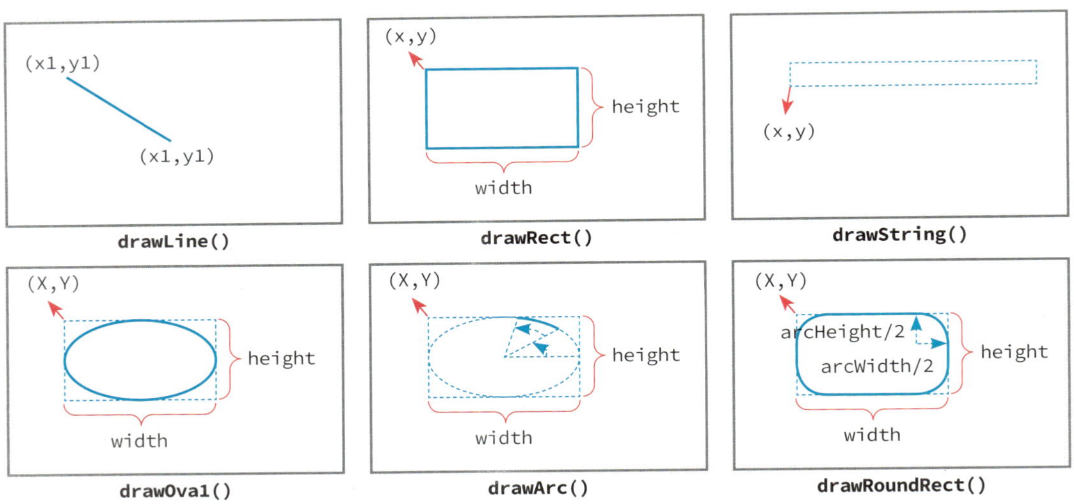

Graphics가 제공하는 메소드들을 크게 분류한다면 외곽선만 그리는 메소드와 내부를 채워서 그리는 메소드로 구분할 수 있다. drawXXX()로 시작하는 메소드는 외곽선만을 그리고 fillXXX()로 시작하는 메소드는 내부를 채워서 그린다. 외곽선과 내부는 모두 전경색(foreground color)으로 그려진다. 전경색은 setColor()로 변경할 수 있다.

- drawLine(int x1, int y1, int x2, int y2): 좌표 (x1,y1)에서 좌표 (x2,y2) 까지 직선을 그린다.

- drawRect(int x, int y, int width, int height): 좌측 상단 좌표 (x, y)이며 폭 width, 높이 height인 사각형을 그린다.
- fillRect(int x, int y, int width, int height): fillRect()는 내부가 전경색으로 채워진 사각형을 그린다.
- drawOval(int x, int y, int width, int height): 좌측 상단의 좌표가 x,y이며 폭 width, 높이 height인 타원을 그린다.
- fillOval(int x, int y, int width, int height): 채워진 타원을 그린다.
- drawArc(int x, int y, int width, int height, int startAngle, int arcAngle): 좌측 상단의 좌표가 x, y이며 폭 width, 높이 height의 사각형 안에 내접하는 타원을 startAngle을 시작 각도로 하여 arcAngle의 각도 만큼의 호를 그린다.
- fillArc(int x, int y, int width, int height, int startAngle, int arcAngle)

예제 11-3 눈사람 얼굴 그리기

여기서 지금까지 학습한 내용을 바탕으로 눈사람 얼굴을 직선, 타원, 사각형 등을 이용하여 그려보자.

SnowManFace.java

```
import javax.swing.*;
import java.awt.*;
import java.awt.event.*;

public class SnowManFace extends JFrame {
   class MyPanel extends JPanel {

      public void paintComponent(Graphics g) {
         super.paintComponent(g);
         g.setColor(Color.YELLOW);
         g.fillOval(20, 30, 200, 200);
         g.setColor(Color.BLACK);
```

전경색을 노란색으로 변경한다.

채워진 타원을 그린다.

전경색을 검정색으로 변경한다.

```java
            g.drawArc(60, 80, 50, 50, 180, -180); // 왼쪽 눈
            g.drawArc(150, 80, 50, 50, 180, -180); // 오른쪽 눈
            g.drawArc(70, 130, 100, 70, 180, 180); // 입
        }
    }

    public SnowManFace() {
        setSize(300, 300);
        setTitle("눈사람 얼굴");
        setVisible(true);
        setDefaultCloseOperation(JFrame.EXIT_ON_CLOSE);
        add(new MyPanel());
    }
    public static void main(String[] args) {
        SnowManFace s = new SnowManFace();
    }
}
```

도전문제

SnowManFace에 버튼을 추가하고 이 버튼이 눌리면 찡그린 얼굴로 변경되도록 소스를 수정하라.

예제 11-4 바운싱 볼 애니메이션

그래픽과 밀접한 관계가 있는 것이 애니메이션이다. 여기서는 튀어 오르는 공을 애니메이션으로 만들어 보자. 공의 현재 위치는 변수 x,y로, 공의 속도는 xSpeed, ySpeed로 표현된다. 공은 바닥에서 반사되어야 한다.

주기적으로 화면을 그려야 하므로 우리는 타이머가 필요하다. 10ms마다 타이머가 걸리도록 설정한다. 타이머가 걸리면 액션 이벤트가 발생한다. 액션 이벤트가 발생하면 화면을 업데이트한다.

BouncingBall.java

```java
import javax.swing.*;
import java.awt.*;
import java.awt.event.*;

public class BouncingBall extends JFrame implements ActionListener {
```

```java
    int x, y;
    private int xSpeed = 3, ySpeed = 3;
    private static final int WIDTH = 600;
    private static final int HEIGHT = 200;
    private static final int PERIOD = 10;

    class MyPanel extends JPanel {
        public void paintComponent(Graphics g) {
            super.paintComponent(g);
            g.setColor(Color.ORANGE);
            g.fillOval(x, y, 40, 40);
        }
    }

    public void update() {
        x += xSpeed;
        y += ySpeed;
        if (x > WIDTH - 40 || x < 0) {
            xSpeed = -xSpeed;
        }
        if (y > HEIGHT - 40 || y < 0) {
            ySpeed = -ySpeed;
        }
    }

    public BouncingBall() {
        setSize(WIDTH, HEIGHT);
        setTitle("Bouncing Ball");
        setVisible(true);
        setDefaultCloseOperation(JFrame.EXIT_ON_CLOSE);
        add(new MyPanel());
        Timer timer = new Timer(PERIOD, this);
        timer.start();
    }

    @Override
    public void actionPerformed(ActionEvent evt) {
        update();
        repaint();
    }

    public static void main(String[] args) {
        BouncingBall f = new BouncingBall();
    }
}
```

(x, y) 위치에 공을 그린다.

공의 위치와 속도를 업데이트하는 메소드이다. 공이 바닥이나 벽이 부딪치면 반사되게 한다.

10ms마다 타이머가 걸리도록 설정한다.

액션 이벤트가 발생하면 공의 위치와 속도를 업데이트하고 화면을 다시 그린다.

11.4 색상 변경하기

이번 절에서는 도형의 색상을 변경하는 방법을 살펴보자. 또한 Color 클래스를 이용하여서 필요한 색상을 정의하는 방법도 학습한다.

색상 정의 방법

자바에서는 색상을 정의하고 관리하는데 java.awt 패키지의 일부인 Color 클래스를 사용한다. Color 클래스로 만들어지는 객체는 특정한 하나의 색을 나타낸다. 특정한 색을 표현하기 위해서는 빛의 3원색인 Red 성분, Green 성분, Blue 성분이 얼마나 함유되어 있는지를 0에서 255까지의 수를 사용하여 나타낸다. 예를 들어 흰색은 (255, 255, 255)가 되고 검정색은 (0, 0, 0), 노란색은 (255, 255, 0)으로 표현된다.

많이 쓰이는 색상값들은 Color 클래스 안에서 미리 정의되어 있다. 예를 들어 Color.white, Color.black, Color.yellow 등으로 참조할 수 있다. 아래의 문장들은 동일한 색상을 2가지 방법으로 생성한 것이다.

```
Color c = Color.magenta;
Color c = new Color (255, 0, 255);
```

색상 설정 메소드

컴포넌트 객체에서는 setBackground() 메소드를 사용하여 배경색을 지정할 수 있는데, 지정된 배경색으로 객체가 표시된다. 컴포넌트 객체 위에 문자 및 그림을 그리는데 사용되는 전경색은 Graphics 클래스의 setColor() 메소드로 변경 가능하다. setColor() 메소드로 색상을 변경하면 다시 변경하기 전까지 이 색상을 사용하여 모든 문자와 그림이 그려진다.

- setBackground(Color c): 컴포넌트 객체에서 배경색을 설정한다.
- setColor(Color c): 전경색을 설정한다.
- Color getColor(): 현재의 전경색을 반환한다.

예제 11-5 파이 차트 그리기

앞에서 학습한 원호 그리기 메소드와 색상을 이용하여 파이 차트를 그려보자.

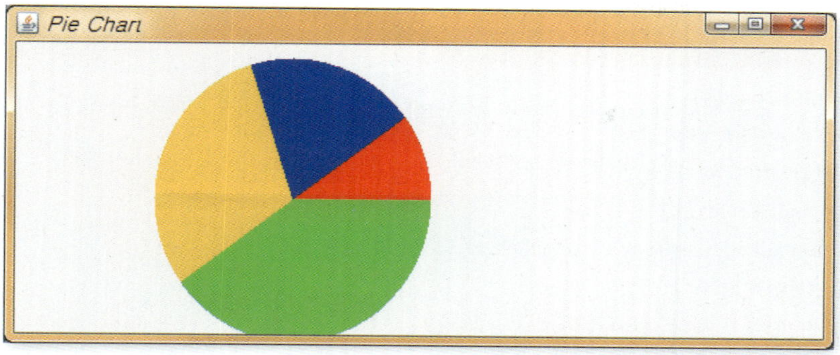

PieChart.java

```
import java.awt.*;
import javax.swing.*;

class Slice {
    double value;
    Color color;

    public Slice(double value, Color color) {
        this.value = value;
        this.color = color;
    }
}
class MyPanel extends JPanel {
    Slice[] list = {
        new Slice(10, Color.red), new Slice(20, Color.blue), new Slice(30, Color.orange),
                                                      new Slice(40, Color.green)
    };
    public void paintComponent(Graphics g) {
        double total = 0.0D;
        for (Slice s : list) {
            total += s.value;
        }
        double currValue = 0.0;
        int start = 0;
        for (Slice s : list) {
            start = (int) (currValue * 360 / total);
            int angle = (int) (s.value * 360 / total);

            g.setColor(s.color);
```

파이 차트의 한 조각을 나타내는 클래스이다. 퍼센트를 나타내는 value와 색상을 나타내는 color 필드를 가지고 있다.

Slice 객체 배열을 생성한다. 배열 요소들을 초기값으로 채운다.

Slice 객체 배열에 있는 값을 꺼내서 파이 차트를 그린다. fillArc()를 사용한다.

```
                g.fillArc(100, 50, 200, 200, start, angle);
                currValue += s.value;
            }
        }
}
public class PieChart extends JFrame {
    public PieChart() {
        setSize(600, 300);
        setTitle("Pie Chart");
        setVisible(true);
        setDefaultCloseOperation(JFrame.EXIT_ON_CLOSE);
        add(new MyPanel());
    }

    public static void main(String[] args) {
        PieChart c = new PieChart();
    }
}
```

11.5 문자열 그리기

윈도우에 텍스트를 표시하려면 Graphics 클래스에 포함되어 있는 drawString() 메소드를 사용하여야 한다. 예를 들어서 "Serif" 폰트를 사용하여 (x, y) 위치에 문자열 "Hello World!"을 출력하려면 다음과 같이 한다.

```
public void paintComponent(Graphics g)
{
    Font f = new Font("Serif",  Font.BOLD | Font.ITALIC,  12); // 폰트 객체 생성
    g.setFont(f);                                                // 폰트 지정
    g.drawString("Hello World!", x, y);            // (x, y) 위치에 문자열 출력
    ...
}
```

폰트

폰트를 지정하기 위해서는 Font 클래스를 사용한다. 각 Font 객체는 폰트 이름(Courier, Helvetica,..)과 스타일(plain, bold, italic,...), 크기(12포인트,...)의 3가지 속성을 가지고 있다.

자바에서 항상 사용할 수 있는 폰트는 "Serif", "SansSerif", "Monospaced", "Dialog", "DialogInput"이다. "Serif"는 글자의 끝에 장식적인 삐침을 가지는 폰트이다. "San Serif"는 장식적인 삐침이 없다. "Monospaced"은 모든 글자의 너비가 같다. 이외에도 사용자 컴퓨터에 설치된 폰트는 사용할 수 있다.

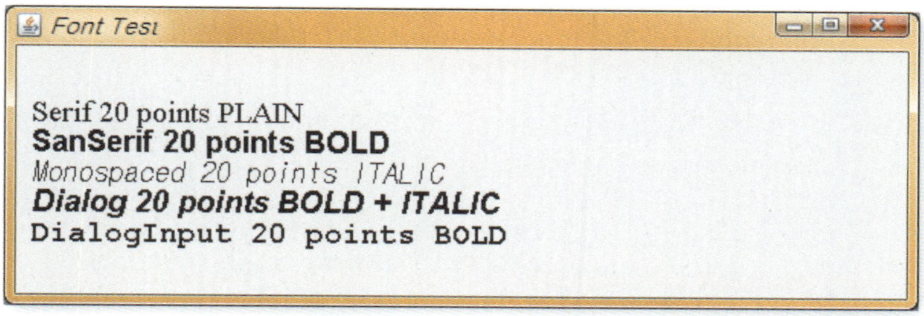

그림 11.2 여러 가지 폰트

예제 11-6 폰트를 지정하여 문자열 출력하기

하나의 폰트를 생성하여 문자열을 출력하는 프로그램은 다음과 같다.

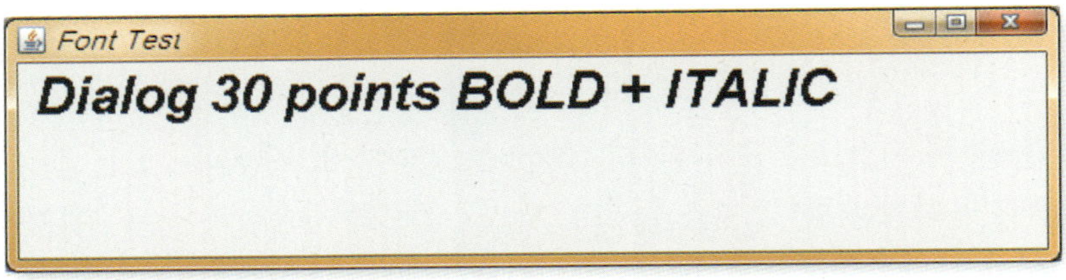

FontTest.java

```java
import javax.swing.*;
import java.awt.event.*;
import java.awt.*;

public class FontTest extends JFrame {
    Font f;
    class MyPanel extends JPanel {
        public void paintComponent(Graphics g) {
            super.paintComponent(g);
            g.setFont(f);
            g.drawString("Dialog 20 points BOLD + ITALIC", 10, 30);
        }
    }
    public FontTest() {
        f = new Font("Dialog", Font.BOLD | Font.ITALIC, 20);
        setSize(600, 100);
        setTitle("Font Test");
        add(new MyPanel());
        setVisible(true);
        setDefaultCloseOperation(JFrame.EXIT_ON_CLOSE);
    }
    public static void main(String[] args) {
        FontTest s = new FontTest();
    }
}
```

"Dialog" Font 객체를 생성한다.

11.6 이미지 출력

우리는 앞에서 레이블을 이용하여 화면에 이미지를 출력하는 방법을 학습하였다. 자바 그래픽을 사용하면 직접 화면에 이미지를 그릴 수 있다. 화면에 이미지를 출력할 때도 ImageIcon 객체를 사용하는 것이 편리하다. 다만 ImageIcon 객체에서 Image 객체를 추출하는 절차만 추가하면 된다.

```
ImageIcon icon = new ImageIcon("e://car.png");
img = icon.getImage();
```

이미지를 화면에 그리는 것은 Graphics 클래스의 drawImage()를 사용한다.

```
public void paintComponent(Graphics g) {
    super.paintComponent(g);
    g.drawImage(img, x, y, this);
}
```

(x, y) 위치는 이미지의 좌측 상단이 그려지는 화면의 좌표를 나타낸다. 만약 이미지를 확대나 축소해서 그리려면 다음과 같은 메소드를 사용한다.

```
g.drawImage(img, x, y, width, height, this);
```

예제 11-7 화면에 이미지 그리기

하드디스크에 저장된 자동차 이미지를 화면에 그려보자.

DrawImageFrame.java

```
import javax.swing.*;
import java.awt.*;
```

```java

public class DrawImageFrame extends JFrame {

    Image img;

    public DrawImageFrame() {
        ImageIcon icon = new ImageIcon("e://car.png");
        img = icon.getImage();              // 이미지 아이콘 객체에서 이미지를 추출한다.
        setSize(500, 200);
        add(new MyPanel());
        setVisible(true);
        setDefaultCloseOperation(JFrame.EXIT_ON_CLOSE);
    }

    class MyPanel extends JPanel {
        public void paintComponent(Graphics g) {
            super.paintComponent(g);
            g.drawImage(img, 0, 0, this);   // 이미지를 화면의 원점에 그린다.
        }
    }

    public static void main(String[] args) {
        DrawImageFrame f = new DrawImageFrame();
    }
}
```

예제 11-8 버튼이 눌리면 이미지를 이동시켜보자.

화면의 버튼이 눌리면 자동차 이미지가 왼쪽이나 오른쪽으로 이동하는 프로그램을 작성해 보자.

DrawImageFrame2.java

```java
import javax.swing.*;
import java.awt.*;

public class DrawImageFrame2 extends JFrame {
```

```java

    Image img;
    int pos_x=100, pos_y=0;

    public DrawImageFrame2() {
        ImageIcon icon = new ImageIcon("e://car.png");
        img = icon.getImage();
        setSize(500, 200);
        add(new MyPanel(), BorderLayout.CENTER);
        setVisible(true);
        setDefaultCloseOperation(JFrame.EXIT_ON_CLOSE);
        JPanel panel = new JPanel();
        Button b1 = new Button("왼쪽으로 이동");
        Button b2 = new Button("오른쪽으로 이동");
        b1.addActionListener(e->{ pos_x -= 10; repaint(); });
        b2.addActionListener(e->{ pos_x += 10; repaint(); });
        panel.add(b1);
        panel.add(b2);
        add(panel, BorderLayout.SOUTH);
    }

    class MyPanel extends JPanel {
        public void paintComponent(Graphics g) {
            super.paintComponent(g);
            g.drawImage(img, pos_x, pos_y, this);
        }
    }
    public static void main(String[] args) {
        DrawImageFrame2 f = new DrawImageFrame2();
    }
}
```

그림이 그려지는 MyPanel 객체는 중앙에 배치한다.

또 하나의 패널을 만들어서 여기에 버튼 2개를 추가한다.

람다식을 사용하였다.

두 번째 패널은 남쪽에 배치한다.

화면에 이미지를 그린다.

예제 11-9 그림판 프로그램 작성

마우스로 그림을 그릴 수 있는 프로그램을 작성해 보자.

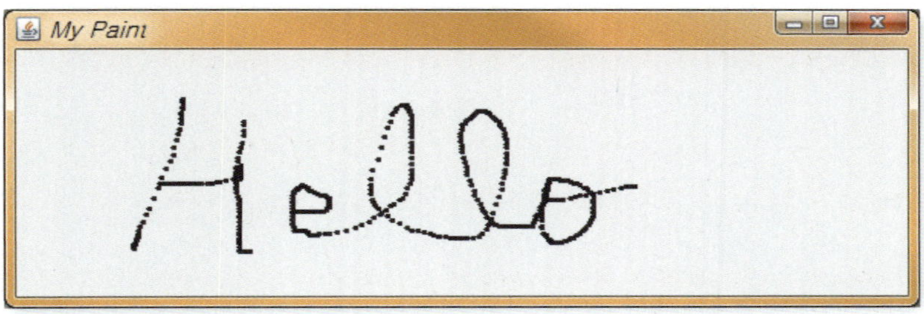

기본적인 아이디어는 마우스의 좌표를 어딘가에 저장하였다가 paintComponent()에서 다시 꺼내서 화면에 그리자는 것이다. 좌표를 저장하는 공간은 동적 배열인 벡터(또는 ArrayList)를 이용한다. 좌표를 개수를 미리 알 수 없기 때문이다.

MyPaintApp.java

```java
import javax.swing.*;
import java.awt.*;
import java.awt.event.*;
import java.util.*;

class Point {
   int x, y;
   public Point(int x, int y) {
      this.x = x;
      this.y = y;
   }
}

public class MyPaintApp extends JFrame {
   int x, y;
   Vector<Point> list = new Vector<>();

   class MyPanel extends JPanel {
      public MyPanel() {
         addMouseMotionListener(new MouseMotionAdapter() {
            public void mouseDragged(MouseEvent event) {
               x = event.getX();
               y = event.getY();
               list.add(new Point(x, y));
               repaint();
            }
         });
      }

      public void paintComponent(Graphics g) {
         super.paintComponent(g);
         for (Point p : list)
            g.fillOval(p.x, p.y, 4, 4);
      }
   }

   public MyPaintApp() {
      setSize(600, 150);
      setTitle("My Paint");
```

Point 객체를 저장할 수 있는 벡터를 생성한다.

마우스가 드래그되면 좌표를 벡터에 추가한다.

벡터에 들어 있는 좌표를 하나씩 꺼내서 타원으로 그려준다.

```
        setVisible(true);
        setDefaultCloseOperation(JFrame.EXIT_ON_CLOSE);
        add(new MyPanel());
    }

    public static void main(String[] args) {
        MyPaintApp f = new MyPaintApp();
    }
}
```

예제 11-10 영상 처리 프로그램 작성

영상 처리(image processing)은 이미지를 읽어서 여러 가지 처리를 하는 학문 분야이다. 예를 들어서 화질이 나쁜 이미지의 화질을 향상시키는 것도 영상 처리의 일종이다. 우리는 간단한 영상 처리를 학습하여 보자. 컬러 이미지를 읽어서 흑백 이미지로 만드는 프로그램을 작성하여 보자.

컬러 이미지의 각 픽셀은 빛의 3원색인 R(red), G(green), B(blue) 성분을 저장하고 있다. 픽셀에 저장된 이들 R, G, B 값을 읽어서 단순 평균하여 흑백이미지로 만들 수 있다. 물론 흑백 이미지를 만드는 알고리즘은 여러 가지가 있으나 여기서는 가장 간단한 단순 평균 방법을 사용하였다.

프로그램을 실행하기 전에 프로젝트 폴더에 Lenna.png 파일이 존재하여야 한다. 인터넷에서 이 파일을 다운로드 받아서 프로젝트 폴더로 복사하도록 하자. 물론 다른 파일을 사용하여도 된다.

GrayScaleImage.java

```
public class GrayScaleImage extends JFrame {

    BufferedImage image;
    int width;
    int height;

    public GrayScaleImage() {
        try {
            File input = new File("d://Lenna.png");
```

```java
        image = ImageIO.read(input);
        width = image.getWidth();
        height = image.getHeight();

        for (int r = 0; r < height; r++) {
            for (int c = 0; c < width; c++) {
                Color color = new Color(image.getRGB(r, c));
                int red = (int) (color.getRed());
                int green = (int) (color.getGreen());
                int blue = (int) (color.getBlue());
                int avg = (red + green + blue) / 3;
                Color newColor = new Color(avg, avg, avg);
                image.setRGB(r, c, newColor.getRGB());
            }
        }

        File ouptut = new File("output.png");
        ImageIO.write(image, "png", ouptut);
        add(new MyPanel());
        pack();
        setVisible(true);
        setDefaultCloseOperation(JFrame.EXIT_ON_CLOSE);

    } catch (Exception e) {
        System.out.println("이미지 읽기 실패!");
    }
}

class MyPanel extends JPanel {

    public void paintComponent(Graphics g) {
        g.drawImage(image, 0, 0, null);
    }

    public Dimension getPreferredSize() {
        if (image == null) {
            return new Dimension(100, 100);
        } else {
            return new Dimension(image.getWidth(null),
                    image.getHeight(null));
        }
    }
}
```

이미지의 픽셀값은 getRGB()라는 메소드를 사용하면 추출할 수 있다. 이것을 Color 객체를 통해서 R, G, B 값을 얻는다. 이것의 평균을 구해서 다시 저장한다.

파일 처리는 아직 학습하지 않았다. 여기서는 그냥 참고만 하자.

그레이스케일 이미지를 화면에 그린다.

```java
    static public void main(String args[]) throws Exception {
        GrayScaleImage obj = new GrayScaleImage();
    }
}
```

도전문제

원본 이미지 파일과 변환된 이미지 파일을 동시에 보여주도록 위의 프로그램을 변경하여 보자.

Mini Project

신호등을 나타내는 프로그램을 작성해 보자. 버튼을 하나 만들어서 신호등의 하단에 추가한다. 버튼을 누르면 신호등이 차례대로 바뀌어야 한다. 다음 코드를 참조한다.

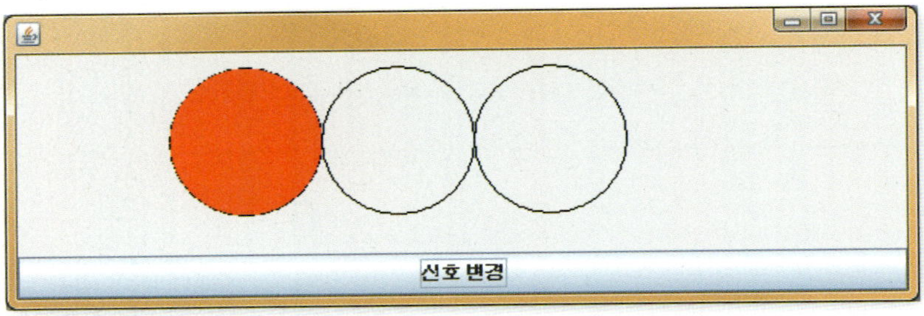


```
class MyPanel extends JPanel implements ActionListener {
    int light_number=0;
    public MyPanel() {
        setLayout(new BorderLayout());
        JButton b = new JButton("신호 변경");
        b.addActionListener(this);
        add(b, BorderLayout.SOUTH);
    }

    @Override
    protected void paintComponent(Graphics g) {
        // 신호등을 그린다.
    }

    @Override
    public void actionPerformed(ActionEvent arg0) {
        if (++light_number >= 3)
            light_number = 0;
        repaint();
    }
}
```

Exercise

1. 다음 질문에 간단히 답하라.

   (1) 색상을 나타내는 클래스는 ?

   (2) 폰트를 나타내는 클래스는 ?

   (3) 화면에 그림을 그릴 때 재정의해야 하는 메소드로서 그림을 그리는 문장들이 들어가는 메소드는?

   (4) 자바에서 그림이 그려지는 캔버스의 역할을 하는 클래스는?

2. 아래 문장의 참, 거짓을 판단하고 거짓이면 올바르게 수정하라.

   (1) 자바 좌표 체계에서 y값은 아래에서 위쪽으로 증가한다.

   (2) 자바에서 색상은 Red, Green, Blue 색상의 양을 0에서 512사이의 정수로 표현된다.

   (3) drawOval(x, y, 100, 200)의 처음 두 개의 인수는 타원의 중심을 나타낸다.

3. 다음은 화면에 그림을 그리는 기본 구조이다. (0, 0)을 왼쪽 상단으로 하고 크기가 100×100인 사각형을 그리고자 한다. 빈칸에 올바른 문장을 넣으시오.

```
class MyPanel extends JPanel {
    public void paintComponent(Graphics g) {
        super.paintComponent(g);
        ------------------------------------;
    }
}
```

4. 그림을 다시 그려야 할 때, 자바에서는 paintComponent()를 직접 호출하면 안 된다. 어떻게 해야 하는가?

Programming Exercise

1. 집을 그리는 애플리케이션을 작성하라. 집은 문 1개, 창문 1개, 지붕, 굴뚝이 있어야 한다. 아래 그림을 참조하라.

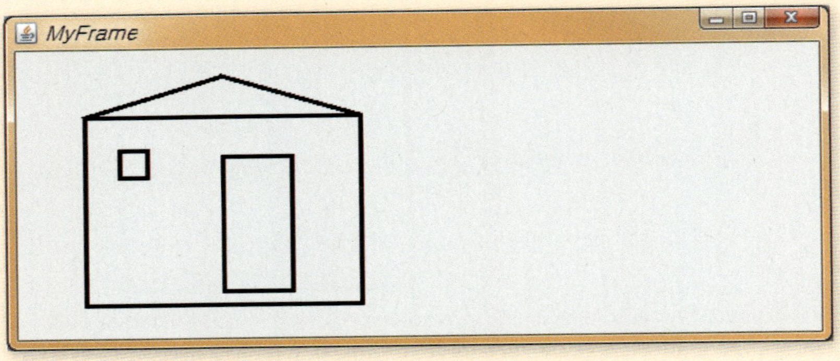

2. 자신의 명함을 제작하여 보자. 명함은 텍스트와 그림을 모두 포함하고 있어야 한다.

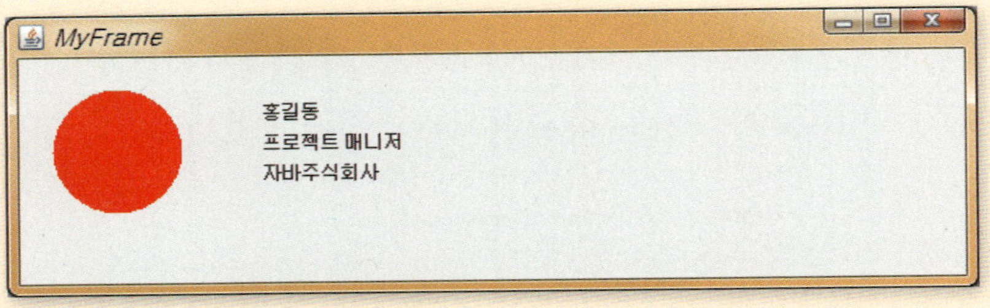

3. 사용자가 화면을 클릭하면 그 위치에 사각형을 그리도록 프로그램을 변경하여 보자. 또 사용자가 마우스를 드래그하면 사각형이 움직이도록 하자.

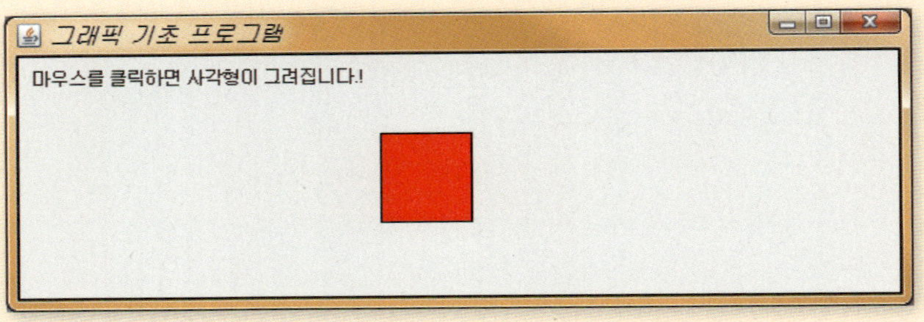

4. 버튼을 누르면 사각형의 색상을 변경하는 프로그램을 작성하여 보자. 프레임 위에 패널을 얹고 패널에 사각형을 그린다. 화면의 하단에 버튼을 추가하고 버튼을 누르면 난수를 이용하여 색상을 변경한다.

5. 논리적인 폰트들을 생성하여서 아래와 같이 문자열을 출력하여 보자.

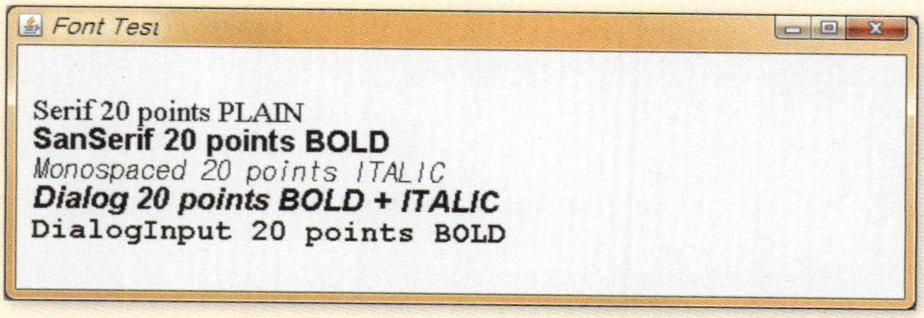

6. 하나의 주사위를 나타내는 Dice 클래스를 작성하여 보자. Dice 클래스의 생성자에서는 위치, 색상, 현재 주사위 면을 받아서 주사위를 화면에 그린다. 엔터 키가 눌려질 때마다 두 개의 주사위가 각각 랜덤한 값으로 던져지는 프로그램을 작성하여 보자.

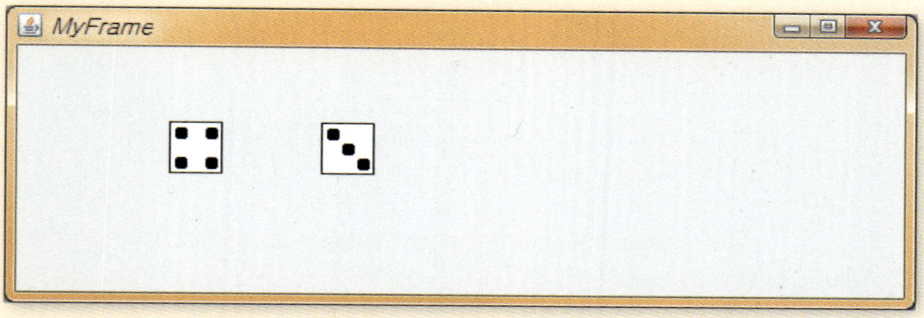

7. 자동차를 나타내는 Car 클래스를 작성한다. Car 클래스의 생성자에서는 색상, 크기, 위치를 매개변수로 받아서 지정된 위치에 자동차를 그린다. Car 객체를 여러 개 생성하여서 자동차가 왼쪽에서 오른쪽으로 움직이도록 한다.

8. 간단한 애니메이션을 작성하여 보자. 우주선 이미지를 읽어서 화면에 표시한다. 동시에 타이머를 이용하여서 우주선을 움직여 보자. 우주선은 좌측 하단에서 우측 상단으로 움직인다.

팁 자바의 타이머는 다음과 같은 문장으로 사용이 가능하다. 시간의 단위는 밀리초이다.

```
timer = new Timer(speed, this);
timer.start();
```

9. 이번 장에서 학습한 내용을 바탕으로 버튼을 누르면 2차 함수가 화면에 그려지는 프로그램을 작성하여 보자.

$$y = ax^2 + bx + c$$

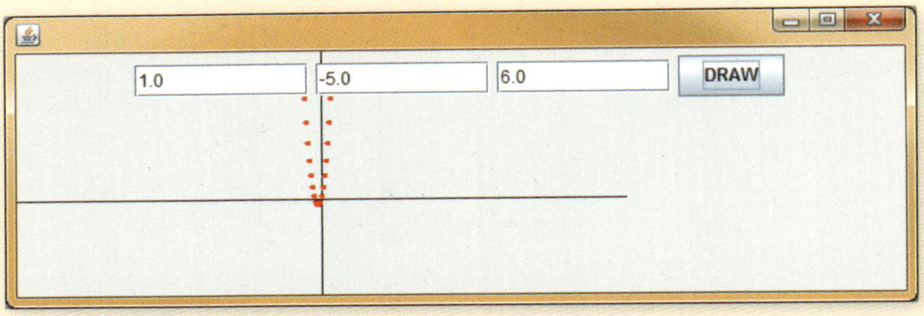

10. 밤하늘을 배경으로 몇 개의 별을 그리는 애플리케이션을 작성하라. Star 클래스를 작성한다. Star 클래스에서는 지정된 위치에 별을 그린다.

CHAPTER 12

제네릭과 컬렉션

학습목표

- 제네릭은 여러 타입을 처리할 수 있는 코드를 만드는 기술이다. 만약 자바 라이브러리 개발자가 되려면 이번 장에서 제네릭을 주의 깊게 읽어야 한다. 컬렉션이란 프로그래밍에 필요한 다양한 자료구조들을 제네릭 형식으로 제공해주는 자바 라이브러리이다. 컬렉션은 어떤 자바 개발자에게도 매우 중요하다. 컬렉션은 프로그래머들의 수고를 덜어주는 자료구조들을 제공한다.

학습목차

12.1 제네릭이란?

제네릭 프로그래밍(generic programming)이란 다양한 종류의 데이터를 처리할 수 있는 클래스를 작성하는 기법이다. 제네릭은 자바 버전 1.5부터 추가된 기능으로 이것을 사용하면 복잡한 애플리케이션을 개발할 때 발생하는 여러 가지 버그들을 많이 줄일 수 있다. 제네릭은 안드로이드와 같은 애플리케이션을 개발할 때 많이 사용되므로 정확하게 알고 있어야 한다. Object 타입의 변수를 사용하는 것보다 안전하고 사용하기 쉽다. 대표적인 예가 배열보다 사용하기 쉬운 ArrayList 클래스이다. ArrayList<T>는 어떤 종류의 객체도 저장할 수 있는 배열이다. 여기서 T는 배열에 저장되는 타입을 나타내는 매개 변수이다.

그림 12.1 제네릭 프로그래밍의 개념

제네릭을 한마디로 말하자면 클래스를 정의할 때, 클래스 안에서 사용되는 자료형(타입)을 구체적으로 명시하지 않고 T와 같이 기호로 적어놓는 것이다. 객체를 생성할 때, T 자리에 구체적인 자료형을 적어주면 된다. 즉 자료형을 클래스의 매개 변수로 만든 것이다. 그림 12-1에서 Box 클래스는 데이터를 저장하는 클래스이다. Box 클래스 안에 저장되는 자료형을 구체적으로 적지 않고 T라고 하는 타입 매개 변수로 표시한다.

```
class Box<T> {
   private T data;
```

T는 타입을 의미한다.

```
    public void set(T data)  {        this.data = data;     }
    public T get()           {        return data;          }
}
```

만약 정수를 저장하는 Box 클래스의 객체를 생성하려면 다음과 같이 T 대신에 <Integer>를 사용하면 된다. 여기서 int는 사용할 수 없는데, int는 기초 자료형이고 클래스가 아니기 때문이다.

```
Box<Integer> b = new Box<Integer>();
b.set(100);        // 정수 저장
int i = b.get();
```

문자열을 저장하는 Box 객체를 생성하려면 다음과 같이 T 대신에 <String>를 사용하면 된다.

```
Box<String> b = new Box<String>();
b.set("Hello World!");      // 문자열 저장
String s = b.get();
```

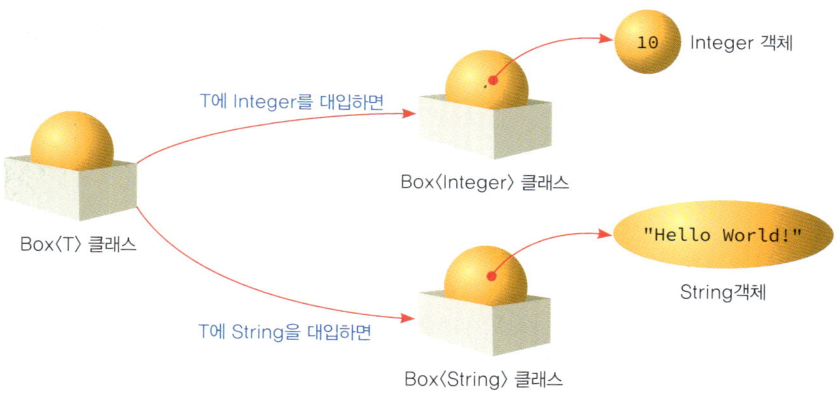

그림 12.2 Box 클래스에 저장하는 데이터의 타입은 객체 생성 시에 결정된다.

> **참고**
> **다이아몬드**
> 자바 7 버전부터는 제네릭 클래스의 생성자를 호출할 때, 타입 인수를 구체적으로 주지 않아도 된다. 컴파일러는 문맥에서 타입을 추측한다. 〈〉을 다이아몬드라고 한다. 예를 들어서 다음과 같이 쓸 수 있다.

```
Box<String> Box = new Box<>();
```

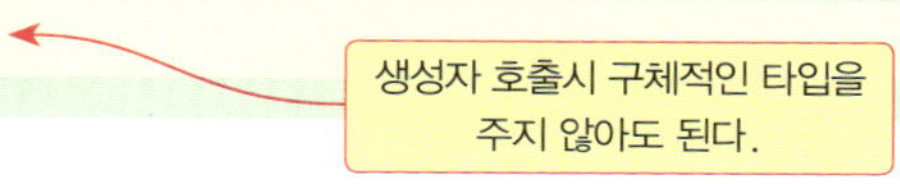

> **참고**
> **제네릭이 제일 필요한 사람은 누구일까?**
> 보통은 라이브러리를 작성하는 프로그래머들이 제네릭을 깊이 연구하여야 한다. 대부분의 일반 프로그래머들은 Vector와 같이 주어진 제네릭 클래스를 사용하는 방법만 알면 된다. 하지만 자신만의 제네릭 클래스와 메소드를 작성해 보고 싶은 프로그래머들은 제네릭을 꼼꼼히 학습하여야 한다.

12.2 컬렉션이란?

컬렉션(collection)은 애플리케이션의 작성을 도와주는 중요한 도구이다. 컬렉션은 자료를 저장하기 위한 구조이다. 대부분의 프로그램은 자료를 저장하여야 하고 따라서 어떤 자료구조를 사용할 것인지를 결정하여야 한다. 예를 들어서 전화번호부 프로그램은 전화번호를 어딘가에 저장하여야 하고 메일 프로그램은 수신된 메일을 어딘가에 저장하여야 한다. 많이 사용되는 자료구조로는 리스트(list), 스택(stack), 큐(queue), 집합(set), 해쉬 테이블(hash table) 등이 있다. 컬렉션은 데이터를 저장하는 자료구조이다. 컬렉션은 앞 절에서 설명한 제네릭 기법으로 구현되어 있기 때문에 어떠한 타입의 데이터도 저장할 수 있다.

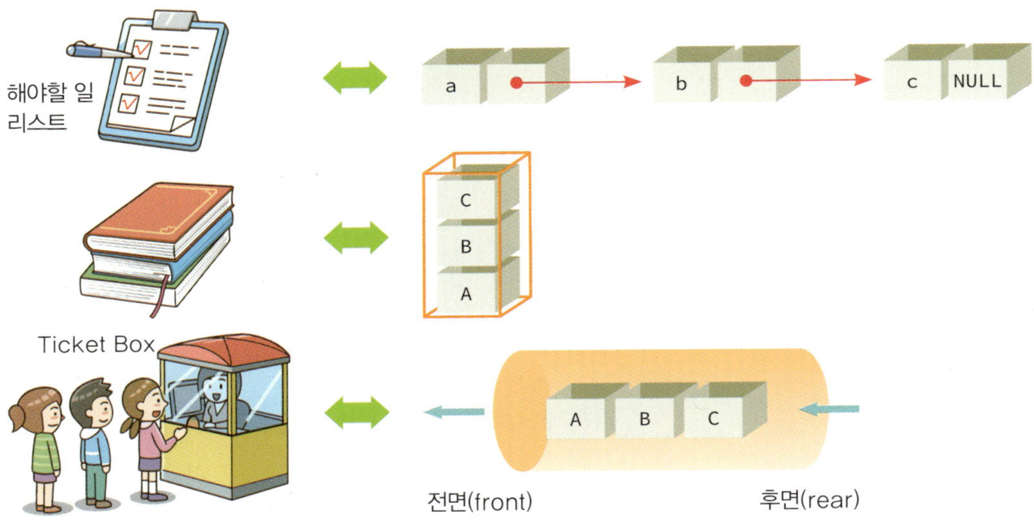

그림 12.3 자료구조의 예

우리는 앞에서 배열에 대하여 학습하였다. 배열은 가장 기초적인 형태의 컬렉션이지만 결정적인 약점이 있다. 즉 배열은 크기가 고정되어 있기 때문에 데이터가 수시로 삽입되고 삭제되는 환경에서는 사용하기 불편하다는 것이다. 예를 들어서 게임에서 몬스터들이 수시로 생겨나고 없어진다면 고정 크기의 배열에 저장하기 힘들다. 이런 경우에 컬렉션의 일종인 벡터를 사용하면 몬스터들의 리스트를 편리하게 저장할 수 있다.

컬렉션의 종류

자바는 컬렉션 인터페이스와 컬렉션 클래스로 나누어서 제공한다. 자바에서는 컬렉션 인터페이스를 구현한 클래스도 함께 제공하므로 이것을 간단하게 사용할 수도 있고 아니면 각자 필요에 맞추어 인터페이스를 자신의 클래스로 구현할 수도 있다. 이들 인터페이스와 클래스들은 모두 java.util 패키지에 포함되어 있다. 컬렉션 인터페이스 계층 구조는 표 12.1와 같다.

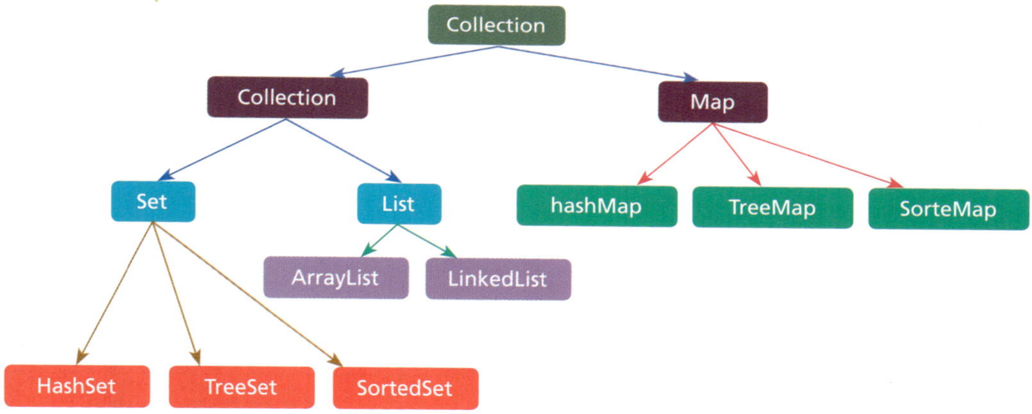

표 12.1 컬렉션 인터페이스

인터페이스	설명
Collection	모든 자료구조의 부모 인터페이스로서 객체의 모임을 나타낸다.
Set	집합(중복된 원소를 가지지 않는)을 나타내는 자료구조
List	순서가 있는 자료구조로 중복된 원소를 가질 수 있다.
Map	키와 값들이 연관되어 있는 사전과 같은 자료구조
Queue	극장에서의 대기줄과 같이 들어온 순서대로 나가는 자료구조

List는 동적 배열을 정의하고 있다. Set은 집합을 정의하고 있으며, Map은 키가 주어지면 값을 반환하는 사전과 같은 자료구조를 정의하고 있다. 사용자는 자신이 인터페이스를 구현하여도 되고(고급 사용자), 아니면 자신의 필요에 맞는 컬렉션 클래스(예를 들어서 ArrayList)를 선택하여 사용하면 된다.

컬렉션의 특징

- 컬렉션에는 int나 double과 같은 기초 자료형은 저장할 수 없다. 클래스만 가능하다. 기초 자료형을 클래스로 감싼 랩퍼 클래스인 Integer나 Double은 사용할 수 있다.

```
Vector<int> list = new Vector<int>();      // 컴파일 오류!
Vector<Integer> list = new Vector<Integer>();  // OK !
```

- 컬렉션은 제네릭을 사용한다.
- 기본 자료형을 저장하면 자동으로 랩퍼 클래스의 객체로 변환된다. 이것을 오토박싱(auto boxing)이라고 한다.

12.3 벡터(vector)

벡터(Vector) 클래스는 java.util 패키지에 있는 컬렉션의 일종으로 가변 크기의 배열(dynamic array)을 구현하고 있다. 기존의 배열은 크기가 고정되어 있어서 사용하기 불편하다. 하지만 벡터는 요소의 개수가 늘어나면 자동으로 배열의 크기가 늘어난다. 또한 벡터는 제네릭 기법을 사용하고 있으므로 어떤 타입의 객체라도 저장할 수 있다. 정수와 같은 기초형 데이터도 오토박싱 기능을 이용하여 객체로 변환되어 저장할 수 있다.

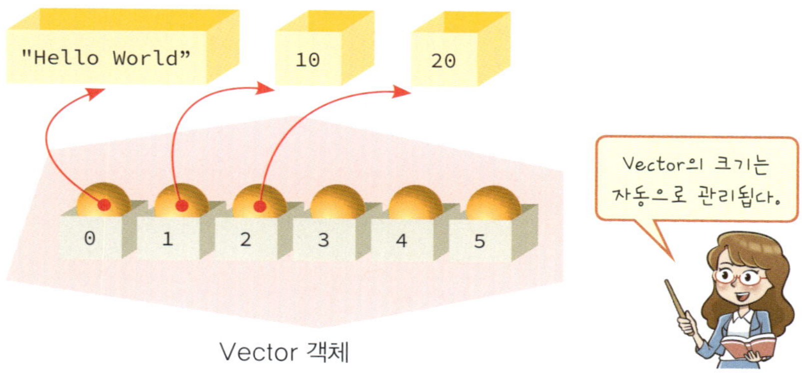

그림 12.4 벡터

벡터는 많은 유용한 메소드들을 가지고 있다. 벡터에 요소를 추가하려면 add() 메소드를 사용한다. 정해진 위치에 요소를 삽입하려면 add(index, object) 메소드를 사용하면 된다. 벡터에서 값을 추출하려면 get() 메소드를 사용한다. size()는 현재 벡터 안에 있는 요소들의 개수를 반환한다.

VectorTest.java

```
import java.util.Vector;

public class VectorTest {

   public static void main(String[] args) {

      Vector vc = new Vector();

      vc.add("Hello World!");
      vc.add(new Integer(10));
      vc.add(20);

```

벡터 객체를 생성할 때, 크기를 안주어도 된다. 물론 크기를 줄 수도 있다.

어떤 타입의 객체도 추가가 가능하다.

```
        System.out.println("vector size: " + vc.size());

        for (int i = 0; i < vc.size(); i++) {
            System.out.println("vector element " + i + ": " + vc.get(i));
        }
        String s = (String)vc.get(0);
    }
}
```

get()은 Object 타입으로 반환하므로 형변환하여서 사용한다.

실행결과

```
vector size: 3
vector element 0: Hello World!
vector element 1: 10
vector element 2: 2
```

제네릭 기능을 사용하는 벡터

Vector 클래스도 제네릭을 지원한다. 따라서 Vector 객체를 생성할 때 new Vector<String>이라고 하면 문자열 객체만을 저장하는 Vector를 생성할 수 있다.

VectorExample1.java

```
import java.util.*;

public class VectorExample1 {

    public static void main(String args[]) {
        Vector<String> vec = new Vector<String>(2);

        vec.add("Apple");
        vec.add("Orange");
        vec.add("Mango");

        System.out.println("벡터의 크기: "+vec.size());
        Collections.sort(vec);

        for(String s: vec)
            System.out.print(s + " ");
    }
}
```

벡터에 저장된 문자열들을 정렬한다.

실행결과

```
벡터의 크기: 3
Apple Mango Orange
```

예제 12-1 객체를 벡터에 저장하기

몬스터를 나타내는 클래스 Monster를 정의하고 Monster 객체를 몇 개 생성하여서 벡터에 저장한다. 저장된 Mosnter 객체를 꺼내서 출력해보자.

실행결과

```
벡터의 크기: 3
[{Mon1,100.0}, {Mon2,200.0}, {Mon3,300.0}]
```

VectorExample2.java

```java
import java.util.*;

class Monster {
    String name;
    double hp;
    public Monster(String name, double hp){
        this.name = name;
        this.hp = hp;
    }
    public String toString(){ return "{"+name+","+hp+"}"; }
}

public class VectorExample2 {

    public static void main(String args[]) {
        Vector<Monster> list = new Vector<>();

        list.add(new Monster("Mon1", 100));
        list.add(new Monster("Mon2", 200));
        list.add(new Monster("Mon3", 300));

        System.out.println("벡터의 크기: "+list.size());
        System.out.print(list);
    }
}
```

Monster 클래스 정의

Monster 객체를 저장하는 벡터를 생성한다.

Monster 객체를 벡터에 추가한다.

12.4 ArrayList

ArrayList도 가변 크기의 배열을 구현하는 클래스이다. 앞 절에서 학습한 벡터와 아주 유사하다. 하지만 벡터(Vector)는 스레드 간의 동기화를 지원하는데 반하여 ArrayList는 동기화를 하지 않기 때문에 벡터보다 성능은 우수하다. 하지만 멀티 스레드 상황이라면 벡터를 사용하는 것이 좋다.

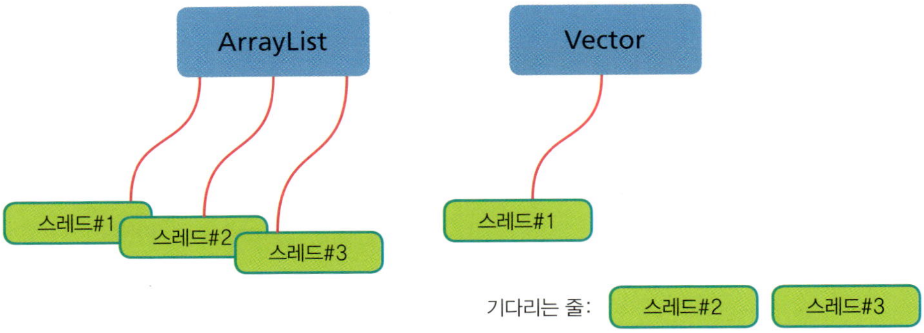

ArrayList의 기본 연산

ArrayList는 타입 매개 변수를 가지는 제네릭 클래스로 제공된다. 따라서 ArrayList를 생성하려면 타입 매개 변수를 지정하여야 한다. 만약 저장하려는 데이터의 타입이 문자열이라면 다음과 같이 생성한다.

```
ArrayList<String> list = new ArrayList<String>();
```

생성된 ArrayList 객체에 데이터를 저장하려면 add() 메소드를 사용한다.

```
list.add( "MILK" );
list.add( "BREAD" );
list.add( "BUTTER" );
```

만약에 기존의 데이터가 들어 있는 위치를 지정하여 add()를 호출하면 새로운 데이터는 중간에 삽입된다.

```
list.add( 1, "APPLE" );          // 인덱스 1에 "APPLE"을 삽입
```

만약 특정한 위치에 있는 원소를 바꾸려면 set() 메소드를 사용한다.

```
list.set( 2, "GRAPE" );          // 인덱스 2의 원소를 "GRAPE"로 대체
```

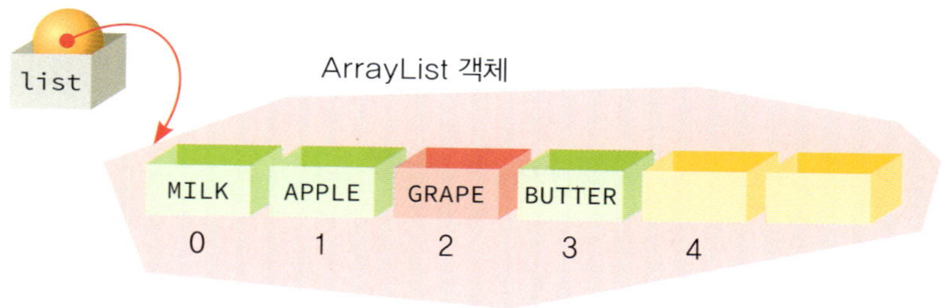

데이터를 삭제하려면 remove() 메소드를 사용한다.

```
list.remove( 3 );          // 인덱스 3의 원소를 삭제한다.
```

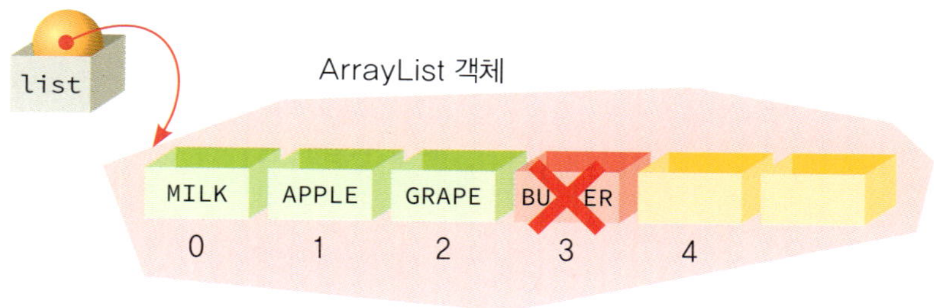

ArrayList 객체에 저장된 객체를 가져오는 메소드는 get()이다. get()은 인덱스를 받아서 그 위치에 저장된 원소를 반환한다. 예를 들어서 list.get(1)이라고 하면 인덱스 1에 저장된 데이터가 반환된다.

```
String s = list.get(1);
```

만약 이때 범위를 벗어나는 인덱스를 사용하면 예외가 발생한다. size() 메소드를 이용하면 현재 저장된 원소의 개수를 알 수 있다.

예제 12-2 객체를 ArrayList에 저장하기

2차원 공간의 한 점을 나타내는 Point 클래스 객체를 저장하는 ArrayList를 생성해 보자.

ArrayListTest.java

```
import java.util.*;

class Point {
    int x, y;
    public Point(int x, int y) {
        this.x = x;
        this.y = y;
    }
    public String toString(){ return "("+x+","+y+")"; }
}
public class ArrayListTest {
    public static void main(String args[]) {
        ArrayList<Point> list = new ArrayList<>();


        list.add(new Point(0, 0));
        list.add(new Point(4, 0));
        list.add(new Point(3, 5));
        list.add(new Point(-1, 3));
        list.add(new Point(12, 2));

        System.out.println(list);
    }
}
```

실행결과

```
[(0,0), (4,0), (3,5), (-1,3), (12,2)]
```

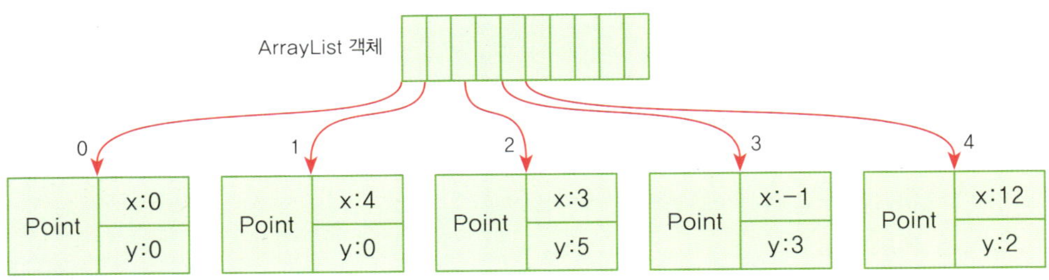

예제 12-3 문자열을 ArrayList에 저장하기

문자열을 ArrayList에 저장하고, indexOf() 메소드를 이용하여 특정 문자열을 찾아보자. indexOf()는 ArrayList 안에 저장된 데이터를 찾아서 인덱스를 반환하는 메소드이다.

ArrayListTest2.java

```java
import java.util.ArrayList;

public class ArrayListTest2 {
    public static void main(String[] args) {

        ArrayList<String> list = new ArrayList<>();
        list.add("Apple");
        list.add("Banana");
        list.add("Mango");
        list.add("Pear");
        list.add("Grape");

        int index = list.indexOf("Mango");

        System.out.println("Mango의 위치:"+index);    // "Mango"의 위치는 2가 된다.
    }
}
```

ArrayList에 저장된 문자열들을 검색한다.

실행결과

```
Mango의 위치:2
```

12.5 Set

앞에서 학습한 ArrayList에서는 데이터 간의 순서가 존재한다. 하지만 만약 순서에는 상관없이 데이터만 저장하고 싶은 경우도 존재한다. 이때 사용할 수 있는 자료구조가 **집합**(Set)이다. 수학적으로 집합(set)은 동일한 데이터를 중복해서 가질 수 없다. A = { 1, 2, 3, 4, 5 }는 집합이지만 B = { 1, 1, 2, 2, 3 }은 집합이 아니다. Set 인터페이스는 Collection 인터페이스에 정의된 메소드를 제공하며 다만 데이터의 중복만은 막도록 설계되어 있다.

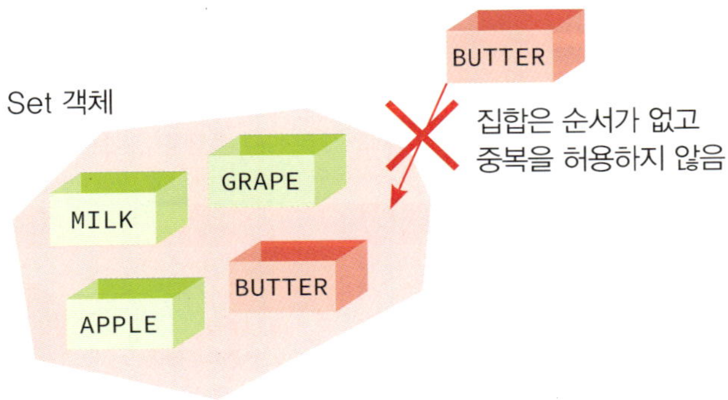

그림 12.5 집합

자바에서는 Set 인터페이스에 대하여 HashSet, TreeSet, LinkedHashSet의 3가지의 구현이 제공된다. HashSet은 해쉬 테이블에 원소를 저장하기 때문에 성능면에서 가장 우수하다. 하지만 원소들의 순서가 일정하지 않은 단점이 있다. TreeSet은 레드-블랙 트리(red-black tree)에 원소를 저장한다. 따라서 값에 따라서 순서가 결정되지만 HashSet보다는 느리다. LinkedHashSet은 해쉬 테이블과 연결 리스트를 결합한 것으로 원소들의 순서는 삽입되었던 순서와 같다. LinkedHashSet은 약간의 비용을 들여서 HashSet의 문제점인 순서의 불명확성을 제거한 방법이다.

예제 12-4 문자열을 Set에 저장하기

HashSet을 사용하여 문자열을 저장해 보자. contains() 메소드도 사용해보자. contains()는 집합 안에 데이터가 있는지, 없는지 여부를 반환한다.

SetTest.java

```
import java.util.*;
```

```java

public class SetTest {
   public static void main(String args[]) {
      HashSet<String> set = new HashSet<String>();

      set.add("Milk");
      set.add("Bread");
      set.add("Butter");
      set.add("Cheese");
      set.add("Ham");
      set.add("Ham");

      System.out.println(set);

      if (set.contains("Ham")) {
         System.out.println("Ham도 포함되어 있음");
      }
   }
}
```

2번 추가되지만 하나만 들어간다.

실행결과

```
[Ham, Butter, Cheese, Milk, Bread]
Ham도 포함되어 있음
```

만약 LinkedHashSet을 사용한다면 다음과 같은 결과가 얻어진다. 입력된 순서대로 출력됨에 주의하라.

실행결과

```
[Milk, Bread, Butter, Cheese, Ham]
Ham도 포함되어 있음
```

만약 TreeSet을 사용한다면 다음과 같은 결과가 얻어진다. 알파벳 순으로 정렬되는 것에 주의하자.

실행결과

```
[Bread, Butter, Cheese, Ham, Milk]
Ham도 포함되어 있음
```

합집합과 교집합

수학에서 집합 연산에는 합집합, 교집합이 있다. 자바 Set에도 addAll()과 retainAll()이라는 메소드가 있어서 합집합, 교집합을 구현한다.

```java
Set<Integer> s1 = new HashSet<>(Arrays.asList(1, 2, 3, 4, 5, 7, 9));
```

```
Set<Integer> s2 = new HashSet<>(Arrays.asList(2, 4, 6, 8));

s1.retainAll(s2);    // 교집합을 계산한다.
System.out.println(s1);
```

실행결과

```
[2, 4]
```

Arrays.asList()는 배열 데이터를 List로 변경하는 메소드이다. 많이 사용되는 메소드이다.

예제 12-5 중복된 단어 검출하기

집합은 우리가 잘 알다시피 중복을 허용하지 않는다. 이것을 이용하여서 전체 문장에서 중복된 단어를 검출하는 프로그램을 작성할 수 있다.

FindDuplication.java

```
import java.util.*;

public class FindDuplication {
   public static void main(String[] args) {
      Set<String> s = new HashSet<String>();
      String[] sample = { "사과", "사과", "바나나", "토마토" };
      for (String a : sample)
         if (!s.add(a))
            System.out.println("중복된 단어: " + a);

      System.out.println(s.size() + " 중복되지 않은 단어: " + s);
   }
}
```

집합에 추가되지 않으면 중복된 단어이다.

실행결과

```
중복된 단어: 사과
3 중복되지 않은 단어: [토마토, 사과, 바나나]
```

12.6 Map

Map은 많은 데이터 중에서 원하는 데이터를 빠르게 찾을 수 있는 컬렉션이다. Map은 사전과 같은 자료구조이다. 즉 사전처럼 단어가 있고(이것을 키(key)라고 부른다) 단어에 대한 설명(이것을 값(value)라고 부른다)이 있다. Map은 중복된 키를 가질 수 없다. 각 키는 오직 하나의 값에만 매핑될 수 있다. 키가 제시되면 Map은 값을 반환한다. 예를 들어서 학생에 대한 정보를 Map에 저장할 수 있다. 이 경우, 키는 학번이 될 것이고 값은 학생이 될 것이다.

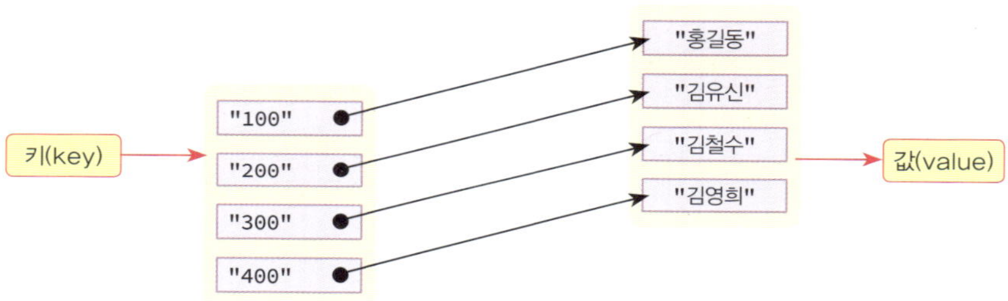

그림 12.6 Map의 개념

자바에서는 Map이라는 이름의 인터페이스가 제공되고 이 인터페이스를 구현한 HashMap, TreeMap, LinkedHashMap 등의 3가지의 클래스가 제공된다. HashMap은 해싱 테이블에 데이터를 저장하고 TreeMap은 탐색 트리에 데이터를 저장한다.

HashMap과 TreeMap 중에서 어떤 것을 사용하여야 하는가? 만약 키들을 정렬된 순서로 방문할 필요가 없다면 HashMap이 약간 빠르다. 학생 정보를 저장하는 HashMap을 작성하여 보자. Student 클래스는 미리 정의되어 있다고 가정하자. 데이터를 저장하려면 put() 메소드를 사용한다.

```
Map<String, Student> freshman = new HashMap<String, Student>();  // 생성
Student hong = new Student("홍길동");
freshman.put("100", hong);                  // 저장
. . .
```

객체를 다시 추출하려면 get() 메소드를 사용하면 된다.

```
String key = "100";
value = freshman.get(key);                  // 홍길동을 반환
```

키들은 중복되지 않아야 한다. 동일한 키로 두 개의 값을 저장할 수 없다.

예제 12-6 Map에 학생들의 데이터 저장하기

하나의 예로 학생들과 관련된 자료들을 맵에 저장하여 처리하는 코드를 살펴보자.

MapTest.java

```java
import java.util.HashMap;
import java.util.Map;

public class MapTest {
    public static void main(String[] args) {
        Map<String, String> list = new HashMap<String, String>();

        list.put("100", "홍길동");
        list.put("200", "김유신");
        list.put("300", "김철수");

        // 모든 항목을 출력한다.
        System.out.println(list);

        // 하나의 항목을 삭제한다.
        list.remove("200");

        // 하나의 항목을 대치한다.
        list.put("100", "최자영");
        // 값을 참조한다.
        System.out.println(list.get("300"));
        // 모든 항목을 방문한다.
        for (String key: list.keySet()) {
            String value = list.get(key);
            System.out.println("key=" + key + ", value=" + value);
        }
    }
}
```

keySet()은 키들의 집합을 반환한다.

실행결과

```
{100=홍길동, 200=김유신, 300=김철수}
김철수
key=100, value=최자영
key=300, value=김철수
```

팁

위의 코드에서 각 요소에 대하여 반복하는 부분을 람다식으로 교체한다면 다음과 같이 간단하게 작성할 수 있다.

```
st.forEach ( (key, value)-> {
    System.out.println("key=" + key + ", value=" + value);
});
```

12.7 람다식

람다식(lambda expression)은 나중에 실행될 목적으로 다른 곳에 전달될 수 있는 코드 블록이다. 람다식은 이름이 없는 메소드라고 할 수 있다. 우리가 람다식을 사용하는 이유는 간결함 때문이다. 람다식을 이용하면 메소드가 필요한 곳에 간단히 메소드를 보낼 수 있다. 특히 메소드가 딱 한번만 사용되고 메소드의 길이가 짧은 경우에 유용하다.

전통적으로 자바는 객체를 아주 중요시해 왔다. 자바는 객체 지향을 엄격히 적용하고 소스 코드에 엄격한 자료형을 강조한다. 반면에 자바는 함수(메소드)를 아주 하찮게 생각했었다. 함수는 자바 세계에서 혼자서 생존할 수 없다. 자바에서 메소드는 정식 객체(일급 객체)가 아니다. 따라서 메소드를 독립적으로 정의할 수 있는 방법이 없다. 또 메소드를 다른 메소드의 인수로 전달하거나 메서드 몸체를 반환할 수 있는 방법이 없다.

하지만 함수형 프로그래밍 언어에서는 함수가 아주 중요시 된다. 함수형 프로그래밍 언어에서는 함수가 스스로 존재할 수 있다. 함수를 변수에 할당할 수 있으며 다른 함수의 인수로 함수를 전달 수 있다. 람다식은 함수형 프로그래밍을 자바에 도입한 것이다. 람다식에서는 함수를 당당한 객체로 간주한다.

람다식이란?

자바에서 람다식은 (argument) → (body) 구문을 사용하여 작성된다. 예를 들어 다음과 같다.

문법 12.1 람다식

```
(arg1, arg2...) -> { body }

(type1 arg1, type2 arg2...) -> {
body }
```

```
(int a, int b) -> { return a+b; }
```

설명 매개 변수 a와 b를 전달받아서 a+b를 계산하여 반환하는 메소드를 람다식으로 정의하였다.

간단하게 매개 변수 a와 b를 전달받아서 a+b를 계산하여 반환하는 메소드를 람다식으로 정의하면 다음과 같다.

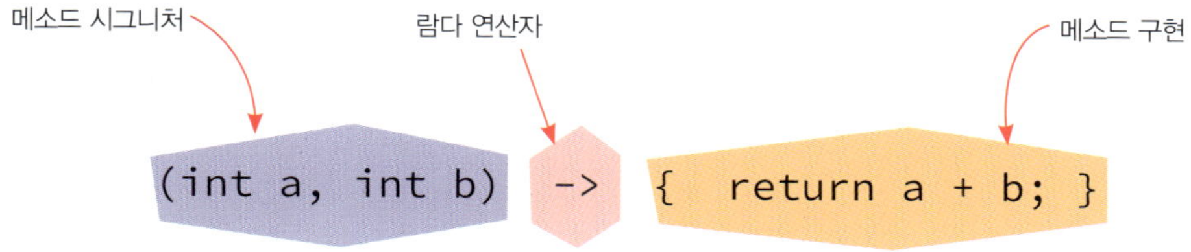

람다식을 사용하면 메소드를 사용하려는 장소에서 바로 메서드를 작성할 수 있다. 메소드가 딱 한 번만 사용되고 메서드 정의가 짧은 경우에 특히 유용하다. 클래스 안에서 별도의 메소드를 선언하고 작성하는 수고를 덜어주는 것이다.

다음은 람다식의 몇 가지 예이다.

```
() -> System.out.println("Hello World");
(String s) -> { System.out.println(s); }
() -> 69
() -> { return 3.141592; };
```

람다식은 특히 다음 절의 Collections 클래스에서 많이 사용된다.

12.8 Collections 클래스

Collections 클래스는 여러 유용한 알고리즘을 구현한 메소드들을 제공한다. 이 메소드들은 제네릭 기술을 사용하여 작성되었으며 정적 메소드의 형태로 되어 있다. 메소드의 첫 번째 매개 변수는 알고리즘이 적용되는 컬렉션이 된다. 이중에서 중요한 알고리즘만 살펴보자.

- 정렬(Sorting)
- 섞기(Shuffling)
- 탐색(Searching)

정렬

정렬은 가장 중요한 컴퓨터 알고리즘이라고 하여도 과언이 아니다. 정렬은 데이터를 어떤 기준에 의하여 순서대로 나열하는 것이다. 정렬 알고리즘에는 퀵정렬, 합병 정렬, 히프 정렬 등의 다양한 방법이 존재한다. Collections 클래스의 정렬은 속도가 비교적 빠르고 안정성이 보장되는 합병 정렬을 이용한다. 합병 정렬은 시간 복잡도가 O(nlog(n))이며 특히 거의 정렬된 리스트에 대해서는 상당히 빠르다.

그림 12.7 안정된 정렬

안정성이란 동일한 값을 가지는 원소를 다시 정렬하지 않는 것을 의미한다. 그림 12-7에서 12의 값을 가지는 두개의 원소의 순서가 정렬 후에도 변경되지 않았다. 안정성은 같은 리스트를 반복하여 다른 기준에 따라 정렬할 때 중요하다. 만약 상품 주문 리스트를 날짜를 기준으로 먼저 정렬하고 이후에 주문처를 기준으로 정렬한다면 사용자는 같은 주문처가 보낸 주문은 날짜별로 정렬될 것이라고 가정한다. 하지만 이것은 정렬이 안정성 있는 정렬인 경우에만 가능하다.

Collections 클래스의 sort() 메소드는 List 인터페이스를 구현하는 컬렉션에 대하여 정렬을 수행한다. 간단한 예를 들어보면 다음과 같다.

```
List<String> list = new LinkedList<String>();
list.add("김철수");
list.add("김영희");
Collections.sort(list);    // 리스트 안의 문자열이 정렬된다.
```

만약 리스트에 들어 있는 원소가 String 타입이라면 알파벳 순서대로 정렬될 것이다. 만약 Date 원소들이라면 시간적인 순서로 정렬될 것이다. 어떻게 이것이 가능한가? String과 Date는 모두 Comparable 인터페이스를 구현한다. 정렬은 바로 이 Comparable 인터페이스를 이용하여 이루어진다.

예제 12-7 문자열 정렬하기

문자열을 정렬하는 간단한 예를 살펴보자.

Sort.java

```
import java.util.*;

public class Sort {
    public static void main(String[] args) {
        String[] sample = { "i", "walk", "the", "line" };
        List<String> list = Arrays.asList(sample);     // 배열을 리스트로 변경
        Collections.sort(list);
        System.out.println(list);
    }
}
```

정렬 알고리즘을 실행하기 위하여 asList() 메소드를 이용하여 배열을 리스트로 변환한다.

Collections 인터페이스가 가지고 있는 정적 메소드인 sort()를 호출하여 정렬을 수행한다.

실행결과

```
[i, line, the, walk]
```

예제 12-8 사용자 클래스의 객체 정렬하기

만약 사용자가 만든 클래스라면 아마 Comparable 인터페이스가 구현되지 않았을 것이다. Comparable 인터페이스는 다음의 메소드만을 가지고 있다.

```
public interface Comparable<T> {
   public int compareTo(T o);
}
```

compareTo() 메소드는 매개 변수 객체를 현재의 객체와 비교하여 음수(작으면), 0(같으면), 양수(크면)를 반환한다. 예를 들어서 학생을 나타내는 클래스 StudentEmployee에 학번을 비교하는 compareTo()를 구현하여서 정렬하여 보자.

SortTest.java

```
import java.util.*;

class Student  implements Comparable<Student> {
   int number;
   String name;

   public Student(int number, String name) {
      this.number = number;
      this.name = name;
   }

   public String toString() {
      return name;
   }
   public int compareTo(Student s) {
      return s.number - number;
   }
}

public class SortTest {
    public static void main(String[] args) {
    Student array[] = {
        new Student(2, "김철수"),
        new Student(3, "이철수"),
        new Student(1, "박철수"),
    };
    List<Student> list = Arrays.asList(array);
    Collections.sort(list);
    System.out.println(list);
    }
```

> 만약 역순으로 정렬하기를 원한다면 다음과 같이 하면 된다.
> Collections.sort(list, Collections.reverseOrder())

```
}
```

실행결과

```
[박철수, 김철수, 이철수]
```

예제 12-9 람다식을 사용하여 정렬하기

앞의 예제를 람다식을 사용하여 다시 작성해 보자. sort() 메소드를 호출하면서 바로 람다식으로 메소드를 만들어서 전달할 수 있다.

SortTest2.java

```java
import java.util.*;

class Student {
    int number;
    String name;

    public Student(int number, String name) {
        this.number = number;
        this.name = name;
    }
    public String toString() {    return name;    }
}

public class SortTest2 {
    public static void main(String[] args) {
        Student array[] = {
            new Student(2, "김철수"),
            new Student(3, "이철수"),
            new Student(1, "박철수"),
        };
        List<Student> list = Arrays.asList(array);
        Collections.sort(list, (Student s1, Student s2)->{return (s1.number-s2.number);});

        System.out.println(list);
    }
}
```

실행결과

```
[박철수, 김철수, 이철수]
```

섞기(Shuffling)

섞기(shuffle) 알고리즘은 정렬의 반대 동작을 한다. 즉 리스트에 존재하는 정렬을 파괴하여서 원소들의 순서를 랜덤하게 만든다. 이 알고리즘은 특히 게임을 구현할 때 유용하다. 예를 들어서 카드 게임에서 카드를 랜덤하게 섞는 경우, 사용할 수 있다. 또 테스트할 때도 필요하다.

Shuffle.java

```java
import java.util.*;

public class Shuffle {
    public static void main(String[] args) {
        List<Integer> list = new ArrayList<Integer>();
        for (int i = 1; i <= 10; i++)
            list.add(i);
        Collections.shuffle(list);
        System.out.println(list);
    }
}
```

실행결과

```
[5, 9, 7, 3, 6, 4, 8, 2, 1, 10]
```

탐색(Searching)

탐색이란 리스트 안에서 원하는 원소를 찾는 것이다. 만약 리스트가 정렬되어 있지 않다면 처음부터 모든 원소를 방문할 수밖에 없다(선형 탐색). 하지만 리스트가 정렬되어 있다면 중간에 있는 원소와 먼저 비교하는 것이 좋다(이진 탐색). 만약 중간 원소보다 찾고자 하는 원소가 크면 뒷부분에 있고 반대이면 앞부분에 있다. 이런 식으로 하여서 문제의 크기를 반으로 줄일 수 있다. 예를 들어서 1024개의 원소가 있는 리스트라면 최대 10번만 비교하면 원하는 원소를 찾을 수 있다. 만약 선형 탐색을 하였다면 평균 512번의 비교가 필요하다.

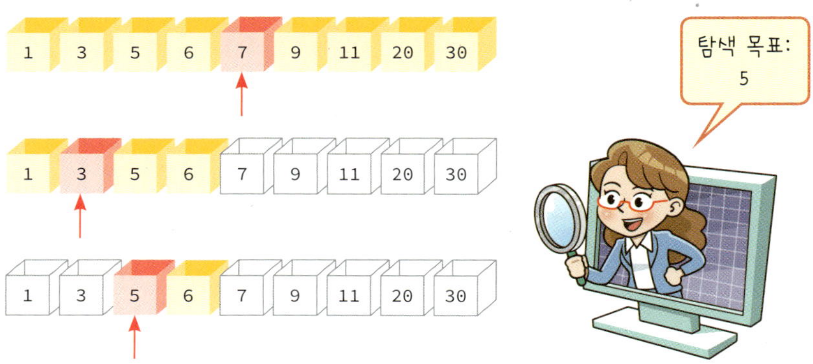

그림 12.8 탐색의 개념

Collections 클래스의 binarySearch 알고리즘은 정렬된 리스트에서 지정된 원소를 이진 탐색한다. binarySearch()은 리스트와 탐색할 원소를 받는다. 리스트는 정렬되어 있다고 가정한다.

```
index = Collections.binarySearch(collec, element);
```

만약 반환값이 양수이면 탐색이 성공한 객체의 위치이다. collec.get(index)하면 원하는 객체를 얻을 수 있다. 만약 반환값이 음수이면 탐색이 실패한 것이다. 실패하였어도 도움이 되는 정보가 반환되는데 반환값에서 현재의 데이터가 삽입될 수 있는 위치를 알아낼 수 있다. 반환값이 pos이면 (-pos - 1)이 삽입 위치가 된다.

```
int pos = Collections.binarySearch(list, key);
if (pos < 0)
   l.add(-pos-1);
```

예제 12-10 숫자들의 리스트 탐색하기

0부터 100까지의 정수들을 ArrayList에 저장하고 50을 이진 탐색으로 찾아보자.

Search.java

```
import java.util.*;

public class Search {
   public static void main(String[] args) {
      int key = 50;
      List<Integer> list = new ArrayList<Integer>();
      for (int i = 0; i < 100; i++)
         list.add(i);
       int index = Collections.binarySearch(list,key);
      System.out.println("탐색의 반환값  =" + index);
   }
}
```

실행결과

```
탐색의 반환값  =50
```

Mini Project

컬렉션은 게임에서 많이 사용된다. 예를 들어서 화면에 몬스터가 표시되고 마우스를 클릭하여 몬스터를 잡는 게임을 생각해보자.

몬스터들은 어딘가에 저장되어야 하는데, 중간에 사용자한테 잡혀서 소멸될 수도 있기 때문에 동적인 저장 방법이 필요하다. 따라서 이런 경우에는 벡터나 ArrayList를 사용하는 것이 좋다. 다음과 같은 Monster 객체를 ArrayList에 저장하고 이것을 꺼내서 화면에 표시하는 프로그램을 작성해보자.

```
class Monster {
    int x, y, hp;
    Image img;

    Monster(int x, int y, int hp) {
        this.x = x;
        this.y = y;
        this.hp = hp;
        ImageIcon icon = new ImageIcon("d://monster.png");
        img = icon.getImage();
    }

    public void draw(Graphics g) {
        g.drawImage(img, x, y, null);
    }
}
```

화면의 몬스터를 움직이게 하고 마우스로 클릭하여 몬스터를 잡는 간단한 게임으로 확장해보자.

Exercise

1. double형을 저장하는 ArrayList를 생성하는 문장을 작성하시오.

2. 여러분이 어떤 정보를 저장하는데 절대 중복이 발생하면 안된다고 가정하자. 그리고 모든 요소들은 삽입된 순서대로 출력되어야 한다. 어떤 컬렉션을 사용하여야 하는가?

   ① java.util.Map ② java.util.Set
   ③ java.util.List ④ java.util.Collection

3. 어떤 정보를 키-값의 쌍으로 저장하고자 한다. 어떤 컬렉션을 사용하여야 하는가?

   ① java.util.Map ② java.util.Set
   ③ java.util.List ④ java.util.Collection

4. 다음은 Stack 클래스의 일부분이다.

   (1) Stack에 저장되는 데이터의 타입을 int 대신에 제네릭 타입으로 표시하여 보자.

```
public class Stack{
    private int[] stack;
    public void push(int data) { ... }
    public int pop() { ... }
}
```

   (2) String 타입의 데이터를 가지는 Stack을 생성하는 문장을 쓰시오.

5. 다음과 같이 리스트가 생성되었다고 하자. 다음의 각 문장을 실행한 후의 결과를 쓰시오.

```
String[] s = { "사과", "배", "바나나" };
ArrayList list = new ArrayList(Arrays.asList(s));
```

   (1) list.add("포도"); System.out.println(list);
   (2) list.add(2, "자몽"); System.out.println(list);
   (3) System.out.println(list.get(3));
   (4) list.remove(1); System.out.println(list);
   (5) System.out.println(list.contains("사과"));
   (6) System.out.println(list.indexOf("사과"));

6. list가 ArrayList<Double>의 객체를 참조하고 있다고 하자. list의 모든 원소를 출력하는 문장을 다음과 같이 작성하라.

(1) 인덱스 변수를 사용하는 보통의 for 루프

(2) for-each 구문을 사용

Programming Exercise

1. 우리는 본문에서 하나의 데이터를 저장하는 Box 클래스를 작성해보았다. 이번 절에서는 동일한 종류의 2개의 데이터를 저장하는 SimplePair 클래스를 작성해보자. SimplePair 클래스가 작성되었다고 가정하고 SimplePair 클래스를 사용하는 코드는 다음과 같다.

```
SimplePair<String> pair = new SimplePair<String>("apple", "tomato");
System.out.println(pair.getFirst());
System.out.println(pair.getSecond());
```

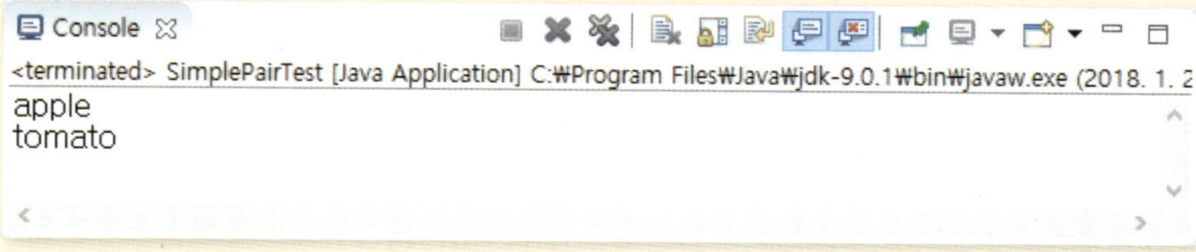

2. 타입 매개 변수 T를 가지는 클래스 MyMath를 작성하여 보자. MyMath에는 평균을 구하는 getAverage() 메소드를 추가하여 보자. Integer나 Double과 같은 다양한 타입의 데이터에 대하여 평균을 구할 수 있도록 하라.

```
Integer[] list = { 1, 2, 3, 4, 5, 6 };
MyMath<Integer> m = new MyMath<Integer>();
System.out.println(m.getAverage(list));
```

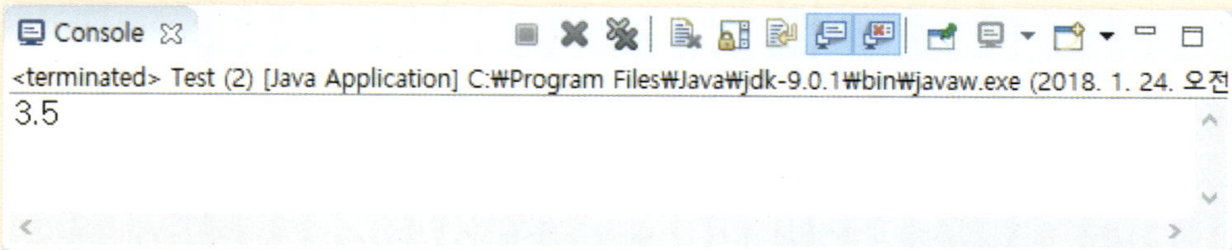

3. 본문에서 ArrayList를 설명하였다. 문자열을 저장할 수 있는 ArrayList 객체를 생성하고 여기에 "a", "b", "c", "d", "e"를 저장하고 이것을 출력하는 프로그램을 작성해 보자.

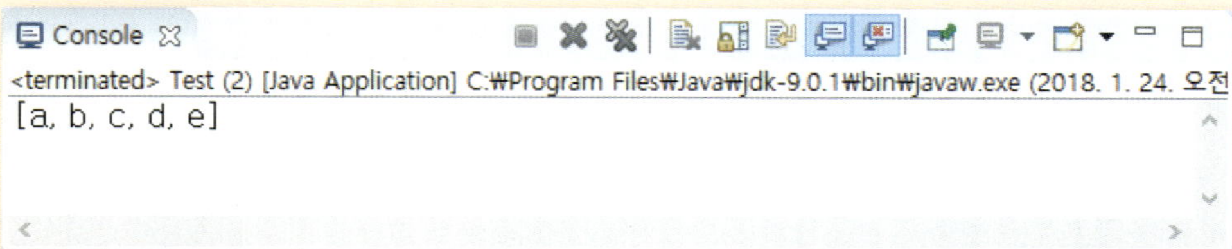

4. "A", "B", "C"를 저장하고 있는 HashSet 객체 s1을 생성하고, 이어서 "A", "D"를 저장하고 있는 HashSet 객체 s2를 생성한다. s1과 s2의 합집합과 교집합을 계산해 보자.

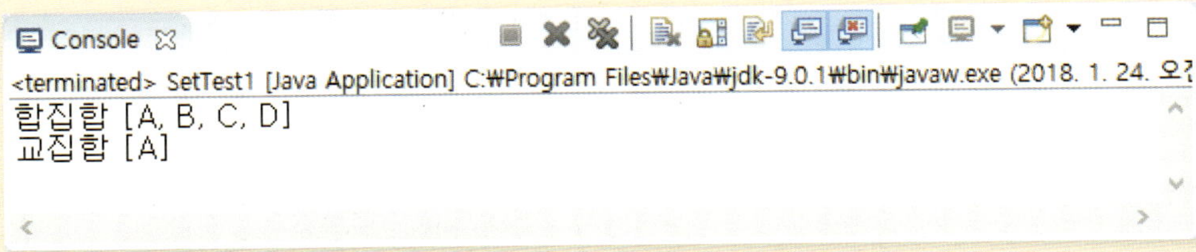

5. ArrayList를 카운트다운 타이머로 사용할 수 있다. ArrayList에 정수들을 넣어놓고 차례대로 큐에서 정수들을 꺼내어 1초에 하나씩 화면에 출력하는 프로그램을 작성해 보자.

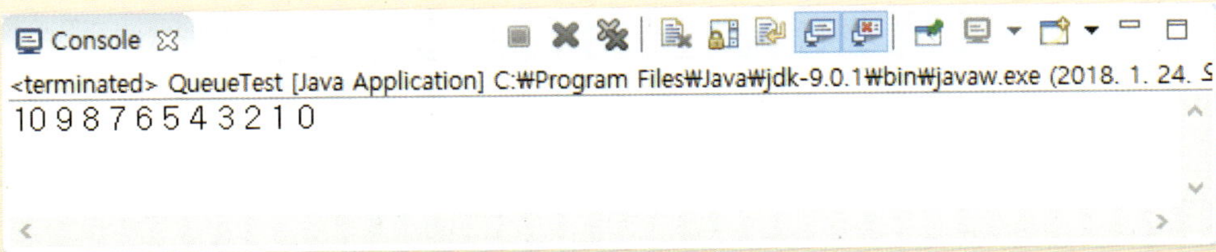

6. Map을 사용하여 영어 사전을 구현하여 보자. 사용자가 단어를 입력하면 단어의 설명을 보여준다.

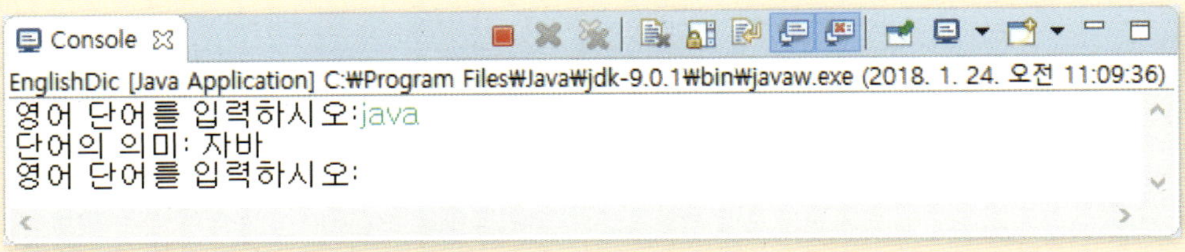

팁 여러 가지 다양한 컬렉션 중에서 사전을 구현할 때는 물론 Map을 사용하는 것이 좋다. Map은 key를 제시하면 value를 찾아서 반환한다. key에는 영어 단어를 넣고 value에는 의미를 넣으면 된다. 그리고 Map이 제네릭으로 구현되었으므로 사용할 때 우리가 필요한 자료형으로 초기화하면 된다.

7. 파일에 들어 있는 단어들이 나타나는 횟수를 Map 객체를 이용하여 계산해 보자. 파일에 대한 내용은 13장을 참조해 보자.

```
Console
<terminated> SimpleWordCounter [Java Application] C:₩Program Files₩Java₩jdk-9.0.1₩bin₩javaw.exe (201
Java.-->1
This-->1
Welcome-->1
a-->1
is-->1
test.-->1
to-->1
전체 단어 수: 7
```

팁 (힌트) 다음 문장을 사용하면 파일을 스캐너 객체와 연결할 수 있다.

```
File f = new File("d://test.txt");
Scanner sc;
sc = new Scanner(f);
```

8. 장기 자랑 프로그램에 사용될 수 있는 심사 위원들의 점수를 집계하는 프로그램을 작성하라. 점수는 0.0에서 10.0까지 가능하다. 10명의 점수 중에서 최저 점수와 최고 점수는 제외된다. Double 타입의 ArrayList를 사용하라.

```
Console
<terminated> Test (2) [Java Application] C:₩Program Files₩Java₩jdk-9.0.1₩bin₩javaw.exe (2018. 1. 24. 오전
심사위원의 점수: 1
심사위원의 점수: 2
심사위원의 점수: 3
심사위원의 점수: 4
심사위원의 점수: 5
심사위원의 점수: 6
심사위원의 점수: 7
심사위원의 점수: 8
심사위원의 점수: 9
심사위원의 점수: 10
점수의 합: 44.0
```

9. 로또 번호를 생성하는 프로그램을 작성하여 보자. 로또는 1부터 45까지의 숫자 중에서 6개를 선택한다. 로또 번호는 중복되면 안 된다. 따라서 집합을 나타내는 HashSet을 사용하여 중복을 검사하여 보자. Math.random()을 사용하면 0부터 1사이의 난수를 생성할 수 있다. 0부터 1사이의 난수가 생성되면 여기에 44를 곱하고 1을 더하면 1부터 45사이의 정수를 생성할 수 있다. 생성된 정수는 HashSet의 contains() 메소드를 이용하여 이미 선택된 정수인지를 검사한다.

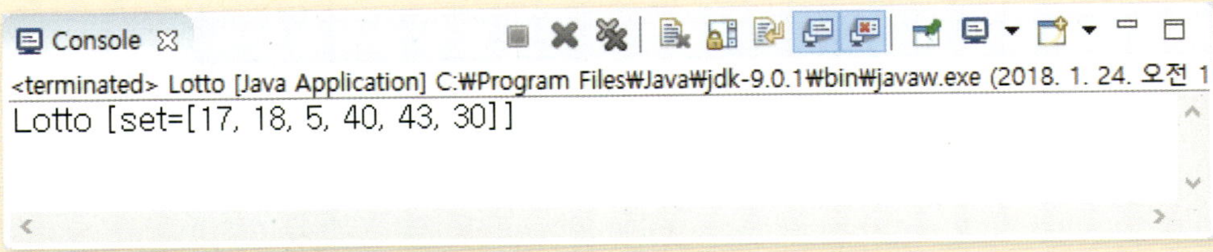

10. 랜덤 리스트(random list)를 작성하여 보자. 랜덤 리스트란 원소들을 가지고 있다가 get()이라는 메소드를 호출하면 랜덤하게 하나의 원소를 선택하여서 반환한다. 모든 타입의 객체를 저장하도록 제네릭을 사용하라. 원소들은 ArrayList를 이용하여 저장하고 add() 메소드는 원소를 추가한다. select()가 호출되면 난수 생성기를 이용하여 ArrayList 원소 중에서 하나를 선택하고 반환하라. 다음 코드를 참조하라.

```
public class RandomList<T> {
   __________________________________;
   public void add(T  item) { ___________________;}
   public T select() { ____________________________;}
}
```

CHAPTER 13

파일 입출력

학습목표

- 이번 장에서는 기본적인 입출력을 위하여 사용되는 클래스들을 살펴보자. 스트림은 강력한 개념으로 입출력 연산을 아주 간단하게 만든다. 또한 직렬화(serialization) 기법에 대해서도 살펴볼 것이다. 직렬화란 프로그램이 전체 객체를 스트림에 출력하고 다시 읽어 들이는 기법을 말한다. 자바는 java.io와 java.nio 패키지를 통하여 입출력을 지원한다.

학습목차

01 스트림
02 문자 스트림
03 바이트 스트림
04 스트림 결합하기
05 객체 저장하기
06 파일 객체

13.1 스트림

스트림이란?

스트림(stream)의 원래 의미는 "물이 흐르는 개울"이다. 자바에서는 "바이트들의 연속적인 흐름"을 스트림이라고 한다. 물위에 바이트들이 연속해서 떠다니는 모습을 상상하면 된다. 우리는 스트림 객체에서 바이트를 읽을 수 있고 스트림 객체에 바이트를 쓸 수도 있다. 이들 스트림의 소스와 목적지는 일반적으로 파일이다. 하지만 네트워크 연결이나 입출력 장치와도 연결될 수 있다.

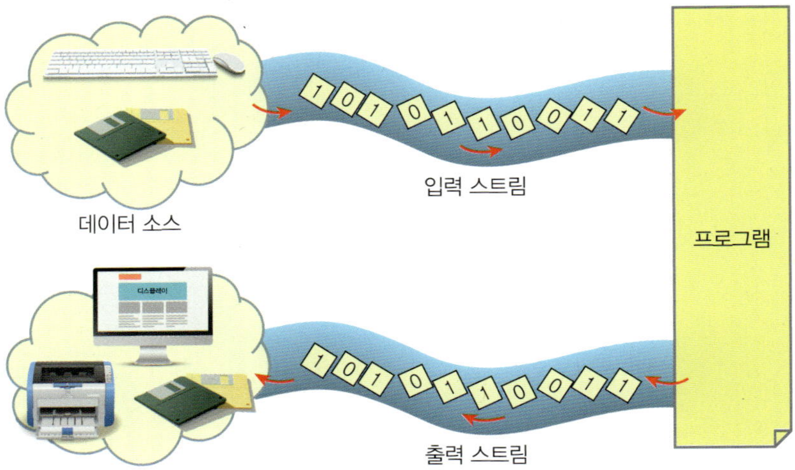

그림 13.1 스트림의 개념

스트림의 종류

java.io 패키지 안에는 스트림을 지원하는 클래스들이 가득 들어 있는데, 이들 클래스를 몇 가지의 기준에 따라서 분류할 수 있다. 먼저 취급하는 데이터의 종류에 따라 크게 바이트 스트림과 문자 스트림으로 분류할 수 있다.

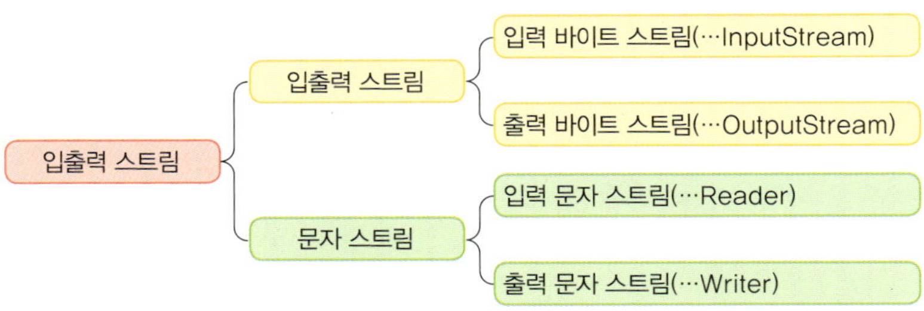

그림 13.2 스트림의 분류

자바는 60개 이상의 스트림 클래스들을 가지고 있다.

바이트 스트림

바이트 스트림(byte stream)은 바이트 단위로 입출력하는 클래스들이며, 주로 이진 데이터를 읽고 쓰기 위하여 사용된다. 모든 바이트 스트림 클래스들은 추상 클래스인 InputStream와 OutputStream에서 파생된다. 바이트 스트림 클래스 이름에는 InputStream(입력)과 OutputStream(출력)이 붙는다.

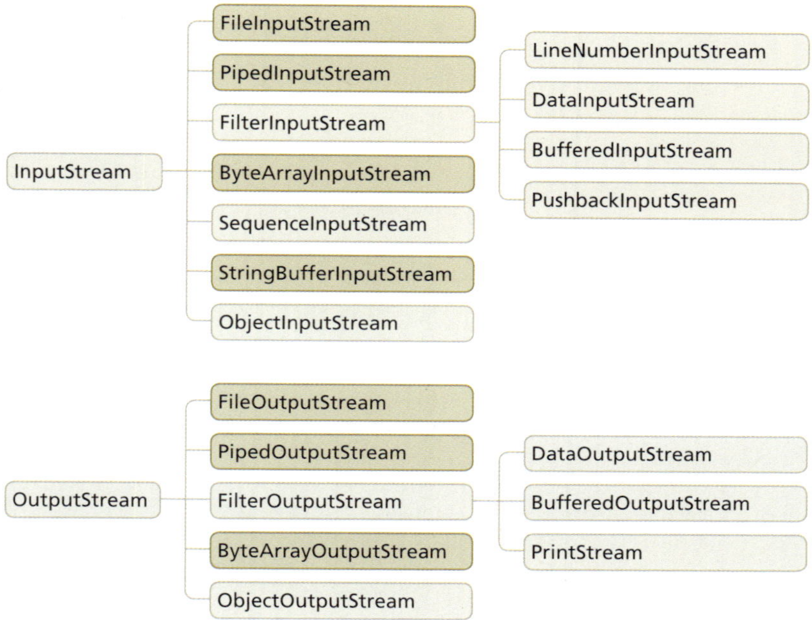

int, double과 같은 기본 자료형 단위로 읽거나 쓰려면 DataInputStream과 DataOutputStream을 사용하면 된다. 또 압축 파일인 ZIP 파일 형태로 입출력하려면 ZipInputStream과 ZipOutputStream을 사용하면 된다.

InputStream 클래스는 다음과 같은 추상 메소드를 가진다.

- abstract int read(): 한 바이트를 읽어서 반환한다(0에서 255 사이의 정수). 만약 파일의 끝이면 –1이 반환된다.

InputStream 클래스를 상속받아서 유용한 클래스를 작성하려면 위의 메소드를 재정의하면 된다. 예를 들어서 FileInputStream 클래스에서는 위의 메소드를 파일에서 한 바이트를 읽도록 재정의한다.

비슷하게 OutputStream 클래스도 다음과 같은 추상 메소드를 가진다.

- abstract void write(int b): 한 바이트를 특정한 장치에 쓴다.

스트림에서 읽거나 쓰는 동작을 종료하였다면 close()를 호출하여서 스트림을 닫아야 한다. 스트림은 운영체제의 자원을 많이 소모한다. 따라서 사용이 끝나면 반드시 닫아서 자원을 반환하는 것이 바람직하다.

문자 스트림

문자 스트림(character stream)은 문자 단위로 입출력하는 클래스이다. 자바는 기본적으로 문자를 처리할 때 유니코드를 사용한다. 바이트 스트림은 유니코드로 저장된 정보를 처리할 때는 불편하다. 자바에는 유니코드를 처리하는 클래스들이 따로 준비되어 있다. 이들은 모두 기본 추상 클래스인 Reader와 Write 클래스에서 파생된다. 문자 스트림 클래스 이름에는 Reader(입력)와 Writer(출력)가 붙는다. Reader와 Writer 클래스도 InputStream이나 OutputStream과 유사한 메소드를 가지고 있다.

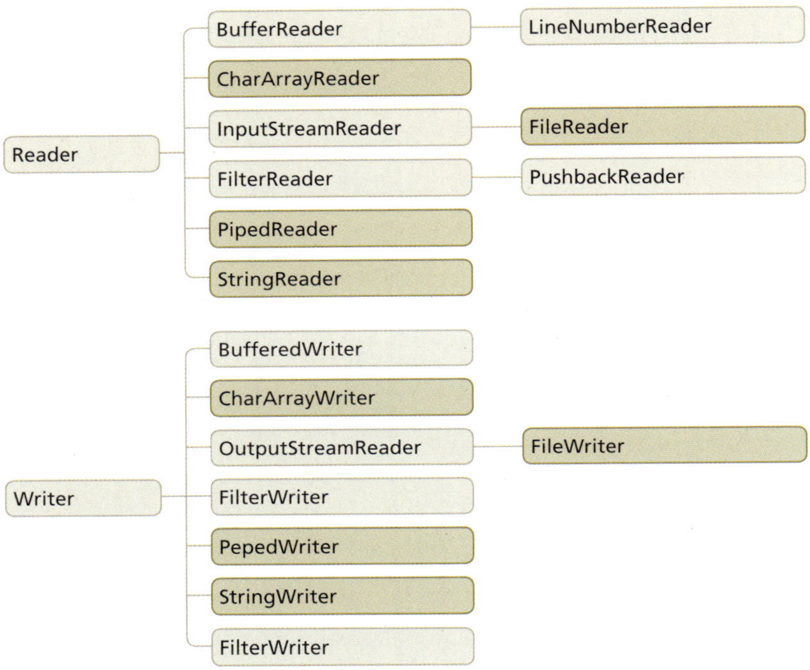

유니코드 데이터를 처리하는 Reader 클래스와 Write 클래스도 다음과 같은 기본적인 메소드를 가지고 있다.

- abstract int read(): 한 문자를 읽어서 반환한다.
- abstract void write(int c): 한 문자를 특정한 장치에 쓴다.

read()와 write()가 스트림의 가장 기본적인 메소드이지만 애플리케이션 프로그래머들은 잘 사용하지 않는다. 왜냐하면 사용하기 불편하기 때문이다. 프로그래머들은 정수나 실수, 객체를 읽거나 쓰기 때문이다. 자바에서는 InputStream과 OutputStream에서 파생된 많은 유용한 스트림 클래스들을 우리에게 제공한다. 따라서 여러분들은 이들 클래스 중에서 상황에 가장 적절한 클래스를 골라서 사용하면 된다.

13.2 문자 스트림

문자 스트림(Character Stream)에서는 입출력 단위가 문자이다(바이트가 아니다!). 자바 플랫폼은 유니코드를 사용해서 문자를 저장한다. 문자 스트림은 자동적으로 이 유니코드 문자를 지역 문자 집합으로 변환한다. 예를 들어서 미국 같은 경우에는 유니코드를 8비트 아스키 코드로 변환한다. 문자 스트림은 유니코드를 자동적으로 지역 문자 집합으로 변환해 주기 때문에 프로그래머는 국제화된 프로그램을 작성하는데 있어서 상당한 수고를 덜 수 있다.

파일 입출력 문자 스트림

모든 문자 스트림 클래스는 Reader와 Writer 클래스로부터 상속된다. 모든 문자 스트림은 Reader와 Write로부터 파생된다. 파일에서 문자를 읽거나 쓰려면 FileReader와 FileWriter를 사용한다.

그림 13.3 문자 스트림의 개념

예제 13-1 텍스트 파일 읽기

기본 예제로 하드 디스크에 있는 텍스트 파일을 읽어서 화면에 출력하는 프로그램을 작성해보자.

FileReaderExample.java

```
import java.io.FileReader;

public class FileReaderExample {
    public static void main(String args[]) throws Exception {    // ❶
        FileReader fr = new FileReader("D:\\test.txt");          // ❷
        int ch;
        while ((ch = fr.read()) != -1)                            // ❸
```

```
            System.out.print((char) ch);
        fr.close();                                    // ❹
    }
}
```

input.txt

```
The language of truth is simple.
Easier said than done.
First think and speak.
Translators, traitors.
No smoke without fire.
```

실행결과

```
The language of truth is simple.
Easier said than done.
First think and speak.
Translators, traitors.
No smoke without fire.
```

❶ 파일을 열 때는 예외가 발생할 수 있으므로 예외를 외부로 전달한다. try-catch 블록을 사용할 수도 있다.

❷ 파일 이름을 인수로 하여 FileReader 객체를 생성한다.

❸ read()를 사용하여 한 문자를 읽는다. 문자는 int형으로 반환된다. 문자를 읽는데 char형이 아니고 int형을 사용하는 이유는 무엇일까? read()가 파일의 끝을 만나면 –1이 반환된다. 만약 read()가 char 값을 반환한다고 가정하자. 파일 안에 0xFFFF(자바는 유니코드 사용)가 있다고 하면 이것도 –1이기 때문에 파일의 끝과 구별할 수 없다. 하지만 반환형을 int형으로 하면 파일의 끝을 나타내는 –1은 0xFFFFFFFF이고 파일에 있는 0xFFFF은 0x0000FFFF로 반환되므로 서로 구별할 수 있는 것이다.

❹ 스트림을 사용한 후에는 반드시 close()를 호출하여야 한다. 더 이상 사용되지 않는 스트림을 닫는 것은 아주 중요하다. 소스에서도 만약 오류가 발생했을 경우에 finally 블록을 사용하여 스트림을 닫고 있다. 스트림을 닫지 않으면 심각한 자원 누출이 발생한다.

try-with-resources 사용

이번에는 최신 자바 버전에서 지원하는 try-with-resources 구문을 사용해 보자. 이 경우에는 close()를 따로 호출하지 않아도 자동으로 호출된다.

FileReaderExample2.java

```
import java.io.FileReader;
import java.io.IOException;

public class FileReaderExample2 {
    public static void main(String args[]) throws Exception {
```

```
        try (FileReader fr = new FileReader("D:\\test.txt")) {

            int ch;
            while ((ch = fr.read()) != -1)
                System.out.print((char) ch);
        } catch (IOException e) {
            e.printStackTrace();
        }
    }
}
```

결과는 동일하다. try 문 안에 리소스를 지정하면 리소스의 사용이 끝났을 때 자동으로 닫아준다.

예제 13-2 텍스트 파일 복사하기

텍스트 파일을 복사하는 프로그램을 FileReader와 FileWriter를 사용하여서 작성하여 보자.

CopyFile1.java

```java
import java.io.FileReader;
import java.io.FileWriter;
import java.io.IOException;

public class CopyFile1 {

    public static void main(String[] args) throws IOException {
        try(FileReader  in = new FileReader("D://test.txt");
                FileWriter out = new FileWriter("D://copy.txt")){
            int c;
            while ((c = in.read()) != -1) {
                out.write(c);
            }
        }
    }
}
```

try-with-resources 구문을 사용할 때는 2개 이상의 리소스를 동시에 생성해도 된다. FileCopy2는 int 변수를 이용한다는 점에 유의한다. FileCopy2에서는 문자값을 32비트 중에서 하위 16비트에만 저장한다.

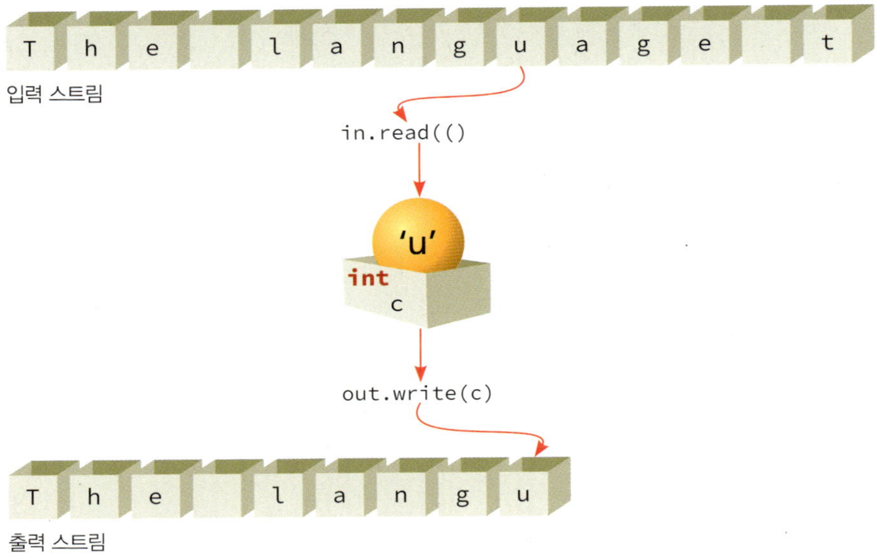

참고 JDK9에서는 리소스 객체가 블록의 외부에서 선언되어도 try-with-resources 구문을 사용할 수 있다.

```
FileReader is = new FileReader("test.txt");
try(fileStream){
...
}
```

13.3 바이트 스트림

바이트 스트림(Byte Stream)은 8비트의 바이트 단위로 입출력을 수행하는 스트림이다. 모든 바이트 스트림은 InputStream과 OutputStream에서 파생된다. 많은 바이트 스트림 클래스들이 존재한다. 여기서는 바이트 스트림이 어떻게 동작하는지를 이해하기 위하여 파일 입출력 바이트 스트림에 초점을 맞춰보자.

파일 입출력 바이트 스트림

가장 대표적인 클래스를 살펴보자. 파일 입출력을 담당하는 바이트 스트림은 FileInputStream 클래스와 FileOutputStream 클래스이다. FileInputStream 클래스는 파일에서 바이트를 읽고 FileOutputStream 클래스는 파일에 바이트를 쓴다.

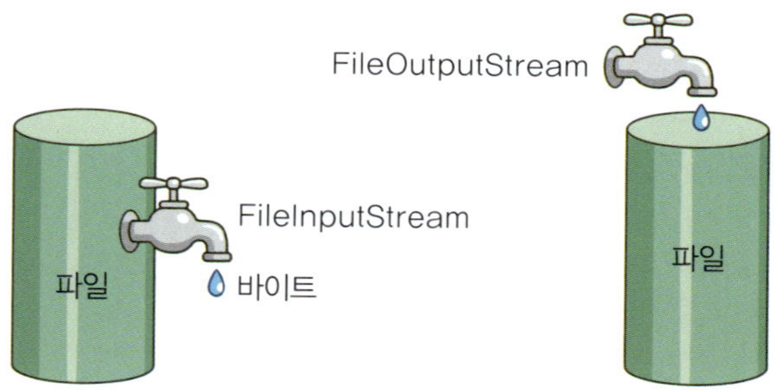

그림 13.4 파일 입출력 바이트 스트림

예제 13-3 이진 파일 쓰기

FileOutputStream을 이용하여 프로그램 안에 정의된 바이트 배열을 파일에 저장해 보자.

FileStreamTest.java

```java
import java.io.*;

public class FileStreamTest {

   public static void main(String[] args) {

      byte list[] = { 10, 20, 30, 40, 50, 60 };
      try (FileOutputStream out = new FileOutputStream("D://test.bin")) {
         for (byte b : list)
            out.write(b);
```

```
        } catch (IOException e) {
            e.printStackTrace();
        }

    }
}
```

예제 13-4 이진 파일 읽기

앞에서 저장한 파일을 읽으려면 다음과 같은 코드를 사용한다.

FileStreamTest2.java

```
import java.io.*;

public class FileStreamTest2 {

    public static void main(String[] args) {

        byte list[] = new byte[6];
        try (FileInputStream out = new FileInputStream("D://test.bin")) {
            out.read(list);
        } catch (IOException e) {
            e.printStackTrace();
        }

        for (byte b : list)
            System.out.print(b + " ");
        System.out.println();
    }
}
```

실행결과

```
10 20 30 40 50 60
```

예제 13-5 이미지 파일 복사하기

이미지 파일은 이진 파일이다. 즉 파일에 데이터가 이진수 형식으로 저장되어 있다. 하나의 이미지 파일을 다른 이미지 파일로 복사하는 프로그램을 작성하여 보자.

실행결과

```
원본 파일 이름을 입력하시오: a.jpg
복사 파일 이름을 입력하시오: b.jpg
a.jpg를 b.jpg로 복사하였습니다.
```

이미지 파일은 이진 파일이라 FileInputStream과 FileOutputStream과 같이 바이트 스트림을 처리하는 클래스를 사용하면 된다. 바로 앞 페이지에서 우리는 try-with-resources 문장을 학습하였다. try-with-resources 문장을 사용하면 try 블록의 실행이 끝났을 때, 모든 리소스들은 자동적으로 닫히게 된다. 즉 finally 블록을 사용하지 않아도 된다.

```java
try(InputStream in = new FileInputStream("a.jpg");
    OutputStream out = new FileOutputStream("b.jpg"))
{
    ...
}
```

try-with-resources 문장을 사용하려면 클래스가 AutoClosable 인터페이스를 구현하여야 하는데, FileInputStream과 FileOutputStream은 오라클에서 제공하는 클래스이기 때문에 AutoClosable 인터페이스가 이미 구현되어 있다.

ByteStreamLab.java

```java
import java.io.*;
import java.util.Scanner;

public class ByteStreamsLab {
    public static void main(String[] args) throws IOException {
        Scanner scan = new Scanner(System.in);
        System.out.print("원본 파일 이름을 입력하시오: ");

        String inputFileName = scan.next();
```

```java
        System.out.print("복사 파일 이름을 입력하시오: ");
        String outputFileName = scan.next();

        try (InputStream inputStream = new FileInputStream(inputFileName);
             OutputStream outputStream = new FileOutputStream(outputFileName)) {

            int c;
            while ((c = inputStream.read()) != -1) {
                outputStream.write(c);
            }
        }
        System.out.println(inputFileName + "을 " + outputFileName + "로 복사하였습니다. ");
    }
}
```

try 블록 안에서 스트림을 선언하고 초기화하면 이것들을 닫을 필요가 없다. 따른 클래스에 대해서도 사용할 수 있으나 Closable 인터페이스를 구현한 클래스이어야 한다.

파일의 끝까지 읽기를 계속한다.

도전문제

1 위 프로그램의 실행시간을 주의 깊게 살펴보자. 이미지 파일의 크기가 커지면 상당한 시간이 걸리는 것을 알 수 있다. 파일 복사 시간을 줄이려면 어떻게 하는 것이 좋을까?

2 main() 메소드는 모든 예외를 외부로 던진다. 이렇게 하지 말고 FileNotFoundException이 발생하면 프로그램 안에서 사용자에게 통보해 주도록 변경하여 보자.

13.4 스트림 결합하기

앞에서 스트림은 물이 흘러가는 파이프와 같다고 하였다. 아래 그림처럼 파이프들이 서로 결합할 수 있듯이 스트림들도 서로 결합할 수 있다. 이렇게 되면 스트림을 통하여 흘러가는 데이터에 대하여 다양한 가공처리를 할 수 있다. 예를 들어서 입력 스트림이 문자를 읽으면 여기에 연결된 다른 스트림이 대문자로 바꾸는 작업을 할 수 있다. 출력 스트림은 변환된 문자들을 파일에 쓸 수 있다.

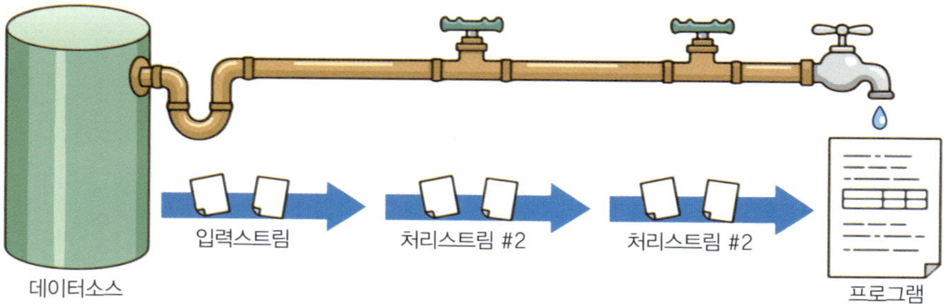

그림 13.5 스트림은 연결될 수 있다.

예를 들어서 파일 스트림과 버퍼 스트림을 서로 연결해 보자. 버퍼가 없는 스트림을 버퍼가 있는 스트림으로 변경하려면 버퍼 스트림 객체를 생성하면서 생성자의 인수로 버퍼가 없는 스트림 객체를 전달하면 된다. 예를 들어서 앞에서 등장하였던 파일 복사 프로그램에서 입출력 스트림 객체를 생성할 때 다음과 같은 문장으로 변경하기만 하면 버퍼가 추가된다.

```
inputStream = new BufferedReader(new FileReader("input.txt"));
outputStream = new BufferedWriter(new FileWriter("output.txt"));
```

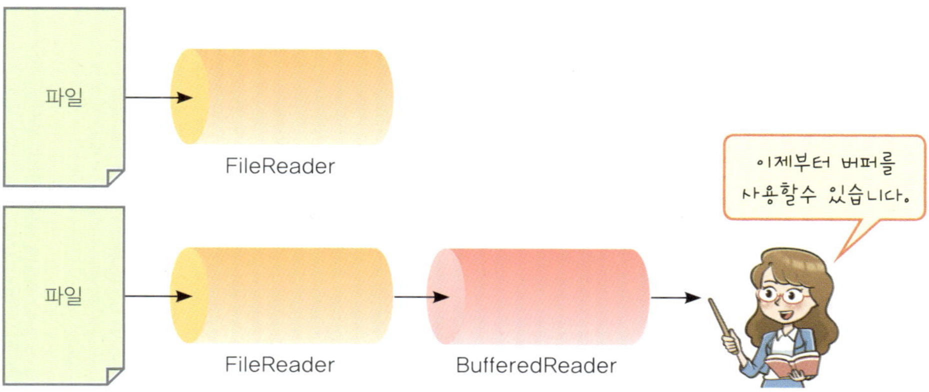

예제 13-6 줄 단위로 복사하기

문자 단위가 아니라 한 줄 단위로 입출력해야 하는 경우도 종종 있다. 이럴 때는 BufferedReader와 PrinterWriter 클래스를 사용하면 된다. 우리의 복사 프로그램을 줄 단위로 복사하도록 변경하여 보자.

CopyLines.java

```
import java.io.*;
public class CopyLines {
    public static void main(String[] args) {

        try( BufferedReader in = new BufferedReader(new FileReader("d://test.txt"));
                PrintWriter out = new PrintWriter(new FileWriter("d://output.txt"))) {
            String line;
            while (( line = in.readLine()) != null) {
                out.println( line);
            }

        } catch (IOException e) {
            e.printStackTrace();
        }
    }
}
```

FileReader에 BufferedReader를 연결한다.

FileWriter의 출력이 PrinterWriter의 입력이 된다.

한줄 단위로 입출력할 수 있다.

여기서 스트림을 다른 스트림과 연결하는 경우가 나온다.

```
BufferedReader  in = new BufferedReader(new FileReader("d://test.txt"));
```

위의 문장이 실행되면 FileReader의 출력이 BufferedReader의 입력과 서로 연결된다. 따라서 FileReader가 출력하는 문자들이 BufferedReader로 입력되어서 한 줄 단위로 묶여서 나오게 된다. 한 줄을 읽는 메소드는 readLine()이고 한 줄을 쓰는 메소드는 println()이다.

13.5 객체 저장하기

만약 우리가 Student 클래스의 객체를 가지고 있다고 가정하자. 객체 안에는 여러 가지 정보가 저장되어 있다. 예를 들어서 객체 안에는 학번이나 이름, 주소와 같은 정보들이 저장될 것이다. 이 객체를 파일에 저장하려면 어떻게 해야 할까?

자바는 "객체 직렬화"라고 하는 편리한 메카니즘을 가지고 있다. 객체를 파일에 저장하려면 객체가 가진 데이터들을 순차적인 데이터로 변환하는 절차가 필요하다. 이것을 **직렬화**(serialization)라고 한다. 어떤 클래스가 직렬화를 지원하려면 Serializable라는 인터페이스를 구현하면 된다. 우리가 사용하는 대부분의 표준적인 클래스는 이미 객체의 직렬화를 지원하고 있다. 객체가 직렬화 과정을 통하여 자신의 상태를 파일에 기록해 놓으면 필요할 때마다 불러들여서 다시 객체를 복구할 수 있다. 객체가 직렬화된 데이터를 읽어서 자신의 상태를 복구하는 것을 **역직렬화**(deserialization)라고 한다.

그림 13.6 객체 직렬화의 개념

ObjectStream 클래스는 객체의 입출력을 지원한다. 이 클래스를 이용하면 객체를 파일에 저장할 수 있고 또 반대로 파일에 저장된 객체를 읽어들일 수 있다. 물론 네트워크를 통하여 다른 곳에 보내거나 받는 것도 가능하다.

예제 13-7 Date 객체 저장하기

자바가 기본적으로 제공하는 Date 클래스를 이용하여, 현재 날짜를 나타내는 객체를 저장하였다가 다시 읽어서 콘솔에 표시하는 소스는 다음과 같다.

ObjectStreamTest.java

```
import java.io.*;
import java.util.*;
```

```java

public class ObjectStreamTest {
    public static void main(String[] args) throws IOException {
        ObjectInputStream in = null;
        ObjectOutputStream out = null;
        try {
            int c;

            out = new ObjectOutputStream(new FileOutputStream("d://object.dat"));
            out.writeObject(new Date());

            out.flush();
            in = new ObjectInputStream(new FileInputStream("d://object.dat"));
            Date d = (Date) in.readObject();
            System.out.println(d);

        } catch (ClassNotFoundException e) {
        } finally {
            if (in != null) {
                in.close();
            }
            if (out != null) {
                out.close();
            }
        }
    }
}
```

Date 객체가 파일에 저장된다.

파일에 저장된 객체를 읽는다.

실행결과

```
Sat Jan 06 14:46:32 KST 2018
```

13.6 파일 객체

지금까지 데이터를 읽고 쓰는 간단한 모델인 스트림에만 집중하여 설명하였다. 스트림은 많은 디스크 파일을 비롯한 다양한 데이터 소스와 목적지를 표현할 수 있다. 그러나 스트림은 디스크 파일의 모든 연산을 지원하지는 않는다. 따라서 이번 절에서 우리는 스트림이 지원하지 못하는 파일 입출력의 기능에 대하여 집중하도록 한다.

Path 객체

Path 클래스는 경로를 나타내는 클래스로서 "/home/work"와 같은 경로를 받아서 객체를 반환한다.

```
Path workDirectory = Paths.get("C:\home\work");
```

경로는 절대경로와 상대경로로 표시할 수 있다. 경로 파싱이 잘못되면 InvalidPathEx-cep-tion이 발생한다.

File 객체

File 클래스는 파일을 조작하고 검사하는 코드를 쉽게 작성하게 해주는 클래스이다. File 객체는 파일이 아닌 파일 이름을 나타낸다. 파일 이름에 해당되는 파일은 실제로는 존재하지 않을 수도 있다. 그렇다면 왜 파일 이름을 나타내는 File 객체를 생성하는가? 그것은 프로그램은 File 객체를 이용하여 파일 이름을 파싱할 수 있기 때문이다. 또한 파일은 이 File 객체를 FileWriter와 같은 클래스의 생성자에 넘겨서 실제로 파일을 생성할 수도 있다.

만약 File 개체가 나타내는 파일이 존재한다면 프로그램은 파일의 속성을 조사하고 파일에 대한 여러 가지 동작을 수행할 수 있다. 예를 들면 파일의 이름을 변경한다거나 삭제하고 권한을 변경할 수 있다. 예를 들어서 다음과 같이 File 객체를 생성할 수 있다.

```
File file = new File("data.txt");
```

표 13-1과 같은 메소드들이 지원된다. 만약 File 객체인 file가 실제 파일을 가리킨다면 여러 가지 동작을 할 수 있다. 예를 들면 객체를 스트림에 넘겨서 파일을 오픈할 수 있다. 또한 delete() 메소드를 사용하면 삭제할 수 있고 deleteOnExit() 메소드를 사용하면 자바 가상 기계가 종료했을 경우에 파일을 삭제할 수 있다. setLastModified() 메소드는 파일 변경 날짜를 설정한다. 다음 문장은 파일을 현재 시간으로 변경한다.

```
new File("data.txt").setLastModified(new Date().getTime());
```

표 13.1 File 클래스의 메소드

반환형	메소드	설명
boolean	canExecute()	파일을 실행할 수 있는지의 여부
boolean	canRead()	파일을 읽을 수 있는지의 여부
boolean	canWrite()	파일을 변경할 수 있는지의 여부
static File	createTempFile(String prefix, String suffix)	임시 파일을 생성한다.
boolean	delete()	파일을 삭제한다.
void	deleteOnExit()	가상 기계가 종료되면 파일을 삭제한다.
boolean	exists()	파일의 존재 여부
String	getAbsolutePath()	절대 경로를 반환
String	getCanonicalPath()	정규 경로를 반환
String	getName()	파일의 이름을 반환
String	getParent()	부모 경로 이름을 반환
File	getParentFile()	부모 파일을 반환
boolean	isDirectory()	디렉토리이면 참
boolean	isFile()	파일이면 참
long	lastModified()	파일이 변경되었는지 여부
long	length()	파일 길이 반환
String[]	list()	디렉토리 안에 포함된 파일과 디렉토리를 반환
boolean	mkdir()	디렉토리를 생성한다.
boolean	renameTo(File dest)	파일 이름을 변경한다.
boolean	setExecutable(boolean executable)	파일을 실행가능하게 설정
boolean	setLastModified(long time)	파일을 변경된 것으로 설정

예제 13-8 파일 속성 알아보기

특정 디렉토리 안의 각 파일에 대하여 파일의 속성을 표시하여 보자.

FileTest.java

```
import java.io.*;
import java.util.*;

public class FileTest {
   public static void main(String[] args) throws IOException {
      String name = "c:/eclipse";
      File dir = new File(name);
      String[] fileNames = dir.list(); // 현재 디렉토리의 전체 파일 리스트
      for (String s : fileNames) {
         File f = new File(name + "/" + s); // 절대 경로로 이름을 주어야 함
```

여기서 만약 File 객체를 생성할 때 파일의 이름만 주면 현재 디렉토리에서 파일을 찾는다. 따라서 현재 디렉토리에 있지 않은 파일은 절대 경로로 이름을 주어야 한다.

```java
            System.out.println("================================");
            System.out.println("이름: " + f.getName());
            System.out.println("경로: " + f.getPath());
            System.out.println("부모: " + f.getParent());
            System.out.println("절대경로: " + f.getAbsolutePath());
            System.out.println("정규경로: " + f.getCanonicalPath());
            System.out.println("디렉토리 여부:" + f.isDirectory());
            System.out.println("파일 여부:" + f.isFile());
            System.out.println("================================");
        }
    }
}
```

실행결과

```
================================
이름: .eclipseproduct
경로: c:\eclipse\.eclipseproduct
부모: c:\eclipse
절대경로: c:\eclipse\.eclipseproduct
정규경로: C:\eclipse\.eclipseproduct
디렉토리 여부:false
파일 여부:true
================================
...
```

Mini Project

시저 암호를 구현하여 보자. 로마의 유명한 정치가였던 쥴리어스 시저(Julius Caesar, 100-44 B.C.)는 친지들에게 비밀리에 편지를 보내고자 할 때 다른 사람들이 알아보지 못하도록 문자들을 다른 문자들로 치환하였다. 시저 암호의 규칙을 표로 그려 보면 다음과 같다.

평 문	a	b	c	d	e	f	g	h	i	j	k	l	m	n	o	p	q	r	s	t	u	v	w	x	y	z
암호문	D	E	F	G	H	I	J	K	L	M	N	O	P	Q	R	S	T	U	V	W	X	Y	Z	A	B	C

예를 들어 평문 "come to me"는 "FRPH WR PH"로 바뀐다. 시저 암호 방식을 이용하여 파일을 암호화하고 복호화하는 프로그램을 작성하라.

실행결과

```
Wkh odqjxdjh ri wuxwk lv vlpsoh.
The language of truth is simple.
```

다음 코드를 참조한다.

```java
public class CaesarCipher {
   public static void main(String[] args) throws IOException {

      FileReader fr = new FileReader("input.txt");
      BufferedReader br = new BufferedReader(fr);
      String plaintext = br.readLine();

      System.out.println(CaesarCipher.encode(plaintext, 3));
      System.out.println(CaesarCipher.decode(
            CaesarCipher.encode(plaintext, 3), 3));
      fr.close();
   }
}
```

Exercise

1. 자바에서 입력과 출력을 담당하는 패키지는?

① java.input ② java.io

③ java.inout ④ java.file

2. 문자 입력을 담당하는 가장 기본적인 추상 클래스 이름은 무엇인가?

① InputStream ② OutputStream

③ Reader ④ Writer

3. FileWriter 생성자에 잘못된 파일 이름이 전달되면 어떻게 되는가?

① 그대로 계속된다. ② 사용자 디스크가 손상된다.

③ 생성자가 null 값을 반환한다. ④ IOException이 발생한다.

4. 다음과 같은 파일을 읽을 때 가장 적합한 스트림 클래스는 무엇일까?

(1) 이미지 파일 ____________________

(2) 메모장 파일(텍스트 파일) ____________________

(3) mp3 파일 ____________________

(4) HTML 파일 ____________________

5. 다음 문장은 올바르게 컴파일되는가?

```
File file = new File("test.txt");
FileReader in = new FileReader( file );
```

6. 텍스트 파일을 읽으려고 한다. 속도의 저하를 막기 위하여 버퍼를 사용하려고 한다. 어떤 스트림 클래스들을 어떻게 연결하여야 하는가?

7. 다음은 텍스트 파일을 읽는 문장이다. 만약 디스크에 파일이 없다면 예외가 발생한다. 예외는 try-catch 구조를 사용하여 처리할 수 있다. 아래의 문장 예외가 처리되도록 코드를 추가해보자.

```
FileReader fr = new FileReader("D:\\test.txt");
```

8. 자동차를 나타내는 Car 클래스가 정의되어 있다고 가정하자.

(1) 참조 변수 myCar가 가리키는 Car 객체를 직렬화하여서 파일 Car.obj에 저장하는 문장을 작성하시오.

(2) 파일 Car.obj에 저장된 객체를 역직렬화하여서 복원하는 문장을 작성하시오.

Programming Exercise

1. 파일에 저장된 문자들을 전부 읽어서 소문자를 대문자로 변환하는 프로그램을 작성해보자.

```
output - 메모장
파일(F) 편집(E) 서식(O) 보기(V) 도움말(H)
PACKAGE TEST1;
IMPORT JAVA.IO.*;
IMPORT JAVA.UTIL.ARRAYLIST;
IMPORT JAVA.UTIL.ARRAYS;
IMPORT JAVA.UTIL.COLLECTIONS;
```

팁 소문자를 대문자로 변환하는 것은 다음 문장을 참조한다.

```
if (Character.isLowerCase(ch))  {
    ch=Character.toUpperCase(ch);
```

2. 정수가 문자열의 형태로 들어있는 파일을 읽어서 오름차순으로 정렬한 다음, 정렬된 숫자를 문자열의 형태로 파일에 쓰는 프로그램을 작성하라.

```
127
25
10
223
...
```

→

```
10
25
127
223
...
```

3. 텍스트 파일을 읽어서 앞에 라인 번호를 붙여서 화면에 출력하는 프로그램을 작성하라.

```
Console
<terminated> Test [Java Application] C:₩Program Files₩Java₩jdk-9.0.1₩bin₩java
1:package test1;
2:import java.io.*;
3:import java.util.ArrayList;
4:import java.util.Arrays;
5:import java.util.Collections;
6:
7:public class Test {
```

팁 BufferedReader 클래스를 FileReader와 연결하고 readLine()을 호출하면 한 줄을 읽을 수 있다.

4. 두개의 텍스트 파일 input1.txt와 input2.txt를 비교하여서 일치하는지를 검사하는 프로그램을 작성하시오. 바이트 단위로 간단한 비교를 하시오.

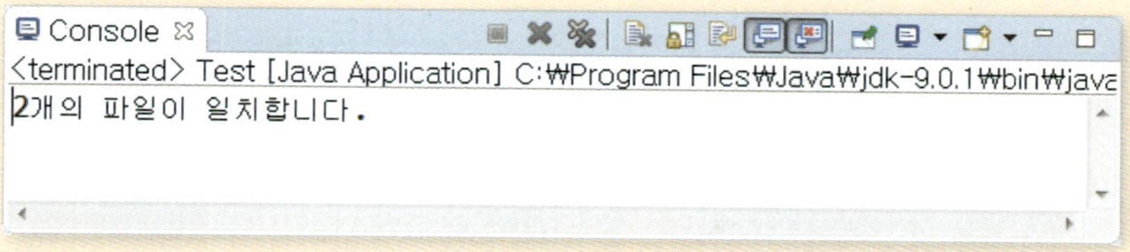

5. 우리는 행맨이라는 단어 게임을 앞장에서 작성해 본 적이 있다. 그때는 단어들이 문자열 배열에 저장되어 있었다. 이번 문제에서는 문제에 사용되는 문자열들이 파일 words.txt에 저장되어 있고 매번 랜덤하게 선택된다고 가정한다.

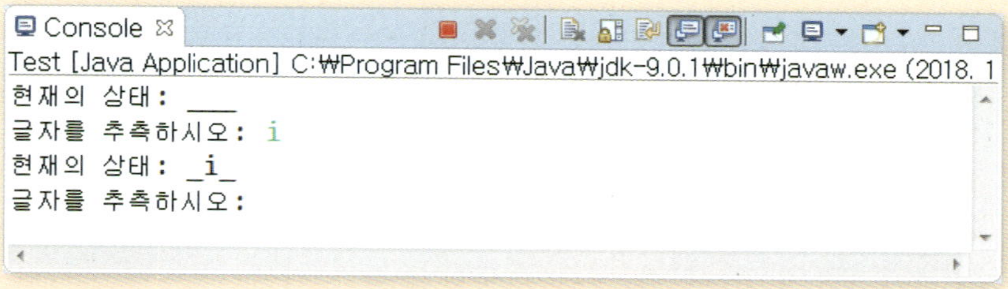

6. 파일을 암호화했다가 다시 복호화하는 프로그램을 작성해 보자. 우리가 사용할 암호화 방법은 XOR이다. 이 방법은 아주 간단한 암호화 방법 중의 하나이다. 소스 파일의 각 바이트를 특정한 키값으로 비트 XOR하는 것이다. 정수 변수에 들어 있는 비트들은 다음과 같은 문장으로 암호화할 수 있다. 키값은 암호화 과정 동안 변하지 않는다고 하자.

```
int value;
value = value^key;
```

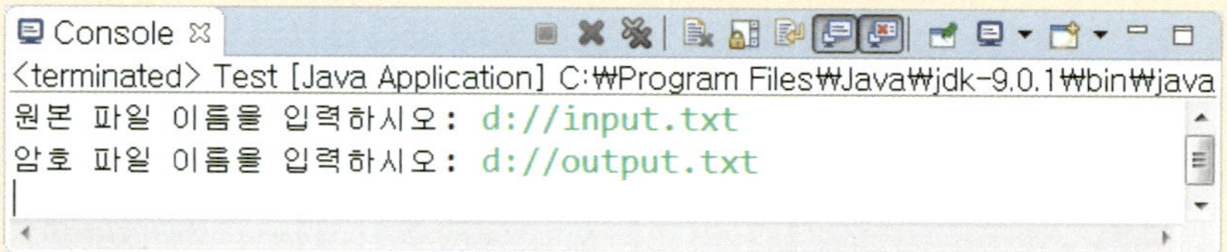

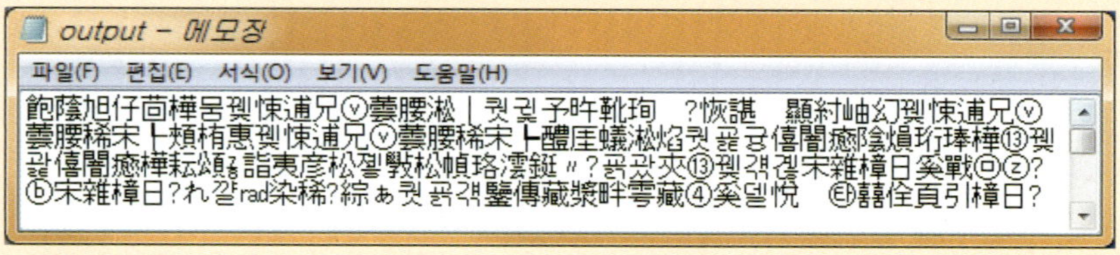

7. 사용자로부터 다음과 같은 형식으로 사용자의 번호, 이름, 전화번호, 이메일 주소 등을 입력받아 파일로 저장한다. 입력이 끝나면 사용자로부터 번호를 입력받아 그 번호에 해당하는 전화 번호를 출력하는 프로그램을 작성하라.

번호	이름	전화번호	이메일주소
1	홍길동	011-111-1111	hong@hanmail.net
2	김유신	010-222-2222	kim@hanmail.net

POWER Java compact

CHAPTER 14

자바 스레드

학습목표

- 자바에서는 스레드라는 개념을 이용하여서 하나의 프로그램에서 여러 가지 작업을 동시할 수 있다. 이번 장에서는 동시에 여러 가지 작업을 실행하는 프로그램을 작성하여 보자.

학습목차

14.1 멀티태스킹

멀티태스킹이란?

멀티태스킹(muli-tasking)은 여러 개의 태스크(작업)를 동시에 실행하는 기법이다. 다수의 작업을 동시에 실행하면 컴퓨터의 효율을 높일 수 있다. 인간의 경우에도 음악을 들으면서 운동을 하거나 동시에 여러 명과 메시지를 주고받을 수 있다. 컴퓨터의 경우에도 문서를 편집하면서 인쇄도 할 수 있고 동시에 인터넷에서 파일을 다운로드할 수 있다. 단일코어 CPU에서도 멀티태스킹은 가능하다. 운영 체제가 CPU의 시간을 쪼개어서 작업들에게 시간을 할당하기 때문에 작업들이 동시에 수행되는 것처럼 보인다. 물론 멀티코어를 가지고 있는 CPU라면 실제로도 동시에 실행될 것이다.

그림 14.1 멀티태스킹의 예

멀티스레딩(multi-threading)은 이 병렬 작업의 아이디어를 하나의 애플리케이션 안으로 가져온 것이다. 즉 하나의 애플리케이션 안에서도 여러 가지 작업을 동시에 하는 것을 의미한다. 예를 들어서 음악을 재생하는 애플리케이션은 인터넷을 통하여 mp3 파일을 다운로드 받으면서 동시에 압축을 풀어 음악을 재생한다. 이들 각각의 작업은 **스레드**(thread)라고 불린다. 스레드는 실이라는 의미로, 하나의 실행 흐름(thread of execution)을 의미한다. 자바는 멀티스레딩을 프로그래머들에게 언어 수준에서 제공한다. 프로그래머들은 하나의 애플리케이션 안에서 동시에 실행되는 여러 스레드를 만들 수 있으며 이 스레드들은 자바 런타임 시스템에 의하여 동시에 실행된다. 이는 C나 C++보다도 진보된 것으로 효율적인 프로그램 작성을 가능케 한다.

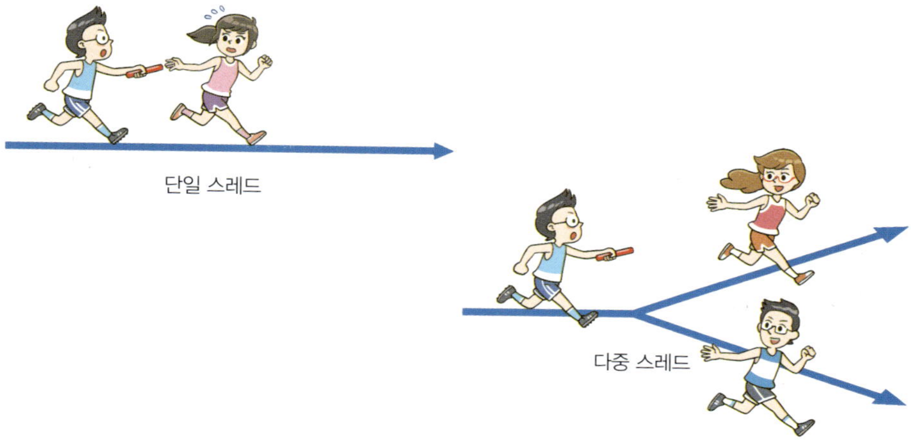

그림 14.2 멀티스레딩의 개념

프로세스와 스레드

컴퓨터에는 **프로세스**(process)와 **스레드**(thread)라는 2가지의 실행 단위가 있다. 가장 근본적인 차이점은 프로세스가 자신 만의 데이터를 가지는 데 반하여 스레드들은 동일한 데이터를 공유한다. 동시에 수행되는 스레드들이 변수를 공유한다는 것은 상당히 위험할 수도 있을 것이다. 하지만 동시에 변수를 공유함으로 인해서 스레드 간의 통신이 상당히 효율적이 된다.

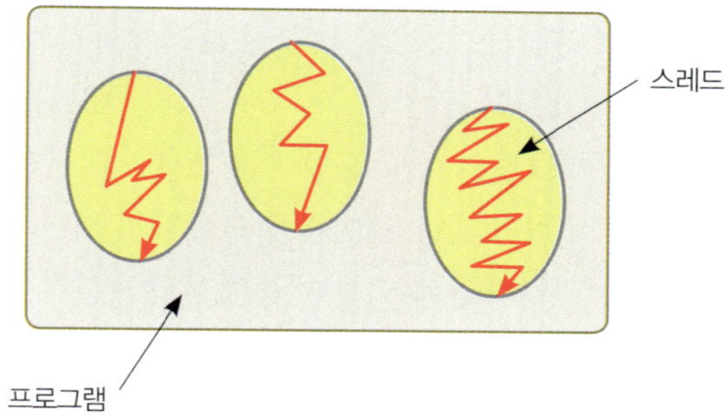

그림 14.3 스레드는 하나의 프로세스 안에 존재한다.

멀티스레딩을 사용하는 이유

한마디로, 우리는 자바 응용 프로그램을 보다 빠르게 실행하기 위하여 멀티스레딩을 사용한다. 최근의 CPU는 속도가 매우 빠르며 여러 개의 코어가 포함되어 있기 때문에 하나의 스레드로는 모든 코어를 이용할 수 없다. 따라서 값 비싼 하드웨어가 대부분의 시간 동안 유휴 상태로 유지된다. 멀티스레딩을 사용하면 여러 코어를 최대한 활용할 수 있다. 특히 웹서버처럼 많은 클라이언트 컴퓨터가 접속되고 이들에게 빠르게 응답하려면 다중 코어와 멀티스레딩을 적극적으로 사용하여야 한다. 최근의 분위기에서는 무엇보다도 서버의 응답 시간이 중요하다. 따라서 멀티 코어 CPU를 많이 추가하는 경향이지만 정작 프로그램에서 멀티 코어를 활용하지 못한다면 돈만 낭비하는 꼴이 된다. 멀티스레딩은 자바 애플리케이션에서 CPU의 멀티 코어를 활용하는 중요한 기법이다.

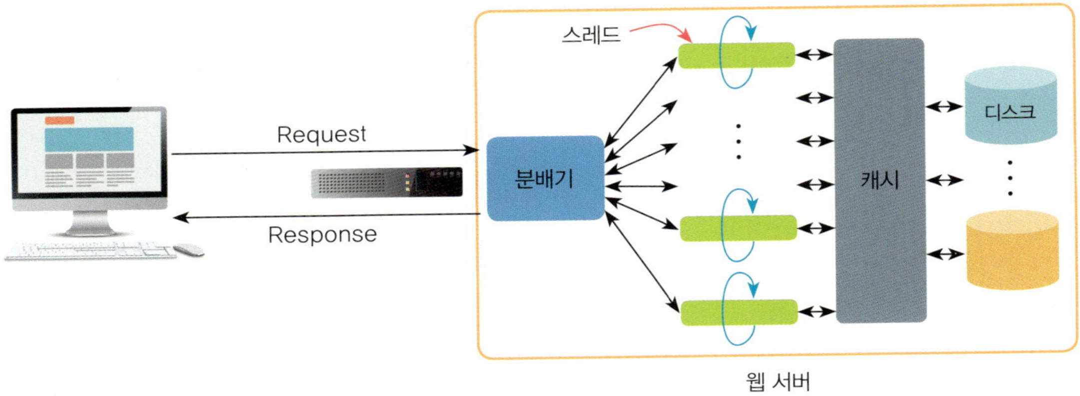

그림 14.4 웹 서버에서의 스레드 이용

멀티스레딩은 게임에서도 필요하다. 예를 들어서 키보드나 마우스에서 입력을 받고 네트워크에 무언가를 업로드하는 동시에 화면도 그려야 한다고 하자. 하나의 스레드에서 이 모든 작업을 수행한다면 순차적으로 실행될 수 밖에 없다. 즉 먼저 화면을 그리고 나서 키보드/마우스에서 입력을 받고 마지막으로 네트워크에 업로드한다. 다른 작업을 수행하는 동안 화면이 정지된 것으로 보이기 때문에 게임 프로그램에 문제가 발생할 수 있다. 자바에서는 여러 스레드를 사용하기 때문에 이러한 작업들을 각각 독립적으로 실행할 수 있다.

동시 작업의 문제점

동시 작업 프로그램은 단일 작업 프로그램보다 신경써야 할 부분이 많은데 그 이유는 동시에 여러 작업들이 같은 데이터를 공유하게 되면 동기화라고 하는 까다로운 문제가 발생하기 때문이다. 예를 들어서 버스에 좌석이 3개 뿐인데 두 사람이 동시에 좌석을 2개씩 예약한다면 문제가 될 것이다. 자바에는 이 문제를 해결할 수 있는 도구들이 포함되어 있다.

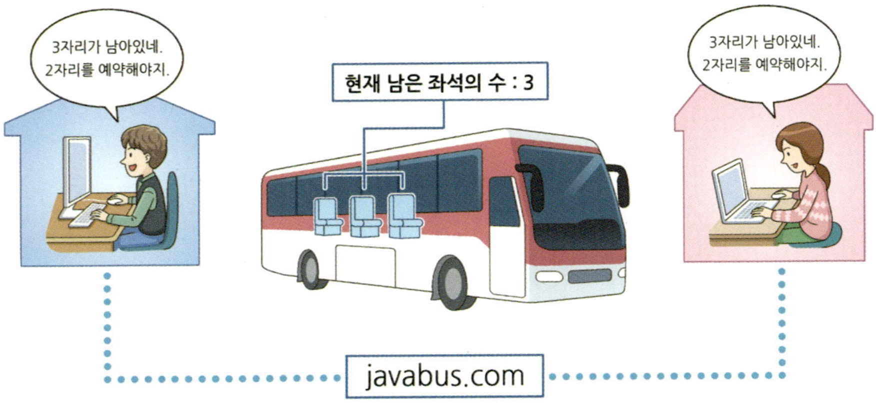

그림 14.5 동기화 문제

14.2 스레드 생성과 실행

자바에서 스레드를 생성하여 작업을 실행하는 방법에는 다음과 같은 2가지의 방법이 있다.

- Thread 클래스를 상속하는 방법
- Runnable 인터페이스를 구현하는 방법

Thread 클래스를 상속하기

자바에서 스레드를 나타내는 클래스는 Thread이다. 첫 번째 방법은 Thread 클래스를 상속받아 서브 클래스를 만들고 run() 메소드를 재정의하는 방법이다. run() 메소드에는 스레드가 수행하여야 할 작업 내용이 들어간다. 이 서브 클래스의 인스턴스를 생성하고 start() 메소드를 호출하면 스레드가 실행된다.

위의 절차를 정리하여 10부터 0까지 카운트다운하는 스레드를 작성해 보면 다음과 같다.

MyThreadTest.java

```
class MyThread extends Thread {        ❶
    public void run() {                ❷
        for (int i = 10; i >= 0; i--)
            System.out.print(i + " ");
    }
}

public class MyThreadTest {
    public static void main(String args[]) {
        Thread t = new MyThread();     ❸
        t.start();                     ❹
    }
}
```

MyThread 클래스는 Thread를 상속받는다. MyThread 클래스는 하나의 메소드 run()만을 가지고 있는데 run()은 이 스레드가 시작되면 자바 런타임 시스템에 의하여 호출된다. 스레드가 실해하는 모든 작업은 이 run() 메소드 안에 있어야 한다. 현재는 단순히 10부터 0까지를 화면에 출력한다.

스레드를 실행시키려면 Thread에서 파생된 클래스 MyThread의 인스턴스를 생성한 후 start()를 호출한다. Thread 타입의 변수 t가 선언되고 MyThread의 객체가 생성하였다. 객체가 생성되었다고 스레드가 바로 시작되는 것은 아니다. 반드시 start() 메소드를 호출해야만 스레드가 실행된다.

실행결과

```
10 9 8 7 6 5 4 3 2 1 0
```

❶ Thread를 상속받아서 클래스를 작성한다.

❷ run() 메소드를 재정의한다.

```
class MyThread extends Thread {
    public void run() {
        ...
    }
}
```

여기에 수행하여야 하는 작업을 적어준다.

❸ Thread 객체를 생성한다.

```
Thread t = new MyThread();
```

❹ start()를 호출하여 스레드를 시작한다.

```
t.start();
```

Runnable 인터페이스를 구현하는 방법

Thread 클래스를 확장하는 방법에는 하나의 큰 단점이 있다. 즉 자바에서는 단일 상속만이 가능하므로 다른 클래스를 이미 상속받은 클래스는 스레드로 만들 수 없다는 것이다. 이 경우에는 Runnable 인터페이스를 구현하는 방법을 사용하여야 한다. Runnable 인터페이스 안에는 메소드 run()만이 정의되어 있다.

MyRunnableTest.java

```
class MyRunnable implements Runnable {   ❶
    public void run() {   ❷
        for (int i = 10; i >= 0; i--)
            System.out.print(i + " ");
    }
}

public class MyRunnableTest {
    public static void main(String args[]) {   ❸
        Thread t = new Thread(new MyRunnable());
        t.start();   ❹
    }
}
```

Runnable을 구현하는 클래스를 작성한다. run() 메소드를 재정의하여 작업에 필요한 코드를 넣는다.

Thread 클래스의 인스턴스를 생성하고, Runnable 객체를 Thread 생성자의 매개 변수로 넘긴다. Thread 객체의 start() 메소드를 호출하여야 한다.

실행결과

```
10 9 8 7 6 5 4 3 2 1 0
```

❶ Runnable 인터페이스를 구현한 클래스를 작성한다.

❷ run() 메소드를 작성한다.

```
class MyRunnable implements Runnable {
    public void run() {
        ...
    }
}
```

❸ Thread 객체를 생성하고 이때 MyRunnable 객체를 인수로 전달한다.

```
Thread t = new Thread(new MyRunnable());
```

❹ start()를 호출하여 스레드를 시작한다.

```
t.start();
```

Q&A

Q 그렇다면 스레드를 생성하기 위해서는 어떤 방법을 사용하는 것이 좋은가?

A Runnable 인터페이스를 사용하는 편이 더 일반적이다. Runnable 객체는 Thread가 아닌 다른 클래스를 상속받을 수 있다. Thread 클래스에서 상속받으면 다른 클래스를 상속받을 수 없다. 서 Runnable 인터페이스 방법은 유연할 뿐 아니라 높은 수준의 스레드 관리 API도 사용할 수 있는 장점이 있다.

예제 14-1 스레드 2개 만들어보기

10부터 0까지 카운트다운하는 스레드를 두개 만들어보자. 2개의 스레드가 실행되면서 스레드의 출력이 섞이는 것을 알 수 있다.

TestThread.java

```
class MyRunnable implements Runnable {
    String myName;
    public MyRunnable(String name) {     myName = name; }
    public void run() {
        for (int i = 10; i >= 0; i--)
            System.out.print(myName + i + " ");
    }
}
public class TestThread {
    public static void main(String[] args) {
        Thread t1 = new Thread(new MyRunnable("A"));
        Thread t2 = new Thread(new MyRunnable("B"));
```

스레드를 구분하기 위하여 이름을 설정한다.

이름이 "A"와 "B"인 스레드 2개를 생성하고 시작한다.

```
        t1.start();
        t2.start();
    }
}
```

2개의 스레드가 실행되면서 스레드의 출력이 섞이는 것을 알 수 있다.

실행결과

```
A10 B10 A9 B9 B8 A8 B7 B6 A7 B5 A6 B4 A5 B3 A4 A3 A2 B2 A1 B1 A0 B0
```

예제 14-2 카운터 만들어보기

Thread 클래스가 가지고 있는 정적 메소드 sleep(millisec)은 밀리초 단위의 시간을 받아서, 지정된 시간 동안 현재 스레드의 실행을 중단한다. 예를 들어서 sleep(1000)이라고 호출하면 1초 동안 스레드가 잠자게 된다. 이번에는 스윙 컴포넌트를 사용하여 1초 단위로 10부터 0까지 카운트다운하는 애플리케이션을 그래픽 모드로 작성하여 보자.

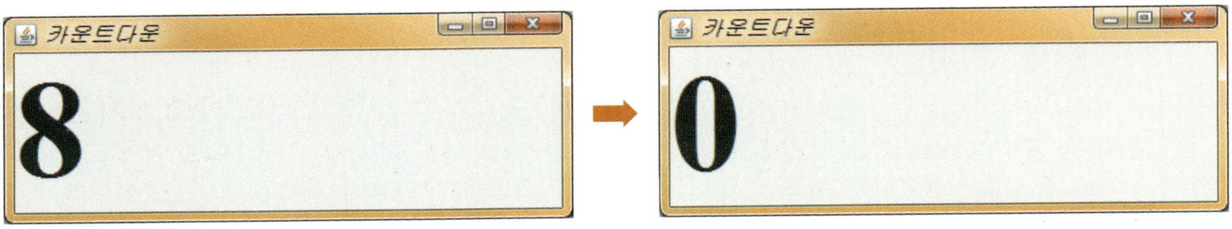

CountDownTest.java

```
import javax.swing.*;
import java.awt.*;
public class CountDownTest extends JFrame {
    private JLabel label;

    class MyThread extends Thread {
        public void run() {
            for (int i = 10; i >= 0; i--) {
                try {
                    Thread.sleep(1000);
                } catch (InterruptedException e) {
                    e.printStackTrace();
                }
                label.setText(i + "");
            }
        }
    }

    public CountDownTest() {
```

스레드를 내부 클래스로 만들면 필드에 접근하기가 쉬워진다.

sleep()은 도중에 예외 InterruptedException가 발생할 가능성이 있다. try-catch 블록으로 처리한다.

1초가 지나가면 레이블의 텍스트를 변경한다.

```java
        setTitle("카운트다운");
        setSize(400, 150);
        label = new JLabel("Start");
        label.setFont(new Font("Serif", Font.BOLD, 100));
        add(label);
        setVisible(true);
        (new MyThread()).start();
    }

    public static void main(String[] args) {
        CountDownTest t = new CountDownTest();
    }
}
```

스레드를 시작한다.

중간점검

1. 스레드를 만드는 방법을 정리해보라.
2. Thread 클래스는 어떤 메소드를 재정의하여서 작업을 기술하는가?
3. sleep()을 호출할 때 발생할 수 있는 예외는?

14.3 람다식을 이용한 스레드 작성

JDK 8의 가장 큰 특징인 람다식은 스레드 프로그래밍에도 많이 활용된다. 앞에서 설명한 방법은 고전적인 방법이었다. 즉 람다식을 이용하지 않는 방법이다. 여기서는 람다식을 이용하면 어떻게 프로그램이 간단하게 작성되는지를 살펴보자.

앞에서 우리는 10부터 0까지 카운트다운하는 프로그램을 전통적인 방법으로 작성한 바 있다. 이것을 람다식을 이용하여 다시 작성하면 다음과 같다.

LambdaTest.java

```java
public class LambdaTest {
    public static void main(String args[]) {
        Runnable task = () -> {
            for (int i = 10; i >= 0; i--)
                System.out.print(i + " ");
        };

        new Thread(task).start();
    }
}
```

람다식으로 생성

실행결과

```
10 9 8 7 6 5 4 3 2 1 0
```

예제 14-3 자동차 경주 게임 만들기

아주 간단한 자동차 경주 게임을 작성하여 보자. 본격적인 게임은 화면에 자동차를 직접 그려야 하지만 여기서는 컴포넌트의 위치를 변경하는 메소드 setBounds()를 사용하여 자동차를 이동하였다. 3대의 자동차는 이미지를 나타내는 3개의 레이블로 구현된다. 스레드를 사용하여 0.1초에 한 번씩 난수의 값만큼 자동차의 위치를 변경하였다.

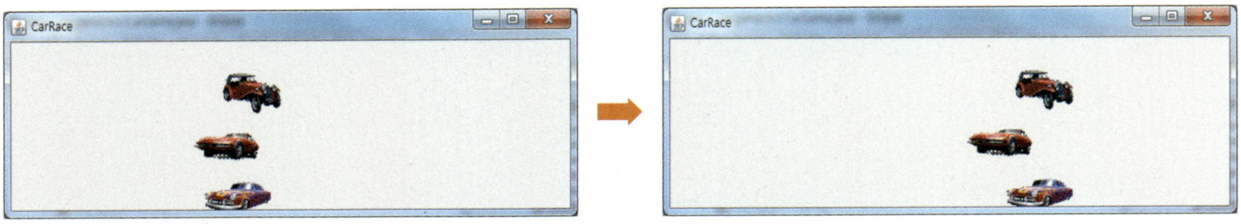

자동차를 나타내는 이미지 3개를 준비한다. 이미지들을 이클립스 프로젝트 폴더로 드래그한다. 3개의 스레드를 생성하여 동시에 시작한다. 이미지의 위치는 난수를 이용하여 설정한다.

CarGame.java

```java
import javax.swing.*;

public class CarGame extends JFrame {

    class MyThread extends Thread {
        private JLabel label;
        private int x, y;

        public MyThread(String fname, int x, int y) {
            this.x = x;
            this.y = y;
            label = new JLabel();
            label.setIcon(new ImageIcon(fname));
            label.setBounds(x, y, 100, 100);
            add(label);
        }

        public void run() {
            for (int i = 0; i < 200; i++) {
                x += 10 * Math.random();
                label.setBounds(x, y, 100, 100);
                repaint();
                try {
                    Thread.sleep(100);
                } catch (InterruptedException e) {
                    e.printStackTrace();
                }
            }
        }
    }

    public CarGame() {
        setTitle("CarRace");
        setSize(600, 200);

        setDefaultCloseOperation(JFrame.EXIT_ON_CLOSE);
        setLayout(null);

        (new MyThread("car1.gif", 100, 0)).start();
        (new MyThread("car2.gif", 100, 50)).start();
        (new MyThread("car3.gif", 100, 100)).start();
```

하나의 스레드가 하나의 자동차를 나타낸다.

배치 관리자를 절대 위치 배치 관리자로 한다.

스레드를 생성하고 시작한다.

```java
        setVisible(true);
    }

    public static void main(String[] args) {
        CarGame t = new CarGame();
    }
}
```

14.4 동기화

스레드들은 동일한 데이터를 공유하기 때문에 매우 효율적으로 작업할 수 있다. 하지만 2가지의 문제가 발생할 수 있다. 하나는 **스레드 간섭**(thread interference)이고 또 하나는 **메모리 일치 오류**(memory consistency error)이다. 스레드 간섭은 다수의 스레드가 공유된 데이터에 접근할 때 발생한다. 예를 들어서 하나의 스레드가 공유 데이터값을 변경하고 있는 중간에 다른 스레드가 끼어들면 이상한 결과가 나타난다. 메모리 일관성 오류는 공유된 메모리의 불일치가 나타나는 현상이다. 이러한 오류를 막는 도구를 **동기화**(synchronization)라고 한다.

그림 14.6 공유된 자원에서의 동기화 문제

동기화란 쉽게 설명하면 공유된 자원 중에서 동시에 사용하면 안 되는 자원을 보호하는 도구이다. 여러 가지의 방법이 있지만, 밀폐된 방 안에 자원을 놓고 한 번에 하나의 스레드만 방문을 열고 사용할 수 있게 하는 것이다. 하나의 스레드의 작업이 끝나면 다음 스레드가 사용할 수 있도록 한다.

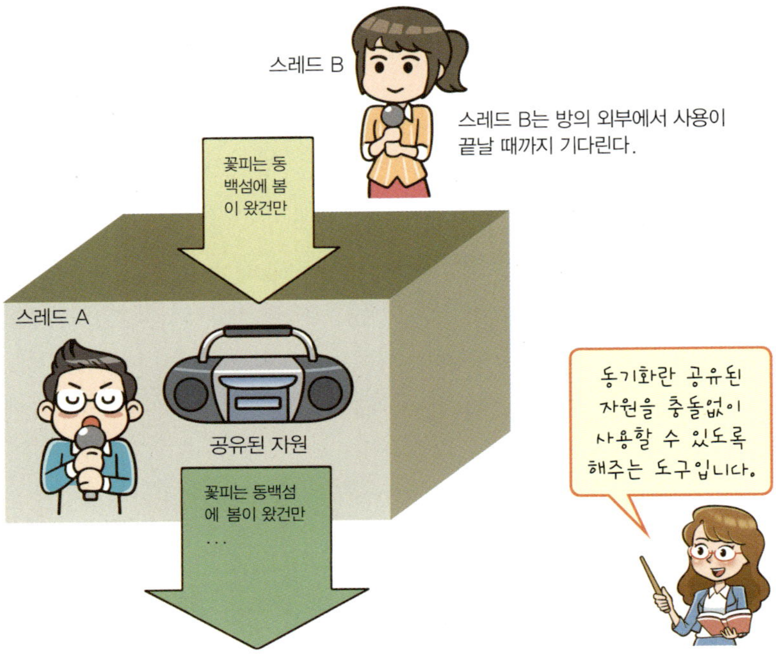

그림 14.7 공유된 자원에서의 동기화 문제 해결 방법

우리의 일상 생활에서도 이러한 예는 많은데, 공중 화장실, 공동 세미나실, 공동 실험실, 공동 강의실과 같은 곳은 모두 하나의 사용자가 사용하고 있으면 다른 사용자는 사용이 끝날 때까지 기다려야 한다. 이러한 부분을 **임계 영역**(critical section)이라고 한다.

예를 들어서 숫자를 카운트하는 간단한 클래스를 가정하자.

```
class Counter {
    private int value = 0;
    public void increment() {   value++; }
    public void decrement() {   value--; }
    public void printCounter() {    System.out.println(value);    }
}
```

하나의 Counter 객체를 여러 개의 스레드가 공유하면서 카운터 값을 변경한다고 가정하자.

Counter 객체는 임계영역으로 생각할 수 있고 이런 경우에는 synchronized 키워드를 사용하여 하나의 스레드가 임계영역에 진입하면 다른 스레드들을 락(lock)이 풀릴 때까지 기다리게 해야 한다. 이것은 마치 놀이기구를 한 사람이 사용하고 있으면 다른 사람들을 기다리게 하는 것과 마찬가지이다.

```
class Counter {
    private int value = 0;
    public synchronized void increment() {    value++; }
    public synchronized void deccrement() {    value--;  }
    public synchronized void printCounter() {  System.out.println(value);   }
}
```

공유 데이터를 조작하는 메소드 앞에 synchronized를 붙인다.

예제 14-4 공유가능한 카운터 만들기

앞에서 설명한 내용을 바탕으로 여러 스레드가 사용할 수 있는 카운터를 만들고 테스트해보자.

CounterTest.c

Counter를 정의한다.

```
class Counter {
    private int value = 0;
    public synchronized void increment() {    value++;    }
    public synchronized void decrement() {    value--;    }
    public synchronized void printCounter() {    System.out.println(value);    }
}

class MyThread extends Thread {
    Counter sharedCounter;

    public MyThread(Counter c) {
        this.sharedCounter = c;
    }

    public void run() {
        int i = 0;
```

공유된 Counter 객체의 참조값을 저장한다.

```java
        while (i < 20000) {
            sharedCounter.increment();
            sharedCounter.decrement();
            if (i % 40 == 0)
                sharedCounter.printCounter();
            try {
                sleep((int) (Math.random() * 2));
            } catch (InterruptedException e) {   }
            i++;
        }
    }
}

public class CounterTest {
    public static void main(String[] args) {
        Counter c = new Counter();
        new MyThread(c).start();
        new MyThread(c).start();
        new MyThread(c).start();
        new MyThread(c).start();
    }
}
```

증가했다가 감소시키기 때문에 카운터의 값은 변화가 없어야 한다.

가끔 카운터의 값을 출력하여 본다.

난수 시간만큼 스레드를 중지한다.

공유 카운터 객체를 생성한다.

확실하게 잘못된 결과를 내기 위하여 스레드를 4개나 생성하여 실행한다.

실행결과

```
0
0
0
0
0
1
0
0
...
```

synchronized 키워드를 삭제한 상태에서 위의 코드를 실행시켜 보자. 결과가 잘못되는가?

중간점검

1 스레드 동기화는 어떤 경우에 필요한가?

2 동기화를 위해서 공유된 메소드 앞에 붙여야 하는 키워드는 무엇인가?

14.5 스레드간의 조정

스레드들은 때로 서로 간에 동작을 조정할 필요가 있다. 대표적인 예가 생산자와 소비자 타입의 예제이다. 이런 종류의 예제는 두 개의 스레드 사이에서 데이터를 공유한다. 생산자는 데이터를 생산하고 소비자는 데이터를 가지고 어떤 작업을 한다. 두 개의 스레드는 공유된 객체를 사용하여 통신을 하게 된다. 이런 경우 조정은 필수적이다. 소비자 객체는 생산자가 데이터를 배달하기 전에 데이터를 가져오려고 시도하면 안 된다. 또한 생산자도 소비자가 아직 이전 데이터를 가져가지 않았는데 새로운 데이터를 생산하면 안 된다.

그림 14.8 생산자와 소비자 문제

wait()와 notifyAll()

wait() 메소드는 어떤 일이 일어나기를 기다릴 때 사용하는 메소드이다. notify()는 반대로 어떤 일이 일어났을 때 이를 알려주는 메소드이다. 따라서 이를 이용하여 생산자는 생산이 끝나면 이를 소비자에게 알려주고 소비자는 소비가 끝나면 이를 생산자에게 알려준다.

그림 14.9 wait()와 notify()

간단한 예를 작성하여 보자. 2개의 스레드를 만든다. 첫 번째 스레드는 1부터 100까지의 합을 계산한다. 두 번째 스레드는 이 합계를 받아서 화면에 출력한다.

ThreadA.java

```java
public class ThreadA {
    public static void main(String[] args) throws InterruptedException {
        ThreadB b = new ThreadB();
        b.start();

        synchronized (b) {
            System.out.println("스레드 B가 종료되기를 기다림...");
            b.wait();
            System.out.println("전체 합계: " + b.total);
        }
    }
}

class ThreadB extends Thread {
    int total;

    @Override
    public void run() {
        synchronized (this) {
            for (int i = 0; i < 1000; i++) {
                total += i;
            }
            notify();
        }
    }
}
```

객체 b에 동기화된 블록이다. 동일한 객체에 동기화된 블록은 오직 하나의 객체만이 이 블록을 실행할 수 있다.

계산이 종료되었음을 알린다.

실행결과

```
스레드 B가 종료되기를 기다림...
전체 합계: 499500
```

위의 예제에서는 객체 b가 동기화되어 있다. b가 계산을 끝마쳐야 메인 스레드가 계산결과를 출력할 수 있다. 메인 스레드는 wait()를 실행하여 기다린다. 스레드 B는 계산을 마치면 notify()를 실행하여 메인 스레드에 계산이 끝났음을 알린다.

중간점검

1. wait()와 notify()는 어떤 경우에 사용하면 좋은가?
2. synchronized 키워드가 있으면 wait()와 notify()가 없어도 되는가?

이번 장에서는 "갤러그"와 유사한 게임을 제작하여 보자. 갤러그는 유명한 아케이드 게임으로 일본 게임사 남코에 의하여 1982년에 처음으로 배포되었으며 사용자는 우주선의 포를 발사하여 외계인들의 침공으로부터 지구를 구하는 게임이다. 이제까지 우리가 학습한 모든 것을 사용하여 보자.

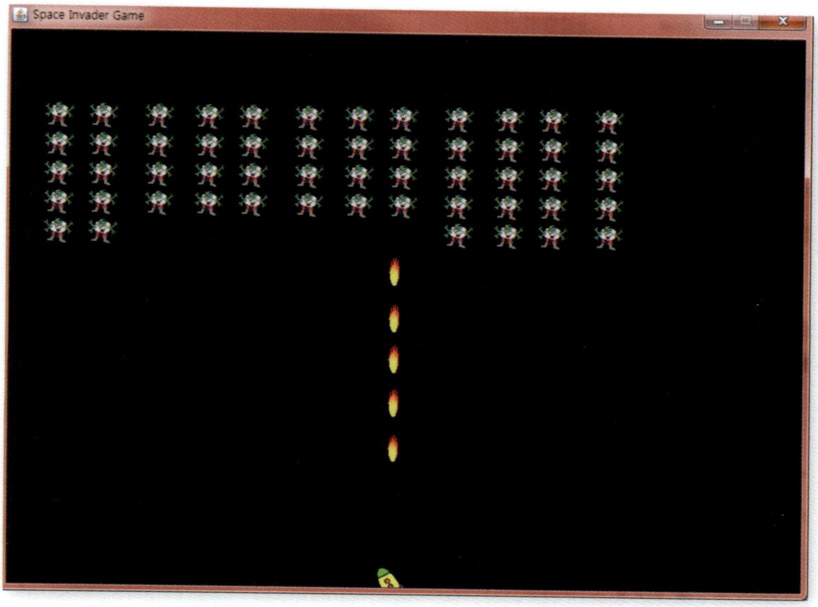

객체 지향 프로그램에서는 객체들이 메시지를 주고받으면서 어떤 작업을 한다고 하였다. 객체 지향 프로그램을 작성하는 가장 첫 번째 단계는 어떤 객체들이 필요한가를 분석하는 단계이다. 갤러그 게임에서는 비교적 간단하다. 다음과 같은 객체만 있으면 될 것이다.

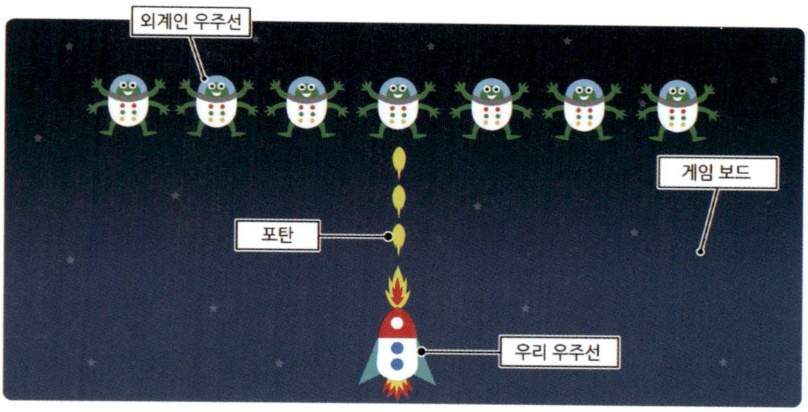

따라서 위의 객체들을 생성할 수 있는 클래스를 작성하면 된다.

- StarShipSprite 클래스: 우리 우주선을 모델링한다.
- AlienSprite 클래스: 외계인 우주선을 모델링한다.

- ShotSprite 클래스: 포탄을 모델링한다.
- GalagaGame 클래스: 게임 보드를 모델링한다.

각 클래스들이 가져야 될 속성과 메소드를 생각해보자. 외계인 우주선이나 우리 우주선, 포탄은 모두 움직이고 있다. 따라서 현재 위치를 나타내는 x, y 변수가 필요하다. 또 1초에 움직이는 거리, 즉 x방향의 속도(dx 변수로 나타내자)와 y 방향의 속도(dy 변수로 나타내자)도 필요하다. 또 이들 클래스들은 모두 이미지를 가지고 있어야 할 것이다. 따라서 결론적으로 StarShipSprite 클래스, AlienSprite 클래스, ShotSprite 클래스들은 모두 어떤 공통적인 속성을 가지고 있다는 것이다.

3개의 클래스가 모두 공통적인 속성을 가지고 있다면 이것을 중복해서 정의하는 것보다 더 좋은 방법이 있다! 이미 여러분들도 떠올렸겠지만 상속을 사용하여야 한다. 따라서 Sprite 라는 클래스를 작성하고 여기에 공통적인 속성과 동작들을 정의하도록 하자.

공통적인 동작(메소드)에는 어떤 것들이 있을까? StarShipSprite 클래스, AlienSprite 클래스, ShotSprite 클래스들은 모두 화면에 자신의 이미지를 그리는 메소드 draw()를 가져야 한다. 그리고 1초에 한 번씩 호출되어서 자신의 위치를 변경하는 move() 메소드도 필요하다. move() 메소드는 다른 게임 관련 문헌에서는 update()라고도 한다.

자 그러면 이들 정보를 바탕으로 UML 클래스 다이어그램을 그려보면 아마 다음과 같이 그릴 수 있을 것이다.

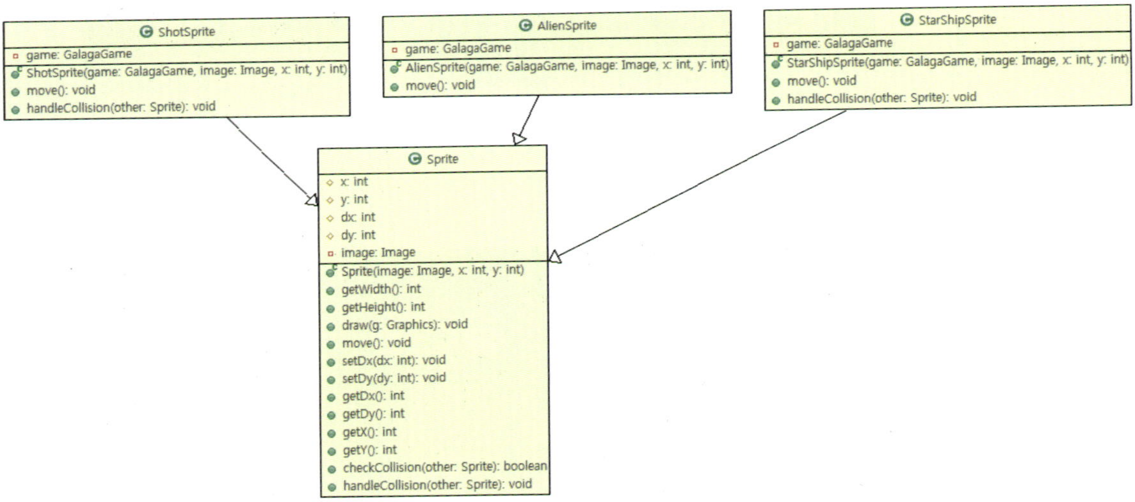

Exercise

1. 만약 컴퓨터에 CPU가 하나 뿐이라면 어떻게 여러 개의 스레드가 동시에 실행될 수 있는가?

2. 스레드를 생성하는 방법을 간단히 설명하고 각 방법의 장점과 단점을 설명하라.

   (1) Thread 클래스를 상속받는 방법

   (2) Runnable 인터페이스를 구현하는 방법

3. 스레드의 몸체가 들어가는 메소드는 무엇인가?

   ① run() ② start()

   ③ stop() ④ main()

4. 스레드의 실행을 시작하는 메소드는?

   ① init() ② start()

   ③ run() ④ resume()

5. 여러 개의 스레드가 동시에 사용하는 코드에서 문제가 발생하지 않도록 앞에 놓아야 하는 키워드는?

   ① run ② synchronized

   ③ stop ④ lock

6. wait()와 notify()는 어떤 경우에 사용하는가?

7. 다음은 스레드를 생성하여 실행하는 코드이다. 비어 있는 부분에 어떤 코드를 넣어야 할까?

```
class Test implements Runnable {
   public static void main(String args[])     {
      // 여기에 스레드를 생성하는 코드를 넣는다.
   }
   public void run() { }
}
```

8. 아래의 스레드를 생성하고 실행하는 문장을 무엇인가?

```
public class Test implements Runnable {
   public void run()     {
   }
}
```

① new Runnable(Test).start();

② new Thread(Test).run();

③ new Thread(new Test()).start();

④ new Test().start();

9. 다음 프로그램의 출력은?

```
public class Test implements Runnable {
    public static void main(String [] args)    {
        Test t = new Test();
        Thread x = new Thread(t);
        x.start();
    }
    public void run()    {
        for(int i = 0; i < 3; ++i)
            System.out.print(i + "..");
    }
}
```

Programming Exercise

1. 이름이 “A”, “B”, “C”인 스레드 3개를 생성하여 동시에 시작해 보자. 각 스레드들은 1부터 10까지를 순서대로 출력한다. 본문의 코드를 참조하라.

2. 크기가 100인 정수 배열이 있고 0부터 99까지의 값이 저장되어 있다. 이 배열에 들어 있는 값의 합계를 계산하고자 한다. 물론 하나의 스레드로 하면 너무 쉬운 문제이지만 여기서는 배열을 2개로 쪼갠 후에 2개의 스레드를 이용하여서 합계를 계산해 보자. 첫 번째 스레드는 0부터 49까지를, 두 번째 스레드는 50에서 99까지를 담당한다.

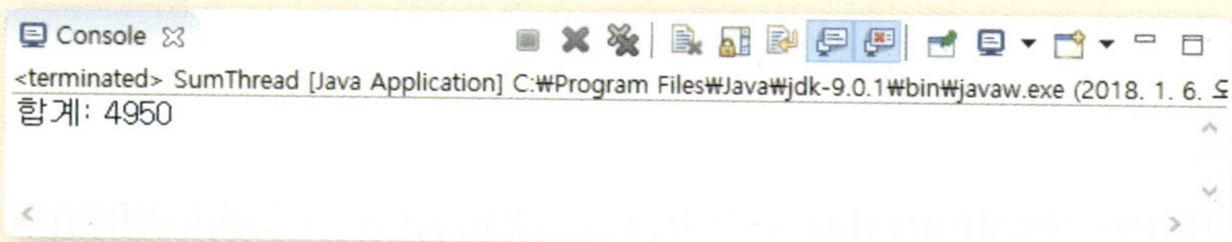

팁 다른 스레드가 종료될 때까지 기다리려면 t.join()을 사용한다.

3. 1번 문제와 비슷하지만 이번에는 배열에 0부터 100 사이의 난수를 저장하고, 난수 중에서 가장 큰 수를 찾아보자. 이번에도 2개의 스레드를 사용해 보라.

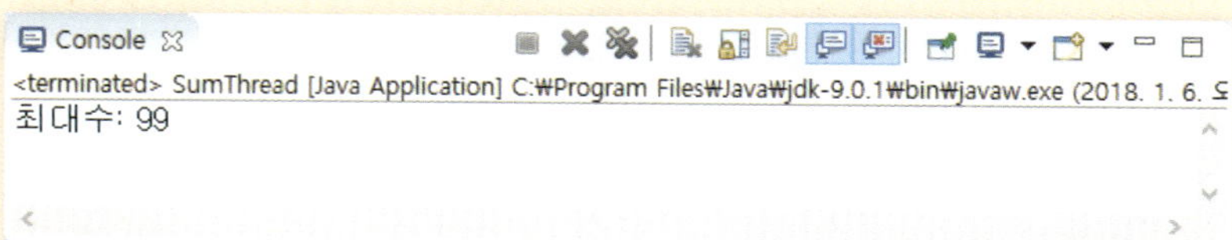

4. 여러 사람이 동시에 버스의 좌석을 예약하는 문제를 프로그램해 보자. 각각의 사람은 스레드로 구현한다. 버스는 클래스로 구현하고 동기화를 위하여 synchronized 키워드를 적절하게 사용한다.

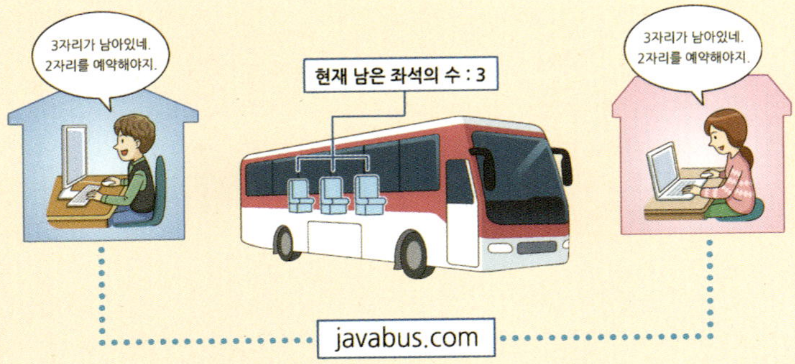

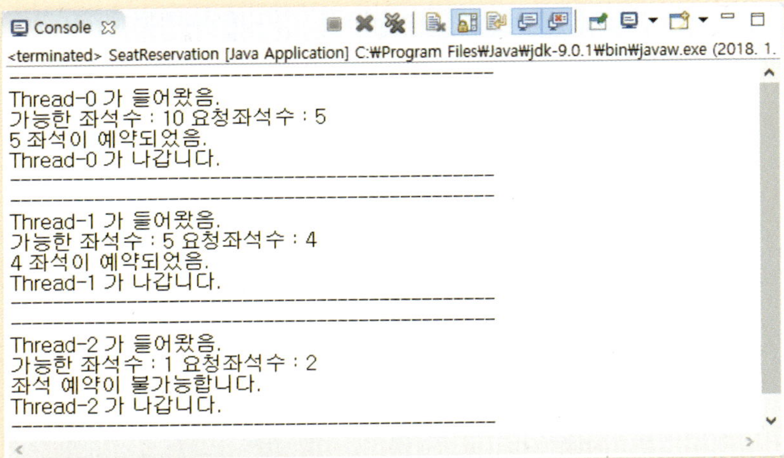

5. 다음과 같은 디지털 시계를 스레드를 이용하여 작성해 보자. Sleep(1000)을 호출하여 1초마다 화면을 다시 그리면 된다.

팁 현재 시각은 다음 코드로 얻을 수 있다.

```
Calendar now = Calendar.getInstance();
int hrs = now.get(Calendar.HOUR_OF_DAY);
int min = now.get(Calendar.MINUTE);
int sec = now.get(Calendar.SECOND);
String time = hrs+":"+min+":"+sec;
```

6. 화면에서 이미지가 왼쪽 상단에서 오른쪽 하단으로 부드럽게 이동하는 애니메이션을 스레드를 이용하여 작성해 보자.

7. 화면의 사각형이 축소되었다가 다시 확대되는 반복적인 애니메이션을 작성하여 보자. 스레드를 이용한다.

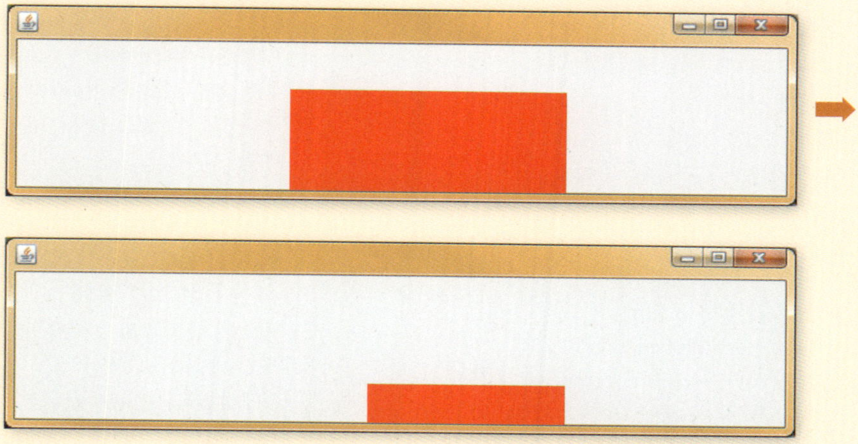

찾아보기

Power Java Compact

인 쇄 2019년 2월 11일 초판 2쇄
발 행 2019년 2월 18일 초판 2쇄

저 자 천인국

발 행 인 채희만
출판기획 안성일
마 케 팅 한석범, 최상도
편 집 이문영
관 리 이승희
북디자인 가인커뮤니케이션(031-943-0525)
발 행 처 INFINITYBOOKS
주 소 경기도 고양시 일산동구 하늘마을로 158
대방트리플라온 C동 209호
대표전화 02)302-8441
팩 스 02)6085-0777

도서 문의 및 A/S 지원
Homepage www.infinitybooks.co.kr
E-mail helloworld@infinitybooks.co.kr

ISBN 979-11-85578-35-4
등록번호 제25100-2013-152호
판매정가 **27,000원**